한국현대수필 105인선

選선수필 Selected Essays 20주년 기획

한국현대수필 105인선

나무향

발간사

'선수필' 발행 20주년을 맞게 되었습니다.

'선수필'을 사랑해 주신 수필가와 독자들께 감사의 인사를 드립니다. '선수필選隨筆'은 수필 중에서도 '가려 뽑은 수필(Selected Essays)'을 말합니다. 독자들의 마음에 삶의 맛과 아름다움을 전해주려는 의식을 지니고 있습니다. '선수필' 20주년을 맞아 독자들의 삶과 인생에 어떤 발견과 깨달음을 안겨주었을까 생각해 봅니다.

오늘날은 누구나 수필을 쓰는 시대가 됐건만, 참다운 수필이 드물다는 점이 아쉽습니다. 양적 팽창에 비해 질적 성숙이 못 미치는 현상을 빚고 있습니다. 수필의 문학성은 기법이나 양적 팽창에서 획득되는 것이 아니라, 인생 경지에서 얻어지는 요소가 많은 만큼 무엇보다 인간 성숙이 먼저 이루어져야만 좋은 수필의 향훈을 얻을 수 있습니다. 이런 시대에 선수필은 양질의 수필을 발굴하고자 노력하고 있습니다.

선수필은 올해 선수필 20주년을 맞아 '선수필'에 실린 신작 원고를 중심으로 100여 분을 모시고 선집을 발간하게 되었습니다. 더 많은 좋은 작품이 있었지만 지면의 한계로 여기에 그친 점 양해해 주시길 바랍니다.

선수필은 그동안 수필지 발행의 올바른 길을 걸어왔으며 앞으로도 바른 길을 갈 것입니다.

경제적 어려움과 힘든 과정을 이겨내고 수필의 위상을 높여가는 선수필選隨筆에 힘이 되어주셔서 고맙습니다. 좋은 수필을 발굴하기 위해 더욱 힘쓸 것입니다.

『한국현대수필 105인선』에 많은 관심 바랍니다.

2023년 5월
《선수필》 발행인 정목일

차례

발간사·선수필 발행인·정목일·4

1부

한국현대수필 105인선 1

강돈묵	우리	16
강수창	어머니의 품안	20
강연홍	나를 살리는 묘약	24
강연희	마음의 시계	28
권용완	돌 위에 새긴 내 마음	32
김근혜	사진, 또 하나의 언어	37
김녕순	챙기기와 버리기	41
김덕림	달팽이만 식구니	44
김동식	커튼	48
김만년	연리목	52
김 미	내 삶의 사칙연산	57

김민자	미스 킴의 전성시대	60
김부순	엄마별	63
김상분	곤줄박이	67
김서현	천공穿孔	71
김선형	행복과 불행의 경계	74
김선화	훈수訓手	79
김순남	그리운 옛 소리들	83
김영미	도마	87
김영채	벤자민 버튼을 누르면 엄마가 오실까	90
김용옥	π 혹은 Life of pi	95
김응숙	잡곡밥	100
김이랑	함백산의 봄	104
김정화	동굴로 가는 길	108
김종국	아들아! 황금색 누비이불 기억나니?	113

2부

한국현대수필 105인선 2

김진식	산골 삶의 지족知足	118
김창식	점點의 흔적	121
김태실	철새	125
남홍숙	이국의 어느 새벽기차 스케치	128
노갑선	사포질을 하다	132
도월화	찔레꽃과 여민락	135
문선자	나에게 나를 묻다	138
민명자	가을 3제	142
박갑순	아버지를 만나다	147
박경빈	탑을 이룬 사랑	150
박계화	삶의 오름	154
박금아	앞돌	158
박남순	겨울 숲	163
박영신	분꽃 마을 일기	167
박온화	숲길 단상	172
박월수	구만리 바람소리	176

박정옥	채나물	180
박지유	바람인형	184
박 현	냉커피	187
백두현	피고 지는 꽃	191
봉혜선	뿌리	195
서금복	댄서의 순정	200
서미애	우산을 쓰다	204
서 숙	마네처럼	208
서양호	사막 여행기	212

3부

한국현대수필 105인선 3

서정진	'샴' 정유	220
송마나	머리새	224
신미정	나팔꽃이 피었다	227
신현식	통이 작은 남자	231
엄현옥	계림桂林의 노익장	234
예자비	텅 빈 듯 꽉 찬 바다	238
윤경화	남편의 학실	242
윤미향	공평하다	246
이동석	남자라는 이유로	249
이동이	비 내리고, 그치다	253
이미애	댓돌 위 검정고무신	256
이봉길	얼굴바위	261
이부림	책 읽는 여인	264
이상열	친구를 떠나보내며	267
이순금	짱뚱어 다리에서	271
이언주	사막여우와 전갈	275

이영숙	위대한 나무	277
이예경	깐부	281
이용옥	바람의 흔적	285
이정선	부전령, 아버지의 전설	289
이희도	반려화伴侶花	294
임덕기	회귀 본능	298
임순자	오목눈이를 노래하다	302
임영도	주상절리柱狀節理	306
임영애	종부宗婦	310

4부

한국현대수필 105인선 4

장금식	바다, 무늬를 그리다	316
장미숙	생각하는 나무	320
장석규	어조사에 담긴 뜻은	325
장희숙	가지치기	329
전해숙	소리, 소리들	333
정수경	느티, 말을 걸어오다	336
정재순	호상	339
정태원	호박꽃	342
정태헌	좌판가게	345
정희승	음악의 도시	349
조순영	세월의 강	353
조이섭	비눗방울에 갇힌 남자	357
조 헌	모든 벽은 문이다	362
조현미	토란잎을 듣다	366
최성록	나의 스승	371
최 종	미루나무 꼭대기에서	376

최현숙	보리밭에 부는 바람	380
하택례	호수의 백조 가족	383
허모영	온전한 죽음	386
허숙영	퓨즈 끊기니	390
허열웅	바람의 선시禪詩	394
허정란	윤슬이	398
허정열	자서전을 읽다	402
허정진	숫돌을 읽다	406
허창옥	일흔, 나	411
현금자	양재천에서	415
홍승만	긴 기다림, 짧은 만남	419
황성규	늙은 도둑	423
황점숙	마음 한 상	426
황진숙	낙죽장도烙竹長刀	429

1부
한국현대수필 105인선

강돈묵	우리
강수창	어머니의 품안
강연흥	나를 살리는 묘약
강연희	마음의 시계
권용완	돌 위에 새긴 내 마음
김근혜	사진, 또 하나의 언어
김녕순	챙기기와 버리기
김덕림	달팽이만 식구니
김동식	커튼
김만년	연리목
김 미	내 삶의 사칙연산
김민자	미스 킴의 전성시대
김부순	엄마별
김상분	곤줄박이
김서현	천공穿孔
김선형	행복과 불행의 경계
김선화	훈수訓手
김순남	그리운 옛 소리들
김영미	도마
김영채	벤자민 버튼을 누르면 엄마가 오실까
김용옥	π 혹은 Life of pi
김응숙	잡곡밥
김이랑	함백산의 봄
김정화	동굴로 가는 길
김종국	아들아! 황금색 누비이불 기억나니?

우리

강돈묵

　우리말을 공부하면서 내 감각의 촉수에 걸린 말 중의 하나가 '우리'라는 1인칭 복수대명사다. 이 말은 '울籬', 즉 오늘날의 '울타리'에 해당하는 말에 주격조사 'ㅣ'가 붙어서 어형이 확대 고정된 말이 아닐까 하고 추측해 본다. 우리 민족은 인칭 대명사를 각별히 사용하진 않았던 것처럼 보여 이런 추측도 해 보는 것이다. 그러니까 적합한 어휘가 없어서 다른 데 쓰이고 있는 말을 끌어다 사용하는 보충법의 한 예로 보고 싶은 것이다.
　'우리[籬]'는 짐승을 사육하기 위해 설치한 시설을 말한다. 이 말에는 어떠한 것을 둘러싸서 하나로 만든다는 의미가 있으므로 너와 나를 함께 지칭하는 1인칭 복수 대명사로 차용하게 된 것이 아닐까. '너'와 '나'의 복합체는 이 둘을 둘러싼 보이지 않는 선에 의해 뭉쳐진다. 뭉쳐졌기에 같은 운명을 가지고 있고, 나아가는 행동의 방향이 같기를 요구한다. 더러는 그것이 이질적이라 해도 서로 조율하여 원만한 길을 찾아갈 때에 '우리'는 존재의 의미를 갖는다. 이 조율이 불가하면 '우리'는 아무런 구실도 하지 못하게 된다.
　인간은 짐승을 기르기 위하여 '우리'를 만들었다. 이때의 우리가 함유한 뜻은 어떻게 풀어야 할까? 짐승을 기를 때 우리는 '사육한다'는 표현을 쓴다. 여기에는 보호하고 관리한다는 의미가 더 있을까, 가둔다는 뜻이 더 있을까? 하나의 현상을 두고 어떻게 인식하느냐에 따라 '우리'의 의미는 엄청난 차이를 가지게 된다. 짐승을 사육하기 위해 설치해 놓은 '우리'는 보호하기 위한 장치일까, 가두기 위한 장치일까.

보호한다고 인식하고 보면 그 안에 있는 것들에게는 그렇게 고마울 수가 없는 시설이다. 다른 것들의 공격을 막아주는 시설이고, 가만히 있기만 해도 편안하게 먹이를 얻어먹을 수 있는 최고의 안식처인 것이다. 이보다 더 살아가는 데에 좋은 곳이 없을 정도다.

하지만 이것을 가둔다고 인식하고 보면 소름이 끼쳐지는 감옥이다. 넓은 세상으로의 나감도 못하게 하는 영어囹圄의 지옥인 것이며, 꿈도 희망도 갖지 못하게 하는 최악의 그물인 것이다. 그 안에 있는 것들은 밖의 세상을 알 수 없으니 무슨 꿈을 꾸고 희망을 가져보겠는가. 오로지 던져주는 잔밥이나 받아먹으면서 체념 속에서 살아야 하는 운명체가 되어 버리고 만다.

같은 현상을 놓고 이렇게 다르게 인식할 수 있다. 긍정적으로 바라보면 그렇게 고마울 수 없는 존재도 부정적인 시각으로 바라보면 몸서리 쳐지는 벽담인 것이다. 이런 현상을 보고 전에는 어지간하면 긍정적으로 바라보기를 권유했다. 그래야 원만하고 세상이 밝게 보인다고 주지시켰다. 그래서 혼자 있는 것보다는 함께 있어야 즐겁다고 했고, 한 덩어리가 되어 두루뭉술하게 세상을 살아내기를 희망했다.

하지만 요즈음은 전혀 그렇지 않다. 혼자이기를 소망하는 사람이 참으로 많아졌다. 군중 속에 있어도 혼자이기를 원하고, 혼자 있다고 그리 생각한다. 눈앞에서 일어나는 어떠한 소란도 눈에 들어오지 않는다. 주위에서 들려오는 소리도 전혀 귀에 와 닿지 않는다. 모든 것은 혼자이도록 차단하는 장치가 있다. 눈에는 스마트폰의 화면이요, 귀에는 리시버다. 그래서 군중 속에 함께 있어도 철저하게 혼자일 수 있다. 심한 경우 주위에서 일어나는 일에 관심을 주는 것은 에티켓에 어긋나는 행동으로 간주되기도 한다. 그게 오늘의 실태인 것이다.

여기에는 '우리'가 필요 없다. '나'와 '너'만 있으면 된다. 그것도 함께 있는 것이 아니고 확실하게 따로 있어야 한다. 이렇게 혼자의 상태일 때에 무한한 자유 속에서 행복을 누리는 부류가 점차 많아지고 있다. 그들은 아무런 방해도 받지 않으려 한다. 제 혼자 꿈을 꾸어도 되고, 나름의 희망을 가져도 된다. 이를 두고 혹자는 인간미가 없다고 타박할지 모르나 그 타박도 혼자라는 이 기막히게 좋은 현실을 넘어서는 항목이 못된다. 왜냐 하면 그들은 그 분위기에 한없이 만족해하고 있기 때문이다.

흔히 한 가정의 여인은 남편을 보호하기 위한 울타리를 치는 슬기로움이 있어야 한다고 말하면서, 남편을 가두기 위한 그물은 짜지 말라는 주문을 한다. '울타리'와 '그물'은 어떻게 다를까. 어떠한 것을 안에 있도록 하는 시설도 어떻게 인식하느냐에 따라 이렇게 다를 수가 있다. 보호한다는 개념과 가둔다는 개념은 엄청난 차이가 있기 때문이다. 이 미묘한 차이 앞에서 사람들은 분별하는 시각을 잃은 채 서운해 하고 슬픔에 떨어지고 절망에 빠지기도 한다.

어느 여인이든 제 남편이 성공하기를 바라지 않는 사람은 없을 것이다. 그 성공 안에서 함께 행복하기를 바라는 게 부부이고 가족이다.

그래서 남편족들은 현명한 주부에게 울타리를 요구한다. 주위에서 엄습해 오는 악의 무리를 막아주고 남편이 편안하게 업무수행을 하여 한 가족의 행복이 꽃피도록 지켜주는 울타리. 이는 옭아매는 그물과는 다르다. 여럿을 하나로 묶는 행위도 그 목적에 따라 커다란 인식의 차이가 나타난다. 같은 현상을 두고 바람직한 쪽으로 인식하는 삶이 현명한 삶이다.

하나의 그물코를 매는 순간 한 가정의 불행은 시작된다. 남편을 가두는 그물을 짜는 사람은 남편의 일거수일투족까지 알아야 하고 관리해야 되는 것으로 생각한다. 참으로 불행한 사고이다. 소중한 부부는 긍정적인 사고 아래 진정한 의미의 '우리'가 되기를 소망한다.

둘 이상을 하나로 아우르는 '우리'에서 가두는 개념은 떼어내고, 보호의 개념만을 한가득 채운 세상이면 얼마나 좋을까. 세상은 그렇게 굴러가야 하는 게 아닐까.

강돈묵 dmkang892@hanmail.net
수필집 『러브레터와 로비레터』『놓아주기 연습』,
『흔들리는 계절』『감주와 설탕물』

어머니의 품안

강수창

  나의 고향은 산간오지인 경북 봉화이다. 소금강이라 불릴 만큼 아름다운 청량산이 있다. 산 아래로 태백산 발원지에서 내려오는 낙동강이 돌아나간다. 궁궐을 지을 때 사용되는 금강송이 빽빽하게 자라고 있다. 어릴 적 어머니의 품과 같은 향이 좋은 송이버섯, 날아다니는 반딧불이, 문명에 침식되지 않은 천혜의 자연환경을 유지하고 있는 곳이다. 멀리는 문수산과 청옥산을 비롯하여 크고 작은 산으로 둘러싸인 피난 길지吉地다.
  산이 많고 들이 적은 곳이라 논농사보다 밭농사를 많이 짓는다. 주로 밀, 보리, 콩을 재배하다 보니, 어린 시절 추억도 많다. 코흘리개 동네 친구들과 모여 들판에서 놀 때면, 밀이나 콩을 베어와 모닥불에 올려놓으면 노릇노릇 잘 익는다. 따끈한 재 속에 묻힌 낟알들을 찾아 비벼 먹느라고 입이 새까맣게 되었었다. 그래도 좋아 떠들어대면서 얼굴을 마주 보고 웃었다. 그 시절에는 들판의 밀이나 콩 서리가 좋은 간식거리가 되었다.
  서울 친구들과 함께 1박 일정으로 청량산 가을 산행을 한 일이 있었다. 도시의 오염된 공기와는 다른 산속의 맑은 공기는 가슴속까지 시원하게 뚫리게 했다. 청량사, 뒷실고개, 김생굴, 오산당을 지나, 장인봉에 오른 일행은 아름다운 청량산의 품에 안겨 모두 황홀해했다. 멀리 획을 그어놓은 듯이 흘러가는 낙동강의 물줄기와, 단풍이 들어 붉게 타오르는 열두 봉우리의 기기묘묘한 절경에 유혹되어 모두가 시인이 되었다. 가슴이 오싹해지는 하늘다리를 타고 하산할 때에는 어느덧 땅거미가 진다.

일행은 주차장 근처 음식점으로 들어가 막걸리로 목을 축이고, 보리밥으로 저녁식사를 주문했다. 그때 한 친구가 말했다.

"저는 백반으로 주십시오!"

"여긴 청국장에 보리밥이 맛있니더."

"아니요. 저는 보리밥은 보기도 싫어요"

모두 보리밥을 주문할 때, 그 친구만 굳이 백반을 주문했다. 시골 출신인 그는 어릴 적 보리밥을 많이 먹어, 보기도 싫다는 것이었다. 그 말을 들은 친구들이 고개를 끄덕였다. 힘든 보릿고개를 넘겨야 했던 그 시절에 지겹도록 먹던 보리밥이었다.

보리밥은 짓는 데 손이 많이 가는 편이다. 먼저 보리를 한 번 삶아 불려두었다가 밥을 한다. 일손이 바쁠 때에는 불려둔 보리밥에 물을 부어 말아 먹기도 했다. 허기진 때는 상추와 콩나물에 고추장을 넣고 비벼 먹는 설익은 보리밥은 꿀맛이었다. 먹을 것이 귀했던 그 시절에는 옥수수는 물론이고, 끼니를 때우느라고 소나무 껍데기도 벗겨 먹고, 산나물로 죽을 쑤어 먹었다. 도토리를 주워 어머니와 나무주걱을 맞잡고 눌러붙지 않게 저어가며 만든 묵은 지금도 잊지 못한다.

보리밥을 먹으면 왠지 방귀가 자주 나온다. 보리밥을 먹다보니,

학교에 가면 방귀를 뀌는 아이들이 많았다. 수업시간 중에 방귀가 나올 때에는 소리가 나지 않도록 하느라, 엉덩이를 살며시 들기도 했다. 그렇게 해도 보리밥을 먹은 방귀는 냄새가 나서, 옆 자리에 앉은 친구가 벌써 알아채고 코를 막고 쳐다보는 것이었다.

"니 방귀 뀐나?"

"아이다. 니 무슨 소리 하노?"

방귀를 몰래 뀌어놓고도, 끝까지 시치미를 떼었다. 거짓말하지 말라고 다그치는 친구에게 방귀를 뀌지 않았다고 언성을 높였다. 냄새는 났지만 소리가 들리지 않았으니, 그럴 만도 했다. 방귀를 자주 뀌다 보니, 옆 친구에게 미안해서 그렇게 거짓말을 했던 것이다. '방귀 뀐 x이 성을 낸다'고 방귀를 뀌어놓고 친구에게 성낸 것을 생각하면 지금도 웃음이 나온다. 그렇게도 싫던 보리밥이 지금은 건강에 좋다는 이유로 웰빙 음식이 되었다.

고향은 생각만 해도 언제나 따뜻한 정감을 준다. 정겨운 사투리와 순박한 웃음, 따뜻한 인심이 오가는 곳이다. 바쁜 일을 핑계로 자주 내려가지는 못하지만, 시제나 성묘 때에는 반드시 찾게 된다. 고향이 얼마나 정겨운 곳인지 명절 때 귀성행렬을 보면 알 수 있다. 지금은 산간벽지라는 시각보다는, 청정지역으로 더 널리 알려져 있다. 각 매스컴마다 앞다투어 소개하고 있다. 그러나 조용하던 산사가 대중음악 공연장이 되고, 개발이라는 이유로 길과 강둑이 시멘트로 덮이고, 아파트가 들어서고, 여기저기 산자락이 파헤쳐 지는 모습을 보면 안타깝기만 하다. 문명이 발달하면 할수록 자연은 생명을 잃고 파괴되어 간다. 옛 정취와 인정들도 점점 사라져가고 있다. 그저 편리함과 안일을 추구하며, 후손들에게 물려줄 영원한 자산임을 생각하지 못한다. 성철 스님은 '물은 물이요, 산은 산이로다'라는 화두를 남겼다. 자연은 문명의 위세 속에서도 본성을 잃지 않는 본래의 순수성을 유지하는 생명력이 있다.

  도시에서 살고 있는 내 마음 한구석에는 항상 고향이 자리하고 있다. 아파트 옥상에 뜬 달만 보아도 고향이 그리워진다. 동구 밖에서 고향을 지키고 서 있는 당나무는 나에게 어서 오라고 손짓하며 기다리고 있다. 무료한 생활을 반복하는 요즈음은 더 새삼스럽게 고향이 그리워진다. 어릴 때나, 장년이 되어서나, 늘 포근히 반겨주던 어머니 품안 같은 고향으로 돌아가고 싶다. 배꽃같이 맑은 하얀 달빛과, 쏟아질 듯 초롱초롱한 별을 마음껏 쳐다보고도 싶다.

강수창 choonkg@hanmail.net
2015년 「한국수필」 등단
사진 산문집 『빛·소리·마음~ 나의 길』

나를 살리는 묘약

강연홍

내게 노래는 취미 이상이다. 즐거운 날 부르면 기분이 한껏 부풀어 오르고 가슴이 답답한 날은 소화제 효과도 낸다. 내가 노래를 좋아하게 된 계기는 음감이 뛰어난 큰오빠의 영향이 크다. 아무 것도 모르는 초등학생인 나를 데리고 언덕에 올라 가곡을 가르쳤다. 가사에 담긴 의미를 이해하지 못했을텐데도 음악의 유전자가 조금은 내게도 내려왔는지 몇 번 들으면 따라 했다. 타고난 재질이나 노력하여 얻은 특기는 몸이 저장해두는 것 같다. 부모님이 반대하여 우리는 엉뚱한 전공을 했으나 결국은 음악을 벗 삼으며 노후를 보내고 있지 않은가.

요즘은 푸쉬킨의 시 '삶이 그대를 속일지라도'에 김효근이 작곡한 노래에 빠져 있다. 코로나19의 방역 방침으로 나가던 성악반이 중단된 지 일 년이 넘었다. 언제까지 기다리고만 있을 수가 없어 좋은 음악이 나오면 녹음하여 혼자 익힌다. "힘든 날들을 참고 견디면 기쁨의 날 꼭 올 거야"라는 구절에 이르면 내 삶도 노랫말처럼 될 것 같아 힘차게 부른다.

이 노래를 부르다 보면 신혼 시절이 떠오른다. 우리 집은 남편 직장이 가까운 동대문구 회기동에 있었다. 의대 교수인 남편은 제자나 동료들을 자주 데리고 왔다. 예고 없이 들이닥친 손님맞이하느라 나는 종종

걸음을 치는 게 일상이었다. 맏며느리이긴 해도 자유롭고 멋지게 살고 싶었는데 나의 꿈은 펼칠 엄두도 내지 못했다.

나만 그렇게 산 건 아닐 텐데도 친구들과 여행도 다니고 싶고 옷이며 그릇이며 예쁜 것은 사고 싶었다. 그 욕망을 누르고 사느라 힘들었다. 시어머니로 인해 힘든 날이면 어디에 하소연할 곳도 없고 서운함을 혼자 삭였다. 밤중에 나가지도 못하고 어머니와의 관계가 원만해지기를 기도하며 숨죽여 성가聖歌를 불렀다. 나를 다독이는 그 시간이 하루의 마무리였다. 피로가 풀리면서 위안이 되었다. 나만 참고 견디면 행복한 날이 꼭 올 것 같은 믿음이 있었다.

내 진심이 어머니께 전달되었을까. 다음 날은 놀랍게도 어머니의 억양이 한결 부드러워졌다. 내가 기도와 음악의 텔레파시를 믿은 게 바로 그 시점이었다. 마음속으로 불러도 화가 난 상대방에게 전해져 유순하게 바뀐다는 걸 경험해서이다. 요즘도 나를 짜증나게 하는 사람이 있을 때 그를 위해 기도하며 노래 부르면 화해의 진심이 전해짐을 느낀다.

지금은 시어머니와 남편이 돌아가셔서 내가 시어머니가 되어 자유로워졌는데 받들어드려야 할 사람만 있던 그 시절이 그립다. 나는 철부지였고 그분들이 내 울타리가 되어주어서였을 것이다. 몸은 고달팠어도 대소사를 내가 나서서 해결하거나 걱정하지 않아도 되었지 않은가. 그게 얼마나 안락한 생활이었는지 그때는 몰랐었다.

3년 전 어깨 수술을 받았다. 일주일에 한두 번씩 병원에 가서 철심 뺀 자리를 치료 받는다. 그 과정에서 견디어야 하는 아픔은 말할 수가 없다. 육신과 영혼이 빠져나갈 듯한 통증을 이겨내려고 속으로 계속 흥얼거린다. 그러는 동안 치료는 끝나고 통증도 가벼워진다. 심지어 어깨를 치료하는 의사의 손길이 부드러워진 듯한 착각도 든다.

여러 사람이 모인 자리에서 이야기를 하다 보면 자기 나름대로 스트레스를 푸는 방법이 있다고 한다. 어떤 이는 언제고 떠날 수 있게 배낭을 준비해두었다가 훌쩍 집을 나서고 어떤 이는 생각을 정리하기 좋은 등산을 택한다고 한다. 그곳에서 다른 사람들과 대화를 해보면 비슷비슷하다. 내가 어려움이 있으면 잘하든 못하든 노래를 하라고 했다. 이해를 못 하는 눈치이기에 한 번 해보라고 했다.

지난주에는 경기도 축령산 자락의 전원주택에 사는 큰오빠 댁에 다녀왔다. 나에게 처음으로 음악을 가르쳐주신 분이다. 노란 장다리가 울타리에 올라가 정겹고 하얀 파꽃이 다발로 피어 있었다. 즐거운 일이 있을 것 같은 예감으로 소리가 들려오는 방 앞으로 갔다. 귀에 익은 목소리가 흘러나왔다. 젊어서처럼 우렁차지는 않지만 중후하게 늙어가는 남자의 음성이었. 가슴 밑바닥에서 밀어 올리는 게 예전 그대로이다. 많이 걱정했는데 건재하다는 반가움에 눈물이 핑 돌았다.

방문을 열었다. '어서 와' 하면서 반기는 오빠는 다리가 많이 아프다더니 휠체어에 앉아 계셨다. 칠 남매 중 맏이로 가장 튼튼한 버팀목이었는데 절반은 무너져 내린 듯 수척했다. 약한 모습을 보이면 안 되는데 다시 눈가가 젖어왔다.

노래방 기계를 사놓고 온종일 듣고 부르면서 시간을 보낸다는데 야위긴 했어도 눈은 초롱초롱했다. 어깨가 아픈 내가 다리 아픈 오라버니를 위로하자니 어쩌다 그리 되었는지 남매의 노년 모습이 서글펐다. 하지만 약속이라도 한 듯 오빠도 나처럼 노래로 불편함을 잊기도 하고 투병하는 긴긴날의 지루함을 떨친다고 했다. 늙고 병들었다고 우울해 있지 않으니 대견해 보였다. 우리는 자신을 치유할 줄 아는 음악 치료사인 셈이다.

  녹음기를 틀고 다시 '삶이 그대를 속일지라도'에서 절정인 소절, '기쁨의 날 올 거야'를 높은 음으로 환호하듯 불러본다. 어둠이 사라지고 몸속에 있던 찌꺼기가 다 날아간 듯 시원하다. 노래는 감정을 나타내는 예술이고 만국 공통어라고 하지만 그 이전에 나를 살리는 묘약이다.

강연홍 hyerhang@hanmail.net
1997년 《한국수필》 등단
수필집 『우리 집 오선지』

마음의 시계

강연희

 달력 위의 시간이 속절없이 흘러간다. 결코 되돌릴 수 없는 일이다. 시간은 영원히 멈춰 있지 않고 세월은 끊임없이 흐른다.
 오늘은 어제의 온전한 하루가 채워져야 받는 선물이다. 내일은 오늘을 잘 살아내야 열린다. 시간의 영속은 과거라는 이름으로 세월의 뒤안길에서 침묵한다. 한 장 남은 달력이 눈앞으로 걸어 들어온다. 새해 새로운 다짐으로 삶의 여정을 계획했던 일이 엊그제가 아니었던가. 연륜만큼의 속도로 세월이 빨리 흘러가는 것을 절감한다. 아마도 마음의 여유가 없는 까닭인지도 모를 일이다.
 시간은 누구에게나 공평하게 주어진다. 세월은 정직하다. 그것의 활용에 따라 삶의 무늬는 다른 결을 이루게 된다. 순간순간은 삶의 무늬를 이루는 점이다. 무수히 많은 점들이 모여서 선을 이루고 그것은 다시 인생의 묵직한 획을 만든다. 순간을 잘 보내는 일은 자못 중요하다. 그것이 잘 살아가는 일일 터이다. 오는 것을 막을 수 없고 가는 것을 어찌할 수 없는 게 세월이 아닌가.
 시계는 끊임없이 움직인다. 어떤 상황에서도 평상심을 잃지 않는다. 쉬지 않고 그 자리에서 시곗바늘을 움직일 뿐이다. 그 속도의 빠르고 느낌의 정도나 내용의 의미 부여는 마음가짐에 따라 달라진다. 매 순간 수차례 시계를 보고 시간을 감지한다. 삶의 약속인 스물네 시간을 잘 살아내기 위한 습관이다. 지속되는 코로나19로 '집콕' 생활이 다반사가 된 상황에서 시간의 의미를 되새겨 본다.

집에 있는 일이 많아지면서 자신과 삶에 대한 생각이 깊어진다. 나는 누구이며 무엇을 위해 살고 있으며 어떻게 살아가야 할 것인가를 자문하게 된다. 주어진 삶의 시간표대로 무심코 하루하루를 살아내는 일이 연속이었다. 그 세월을 지내왔기에 오늘을 맞이할 수 있었을 터이다. 허투루 살아온 인생이지만 지나온 세월은 오늘의 버팀목이 되었으리라 믿고 싶다.

인생길은 평탄하지 않다. 행·불행, 고통·쾌락, 기쁨·슬픔, 사랑과 미움이 고비마다 혼재되어 있다. 그래도 잘 견뎌내어 지금 이 순간을 맞이하고 있다. 과거에서 소환되는 기억들은 늘 회한이 남는다. 연륜이 쌓인 지금 과거의 삶을 다시 살아낸다면 그때보다 잘 살 수 있을지 의문이다.

나의 모든 공간에는 탁상시계가 놓여 있다. 시간을 잘 활용하기 위한 요량이다. 시계에는 아라비아 숫자가 표시되어 있어 한눈에 시간을 볼 수 있다. 시간의 노예가 된 것 같은 생각이 들지만, 하루를 잘 살아가기 위한 자구책이다. 집 안의 탁상시계는 항상 오 분 빠르게 맞춰 놓았다. 매사에 늦는 일을 방지하기 위해서이다. 오 분은 예비의 시간이다. 삶에서 예비의 시간을 마련하는 일이 가능한 일인가.

아버지는 오랫동안 직업군인을 하셨다. 그런 이유인지 어렸을 때부터 생활계획표를 작성해서 검사를 받았던 기억이 또렷하다. 일찍 일어나는 습관과 절도節度 있는 생활이 각인되어 그때부터 시간에 대한 강박관념이 생겼다. 공휴일에도 늦잠 자는 일이 없었다. 시간의 소중함을 미리 터득했던 것이다. 약속을 지키지 않거나 잘못한 일이 있을 때는 반성문을 써냈던 기억이 생생하다. 사십여 년 전에 세상을 떠나신 아버지는 오 남매의 성장에 정신적으로 묵직한 디딤돌이 되어 주었다. 지금도 내 가슴속에 흐르는 아버지의 가르침은 마르지 않는 샘물이다. 아이를 키우면서 과거와 현재가 공존하려는 인식으로 전환하려고 노력했다. 모든 일에 정석은 없다. 지금도 인생의 갈림길에서 어디가 지름길인지 에움길은 또 어느 곳인지 알 수 없다.

시곗바늘이 가리키는 숫자를 넘어 마음의 눈으로 시간을 헤아려야 한다. 시간은 소유할 수 없지만, 마음의 주인은 자신이다. 눈에 보이지 않고 붙잡을 수도 없는 것이 마음이다. 생각대로 움직이지 않고 자신도 알 수 없는 것이 마음이다. 그것을 다스리고 올바르게 움직이는 일은 생을 잘 살아가는 일이다. 마음의 시계를 품고 세상을 바라본다면 인생의 의미가 달라질 것이다. 또 다른 우주가 열릴 것이다.

시계를 보며 평정심을 배운다. 서두름 없이 어떤 상황에서도 자신의 본분에 충실함을 본받고 싶다. 항상 규칙적으로 반복되는 시곗바늘을 보며 고마움을 갖는다. 오늘의 나를 있게 해준 인생 시계에서 기나긴 인내와 교만하지 않음을 배운다.

인생길은 유한하다. 인생 시계도 그 길의 종착역에서 멈춰 선다. 그것이 삶의 묘미이다. 모두들 저마다의 무늬와 색깔이 있는 자신만의 인생 시계를 갖게 된다. 그 안에서는 빛과 어둠, 좌절과 희망, 행복과 불행의 시간이 공존해 있다. 현재의 삶을 지탱해주는 버팀목이 되어주는 시간이다. 인생 시계는 자신만의 고유한 삶의 무늬이며 현재는 물론 미래의 시간도 꿈꾸게 한다.

  삶의 틀에서 받아들일 수밖에 없는 시간이 많지만, 자신만의 인생시계를 품기 위해 자유로운 영혼과 시간을 가꾸어야 한다. 인생의 주인공은 자신이고, 희망은 꿈꾸며 노력하는 자에게만 열리기 때문이다. 마음의 시계가 끊임없이 움직일 수 있도록 내면의 소리에 귀 기울여야 하리라. 밖으로 향했던 눈과 귀를 안으로 거두어들여 내면의 뜰에서 자신만의 꽃을 가꾸어야 한다. 하루의 삶을 들여다보고 관조觀照하는 시간을 가져야할 일이다.

  세상에서 가장 소중한 자신의 존재를 알고, 주어진 현재의 삶을 살아야 한다. 진정 아름다운 삶을 어떻게 살아가야 할 것인가, 사람들에게 어떤 사람으로 기억될 것인가를 깊게 고민하게 된다. 하루를 보내는 것은 죽음을 향해 더 가까이 다가서는 일이다. 삶의 완성은 죽음이라 했던가.

  흘러간 달력의 자취를 헤아린다. 여백을 채우며 나열된 아라비아 숫자 속에 지내온 인생사가 얼굴을 내민다. 힘겨운 코로나19 상황 속에서 최선을 다해 살아온 흔적이 보인다. 그동안 무엇을 위해 어떻게 살아왔는지 뒤돌아보지 않을 수 없다. 남은 달력의 인생길도 잘 살아가리라.

  내 인생에도 중년의 삶이 익어간다. 가슴속에 있는 희망의 빛이 꺼지지 않게 마음의 시계에 스위치를 다시 눌러 본다.

강연희 kyhee0413@naver.com
2016년 《선수필》 등단

돌 위에 새긴 내 마음

권용완

　숫돌에 칼을 갈아 화선지를 펼쳐 놓고 베어 본다. 붓글씨를 쓸 때 가로획과 세로획을 먼저 그어 종이와 붓과 먹물의 상태를 점검해 보듯 칼로 화선지에 가로로 그으니 부드러운 화선지가 면도날에 잘리듯 잘렸다. 세로로 그어 보아도 마찬가지다. 이만하면 칼은 잘 갈아진 것이다. 매끈하게 다듬은 돌 위에 주묵朱墨을 칠하고 세필細筆로 쓴 글씨의 획을 따라 예리한 칼날이 대일 때마다 "뽀도독" 소리를 내며 돌멩이가 잘려나간다. 돌멩이가 칼에 베인다. 사방 한 치 내외의 땅덩어리를 한 손에 움켜쥐고 돌을 벤다. 칼에 살이 베인 돌의 상처는 '석상화개石上花開'라 했던가. 돌 위에 꽃으로 핀다. 이처럼 작은 돌에 글자를 배열하여 전서篆書로 새기는 것이 '전각篆刻'이다. 전각을 할 때 쓰는 작은 칼을 흔히들 '철필'이라고 부른다. 나는 붓으로 글씨를 써놓고 칼을 잡고 돌에다 이름을 새겨 낙관落款할 때 농담으로 문무文武를 겸했다고 한다.
　붓에 먹물을 듬뿍 찍어 한 획을 그으니 발묵發墨이 되어 묵직하더니 써갈수록 명주 베틀에 곱게 펼쳐진 날실처럼 가늘고 미세한 비백飛白이 생겨 투박하면서도 담박하고, 거칠지만 부드럽고 온화함을 머금었다. 다시 벼루 면에 붓끝을 뾰족하게 다듬어 작은 글씨로 간들간들하게 낙관 글씨를 쓰고 아호와 이름을 새긴 인장으로 낙성관지落成款識를 할 때 서예작품은 완성된다. 흑백으로 구성된 작품에 선명한 주홍색 낙관이 배합되니 훨씬 생기가 돌아 보인다. 그냥 글씨만 써놓았을 때보다 연지곤지를 찍은 듯 돋보이기 때문에 어떤 사람은 작품에 화장했다고 한다. 이같이 서화작품에 붉은 인주로 날인捺印된 형상은 전각만이 지닐 수 있는 신선한 정취다.

 청년 때 서예 동호인들과 그룹전시회를 하던 어느 날, 내 작품 앞에서 오래 머무르며 감상하는 분이 있어 내심 기분이 좋아 옆에 가서 인사를 했더니 "작품이 참 좋아 보입니다. 그런데 무슨 뜻인지 알 수 없으니 해석을 좀 해주십시오."라고 말했다. 당연히 물어볼 수 있는데 크게 당황했다. 그동안 바보처럼 남의 글씨를 모방하며 쓰기에만 급급하여 모르는 한자가 많았고 무슨 내용인지 정확하게 알지 못했기 때문이다. 시원하게 대답해줄 수 없어 무식이 탄로 나는 순간이었다. 이 얼마나 한심한 노릇인가? 쥐구멍에라도 들어가고 싶은 심정이었다. 나를 돌아보며 나의 서예작품은 어떤 것인가를 생각하게 하는 순간이었다. 경전輕典 구절이나 옛 선비들의 시를 이해하지 못하면서 베껴 쓰고 남이 새긴 낙관으로 날인하였으니 온전한 나의 작품이라고 할 수 없음을 느끼니 큰 자괴감이 들었다.

 그 후로 내 생각과 감정이 담긴 글감과 내가 새긴 낙관으로 온전한 나의 작품을 만들어야겠다는 열망으로 가득하여 일상생활 중에 짬을 내어 공부를 시작했다. 하지만 그 길이 만만찮아 태산이 앞을 가로막는 듯했다. 때로는 경전을 외우지 못해서 어찌할 바를 몰라 쩔

쩔매기도 하고 전각을 할 때 칼날에 손이 베고 떨어진 돌가루를 무심코 불었는데 눈에 날아들어 고생하며 만학의 어려움을 실감케 했다.

낙관은 서화작품 끝의 일부분에 사용되는 것이라 소홀하게 생각했는데 알아 갈수록 그 역할은 대단했다. 서화작품에서 조화와 멋진 구성을 이루는 강렬한 효과를 연출하여 아름답고 풍성한 감동을 불러오는 예술작품임을 강하게 느끼게 했다. 그뿐 아니라 건축물이 완공된 후 이를 축하하는 낙성식落成式을 하듯 오랫동안 공을 들인 글씨가 완성되면 작품의 내력과 작가의 성명, 아호雅號를 직접 쓰고 날인捺印하여 작품의 완성을 나타낸다. 뿐만 아니라 옛 선비들은 그때그때 느끼는 감정을 잊어버리지 않으려고 돌에 새겨, 늘 가까이 두고 자신이 읽는 책이나 서화작품에 찍었다고 한다. 나 역시 살아가면서 잊고 싶지 않은 생각들을 고사성어와 함께 돌 위에 새겨 보았다.

무지해서 부끄러움을 느꼈을 때 '敏而好學 不恥下問 (민이호학 불치하문)'이라는 구절을 새겼다. '배우기를 좋아하며, 아랫사람에게 묻는 그것을 부끄러워하지 않는다'라는 뜻이다. 살아가면서 학생의 자세를 갖는 것은 아름다운 것이다. 학생은 모르는 것에 대해 알고자 하는 열망이 있고 언제나 배울 준비가 되어 있기 때문이다. 배우는 사람은 새롭고 높은 곳을 향해 성장하는 사람이 될 수 있다. 지식사회를 살아가는 현대인들에게 배우기를 좋아하는 것은 선택이 아니라 필수인지도 모른다. 배우지 않으면 도태되고 세상살이에서 뒤처질 수밖에 없기 때문이다. 모르는 것을 남에게 묻는 것은 어려운 일이다. 아랫사람에게 물을 때 자존심이 상하기도 한다. 그러나 어찌하랴 '팔십 노인도 세 살 먹은 아이에게 배울 것이 있다.'라고 하지 않는가.

또 '桐千年老恒藏曲 梅一生寒不賣香(동천년노항장곡 매일생한불매향)'이라고 새긴 것도 있다. '오동은 천년을 늙어도 항상 제 가락을 지니고 매화는 일생을 추위에 떨어도 향기를 팔지 않는다'이다.

우리나라에서 고대 악기를 만드는 재료로 사용된 오동나무는 처음의 음질을 그대로 유지하여 오래도록 고운 소리를 낸다고 한다. 이처럼 내 마음에는 처음 내뱉었던 말, 처음 했던 생각들이 그대로 간직되고 있는지 초심이 마음의 거문고 현絃을 여전히 울리고 있는지 돌아보게 한다. 오동나무보다 더 애틋하게 마음을 애잔하게 하는 것은 매화다. 매화는 추운 겨울에 꽃을 피우며 편안함을 바라지 않는다. 매화를 보며 내 마음의 꽃을 생각해본다. 무엇이 나의 향기인가. 꼭 지켜야 할 것들, 죽을 때까지 가져가야 할 향기가 아직 내 속에 감돌고 있는가. 엄동에 추워서 못 살겠다고 신세를 한탄하며 은근히 따뜻한 봄을 동경하지 않았는가. 오동과 매화가 지닌 인고의 덕은 고고한 지조의 표상으로 불변의 감명을 전한다.

전각의 짧은 글귀에 깊은 지혜와 자연의 이치, 시비와 애오愛惡를 녹여 욕심 없는 마음, 구애받지 않는 자유롭고 떳떳한 삶에 대한 갈망 등이 있다. 돌 위에 새김에서 드러나는 진솔하고 천진한 에너지가 붓이 아닌 쇠칼이 돌에 닿는 순간마다, 단호하게 부수어져 떨어져 나가는 자국이 낙관의 아름다움을 나타낸다. 쇠칼의 날렵하고 예리한 움직임에 나의 숨결이 뜨겁게 담겨 아호인雅號印, 성명인姓名印 그뿐만 아니라 오랫동안 잊지 않고 간직하고픈 명언 명구가 두인頭印과 유인遊印으로 새겨졌다. 이것들은 내 마음에 주옥과 같은 잠언이며 내 서화작품을 더 아름답고 풍성하게 해주지만 아직 초보 단계를 벗어나지 못하고 있다.

권용완 heam0202@hanmail.net
2007년 《선수필》 등단

사진, 또 하나의 언어

김근혜

 징후다. 답답해서 밥이 목구멍에 걸린다. 산맥들이 꿈틀거리며 탈출을 꿈꾼다. 좋지 않은 호흡기 탓에 서랍 안에서 꿈이 늙을 때가 많다. 방랑벽이 있는 사람이 겨울을 나는 건 쉬운 일이 아니다. 그런데도 견디는 재간은 나이인 것 같다.
 카메라 가방을 메고 무작정 시동을 건다. 이사 온 지 삼 개월이 지나가는데 낯설다. 감기로 인해 실내에서 지내다 보니 가을이 떠나고 없다. 직장을 그만둔 후론 사진을 찍는다. 영혼이 피사체에 빠져 일체가 될 때 느끼는 희열이 나를 바깥으로 밀친다.
 누군가가 지나쳐버린 하루를 담고, 내가 사랑하는 파도도 넣으며 위안을 얻는다. 검은 상자 안에서 빨간 알약, 파란 펭귄, 다 닳은 지팡이가 나온다. 그들의 호흡이 멈추기 전에 재빨리 하드웨어에 저장한다.
 사진은 자기변명이 없어서 싱겁다. 보이는 대로 말하고 전하는 정직함이 싫다. 민낯이 불편하다는 사람들은 세상 흐름에 맞게 부풀리고 화장을 한다. 사람 얼굴에도 여러 학문을 가미하듯 사진도 문학, 심리학, 고고학, 건축학 등, 이야기를 입힌다. 애써 뒤틀고 조미료를 넣어야 예술이 되는지 알 순 없지만, 의식적으로 의도한 사진도 맛이 있어서 빠지게 된다.

　글자 없는 표정을 읽는다. 긴 휴식에 빠진 그들을 깨운다. 정지된 화면이 부스스 눈을 뜨며 말을 건다. 속살을 보는 순간이 즐겁다. 있음이 없음이고 없음이 있음이 되는 철학. 함축된 의미를 파악하고 매스를 든다.

　그들의 생생한 삶의 현장을 내 삶과 환치하고 새로운 의미를 부여한다. 아픈 기억은 지우개로 지우고 바랜 부분은 빈티지 느낌을 살려 고풍스러운 맛을 준다. 노이즈가 난 부분은 더 거친 질감을 주고 팔, 다리를 자른다. 내 작품은 수술대 위에서 새롭게 태어나기 위해 고통을 감수한다.

　상처 난 부분을 왜곡한다. 나를 비추는 거울이 분할되었다가 사라진다. 여러 사진이 합쳐져서 새로운 하나가 된다. 인연이 되어 새로운 누군가를 만나 가정을 이루기도 하고 헤어지기도 한다. 때론 근친상간도 서슴없다. 하나의 인격에 다중 인격을 부여해서 욕망의 화신을 만들기도 한다. 밋밋하던 가슴이 부풀어 오른다. 창조적 행위가 끝나고 소통이 이루어진다.

　들어 올리기조차 힘든 카메라의 무게가 그 순간만큼은 가벼워진다. 셔터를 너무 많이 눌러서 손가락이 쑤신다. 마약과도 같은 사진 작업이 통증을 잊게 한다. 내가 살아보지 못한 세상을 만들고, 가져보지 못한 것이 승화된다. 이런 순간이 좋아서 방랑벽을 핑계 삼아 쫓아다니는지 모른다. 상상 속에서만 존재할지라도 내가 꿈꾸는 것을 만날 수 있고 이룰 수 있으니 행복하지 않으랴.

민낯에 옷을 덧입히는 시각을 바꿔 놓은 것은 라오스 오지 마을 출사 여행이었다. 맑고 순한 눈을 가진 아이들을 본 후이다. 다섯 살 남짓 된 아이들이 축구를 하며 즐겁게 놀고 있었다. 바지가 벗겨지는 줄도 모르고 뛰노는 아이들의 풍경 속에서 문명은 이기였다. 내가 하는 사진 작업이 순순함에 대한 모욕인 것 같아 차마 광각렌즈를 바로 들이댈 수 없어서 망원렌즈로 그들을 담았다.

네 살배기 여자아이가 동생을 어르고 업고 있는 모습, 가장의 무게를 짊어지고 아무렇지 않은 듯 운명을 껴안고 살아가는 여성들. 불평조차 없어 보이는 평온한 얼굴에서 무엇이든 얻기 위해 발버둥치는 우리들의 모습이 대비된다. "인간은 구하다, 구하다 고苦의 세계에서 죽는다."고 했던가. "크게 버리면 크게 얻는다."는 진리를 그들에게서 깨닫는다. 많이 가지고도 결핍을 느끼는 혼탁한 가슴이 떨리고 있다.

문명을 받아들여야 하는 압박감이 없는 평화로운 곳에 대책 없이 불을 지필 이유는 없다. 신이 인간을 처음 만들었을 때, '보기에 좋았다.'고 말한 순전한 모습이 아닐까. 그날그날의 의식주를 해결하면 그게 행복인 것처럼 보였다. 꼬질꼬질하게 때가 묻은 옷을 입고 맨발로 다녀도 부족한 것이 없어 보였다.

사진은 또 하나의 언어이다. 세상에 때 묻지 않은 모습을 한 장이라도 더 담겠다는 작가들의 시선과 그들의 눈동자가 교차한다. 허리를 숙여야만 보이는 들꽃, 눈여겨보지 않으면 지나칠 수 있는 그들. 단지 삶의 형태와 태어난 나라가 다를 뿐. 우리와 똑같은 조물주의 선물이다.

빛을 받은 명부와 빛을 받지 못한 암부의 차가 극명하게 드러나는 것 같아 마음이 아팠다. 아니다. 누가 그들을 암부라고 말할 수 있겠는가. 빛이 강하면 그림자도 길 듯, 빛이 진정 빛이 아닐 수 있는 것을. 어느 생이 렘브란트광처럼 극적이고 입체적일 수 있을까. 빛이 약해 장노출을 통해 절대량을 확보할 때가 있는 것이 인생이거늘.

사탕을 내밀었다. 우르르 몰려오는 아이들의 눈이 맑다. 슬프다. "기브 미 초콜렛."을 외치며 다니던 한국전쟁 후의 우리나라 현실이 광각으로 다가오다 망원으로 밀려 난다.

김근혜 ksn1500@hanmail.net
2013년 동리목월 등단
수필집 『푸른 얼룩』

챙기기와 버리기

김녕순

    살아가노라면 짐을 싸게 되는 경우를 여러 차례 겪는데 그럴 때마다 무엇을 챙기고 무엇을 버려야할지 가늠하기가 어렵다.

    나는 열여덟 살 때 6·25 전쟁을 겪었다. 마침 어머니와 오빠는 고향에 다니러 간 터라 혼자 피난 짐을 싸야 했다. 앨범에서 떼어낸 사진과, 가정시간에 배운 양재재단법 노트, 그리고 영어사전을 챙겼다. 어려서의 모습과 여학교시절의 사진이 지금까지 남아 있는 것은 그때 피난 짐을 잘 챙긴 덕이라 생각한다. 피난지의 어려운 살림에서 양재노트는 마을사람들의 와이셔츠, 남방셔츠 등을 만드는 데 도움이 컸다. 영어사전을 펼치고 등잔불 아래 단어와 예문을 암기하면 학업이 중단된 초조함을 달랠 수 있었다.

    집을 비우고 떠나는 피난길에 어머니를 위한 물건으로 무엇을 챙겨야 할지 짐작하기 어려웠다. 문득 마루 밑의 장작 뒤에 숨겨놓으신 트렁크가 생각났다. 차곡차곡 쌓인 장작을 모두 꺼내고 찾아낸 트렁크에서 나온 윤기 나는 옷감은 비쌀 뿐만 아니라 어머니가 아끼시는 것같아 모두 챙겼다. 제법 무거웠지만 등짐으로 메고 최전선을 넘나들며 12일간을 걸어 대전에 도착했다. 뜻밖에도 어머니는 '이까짓 것들을 뭐 하러 가져왔느냐'고 몹시 화를 내셨다. 야속하고 무안했다. 무엇을 원하셨던 것일까. 그때에는 짐작할 수 없었으나 후에 나도 자식을 키운 뒤에야 그 이유를 알았다. 하찮은 옷감을 소중한 줄 알고 무겁게 지고 온 것이 안타깝고 화가 난 것이었다.

 내가 피난 짐을 메고 떠난 뒤에 당숙堂叔이 혼자 있을 나를 데려 가려고 우리 집에 들르셨다고 했다. 당숙은 내가 이미 떠나고 없으니 어머니가 애지중지 하시던 재봉틀을 자전거에 싣고 열흘 넘게 걸어서 대전지방까지 오셨다. 쇳덩어리이니 얼마나 무거웠으랴. 당시에는 재봉틀이 귀중품이었지만 힘하고 먼 길에 끌고 올만한 가치가 있는 것이었을까. 재봉틀을 받아 든 우리 어머니는 이번에는 화는 내지않고 고마움만 나타냈다.

 어쩌면 우리는 무엇이 소중한지도 모른 채 살아가는 것 같다. 하찮은 것을 소중히 지니고 있으면서도 그것을 모른 채 끌어안고 살아가는지도 모른다. 그때마다 버릴 줄 아는 지혜가 있으면 얼마나 좋을까. 금년 초여름에 갑자기 이사를 하였는데, 십여 년 만에 하는 이사라 버릴 것을 정리하기가 무척 힘들었다. 물건들을 정리하다보니 이사하고 한 번도 쓰지 않은 것들이 있었다. 소용도 없는 물건들을 이제까지 소중하게 간직해 왔던 것이다.

 여행할 때도 마찬가지이다. 짐을 잘 챙기고 출발한 것 같지만 긴요한 것이 빠져 있을 수도 있고 쓸 데 없는 것을 들고 다닌 경우를 여러 번 겪었다. 가벼운 여행 짐이 세련된 짐이다. 인생도 여행길과 같다. 삶의 짐이 가벼워지도록 나쁜 기억이나 미움의 응어리는 일찍감치 버려야 한다. 이런 것들만 덜어내도 인생이 맑아지고 가벼워질 것이다.

어제는 카메라 충전기와 연결 코드를 넣은 통을 빈 것인 줄 알고 재활용 쓰레기에 내다버렸다. 재활용수집 요일을 어기며 굳이 고철 수집함에 갖다 넣었다. 그 안에는 중요한 것을 저장한 메모리카드도 여러 개 들어 있었다. 뚜껑을 열어보는 아주 작은 동작이 귀찮았다. 몸을 덜 움직이려다 소중한 것을 맥없이 버리고 말았다. 물건만 버린 것이 아니고 나이 탓에 엉뚱한 짓을 한 것 같아 덧없다는 생각이 자꾸 솟는다.

오늘 하루의 생활에서 무엇을 버리고 무엇을 챙길 것인가. 쓸 데 없는 것을 안고 집착하지는 않는가. 소중한 것을 알아보지 못하고 흘려보내지는 않는가. 깨달음은 챙기고 집착은 버리는 지혜가 나에게도 깃들기를 바라는 마음 간절하다.

김녕순 sn2858@hanmail.net
《한국수필》등단
수필집 『그린 그린 그린 』

달팽이만 식구니

김 덕 림

 지난 8월 지독한 더위가 많은 사람들의 숨통을 조이고 있었고, 살인적인 더위에 모든 생물들이 숨을 헐떡이며 늘어져 있었다. 그런 가운데 충주 오두막에 도착한 나는 돌담 밑 손바닥 밭 블루베리 아래에 잡초가 무성한 것을 보았다. 아니다. 그 전에 돌담 속 자그마한 구멍 속으로 드나드는 벌을 한 마리 먼저 본 듯도 하다. 주변에 많은 새와 나비 그리고 벌과 온갖 곤충들이 같은 공간에 살아가는데 그 벌의 존재가 그리 쉽게 내 눈에 띄었을 리는 없었다. 그러나 다음 순간 나는 그의 존재가 태산처럼 다가왔음을 고백한다.
 블루베리 밑 잡초에 살며시 손이 닿으려는 순간 그는 나에게 무지막지하게 달려들었다. "악" 비명을 내지르며 도망을 쳤고 정신을 차려보니 블루베리 옆 돌담에 몇 마리의 말벌이 존재하였음을 알게 되었다. 그렇다고 내가 저들을 해코지하고자 한 것도 아니고 단지 땅의 잡초에 손을 댄 것뿐이지 않은가? 다시 접근해 '너희는 내 목적이 아니야 잡초라니까, 그래 내 대상은 풀일 뿐이야! 너희가 아니란 말이지!' 이런 심정으로 손을 뻗은 순간 눈앞에 덤벼드는 검은 물체로 인해 혼비백산 도망쳐 집 안으로 들어갔다. 그리고 남편에게 "여보,

여보, 쟤네 말벌인가 봐, 밭에 내려가지 마세요." 했다. 그때까지만 해도 그들의 무서움을 크게 깨닫지는 못한 채 말이다.

얼마 후 남편은 말벌에 쏘인 손을 쳐들고 들어왔다. 나의 경고를 아니 말벌의 경고를 무시한 대가는 손등에 박힌 말벌의 독침이었다. 두 번이나 쫓아 보낸 인간이 있었음에도 또 나타난 인간에 대한 화풀이었을까? 괜스레 벌에게 쏘이지 않은 내가 남편에게 미안했다. 정작 그들을 화나게 한 것은 나인데 결국 남편이 당한 게 아닌가 하는 생각이 들었던 것이다. 흐르는 물에 씻고 독침을 빼고 응급치료를 한다고 했지만 손등은 벌겋게 부어오르고 있었다.

그리고 다시 오두막에 내려가기 전 일주일 내내 남편은 그들에게 복수할 방법을 고심하고 있었다. 하지만 나는 그들도 우리 집에 기거할 공간을 마련하고 같이 살고자 하는데 무자비하게 쫓아내야 하는가를 고민하고 있었다. 하나 남편의 결심은 확고했다. 그도 그럴 것이 아직까지도 벌이 남긴 후유증으로 고생하고 있었으니 더 이상 나도 남편을 말릴 명분을 찾을 수 없었다. 그래도 우리 식구(?)인데 하는 생각은 떨쳐버리지 못했다.

작년 출판한 수필집에 「달팽이와 식구하기」란 글이 있다. 조금 심은 김장배추를 달팽이가 다 먹어치우는 것을 본 나는 이렇게 썼다.

"식구食口란 말이 있지요. '한 집안에서 같이 살면서 끼니를 함께 먹는 사람'을 가리키는 말입니다. 그렇게 본다면 놓아준 아니 정확히 말하면 죽이지 못한 달팽이들이 하루 종일 또는 며칠이 걸려 돌아와 배추를 다 먹어 버린다 하더라도 어쩔 도리가 없지 않겠습니까. 끼니를 함께하지는 않지만 내가 거처하는 오두막에서 내가 먹는 배추를 함께 먹자고 끊임없이 호소하는 달팽이들이니 말입니다. 올 가을에는 그렇게 달팽이와 식구가 되었습니다."

그렇다. 달팽이가 끼니를 함께 먹지는 않더라도 우리 배추를 같이 먹어 식구가 된 것처럼 말벌 또한 식구의 뜻 '한 집안에서'라는 것에 멈추면 우리의 식구가 되는 것이지 않겠는가. 식구의 마음을 아프게 해야 한다는 것에 일주일이 더디 흘렀다.

올 것이 오고야 말았다. 드디어 119 대원이 출동한 것이다. 남편의 복수극은 본인이 출연하는 것을 포기하고 119 대원을 무대에 올린 것이다. 119 대원들은 중무장을 하고 돌 틈에 있는 우리 식구(?)의 보금자리를 사정없이 파괴하고 그 증거물을 우리에게 보여주었다. 그리고 요즘 119 신고의 70~80%가 벌집제거라며 또다시 벌집을 발견하면 직접 제거하지 마시고 꼭 신고하라며 돌아갔다. 대원들을 배웅하고 돌아오니 거실 밖 유리 창가를 날아다니는 말벌 한 마리가 있었다. 미안하다는 사과라도 받아가려고 찾아온 것일까? "미안해, 미안하다고. 그래도 어떡하니? 너희들이 위협이 되는 걸." 행여나 공격하면 어떻게 하나 제대로 쳐다보지도 못하며 진심어린 사과를 하는데도 떠나지를 않는다. 집이 없어지면 다른 곳으로 갈 것이라고 했는데 쟤는 왜 여기서 없어지지 않는 거야. 혹시 복수를 계획하고 있지나 않을까 걱정이 되었다.

9월이 지나고 10월 첫 주 아들 내외와 오두막에 들렀다. 테라스 중앙에 있는 파라솔을 펼치던 남편이 말벌을 보고 깜짝 놀란다. 난 꿀벌을 잘못 보았으려니 했다. 그러나 말벌은 그사이 처마 밑에 집을 지어놓고 있었다. 지난번 마당 끝 돌담보다 더 가까이에서 말벌의 위협이 시작되니 그냥 있을 수가 없었다. 옆집에서조차 '어쩐지 말벌이 날아다니더라.'며 신고하기를 원했다. 다음 날 우리는 또 벌들에게 미안했지만 신고를 했고 그들의 안식처가 제거됨과 동시에 우리의 신변은 안전해졌다. 한바탕 난리를 치르고 인천 집으로 돌아오려는 준비를 하려고 방으로 들어갔다. 무심코 창으로 마당을 내다본 순간 비명을 지르지 않을 수 없었으니 단풍나무 밑에서 잔디밭으로 걸쳐진 기다란 물체 때문이었다. 뱀이었다. 몇 년 전 뒷마당에서 아기 뱀을 본 후로 뱀은 물론 그렇게 큰 뱀은 처음이었다. 다행히 독사는 아닌 듯했다. 우리 네 식구의 시선을 의식했을까? 뱀은 천천히 몸을 돌려 단풍나무 밑 회양목 속으로 사라졌다.

큰일이다. 우리 집에 사는 것들은 다 식구라 생각했는데 '그럼 저 뱀도 우리 식구네?' 하는 생각을 하니 뭔가 조금 꺼림칙하다. 그러고보니 뱀만 있는 것이 아니었다. 잠자리, 방아깨비, 사마귀, 여치 등등 지난 주 인천 집으로 돌아오는 자동차 보닛에 올라앉았던 메뚜기를 비롯하여 온갖 가을 곤충들과 여러 생물들이 우리 집에 살고 있었던 것이다.

이들은 '달팽이만 식구니?' 하는 듯이 우리 집을 제 집처럼 비워 둔 4일 동안은 저희들끼리 그리고 우리가 그곳에 가 있는 3일은 우리와 함께 같은 집에서 식구처럼 살아가고 있다. 그런데 자꾸 양심의 언저리에서 울리는 소리, 말벌들의 소리 '나도 식구야~~'라고 하는 소리가 맘속을 맴돈다. 그러나 '식구는 서로를 위협하지 않는 거야'로 그들의 안식처를 헐어버린 죄책감을 달랜다.

김덕림 dalgaebi21@hanmail.net
1991년 『농민문학』 등단. 수필집 『목련, 별이 되다』 『달팽이와 식구하기』

커튼

김동식

　아침에 눈을 뜨면 커튼부터 열어젖힌다. 햇살 가득한 회색 빌딩들이 병풍처럼 펼쳐져 있다. 천변 따라 만개한 벚꽃이 눈부시다. 검은 탄천도 이때만은 금빛 물결로 흐른다.
　어젯밤 커튼을 닫으며 내다 본 밤 풍경은 간데없다. 길을 메우던 헤드라이트 물결은 어디로 흘러갔을까. 어렴풋하던 건물들의 실루엣, 탄천은 가로등 빛을 안고 가만가만 일렁이고 있었는데…. 미색 커튼 너머로 다른 세상이 다가온다.
　홀을 가득 메운 관중들의 긴장된 눈빛들이 하나같이 커튼을 향해 있다. 무겁게 드리워진 진홍빛 커튼은 미동도 없다. 박수 소리가 난다. 어둑한 무대 밑, 흐린 간접 조명 속에서 오케스트라와 지휘자가 나타난다. 낮고 느리게 연주되는 전주곡이 곧 펼쳐질 전쟁의 비극과 주인공의 비련을 예고한다. 연주가 마무리되며, 묵직한 커튼이 서서히 올라간다. 관중들의 낮은 탄성. 막에 가려 있던 고대 이집트가 다가온다. 멤피스 궁전의 석조전과 돌기둥이 장엄하다. 라다메스와 람피스 제사장 일행이 옛 이집트 복장으로 서 있다. 현세가 온통 고대의 블랙홀로 빨려드는 순간이다. 커튼의 매직이다.

커튼의 매직은 우리 몸에도 있다. 엄지손톱 반쯤 크기의 초미니 커튼, 눈꺼풀이다. 우리는 하루에도 수천 번 아무 의식 없이 이 얇은 막을 여닫으며 살고 있다. 그랜드캐니언도 나이아가라도 이 커튼만 살짝 닫으면 사라진다. 세상만사 보고 싶으면 열고 보기 싫으면 닫아버리면 되는 최고의 편의 장치이다. 잠잘 땐 닫히고 깰 때면 알아서 열리는 자동 개폐식 커튼이다. 이 자동 장치가 고장으로 닫히고 다시 열리지 않으면 영원히 잠자야 한다. 삶과 죽음이 이 초미니 커튼의 작동 능력에 달려 있다.

원죄의 인간은 거추장스러운 커튼을 걸치고 살아야 한다. 만고 무죄의 동물들에겐 필요 없는 물건이다. 아담과 이브가 걸친 나뭇잎 한 장이 인간 가림막의 원조다. 원시 시대엔 나뭇잎, 풀잎을 엮어서 주요 부분만 가렸다. 요즈음 아슬아슬한 손수건 사이즈의 커튼을 보면 인간도 결국 원초적 향수를 못 벗어나는구나 하는 생각이 들곤 한다. 옷 얘기를 할 때마다 풀지 못할 의문점이 인다. 왜 중세나 조선 시대엔 그리도 풍덩하고 치렁치렁한 천을 겹겹으로 걸치고 살았을까. 손수건 크기면 충분한 걸 말이다. 답답한 우리 조상님들.

인간은 태생적으로 막과의 인연을 피할 수 없다. 엄마의 뱃속에서도 양수 막에 갇혀 산다. 이 막을 벗어나야 세상의 광명을 맞을 수 있다. 아이 둘 낳을 때 아내의 산고 현장에 함께 있었다. 산모 허리 아래로 가림막이 쳐졌다. 의사, 간호사는 막 저편에, 이 상황의 원인 제공자는 막 이편에 있었다. 땀범벅으로 비명을 지르는 여인의 손을 꼭 붙들고 있었다. 아이 울음소리가 터지자, 여인은 비명을 멈췄다. 간호사 양손에 받혀진 아이가 막 저편에서 나타났다.

"공주님이시네요. 축하합니다."

막은 인간 희로애락에 늘 함께하는 불가분, 불가피의 존재이다. 그러나 없어야 더 좋은 존재가 있다. 인의 장막이다. 인간 사회 곳곳에 바이러스처럼 웅크리고 있는 악의 화신이다. 역사적 사례에 환관 조고가 있다. 춘추전국 시대를 마감하고 광대무변의 대 제국을 세운 영웅 진시황도 조고라는 간신의 장막에 가려 비극적 종말을 맞는다. 후한 말의 십상시도 이름난 인의 장막이다. 아둔한 황제를 가로막고 국정을 전횡했던 열 명의 환관들, 200년 후한의 막을 내리게 한 장본인들이다.

요즈음 신문에도 현대판 십상시에 대한 의구심 기사가 나올 때가 있다. 가슴이 철렁한다.

재미와 즐거움, 비극과 희극, 삶의 지혜나 깨달음을 전해주는 막이 있다. 이름도 고운 은막이다. 〈바람과 함께 사라지다〉의 대서사, 웅대무비한 〈벤허〉, 그리고 반전의 블랙 코미디 〈기생충〉에 이르기까지. 심금을 울리던 스크린의 추억은 아직도 생생하다. 아, 지금도 가슴 뛰게 하는 은막의 여인들도 있었지.

반면 이름도 고약한 흑막이라는 것도 있다. 냉전 시대에 중국과 소련을 일컫던 죽의 장막, 철의 장막과 동의어다. 위정자들은 막 뒤에 모여 음모하기를 좋아한다. 이런 정치 행위를 그들은 막후 정치, 막후 협상이라 그럴싸한 명칭으로 부른다. 흑막 속에서 벌어지는 일, 권력자는 알고 국민은 모른다.

선거철이다. 막 뒤에서 결정된 공천자 발표가 났다. 위원들은 고도로 엄정한 심사과정을 거쳐 선정되었다고 강변한다. 낙천자들은 반발한다.

'흑막정치의 결정판이다.' '막후에 뭔가가 있다.'

10년, 20년 정치 동지가 막 타령, 내부 총질을 해대며 등을 돌린다. 정치판의 앞길, 참 막막하다.

김동식 markdskim@nate.com
《현대수필》로 등단
수필집『걸어가는 사람』, 3인집『셋이서 떠나는 이야기 여행』

연리목

김만년

둘레길은 아내와의 정담길이다. 손을 잡고 새소리 바람소리에 귀를 씻으며 둘레둘레 걷다 보면 마음이 한결 푼푼해진다. 그동안 서운했던 마음이나 미처 풀지 못했던 소소한 집안일들도 나는 이 둘레 길을 걸으면서 푼다. 숲 어름에 앉아서 땀을 식히고 있는데 앞서가던 아내의 목소리가 들려왔다. 아내는 발그레 상기된 얼굴로 비탈 쪽 나무를 가리키고 있었다. 언뜻 보니 두 그루의 참나무가 엉켜 붙어 있었다. 연리목連理木이었다. 이미 많은 사람들의 손길이 스친 듯 수피가 반들반들 닳아 있다. 정확한 수령은 알 수 없으나 생김새로 보아 몇 십 년은 족히 되어 보였다.

'연리목은 서로 다른 두 나무가 오랜 세월을 맞닿은 채 자라면서 하나가 된 나무이다. 두 나무가 살을 맞대고 부름켜를 잇는 고통의 세월을 보낸 후에야 비로소 한 몸[連理]이 된다. 그 후에는 튼튼한 나무가 약한 나무에게 양분을 공급해주며 함께 살아간다.' 나는 마치 숲 해설가라도 되는 양 아내에게 연리목의 생태에 대해 세세한 설명을 늘어놓았다.

"듣고 보니 상상이 가네. 그럼 당신에게 양분을 공급해준 수호천사는 누구지?" 아내는 재미있다는 듯이 내 표정을 살피며 생글거린다. 그랬던가. 뜨끔한 그 무엇이 명치끝을 뭉긋이 짓누른다.

아내의 말처럼 결혼 당시의 내 모습은 앙상한 겨울나무와도 같았다. 옹이마다 시린 바람 불어와 좀체 잎 틔우지 못할 희망 없는 나무였다. 아버지의 지병, 어머니의 갑작스러운 죽음, 육 남매의 맏이, 이런 우울한 삶의 문제에 부딪혀 겨울 골목을 휘청거리던 시절이었다. 어머니란 전능한 이름 하나가 떨어져 나간 집안은 폐허처럼 황량했다. 눈을 감으면 어머니 모습이고 눈을 뜨면 맏이란 엄중한 현실이 있을 뿐이었다. 몸도 마음도 지쳐 있었다. 정말 날 구원해 줄 수호천사가 필요했다.

벚꽃 분분하던 어느 봄날, 몇 번인가 스쳐갔고 몇 줄의 편지 정도가 오가던….

나는 한 여자를 생각하며 긴 편지를 썼다. 그리고 무작정 부산행 밤기차를 탔다. 새벽 출항을 알리는 뱃고동 소리에 마음을 다잡고 나는 등산로 같은 수정동 산복도로를 단숨에 올랐다. 술 한 병을 사들고 다짜고짜 장모님께 읍소하며 청혼을 했다. 장모님께는 청천벽력과도 같았으리라. 포기하면 끝이라는 심정으로 다음날 다시 장모님을 찾았다. 삼고초려의 마음으로 그렇게 꼬박 삼일을 청혼했다. 이런 내 모습이 안쓰러워 보였던지 아내는 태어나서 처음으로 엄마를 거역했다며 내 염치없는 손을 꼭 잡아주었다. 다니던 회사를 정리하고 당돌하게, 어쩌면 철없이 친정엄마를 설득하던 아내, 그렇게 아내는 언제 쓰러질지 모르는 고사 직전의 나무 옆에 스물여섯의 청청한 뿌리를 내렸다.

신도시에 셋방을 얻고 편찮으신 시골 아버지를 모셔왔다. 신접살림 대신 어머니가 쓰시던 세간들을 풀고 곤궁한 삶의 목록들을 진열했다.

허름하던 세간들이 아내의 손이 닿자 차츰 윤이 나기 시작했다. 폐가에 들어앉은 보름달처럼 우울하던 집안이 일순 환해졌다. 아내는 어린 시동생들을 다독이며 집안 구석구석에 묻어 있던 슬픔의 찌꺼기들을 털어내었다. 앞치마를 동여매고 날마다 어머니의 빈자리를 쓸고 닦으며 집안에 짭짜름한 소금꽃을 피웠다. 뚱한 마음으로 겉돌던 동생들도 차츰 아내를 따랐다. 집안에 비로소 졸졸졸 시냇물 흐르는 소리가 들려왔다. 그것은 희망의 노래였다.

어찌 아내라고 호강하고 싶은 생각이 없었을까. 튼실한 나무 옆에 뿌리를 내려 청청한 활엽의 인생을 살고 싶은 꿈이 아내라고 없었을까. 그러나 아내는 평탄한 길보다 절실한 쪽을 선택했던 것 같다. 생각해보면 그 봄, 꽃잎처럼 얇았던 인연이었지만 그래도 사랑은 움트고 있었던 것 같다. 당시 나의 절실함은 무모한 용기로 변주되었고 그것이 아내에겐 '진실'이란 이름으로 감응되었던 것이리라. 그러나 현실의 삶은 엄중했다. 어머니의 부재와 곤궁한 삶의 파편들이 자주 불협화음으로 달그락거리곤 했다. 어린 동생들은 아버지의 무능을 원망하며 성장통처럼 홀연히 집을 떠나기도 했다. 그러나 아내는 어느 잎새 하나 다칠까 섭섭한 자리들을 알뜰히 다독였다. 주소를 수소문해서 동생들을 집으로 불러들이고 삐걱거리던 형제들을 중재하며 균열의 틈새를 촘촘히 박음질했다. 박봉을 쪼개어 감 하나 배 하나 놓고 죄송한 마음 여미며 어머니께 제향을 사르던 아내, 그런 애진 시간들이 모여 결을 이루고 나이테를 불려 마침내 내 안으로 들어왔던 것이리라. 연리목이 되었던 것이리라.

시리고도 따스했던 지난 시간, 그동안 두 아이가 태어났고 세 동생들은 각자의 짝을 찾아 집을 떠났다. 오래 앓아 감잎처럼 바스락거리던 아버지도 몇 해 전에 어머니 곁으로 거처를 옮기셨다. 밀린 숙제처럼 남았던 학업도 마쳤고 부초처럼 떠돌던 세간도 어느 정도 정착시켰다. 고사 직전의 나무에 새잎이 돋고 내 푸른 가지에 매달린 일가들이 다시 한 그늘을 내기까지 꼬박 이십오 년이 걸린 셈이다. 살을 맞대고 함께 살아온 풍파 많은 세월, 생각해보면 아내가 밀어올린 수액으로 나이테를 불리며 한 뼘씩의 그늘을 넓혀왔던 시간들이었으리라. 어쩌면 내 나이테가 굵어지고 잎들이 무성해질수록 아내는 또 그만큼 작아지고 시들어왔던 시간이었는지도 모른다.

  요즘 들어 아내의 얼굴에서 부쩍 생기가 돈다. 늦게 시작한 방송대 공부가 마냥 재미있는 모양이다. 나는 응원하는 뜻으로 노트북 하나를 선물했다. 나의 예상치 못한 선물에 아내는 수백만 원짜리 보석이라도 받은 양 좋아했다. 사람에게 주는 것 중에 '알아주는 것'만큼 큰 선물이 없다고 한다. 돌이켜보면 알아주지 못해서 미안했고, 그래서 더 고마웠던 세월이었다. 제 수피를 벗겨 고사 직전의 나에게 사랑이라는 부름켜를 이어주던 아내라는 나무, 그 자양분을 먹고 나는 지금 청청한 활엽의 나무로 푸르게 서 있다.

  팔월의 폭염도 아랑곳하지 않고 연리목은 서로를 꼭 껴안고 있다. 부름켜를 잇던 고통의 세월도 잊은 듯 매양 청청한 하늘로 푸른 가지를 뻗는다. 저렇게 잎 틔우고 품 안에 열매들 다문다문 익히다 보면 또 빛깔 고운 가을도 맞이할 것이다. 마주 본 세월의 무늬만큼 서로에게 물들어 가기도 할 것이다. 햇살 한 잎씩 물고 앞서가는 아이들을 바라보며 그렇게 천천히 걸어가는 것이 부부의 길이라고, 우듬지 푸른 연리목이 나에게 일러 주는 것만 같다. 빠듯한 일상에 찌들어 어느새 노랗게 탈색된 아내라는 작은 이파리, 그 고마운 손 하나 꼭 잡고 다시 산을 오른다.

김만년 sanha3000@hanmail.net
2003년 《월간문학》 등단, 경남신문 신춘문예 수필 당선(2015)
수필집 『사랑의 거리 1.435미터』

내 삶의 사칙연산

김 미

    음반 제목이 참 기발하고 의미심장하다. 더하기(+), 곱하기(x), 나누기(÷)란다. 영국 싱어 송 라이터 '에드 시런'은 2011년 데뷔 음반에 이어 3집까지 사칙연산을 제목으로 음반을 냈다. 평범한 청년이 솔직 담백하게 풀어 낸 실연과 못난 자기 고백이 매력적이다. 본격적으로 삶을 맛보기 시작한 서른 살이 채 안 된 애송이 청년이 삶의 깊이를 다 이해한 걸까? 찬란하고도 허무하기 그지없는 사랑과 이별 경험을 솔직한 넋두리로 늘어놓다니. 갑자기 퍼뜩 떠오르는 생각, 내 삶의 사칙연산四則演算은…
    4남매 중에 막내인 나는 호기심 많은 눈을 반짝거리면서 언니와 두 오빠를 쫓아다니며 모든 걸 따라할 정도로 샘이 많았다. 내 뜻대로 안 되면 막내만이 누리는 특권으로 다른 형제들의 양보를 받아 냈다. 유년 시절의 많은 추억이 훗날에 힘이 들고 맘이 허허로울 때마다 들춰 보는 내 마음의 보물 상자가 되었다. 철이 들면서 무던하고 밝은 성격으로 원만한 교우 관계를 유지하며 학창 시절을 별 탈 없이 보냈다. 내게 주어진 삶을 진지한 자세로 받아들이고 책을 가까이 하며 삶의 울타리를 조금씩 넓혀 갔다. 복잡하고 혼돈스러운 정치 상황 속에서 대학 생활을 시작했다. 신문을 열심히 읽으면서 아직 설익었지만 세상을 바라보는 나의 소신을 다져가며 학부를 거쳐 대학원 생활을 마쳤다. 속 깊고 이해심 많은 경상도 사내와 차분하면서 감성적인 서울 아가씨가 만나 축복 속에 결혼을 했다. 인생을 사랑하고 어떤 어려움이라도 함께 할 것을 서약하며 부부가 되었다. 연년생으로 두 아들을 낳으며 이 세상을 다 가진 듯 했다. '너'와 '나' 둘이 만나 '우리'라는 든든한 가족이 생겼다. '더하기' 의미가 무한대로 커지는 행복을 맛보았다.

 둘째 아들이 두 돌 무렵 자폐성 발달장애 판정을 받았다. 이성적인 판단과 행동이 무의미해져 버리는 두렵고도 막막한 나락으로 떨어졌다. 단단한 의지와 성실한 자세로 삶을 대하던 나는 아픈 아들을 길러야 하는 막중한 짐을 담담하게 끌어안았다. 한창 세상 경험을 하면서 내 삶의 방향을 차근차근 다져나가야 하는 3,40대에 오직 아들의 건강과 특수교육에만 매달렸다. 꿈을 내려놓고도 가슴 밑바닥으로부터 불쑥 불쑥 고개를 내미는 내 안의 또 다른 나로 인해 눈물의 기도로 마음속 갈등을 덜어내고 또 덜어내야만 했다. 어쩌면 나보다도 더 힘들었을 자존심 강한 남편은 묵묵히 아들에게 필요한 맞춤형 특수 교육을 챙겨가며 최선을 다했다. 교육의 효과가 더딘 아들의 미래를 생각할 때마다 내가 살아 숨 쉬는 동안 해결되지 않는다는 절망감과 조급증 때문에 숨을 쉴 수 없을 만큼 힘들었다. 늘 곁에서 변함없이 지지하고 격려해주는 가족의 사랑을 밀어낸 채 끈질기게 괴롭히는 불안이 변수變數가 되어 이리저리 흔들리고 있었다. 막막한 불안감과 팽팽한 긴장감속에서 삶의 무게 중심을 놓치지 않으려고 안간힘을 썼다. 더 이상 무엇을 해야 할 지 알 수 없을 때 비로소 진정한 무엇인가를 할 수 있다고 했던가. '내가 무엇을 해야 할까?', '내가 무엇을 할 수 있을까?'를 되물으며 삶이 조금씩 변하기 시작했다. 내 인생의 변곡점變曲點이었다.

이제야 내 삶의 진정한 의미를 되돌아본다. '어떤 삶이 가치 있는 삶일까?' 무엇을 보태고 어떤 것을 덜어내며 어떻게 서로 나누면서 살아가야 하는지 깨달았다. 되돌아갈 수 없는 지나온 삶을 향한 원망과 아쉬움을 덜어냈다. 엄마이기에 어쩔 도리 없이 품게 된 죄책감을 주저 없이 털어버렸다. 희망의 동아줄을 꼭 붙들고 힘들게 하루하루 견뎌 내며 장애 자식을 돌보고 있는 부모들에게 힘이 될 수 있는 위로를 나누고 싶다. 사는 동안 몰랐을 힘들고도 안타까운 아픈 자식 사랑의 의미를 알게 해 준 귀한 둘째 아들이 맘 저리도록 애틋하다.

삶에 정답은 없다고 한다. 정답을 만들어 가는 과정만 있을 뿐이다. 최선을 다해 내게 주어진 삶의 사칙연산을 제대로 풀어 낼 수 있을 만큼 나이가 들었나 보다. 의연하고 담대하게 세월을 맞이할 자신이 생겼다. 보태기와 곱하기에 연연해하지 않으리라. 삶의 고통의 의미를 깨닫고 따뜻한 위로를 나누며 함께 해야 할 인연들을 챙겨본다. 덜어주고 나누며 서로를 배려하면서 삶을 다독일 수 있는 여유가 생겼다. 진정 소중한 가치를 깨닫게 해준 귀한 삶의 여정에 감사함만 남았다. 인생을 이해할 만하니 얄팍하게나마 조금씩 성숙해져가는 것이 분명하다. 아직 내 인생의 사칙연산은 끝나지 않았다.

김 미 rosekim0922@gmail.com
김영미 (본명)
2016년 《선수필》 등단

미스 킴의 전성시대

김민자

　어느 문학회 편집장은 나를 미스 킴이라 부른다. 그럴 때마다 나는 프루스트현상에 푹 빠져 지나간 세월을 기억해 낸다. 거기에서 스무 살 갓 피어나는 나이에 한껏 모양을 낸, 검정투피스에 눈이 부시게 하얀 칼라 깃을 세우고 하이힐을 신은 미스 킴이 걸어 나오고 있다.
　1960년 12월 31일 재정직 9급 공무원 발령을 받았다. 첫 근무지는 충북도청 내무국 재정과. 내가 미스 킴으로 불리던 첫날이다. 어른이 되었음을 축하한다는 축사같이 들렸다. 갑작스레 어른이 되어 버린 것 같은 생경함에 눈물이 왈칵 났다.
　당시 남자 직원이 여직원을 부를 때 쓰는 호칭은 '미스'였다. 호칭도 지역에 따라 달랐다. 재미있는 일은 충북도청에 있는 나는 미스 킴이라 불렸고, 경북도청에 있는 친구는 김양이라고 불렸다. 도청 바로 앞에 흑백다방이 있었는데 아침마다 커피를 배달시켜 마셨다. 커피 나르는 아가씨 호칭도 미스 킴이었다. 그래서 나는 미스 킴이란 호칭이 싫었다.
　내가 맡은 업무는 예산업무였다. 충청북도와 2시市 10군郡, 사업소 등의 예산편성, 추경예산을 편성했다. 상업학교를 나온 나는 주판과 장

부정리 실력이 꽤 괜찮아서 시쳇말로 끝내준다는 말을 듣곤 했다. 충청북도의 예산은 2조가 넘는 큰 규모였다. 예산안을 확정하면 내무부 기획예산처에서 예산 심의를 거쳤다. 종로구 관철동여관에 투숙하면서 예산투쟁을 했다.

전국에서 나는 홍일점이었다. 프레젠테이션을 잘해야 성공적으로 예산을 확보할 수 있었다. 열과 성을 다했다. 잘한다고 칭찬하니 더욱 신이 나서 밤샘작업의 고단함도 이겨낼 수 있었다. 그야말로 일에 있어서만은 미스 킴의 전성시대였다. 십여 년 동안 도정道政 발전에 기여한 공로로 도지사로부터 표창도 받았고, 모범공무원으로 뽑히기도 했지만 생활에 도움이 되지는 못했다.

1960년대에는 4·19혁명이 일어나 불의와 부정부패로 얼룩진 이승만정권이 몰락 했다. 1970년대 하면 '새벽종이 울렸네'로 시작되던 새마을운동 노래가 먼저 떠오른다. 새마을운동은 한마디로 잘살기 운동이었다. 우리 직장에서도 사환을 내 보내고 전 직원이 직접 청소를 했다. 자주색 골덴 재건 복을 입고 여직원들은 하이힐을 신지 못하게 해서 책상 서랍에 감추어 두었다가 데이트할 때만 몰래 꺼내 신기도 했다.

국민 1인당 소득이 100불에도 미치지 못했으니 지금의 아프리카 수준이었다. 농촌의 80%가 초가지붕이고 20%만 전기를 썼다. 나라도 가난했고 우리 집은 더 가난했다. 직장생활을 하면서 청주시 수동에 작은 방 두 개를 얻어 할머니 남동생과 살았다. 박봉으로 동생의 학비까지 감당해야 해 우리 세 식구 생활비는 항상 빠듯했다. 주머니 사정은 늘 얄팍했고 힘들지 않은 날은 없었다. 아등바등 시간과 돈에 쫓기며 살아가는 일상이었다. 언젠가 김훈의 『밥벌이의 지겨움』이란 산문집을 읽다가 "세상아 제발 열심히 살라고 채근하지 말아라. 우린 이미 곤죽이 되도록 열심히 하지 않았느냐…."는 대목에서 뭔가 가슴을 꾹 - 찌르는 것 같은 느낌을 받은 적이 있다. 나도 그야말로 먹고 살기 위해 곤죽이 되도록 열심히 일했다.

내게도 꽤나 잘 나가던 시절이 있었다. 어느 시인의 시 '아내의 전성시대'처럼 키가 180cm도 넘는 훤칠한 남자들이 따라 다니기도 했다. 아침마다 책상에 꽃을 꽂아 주는 이, 퇴근 후에 만나자는 쪽지를 보내는 이도 있었고, 3년 동안 맹호부대 중대장과 펜팔을 하기도 했다. 개봉영화를 보기 위해 청주에서 서울까지 원정관람을 하기도 했고, 소문난 멋쟁이는 아니었지만 평범한 옷에 브로치나 스카프 하나로 멋을 부려보기도 했다. 어쩌면 가난했기에 소박한 아름다움을 간직할 수 있었던 시절이 아니었는지 모른다.

세상의 모든 것들은 변한다. 호칭도 변했다. 미스 킴에서 김 주사, 김 선생, 김 부장, 00씨氏, 00님으로 바뀌었다. 커피 자동판매기에 밀려 배달주문도 없어졌다. 시인들이 꿈을 꾸고 습작을 했던 다방도, 내 인생에서 가장 빛났던 20대의 미스 킴이라 불리던 시간도 사라졌다.

힘든 시절이기도 했지만 지나고 보니 그때가 내 인생의 절정기였다. 미스 킴의 전성시대였던 것이다.

김민자 musanhang@hanmail.net
2001년《문학21》등단, 2010년《에세이문학》등단
수필집 「A형 남편과 B형 아내」 외 다수

엄마별

김부순

　꿈을 꾸었다. 그런데 그 꿈이 너무도 선명하다. 잘 모르는 친구인데 꿈속에선 오랜 친구로 등장했다. 그 친구는 끔찍한 사고로 부모님을 잃고 힘들어하고 있었다. 금방이라도 무슨 일을 저지를 것 같은 불안감을 느낀 나는 친구의 두 손을 꼭 잡고 가슴 깊이 묻어두었던 내 엄마 이야기를 들려주었다.
　엄마를 볼 수 없는 슬픔이 가슴 밑바닥에서부터 차오르는 날에는 밤하늘을 보았다. 그리고 밤하늘의 별을 보면서 내 가슴속 이야기보따리를 엄마에게 풀어냈다. 엄마가 없어서 슬펐던 일, 친구로 인해 속상했던 일, 열심히 노력했는데도 삶이 내 뜻대로 되지 않아 포기하고 싶었던 속내 등을 털어놓는다. 보고 싶은 마음이 사무쳐 참을 수가 없었던 날에는 밤하늘을 향해 소리쳐 불러보기도 했다. 대답 없는 허공을 향해 왜 그리도 일찍 떠나셨는지 원망도 해보았다. 그러다 혼자 지쳐 흐느끼고 있노라면 어느새 반짝거리는 별 하나가 지상으로 내려와 엄마가 된다. 그리고 아무 말없이 토닥토닥 내 등을 다독여 주신다.
　그 이후로 삶에 지쳐 힘이 드는 날에는 밤하늘을 보았다. 밤하늘의 별만 바라봐도 엄마가 응원해주는 듯한 느낌이 들었고 혼자가 아니라는 위로를 받았다. 하늘을 보면서 짧았던 엄마의 삶까지 더해 열심히 살고, 행복하게 살겠노라고 엄마랑 약속했다. 엄마는 오십 둘에 세상을 떠나셨다. 그리고 지금 내 나이 오십둘이다.

　꿈속에서 만났던 그 친구는 내 엄마 이야기를 들려주자 나를 꼬옥 끌어안았다. 그리고 고맙다는 인사를 했다. 뭐가 고마운지는 모르겠으나 그 친구는 다시 한 번 힘을 내서 살아보겠노라고 했다. 그 친구의 말에선 새로운 생명의 기운이 느껴졌다. 살다 보면 겪지 않아도 되는 일, 아니 상상조차 하고 싶지 않은 일들을 경험하기도 한다. 그리고 그 경험은 같은 상황에 놓인 사람들에게 때로는 큰 위로를 주기도 한다. 동병상련이라고 같은 상황을 겪었다는 것만으로도 위로가 되는 모양이다. 그러다 보니 그 어떤 위로의 말도 경험해 보지 못한 사람들의 위로는 경험한 자의 위로를 이기지 못할 거라는 생각이 들었다. 경험이야말로 다른 사람의 아픔을 공감하게 하는 최고의 선물이라고 생각해본다. 그냥 있는 그대로 풀어놓기만 해도 상대방의 아픔을 치유하는 힘이 있다.

　엄마는 내가 고등학교 2학년이 되던 해에 돌아가셨다. 항상 부지런하셨던 엄마는 몸이 아파도 병원조차 다닐 시간이 없었다. 물론 경제적인 여건도 되지 않으셨다. 눈만 뜨면 밭으로 향하셨고, 밭에서 오시면 집안일로 잠시도 엉덩이를 붙이지 못할 만큼 바쁘셨다. 저녁을 먹고 나면 초저녁부터 곤하게 곯아떨어지셨다. 특별한 일이 없는 경우 매일 새벽 4시면 일어나서 물동이를 머리에 이고 물을 길어 오신다. 그리고 제일 먼저 부엌에 정안수를 떠 놓고 기도를 하셨던 엄마다. 잘은 모르지만 아버지의 건강을 위해, 자식들의 앞날을 위해 기도하셨으리라. 그 바쁜 와중에도 없는 살림이지만 자식들이 먹을 간식거리까지 다 챙겨

두신 다음 아침을 먹고 밭에 나가셨던 분이 나의 엄마다.

엄마가 없으면 우리 집은 아무것도 할 수가 없는 집이다. 아버지는 집 짓는 일을 하셨기 때문에 타지에 나가계실 때가 많았다. 그래서인지 농사일에 대한 애착이 없으셨고, 집에 계시는 날에도 농사는 당신의 일이 아니라는 듯 시늉만 하셨던 것 같다. 그러다 보니 대부분의 일이 다 엄마의 몫이었다. 어른이 된 지금 생각해보면 그런 환경 속에서 어떻게 그 많은 일들을 다 해내셨는지 놀라울 뿐이다. 엄마니까 가능했고, 엄마니까 힘들어도 참았으리라.

초등학교 5, 6학년쯤 되었을 때의 일로 기억된다. 재 너머 골짜기에 일구어 놓은 밭이 있는데 그곳에다 엄마는 고추농사를 지으셨다. 겁이 많았던 엄마는 나를 데리고 고추를 따러 가셨다. 그런데 한 여름 땡볕에 고추 따는 일이 싫었던 난 붉은색 고추는 버려두고, 초록색 고추를 마구잡이로 잡아 땄다. 지금 생각해 보면 맹랑하기 그지없다. 그런 모습을 보고서는 안 되겠다 싶었는지 개울에 가서 놀고 있으란다. 조금만 생각이 있는 아이였다면 '엄마, 잘할게요.' 하면서 엄마의 일을 거들었을 것이다. 그러나 내 뜻대로 일이 척척 되어간다는 생각에 신이 나서 개울로 달려가 가재를 잡으면서 놀았던 기억이 아직도 생생하다. 그때만 해도 철이 없었던 나는 참으로 이기적인 딸이었다. 함께 하면 쉽게 끝날 일인데 참으로 기가 막힌다. 그러나 그땐 아무런 생각이 없었고, 내 마음이 시키는 대로 행동했을 뿐이다.

가끔 제자들의 글을 읽다 보면 부모를 생각하는 기특한 마음이 날 부끄럽게 할 때가 있다. 그래서인지 여간해서는 아들 녀석을 혼내는 일이 없다. 그렇게 하는 이유는 별거 없다. 뭔가 좀 서운하고 맘에 들지 앉을 때는 그 나이 때의 나를 돌아본다. 아무리 비교해 봐도 마음 씀씀이가 나보다는 낫다. 나보다 나은 아이를 어찌 혼낼 수 있겠는가. 못마땅한 말이 입 밖으로 나왔다가도 어느 순간 슬그머니 말을 삼키고 있는 내 모습이 우습다.

며칠 있으면 추석이다. 매스컴에서는 코로나19로 가급적이면 이동을 자제하라고 권하고 있다. 고향 마을 현수막에 새겨진 글귀도 새롭다.

"아범아! 추석에 코로나 몰고 오지 말고 용돈만 보내라."

"불효자는 옵니다."

고향 방문을 자제하라는 재치 있는 현수막들이 웃음을 자아내게 한다. 사실 서글픈 일인데 웃음이 나오는 상황이니 요즘 아이들 말로 웃프다고 해야 맞을 것 같다. 뿐만 아니라 좀 전에 나온 뉴스에서는 이번 추석 명절 차례는 온라인으로 지내는 것이 유행이란다. 뉴스를 보던 남편이 한마디 거든다.

"아무리 그래도 그렇지 저건 아니지! 차례를 어떻게 사진으로 대신할 수 있겠어."

그러고 보니 그 말도 맞다. 하지만 이미 돌아가신 분들에게 차례상을 아무리 잘 차려드린들 무슨 소용이 있을까 싶다.

명절 전후로는 유난히 엄마가 더 보고 싶다. 그리고 살아계셨을 때 좀 잘 해드렸더라면 좋았을 걸 하는 후회가 밀려온다.

김부순 dotori6912@hanmail.net
2019년 《선수필》 등단

곤줄박이

김 상 분

　고추 모종을 하려고 고랑을 낸다. 호미질을 할 때마다 지렁이며 애벌레들이 꿈틀거려 징그럽지만 기름진 흙이어서 그러려니 한다. 처음 농사를 짓기 시작했을 때는 소리를 지르며 호들갑을 떨었는데 이제 그런 정도는 보통이다. 오디나무가 무성하게 자라서 따지 못하는 열매들이 새까맣게 떨어져 좋은 거름이 되나 보다. 한 종일 그늘을 만드는 휘늘어진 가지들을 잘라내고 햇빛이 잘 드는 자리를 만들어 고추를 심을 요량이다. 몇 해 전 다 된 고추 농사를 탄저병으로 못쓰게 만든 다음엔 아예 단념했는데 왠지 올해는 여남은 포기라도 다시 심어보고 싶으니 세월이 약인가 보다.

　몇 포기를 심어도 줄을 맞추어 밭고랑을 내며 북을 돋우는데 곤줄박이 한 마리가 쏜살같이 날아와 앉는다. 혼자서 심심하게 일하다가 반갑기 그지없다. 참새보다 조금은 크고 검은 머리와 적갈색의 윤기 흐르는 통통한 배가 깜찍하다. 참새목 박샛과에 속하는 이 작은 텃새는 유난히 사람을 가까이한다. 오두막 앞에서 쉬면서 새참을 먹을 때면 어김없이 날아온다. 매실 가지마다 포르르 옮겨 다니면서 주위를 맴돌며 빵부스러기를 쪼아 먹는 모습이 무척 귀엽다. 가슴에 하얀 반점을 자랑하는 몸짓으로 배를 내밀기도 하며 겁도 없이 무릎 위까지 올라와서 깡충대기도 한다.

그런데 지금 아주 놀라운 일이 일어났다. 곤두박질을 치며 내려와 부리로 흙을 쑤셔대며 애벌레를 쪼아 먹으니 너무도 뜻밖이었다. 봄내 매화꽃 가지 위에서 재롱을 부리던 자태와는 전혀 다른 모습에 어안이 벙벙하다. 애벌레들을 실컷 잡아먹고는 호미 끝에서 죽은 척 꿈쩍도 하지 않던 굼벵이까지 입에 물고 휙 날아가 버린다. 그동안의 사랑스러운 모습들이 순식간에 사라진다. 굼벵이도 기는 재주는 있다던데 잽싼 날짐승을 어찌 당하랴. 한입에 낚아채 올라가는 약육강식의 엄연한 질서를 어찌하리. 아니 그것이 순리인가. 바로 눈앞에서 무서운 먹이사슬의 고리를 확인하며 곤줄박이가 날아간 벚나무 위를 하릴없이 올려다본다.

우리가 사물을 볼 때 보이는 것이 다 아닌 것을 깨닫는 순간이다. 겉모습이 아무리 곱다 해도 고픈 속은 채워야 하리. 생존을 위한 먹이 사냥 앞에 무슨 다른 방도가 있으랴. 나의 새참 부스러기야 군것질에 지나지 않고 나와는 잠시 휴식을 취했던 것인지도 모른다. 더 큰 먹이를 찾기 위한 기다림으로 뱃심을 기르고 있었을까. 창공을 훨훨 날아다니는 새들의 자유로운 날갯짓도 다시 보인다. 생존경쟁에서 살아남고 짝을 찾으며 새끼를 먹여 살리려는 필사적인 행위가 아닌가. 새 중의 새 독수리나 매는 물론이요 선비처럼 고고한 모습의 백로 또한 먹이 앞에서는 본능으로부터 자유로울 수 없을 것이다. 호수에 유유자적 헤엄을 치며 한유를 즐기는 백조 이야기도 그렇다. 우아한 수면 위의 자태와는 달리 물밑에서는 두 다리를 버둥대며 수없이 물갈퀴 질을 해야 한다. 생각만 해도 얼마나 고달픈 모습인가. 세상만사가 보이는 것만이 참이 아닌 것을 오늘 저 곤줄박이가 내게 톡톡히 일러 주나 보다.

 말 못하는 저 미물만 그럴까. 사람도 마찬가지이다. 겉보기엔 우아하고 아름다운 차림으로 성장을 해도 몇 마디 이야기를 나누다 보면 어느새 그 사람에게 실망을 할 때가 있다. 그뿐이랴. 믿고 의지하며 정을 주던 친구도 어느 날 갑자기 돌변하기도 한다. 열 길 물속은 알아도 한 길 사람 속은 모른다 했듯이 겉과 속이 다른 모습을 보면 슬프다. 좋았던 친구 사이도 눈앞에 보이는 작은 이해타산이나 견해차이 때문에 결별하기도 한다. 우리는 서로 다른 겉모양처럼 그 속마음도 서로 다를 수밖에 없는 각각의 개체이기 때문이다. 타인을 이해한다거나 포용하지 않으면 안 된다고 말하면서도 교만과 아집의 표리부동한 철옹성에 스스로를 숨긴다. 마치 나는 온전히 바르고 옳은 존재인 양 상대를 굽어 보는 듯한 자세로 서있는 것이다. 친구나 타인도 나를 향하여 비슷한 고뇌로 긴 밤을 새우지는 않을까. 아무리 올바른 생각을 하고 말하며 행동하여도 다른 누구에게는 피해가 되고 틀린 일이 될 수도 있기에 끝없이 갈등한다. 그러나 그 마음 비움이 허리 굽힘이 쉽지 않으니 어찌하리.

 곤줄박이 한 마리가 나를 기쁘게도 했다가 슬프게도 한다. 귀엽고 사랑스럽기만 했던 존재도 역시 힘겨운 먹이사슬의 굴레 안에 살아가고 있음을 본다. 꽃잎 풀잎에 맺힌 이슬만 먹고 살 수는 없으리. 어리석은 나에게 작은 새 한 마리가 사물이나 인간의 미적 거리를 알려주며 그 실상과 허상을 생각하게 해준다. 작은 새가 날아간 하늘은 푸르기만 하고 흰 구름은 유유히 떠간다. 더 무엇을 생각하리. 나는 몇 포기의 고추나무를 심어서 꽃 피고 열매가 달리기를 바라니 곤줄박이보다 무엇이 다르고 더 낫단 말인가.

김상분 kimryusi@daum.net
《수필문학》 등단
수필집 『류시의 작은 정원』 『녹색글방』 외 다수

천공 穿孔

김 서 현

  창에 부딪혀 우는 바람을 쫓아 파도는 해변을 향해 거친 힘으로 밀고 들어온다. 그러나 파도의 짧은 생은 금빛 모래 위에서 하얗게 부서져 눕길 반복한다. 해변은 제 살갗이 쓸려가는 고통 속에서도 파도의 죽음을 묵묵히 품어주는 모습이다.
  한 달 만에 다시 찾아온 만리포, 처음 이곳에 올 때는 '백리포' 때문이었지만 매번 새로운 이유를 앞세워 다시 찾게 되는 곳이다. 도착하면 숙소에 짐을 부려 놓고 소박한 고요가 넓은 바다를 향해 쪽문을 열어 놓은 듯한 작은 해변, 그 흔한 카페 하나 없는 백리포에 다녀온다.
  차 한 잔의 온기가 아쉬운 바람을 뚫고 숙소에 도착해 여행 가방을 정리하다가 그새를 못 참고 시선이 창밖 바다로 향한다. 그러다가 창 앞에 서서 긴 숨을 몰아쉰다. 큰고모가 걱정되어 한참을 망설이다 전화를 했다. 지독한 슬픔을 감추려는 고모의 떨리는 목소리가 수화기를 타고 붕붕 떠다니는 듯했다. 자식이 병상에서 생사를 넘나드는 걸 지켜봐야 하는 큰고모를 뭐라 위로해야 할지 황망함에 내 말은 자꾸만 꼬리를 감추며 목구멍으로 다시 기어들어갔다. 그 순간 내가 할 수 있는 건 기도하는 마음뿐이었다. 우리는 절실할 때 기적을 바란다.

나는 이곳에서 15년 전 작은 희망들이 모여 등대가 되는 기적을 봤다. 2007. 12. 7. 크레인부선과 유조선의 충돌로 원유 10,900톤이 해상에 유출되었다는 뉴스가 온 나라를 흔들어 댔다. 아니 그보다 복구가 되려면 최소한 몇십 년에서 백 년은 넘어야 한다는 말에 국민은 격분하고 절망했다. 그러나 그 좌절 앞에 주저앉지 않고 태안은 물론이고 오염지역으로 사람들이 모여들었다. 그들을 보면서 우리는 개미의 근성과 질경이의 강인함, 꿀벌의 주파수가 내재 되어 있는 민족이라는 생각을 했었다.

기름을 닦아낼 부직포가 부족하다 하여 각자 헌 옷을 모아 대여한 버스를 타고 백리포에 도착했다. 차에서 내려 처음 마주한 것은 해변을 뒤덮은 검은 타르와 기름, 그리고 진동하는 악취였다. 항변의 날갯짓도 못 하고 까맣게 죽어가던 갈매기의 불안한 눈빛과 타르 범벅인 갯돌 틈에서 그래도 살겠다고 발버둥치던 게. 수없이 밀려드는 물결도 씻어내지 못하는 죽음의 서막이었다.

분주한 움직임 속에서도 눈물 섞인 한탄과 아우성의 까만 해변을 지나던 해가 수평선에 걸릴 무렵, 흰 방제복을 입은 사람들은 너나 할 것 없이 얼룩소를 닮아 있었다. 12월, 손이 굽고 등이 오그라드는 매운 바닷바람을 서로의 등으로 막으며 그제야 석양에 물든 바다를 따라 둘러본 작은 해변은 참 소박하니 정감이 갔다. 언젠가 다시 오리라는 다짐과 함께 그렇게 백리포는 내 가슴에 포구가 되었다. 그리고 처참하게 죽어가던 많은 생명이 한동안 꿈속에서 식은땀을 흘리게 했다.

태안의 기적은 신이 아닌 사람이 만들었다. 하지만 사람의 힘으로 어쩌지 못하기에 더욱 애절할 수밖에 없는 모정이다. 자식에게 더 줄 게 없어 미안하고 안타까운 부모가 들숨 날숨의 온기를 더듬으며 생때같은 자식을 지켜봐야만 한다는 건 고통 중에 가장 잔인한 고통이다. 지금 큰고모의 가슴에는 15년 전 이곳을 덮었던 그런 시커먼 고통이, 갈매기의 애처로운 눈빛이 당신의 애간장을 녹이고 있을 게다. 그 모정에 위로의 말 한마디 제대로 건넬 수 없는 내 가난한 입이 참으로 야속할 뿐이다.

전화가 왔다. 철저한 신의 영역이었던 큰고모의 간절한 기적은 일어나지 않았다. 파도는 무한의 힘처럼 밀려와 모래 속으로 조용히 소멸한다. 떠나는 자의 아쉬움도 남은 자의 몫이 되어 천공穿孔을 만들어 계절이 담지 못한 바람이 지나는 길을 냈다. 그리고 큰고모의 가슴은 이제 파도를 재우는 해변이 되었다.

김서현 miwha0819@hanmail.net
2014년《한국수필》등단

행복과 불행의 경계

김선형

내 인생은 행복했나 생각해본다. "소망이 충족되어 만족을 느끼는 상태"가 행복이라면, 내 인생은 행복 쪽에 가깝지 싶다. 나는 가난한 집안에서 태어나 어렵게 산 때문인지 돈은 좋아했지만, 부자가 되려고 하지는 않았다. 내 꿈은 학문하는 사람이 되는 것뿐이었다. 그것은 할아버지의 바람이기도 했다. 그래서 모든 소망 다 접고, 인생을 걸고 하나만을 고집하였다. 나는 머리가 좋은 편은 아니었지만, 네댓 살 한문을 배울 적부터 공부가 그렇게 좋을 수가 없었다. 다른 선택은 없었다. 그래서 한길을 걸으면서 학문하는 사람으로 살았다. 그리하여 내 깜냥으로는, 그것만으로도 행복으로 치부하고 싶은 쪼잔한 생각이 드는 것이다.

그래도 나는 행복 쪽을 얼쩡거려본 적은 별로 없었다. 나는 행복을 잘 몰랐고, 그것이 절실한 것도 아니었다. 공부와 일을 열심히 한 것이 고작이었다. 가르치는 일에 종사한 동안에도 행복이라는 단어를 눈여겨본 것 같지 않고, 담론으로 삼았던 일도 거의 없었다. 안타까운 일일지는 모르지만, 행복을 의식하지 않은 채 살아온 것만은 분명하지 싶다.

행복을 자주 보고 듣고 화제로 삼기 시작한 것은, 수필 공부 이후의 일로 기억한다. 그때부터 수필을 읽으면서 지나치게 행복에 매달리는 글을 만나게 되면, 행복이 달아났을 때의 상실감이 떠올라 한동안 상념에 잠길 때가 있었다. 인생은 맘대로는 안 되는 것이고, 삶이라는 것 자체도 희비며 고락이 교차·반복되면서 종잡을 수 없는 것이 아니겠는가. 누가 소망을 다 이루어 행복한 삶만을 살았다면, 그 사람은 인생을 모른 채 반쪽짜리 삶만을 살아야 했던 불행도 경험하지 않았겠느냐는 것이다.

이런저런 상념에 잠겨있을 때, 마침 교수불자회로부터 부탄 여행에 동참해달라는 권유를 받게 되었다. 지난 7월이었다. 부탄은 마지막 샹그릴라, "세상에서 가장 행복한 나라"라 하여 냉큼 호응하였다. 내가 부탄을 가보겠다 맘먹은 것은 20년도 넘는다. 당시에는 17세기의 걸작 〈탁상사원〉을 참배하기 위해서였다. 그러나 부탄은 교통편 등 여행 조건이 지나치게 복잡해서 엄두를 내지 못하고 있었다. 그런데 마침 수교 30주년 기념으로 직항로가 열렸다 하여 모든 일정 취소하고 따라나섰던 것이다.

부탄 파로공항에 내린 후 가장 눈길을 끈 것은, 가는 곳마다 그린벨트로 연결된 울창한 산림이었다. 자연의 보고, 천혜의 원시림이 살아 숨 쉬고 있었다. 70만의 작은 '은둔의 왕국'이 숲속에 싸여 있었다. 인간의 한계의 초탈을 상징한 탁상사원은 3,000km가 넘는 산허리의 절벽 바위틈에 매달려 있고, 지구의 극점 히말라야산맥의 봉우리들은 안갯속에 아스라이 어른거렸다. 앞창을 툭 치면 잡힐 것 같았다. 하늘은 파랗고 공기는 상큼했다. 온갖 세파와 공해에 찌든 내 가슴팍 위로 숲

냄새가 묻어난 한줄기 산들바람이 지나가고 있었다.

두 마리 토끼는 잡을 수 없다고 했던가. 그러나 부탄은 애초부터 한 마리 토끼만을 겨냥한 경우 같았다. 그들은 전 후 대부분의 후진국들의 발전모델인 외국자본의 도입을 통한 개발계획을 거부하였다. 그 결과가 두 얼굴로 나타난 것 같았다. 자연을 지켜낸 대신 미개하고 가난한 한 마리 토끼만이 굶주리고 있었다. 부탄의 시가지나 삶의 질은 40%의 문맹률에서 엿볼 수 있듯이, 50년대 말의 한국의 사회상을 닮아 있었다. 호텔 방 샤워기에서는 황토빛 천연수가 쏟아지고, 식당 밥을 넘기는 데는 도 닦는 정신이 필요했다. 아내가 준비해준 절편과 육포가 없었다면, 부탄의 한 마리 토끼 신세가 될지도 모를 일이었다. 식탁 위에서는 파리가 날고, 수도 팀푸의 시가지와 박물관 경내에서는 살생 금지의 부산물인 개똥 말똥이 널브러져 있었다. 밖으로 보이는 것만으로는, 그들의 행복이 불쌍하다는 불경한 생각이 들었다.

이러한 두 얼굴의 부탄이 세상에서 가장 행복한 나라란다. 그것도 권위 있는 국제 공인기구의 보고에 의해서다. 2010년, 영국의 신경제재단(NEF)이 현지 실사한 결과, 국민의 97%가 행복하다고 대답하여 세계 1위의 행복국가로 발표하였다고 한다. 이 미개하고 가난에 찌든 부탄 국민들이 현실에 만족하고, 스스로 행복해한다는 것이다. 여기에서 내 머리 속에서는, 부자 나라 한국 젊은이들의 '헬조선'과 '이생망'의 자조가 행복지수 118위의 바닥권이라는 사실과 관련 있는지 모르겠다는 생각이 떠오르고 있었다. 우리 국민들은, 격차와 소외를 빚어낸 국부의 성장만으로는 행복의 양이 성에 차지 않는다는 것인가.

가이드는 한국말이 유창했다. 그는 부탄에 대한 자부심이 대단해 보였다. 부탄은 "정신이 풍요로운 나라", "국민이 행복한 나라"라는 말을 몇 번이고 되뇌고 있었다. 부탄은 GDP보다는 그들이 개발한 국민총행복(GNH) 개념을 신앙하기 때문에 개발보다는 자연 보존을 중시하고, 교육과 의료 등도 무료이고, 차별 없이 서로 믿고 배려하기 때문에 현실에 만족한다고 한다. 그래서 모두가 행복하다는 것이다.

부탄 사람들은 때 묻지 않고 순박해 보였다. 그들에게서 돈 욕심은 느낄 수 없었다. 상점에서도 상품을 팔려는 몸짓은 볼 수 없었다. 긴 염주만 돌리면서 기도에만 열심이었다. 기도도 자기 기복은 하지 않고, 중생과 나라 잘되기만 빈다고 한다. 정신적 풍요를 가져온 수분守分과 자비, 지족知足이 엿보이는 대목이었다.

UN기구 등의 객관적 기준에 의한 행복지수가 바닥권인 부탄 국민들이 행복하다는 까닭은 무엇일까. 나는 궁핍과 불편이 널려있고, 비위생적인 환경 속에서 따분한 일상뿐인 이 나라 국민들이 행복하다는 것이 참으로 궁금하였다. 그것이 1주 여의 내 화두였다. 짐작하기로는 아마도 불교국가 특유의 정신 수련으로 자비와 지족이 몸에 배어있고, 옥스퍼드에서 공부한 왕추크 국왕의 행복우선정책이 결합하여 이룩한 결과가 아닌가 생각한다. 그래선지 부탄을 떠나면서 파로공항을 이륙하고 있는 비행기 유리창으로 내려다본 신호등의 빨간 불빛은, 돈이 곧 행복이라는 착각에 경고 사인을 보내고 있는 것으로 보였다.

여기서 다시 나를 되돌아본다. 나는 해가 바뀌면 80이 된다. 가을과 겨울의 경계쯤에 와 있지 싶다. 이제 새삼스럽게 겨울의 문턱에서 성자 흉내를 내면서 고행 길에 나서거나, 희생을 감수하면서 불행을 자초할 생각은 없다. 그렇다고 행복에 갇혀 아무런 자극이 없는 상태에서 나

태나 안일에 빠지기도 바라지 않는다. 그래서 행복 쪽을 기웃거리기보다는 불행을 이겨낼 수 있는 수련에 힘써볼 생각이다. 행·불행 같은 것이 나를 흔들지 못하도록 조용히 화두나 챙기면서 마음공부에 정진해 볼 참이다. 그리 보면, 이제는 행복과 불행의 경계쯤에 자리 잡는 것이 편할지도 모르겠다.

김선형 ksh@inu.ac.kr
2012년 《선수필》 등단

훈수訓手

김 선 화

　몸을 한껏 구부려 고부장한 노인과 깊은 포옹을 했다. 아침부터 서둘러 열차를 타고 찾아간 조치원역 인근의 조용한 요양병원에서였다. 친정 동네 이웃의 어른으로 돌아가신 내 어머니보다 다섯 살이나 위인 분인데, 거동이 어려워져 요양기관에 모셨다는 소식을 들은 지 근 1년 만이었다. 오래전 그 댁 아들 내외가 꽃나무를 재배해 살림을 불려, 마을에서는 그 안노인을 '꽃집할머니'라 불러왔다. 우리 집에 우환이 따라 어머니가 아버지 병실에 매여 계실 때는 사십 중반으로 늦둥이를 낳은 큰올케가 아기를 포대기에 싸서 그 댁에 맡기고 들일을 나가기도 했었다. 그러한 의리로 나도 그 댁 어른을 사람의 도리로서 대하게 되었다.
　노인 셋이 함께 쓰는 병실에는 구순을 넘긴 할머니들로만 구성되어 있었다. 두 분은 이미 치매를 앓고 있다고 하지만, 꽃집할머니는 깡마른 체구에 총기가 그대로여서 이전의 정리情理를 회상하며 자꾸 눈물을 보였다. 회진 도는 원장 선생님은 침상마다 들여다보며 점심에 무얼 드셨는지 반찬 한 가지만을 대어보라 한다. 꽃집 할머니는 맛나게 나왔더라며 또랑또랑 헤아리고, 두 분의 노인은 물으나마다 눈이 퀭한 채 무표정이다.

내가 요양원이란 곳을 방문한 것은 이번이 두 번째이다. 암을 앓으신 시어머님은 직접 수발을 들었고, 친정어머니는 그럴 새도 없이 즐거이 웃다가 세상을 떠나신 까닭이다. 십여 년 전 서울서 수필 강좌를 맡고 있을 때, 그곳 회장직을 오래 유지해온 칠순 남짓의 작가가 약간 치매증상을 보여 양평의 소규모 요양원에 머무르게 되었다. 자제 삼 형제를 모두 훌륭히 키워낸 점에 대해 자긍심이 컸던 분인데, 다들 맡은 일들이 있어 전문기관에 의탁하지 않을 수 없게 되었다고 했다.

주소를 들고 남편과 함께 찾아간 나는 조심스레 노작가를 모시고 나와 점심 식사를 대접했다. 그는 한 발짝씩 떼어 옮길 때마다 중얼중얼 읊조리는 말이 있었다. "이러면 안 되지. 정신 놓으면 안 되지." 반복에 반복을 거듭하며 스스로에게 단단히 최면을 걸고 있었다. 평소 한시 3백수를 너끈히 암송하던 의식이, 시나브로 멀어지려는 정신 줄을 그나마 부여잡고 있다고 여겨졌다. 그 우수 어린 모습은 내게 전이되다시피 하여 오랜 시간이 지났어도 명료한 영상으로 남아 있다. 누구나가 맞이해야 하는 인생말로에 대해 상념을 깊게 했다.

그처럼 다소 낯설었던 요양원 풍경이 이즈음엔 자연스러운 풍속으로 자리 잡아가고 있다. 친구들이나 주변을 돌아보아도 요양기관에 어른을 모셔놓고 찾아다니는 예가 일상이 되었다. 그러면서 직접 모시지 못하는 안타까움을 토로하며 가슴을 훑어내는 이들도 있다. 그러한 중에 이제야 발걸음 하여 노년의 삶에 새삼 눈떠가는 내가 좀 무심했다는 생각도 든다.

어쩌면 마지막일 수 있는 긴 포옹. 숙인 몸을 일으키며 두 분의 노인들께도 목례를 하였다. 그분들도 목을 까딱하며 인사를 받는다. 그리고 막 돌아서 나오려던 나는 갑자기 몸을 틀며 "손 한번 잡아드려야지." 했다. 누군가가 병실에 다녀가고 나면 본능적으로 썰렁함을 느낄 것 같아 작은 위로나마 드리고 싶어서였다. 번갈아 다가가자 노인들은 기다렸다는 듯 덥석덥석 내 손을 잡으신다. "편히 계세요." 힘주어 속삭이는 내 말속엔 잠시나마 딸이고 며느리 자리에 서드리려는 마음이 실려 있었다. 그런데 그간 문병객 한 명 없었다는, 게다가 말조차 잃었다는 한 할머니가 나를 와락 당겨 안는가 싶더니 귀에 대고 타이른다. "울지 말고 가~." 중저음의 묵직한 음성이다. "아, 예. 울지 않고 갈게요." 나는 이내 그분의 말을 받으며 목이 메고 눈이 젖었다. 처음 대하는 노인의 인사말치고 너무도 깊게 가슴에 요동쳤다. 한 시간 넘게 꽃집할머니와 담소를 나누는 동안 꼿꼿이 앉아 무표정하게 입을 닫고 있던 분이 들려주는 딱 한 마디. 들리는 말이 그에겐 누구도 찾아오는 이가 없었다는데…. 무엇이 노인의 입을 열게 했을까. 손이 도타웠다. 따습다 못해 뜨거웠다. 어쩌면 당신에겐 없을 것 같던 제3자의 손길이 반가워 순간 울컥했는지도 모른다.

    그의 눈에 비친 나는 누구였을까. 조금 전 꽃집할머니와의 흉금을 튼 대화에서 어머니와 작별할 때의 생생한 이야기를 들어두었던 것일까. 그래서 이면의 내 쓸쓸한 심중을 읽어낸 것일까. 불과 몇 분 전만 해도 가느다란 기억력 하나라도 확인해두려는 원장선생님 앞에서 입술 한 번 떼지 않은 분이, 날 안으며 그리도 다감하게 울지 말고 가란다. 여러 형제 속에서 어머니를 단 한 번도 팔 벌려 안아드리지 못한 내가, 외로움에 잠식될 수 있는 낯선 이들에게 어설픈 마음을 내었는데 그것이 잠시나마 서로의 가슴을 적셨던가 보다. 3인이 기거하는 방안이 후끈 달아올라 먹먹할 때 나는 서둘러 뒷걸음질 쳐 그곳을 벗어났다. 그리고 복도에 나와 서서 쿵덕거리는 가슴을 진정시켰다.

  돌아오는 내내, 그 노인과의 포옹이 가슴을 울린다. 나는 그에게 딸일까, 며느리일까, 이도 저도 아니면 평생 품어주고 싶은 애틋한 후학이었을까. 한 노인의 전직이 무엇이었는지도 모른 채, 그에게 자녀가 있는지 없는지도 알지 못한 채, 짧게 토해낸 묵직한 어조에서 천만금의 철학적 무게를 헤아린다. 수많은 표현이 생략된 가장 원초적이고 쉬운 말 한마디. 얼마나 많은 혈육들이 그 길을 오고가며 눈물바람일까. 느닷없이 안겨오는 누구나의 어머니처럼 익숙한 그 뜨끈함에, 일순 나는 그가 말을 잃은 치매 환자라는 사실을 망각했었다. 그랬기에 더욱 더 지극히 일상적일 수 있는 그 한마디가 길게 따라붙는다. 돌아오는 철길 위에서도 철커덕~ 철커덕~. 울지 말고 가~. 울지 말고 가…. 이런저런 일로 행여 치일 수 있는 생의 길목에서, 선각자의 음성으로 진한 훈수를 받는다.

김선화 morakjung@hanmail.net
월간문학(1999년 수필), (2006년 청소년 소설) 등단.
수필집 『둥지 밖의 새』 『포옹』 『정점頂點』 『우회迂廻의 미美』 『솔개』 등 다수

그리운 옛 소리들

김순남

 저녁 산책길에 나섰다. 솔 방죽을 지나 양옆으로 넓은 들이 펼쳐진 '삼한의 초록 길'에 들어서자 어두워진 밤하늘에 초승달이 걸려있고, 청전들 넓은 논에서는 개구리들의 합창 소리가 요란하다. 오랜만에 들어보는 개구리 울음소리는 아득히 먼 고향의 소리들을 불러온다.
 고향집 부엌에는 달짝지근한 맛의 소리들이 있었다. 아직 잠이 덜 깨인 귓전에 무쇠솥이 열렸다 닫히는 익숙한 마찰음들이 아침을 알렸다. '달그락달그락' 그릇이 부딪쳤다. 도마에 뭔가 자르는소리에 이어 콩콩 콩콩 마늘 찧는 소리까지. 꿈결인가 가늠하다 보면 엄마의 "이제 그만 일어나라."는 목소리가 창호지문을 밀고 들어왔다. 마침 논 물을 보고 대문에 들어서시던 할아버지께서는 아직도 안 일어났느냐는 일침을 헛기침으로 대신하셨다.
 어미닭이 구구구 병아리 모는 소리는 한낮의 정적을 깨웠다. 암탉은 아직 노랑 솜털도 벗지 않은 병아리들을 데리고 마당가로, 흙 담장 밑으로 먹이를 찾아 헤집고 다녔다. 아마도 그들의 언어로 먹이 찾는 방법을 일러 주는 것일 수도 있었으리. 노란 병아리들은 어미닭의 느린 걸음도 바삐 따라 걷다가 휘청 넘어지며 "삐약, 삐약" 호들갑을 떨었다. 그들의 행보에 고양이라도 나타나면 멀찍이서 지켜보던 수탉이 목이 터져라 "꼬끼오" 하고 울어대어 고양이는 어느새 꼬리마저 감춰버렸다.

봄에 돌아온 제비 둥지에 식구가 늘었다. 제비 부부가 부지런히 새끼들을 위해 먹이를 물어오느라 분주했다. 사람이 자식을 애지중지 기르는 마음이나 날짐승이 새끼를 위해 열심히 먹잇감을 구하러 다니는 모습은 별반 다르지 않아 보였다. 먹이를 물어 오면 제비새끼들은 서로 받아먹겠다고 노란 입을 크게 벌리고 아우성을 쳤다.

누에가 뽕잎 갉아 먹는 소리는 빗소리를 닮았다. 우리가 잠자는 방을 누에한테 내어주고 마루에서 잠을 자다 보면 방에서 때 아닌 빗소리가 들렸다. 비설거지가 걱정되어 일어나 보면 누에가 뽕잎을 사각사각 갉아먹는 소리가 영락없는 빗소리처럼 들렸다. 누에는 밤낮없이 먹고 배설하고 하다가 몰아서 하루 정도 꼬박 잠을 자는 특성을 가졌다

동생들이 여럿 있다 보니 늘 동생들을 돌봐야 했다. 등에 업힌 동생은 배가 고픈지 칭얼대고 대문간에서 소꿉놀이를 하던 동생들도 뭔가 심사가 틀려 서로 토닥였다. 장독대 옆 감나무에서 땡감이 툭 떨어지면 동생들도 언제 다퉜냐는 듯 다시 놀이에 열중했다. 신작로나 울타리 밖에서 엄마 목소리가 들리면 동생들은 서로 차지하려던 놀잇감마저 팽개치고 '엄마'를 부르며 단걸음에 달려갔다.

다듬이질 소리는 할머니와 엄마의 협연이다. 이불 홑청과 할아버지 바지저고리나 두루마기는 푸새를 하여 햇볕에 널었다가 조금 덜 말라 물기가 촉촉할 때 다듬이질을 해야 했다. 옷감을 개켜서 다듬잇돌에 올려놓고 할머니와 엄마는 마주앉아 방망이로 두드렸다. 다듬이질은 두 사람이 마음이 편치 않으면 같이 할 수 없는 일이다. 서로 박자가 엇나

가면 다듬이 방망이가 부딪치는데 코를 맞대고 앉아 어찌 그 일을 하겠는가. 다듬이질하는 천의 주름이 펴지듯 고부간의 싹트던 갈등도 없어졌을 것 같다. 또닥또닥, 뚝딱뚝딱 들리는 다듬이 소리야말로 화합의 소리요 천상의 소리가 아니었을까 싶다.

  우리 집 논은 집에서 멀리 있었다. 해토 무렵 아버지는 쟁기를 짊어지고 일 소를 앞세워 논으로 가셔서 하루 종일 쟁기질을 하셨다. 휴일이면 엄마는 내게 아버지께 다녀오라며 새참 심부름을 시키셨다. 새참이라야 막걸리 두어 사발과 안주라고는 마늘장아찌 정도지만 어린 내가 가져가기엔 그리 쉬운 일은 아니었다. 주전자에 막걸리가 쏟아지지 않도록 징검다리를 조심조심 건너 한참 걸어 논으로 가야 했다. 아버지는 "이랴! 이랴!", "워, 워", " 돌아서"를 외치며 소고삐를 당겼다가 놓았다가 소와 같이 쟁기질을 하시느라 바쁘셨다. 여러 해 아버지와 논밭을 갈아온 소는 호흡이 잘 맞는 듯해도 한 번씩 영 모르는 척 딴짓을 해 아버지 호통을 들었다. 고요한 봄 들판에 일 소 부리는 아버지의 힘찬 목소리가 메아리 되어 돌아오던 날들이었다.

  농촌에서 비 오는 날은 쉬는 날이다. 가뭄 끝에 온종일 비가 내리면 날마다 논밭에서 일만 하시던 부모님도 그날은 낮잠 삼매경에 빠지셨다. 사랑방엔 할아버지, 윗방과 안방에 할머니, 아버지, 엄마께 무슨 일이 생긴 건 아닐까 걱정이 되었다. 그러다가 엄마의 고단한 신음과 아버지 코고는 소리가 들려오면 안심됐다. 처마 끝에 떨어지는 낙숫물 소리는 산천초목과 우리 식구들 마음도 촉촉하게 보듬어 주는 고마운 소리였다.

  타작마당에는 여러 소리들이 있었다. 아버지는 마당에 돌 하나 없이 빗자루로 곱게 쓸어낸 뒤 멍석을 깔고 콩 타작 준비를 하셨다. 바짝 마른 콩 단을 가지런히 뉘여 놓고 도리깨질을 하셨다. 할아버지와 주거니 받거니 장단을 맞춰가며 허공에서 도리깨를 한 바퀴 돌려 타작 멍석을 사정없이 내리치면 콩 알갱이들이 툭, 툭, 툭 튀어나왔다. 도리깨가 휙 휙 바람을 가르는 소리를 내고 콩 줄기에 '철석' 소리를 내면 콩꼬투리들은 화들짝 놀라 곤두박질치곤 했다.

도리깨질이 어느덧 끝나면 풍구질 소리가 이어졌다. 풍구를 손으로 돌리면 원통 속 날개가 바람을 일으켜 콩 알갱이와 콩깍지 또는 먼지를 가려내준다. 풍구로도 제대로 가려내지 못한 찌꺼기들이 있었다. 할머니와 엄마는 머리에 수건을 쓰고 키로 까불리어 나머지 불순물들을 가려내셨다. 착 착 착 착, 촤르르 촤르르 두 분 키질 소리는 청명한 가을 하늘에 음표를 그리고 잘박잘박 마당가를 맴돌았다.

이 정겨운 소리들을 이제 어디에서 들어볼 수 있을까. 삼촌들과 우리 칠 남매가 자라 하나, 둘 객지로 공부하러, 또는 일자리를 찾아 떠나고 결혼을 했다. 부모님도 막내아들 대학 공부를 목적으로 도시로 거처를 옮기시며 우리는 그리운 고향의 소리들을 하나 둘 잃어갔다. 이제 아슴아슴 마음으로 그리운 그 소리들을 들어볼 뿐이다.

김순남 ksn8404@hanmail.net
2016년《월간문학》수필 등단
수필집『호미씻이』

도마

김영미

　낡은 도마에 장미꽃이 피고 있다. 생생한 넝쿨 장미다. 세월의 더께가 검버섯처럼 핀 도마가 멋진 캔버스로 변했다. 벽면을 가득 채운 넓은 벡스코 전시관에는 산뜻하고 유명한 그림들을 한꺼번에 감상할 수 있지만, 삭은 도마에 장미꽃을 그려놓은 발상이 이채롭다.
　어린 시절 깊은 새벽잠을 깨우던 것은 부엌에서 들려오던 어머니의 도마 소리였다. 텃밭에서 갓 따온 오이나 호박을 나박나박 썰고 있는 그 소리가 오랫동안 환청처럼 들리기도 하였다. 해가 지고 집으로 돌아오는 담장 넘어 토닥토닥 들려오던 도마소리는 언제나 내게 평온함을 안겨 주었고, 무슨 색다른 요리를 먹을 수 있을까 하여 기대에 부풀었다.
　어머니가 사용하던 도마는 부엌 한 구석을 보초병처럼 의연하게 지키고 있었지만, 정수리 부분을 제외한 가장자리는 검게 퇴색되어 볼품이 없었다. 가운데가 움푹 파였고 몸체는 비틀어졌다. 검게 그을린 아궁이 불길 속으로 당장 집어넣어도 아깝지 않을 것 같았다. 동치미를 썰 때마다 한쪽 받침대가 부러져버린 도마는 이리저리 기우뚱거리며 언제나 널뛰기를 하였다.
　어머니는 받침대가 튼실한 새 도마를 늘 갖고 싶어 하셨지만 나뭇결이 살아 있는 도마 하나조차 만들어 줄 아버지가 안계셨다. 저녁이면 꽃가지가 핀 동치미를 두레밥상 한 가운데 놓고 볼이 비어지도록 먹으면서 슬금슬금 어머니의 눈치를 살펴야만 했다.

도마는 한 집안의 살림살이 내력이며 어설픈 요리솜씨도 꿰뚫고 있는 것 같았다. 생채기 난 자리에는 말없이 삭혀온 시간들이 우묵우묵 고여 있어 가슴앓이로 속을 끓이던 나는 동지애를 느끼게 했다.

나의 부엌에는 여러 개의 도마가 있었다. 부엌문을 밀고 들어서면 가장 먼저 습관처럼 도마 하나를 꺼냈다. 나뭇결이 느껴지는 새 도마, 플라스틱으로 만든 얇은 도마, 자의 눈금이 또렷하게 새겨진 도마며 푹푹 삶아도 되는 재질과 모양도 제각각이다. 튼실한 소나무로 만들어 휨이 없는 곧은 도마는 왠지 두터운 정을 느끼게 하였다.

가을걷이가 끝날 즈음이면 우리 집 부엌만 지키고 있던 도마들이 나들이를 하였다. 이른 아침, 손에는 호미나 바구니 대신 손때 묻은 도마 하나씩을 들고 일손 돕기에 동참하게 되면 찌들었던 몸과 마음도 왠지 가뿐해졌다. 세밑 떡국 썰기며 이웃집 잔칫날에도 서슴없이 문지방을 드나들던 든든한 지원군이었다.

우리 지역에는 겨울이 오기 전 불우이웃이나 독거노인에게 나눠줄 많은 양의 김장거리를 장만하기도 하고, 한 해 농사로 거둬들인 가을 작물들을 다듬고 몇 차례씩 손이 가야 하는 차를 만드는 그야말로 '도마품앗이'를 하는 날이 있다.

해마다 가을이면 햅쌀 한 됫박을 건네주던 이웃집 마당에 도마 하나씩을 품에 안고 삼삼오오 여인들이 모였다. 주인은 한쪽 마당에 가마솥을 걸어 불을 지펴 차를 덖기 위한 준비로 종종걸음이었다. 갓 지은 햅쌀로 따끈한 점심을 지어내던 주인은 친정집 어머니처럼 푸근했다.

나는 한쪽 구석에 엉덩이를 붙이고 수북하게 쌓아놓은 배추에 칼집을 넣어 소금물에 절이고, 살이 통통한 둥글레 뿌리는 어슷어슷 썰어냈다. 마치 앞뒤의 발걸음을 따라 잡듯 또각또각 도마소리가 시작되면 지나던 길손들도 까치발로 담장 밖에서 고개를 내밀었다.

도마소리는 엇박자로 두드리는 방망이처럼 묘한 화음을 내는 악기 같았다. 들쭉날쭉 세상의 소리를 아우르며 저마다 품었던 소리 한 자락을 풀어내기도 하고, 힘차게 연주하는 난타 음악 같았다. 너른 마당에 볶은 차를 말리면 가을볕도 따라 익었고, 어디선가 달려온 선들선들한 바람이 땀을 씻어 주었다.

전시관 모퉁이에 걸린 다 삭은 도마에서 그 시절 소담스러운 행복의 향기를 떠올려 본다. 돈독한 정을 잇게 하던 도마의 꺼칠한 표면도 쓰다듬어 본다. 베인 칼금마다 웅숭깊은 소리가 꽃으로 피어났을까. 문득, 상처 없는 생이 어디 있겠느냐며 도마가 나를 향해 묻고 있는 듯하다.

김영미 kym203@nate.com
1998《자유문학》신인상. 2011년〈경남신문〉신춘문예 당선
수필집 『누비옷』

벤자민 버튼을 누르면 엄마가 오실까*

김영채

마트에서 장을 보다가 움찔 뒷걸음질을 쳤다. 식빵을 한 봉지 살까 하는데 커다란 단팥빵이 눈에 들어왔다. 가슴이 덜컥 내려앉더니 다리에 힘이 풀리며 그대로 주저앉았다. 동행하던 남편이 놀라 허둥대도 가슴을 부여잡고 눈만 끔벅거렸다. 정신을 차리고 일어서며 말했다. "나 한동안 이 빵 못 볼 것 같아…." 물끄러미 바라보는 남편의 표정에서 '왜 안 그렇겠니'가 읽혔다.

빵과 떡을 좋아하시는 엄마께 이 집 단팥빵이 먹음직스럽고 맛나 가끔 사다 드렸다. 밥상을 앞에 놓고 굳이 빵을 잡수셨다. 처음으로 엄마가 유독 빵과 떡을 좋아하신다는 걸 알았다. 집에 갈 때마다 이것 먹어라 저것 먹어라 하며 내주시는 엄마가 식탐 없는 나 같은 줄 알았다. 생전 드시고 싶은 것, 갖고 싶은 것들이 없는 줄 알았다. "난 빵과 떡이 좋아" 하시던 엄마를 홀로 남겨두고 집으로 오며 내가 얼마나 큰 불효를 저지르고 사는지 깨달았다. 평생 당신 몸 움직여 자식들 공부시키고 뒷바라지하신 엄마. 오 남매를 두고도 단 한 번 어느 자식에게 손을 내밀거나 부담을 준 적 없으시다. 그런 엄마를 이제 뵐 수도 뭔가를 해 드릴 수도 없다는 게 안타깝다.

4월 어느 일요일 한낮, 큰언니에게서 전화가 왔다. 엄마가 사고로 대학병원 응급실에 와 있다는 것이다. 놀라 남편과 한달음에 갔다. 도착하니 언니와 큰조카만 있었다. 고대 안암병원에 수간호사로 있는 조카가 마침 비번이라 보호자 역할을 하고 있었다. 덕분에 우리 형제들은 허둥댐 없이 경과를 지켜볼 수 있었다.

	음주 운전자에 의한 교통사고였다. 점심 식사 후 운동 겸 동네 한 바퀴를 돌고 집으로 들어가시는 길목에서였다. 현장 조사를 나온 경찰에 의하면 사고가 날 장소도 아니라는 것이다. 가해자가 낮술을 얼마나 먹었는지 횡설수설 대화를 할 수 없을 정도였다고 하니 짐작이 갔다.

	그때까지만 해도 희망이 있었다. 대학병원이지만 중환자실에 병상이 없었다. 코로나 시기라 쉽지 않지만 어디든 엄마를 살릴 수 있는 병원을 찾아야 했다. 조카가 어떻게든 살려보려고 백방으로 뛰었다. 조카가 근무하는 병원에서 그곳도 병상이 없지만 만들어 놓을 테니 무조건 모시고 오라는 연락이 왔다. 중증외상응급차를 호출했다. 응급차를 기다리는 동안 상황은 심각하게 돌아갔다. 자동차 바퀴가 엄마의 골반을 한 번 넘고 다시 후진으로 넘었다니, 골반이 다 으스러졌다. 이 상황만으로도 심각한데 출혈을 잡는다고 시술한 뒤 잘 유지되던 혈압이 급속도로 떨어지기 시작했다. 수혈도 도움이 되지 못했다. 때마침 도착한 응급차 닥터마저 이대로는 이송이 어렵겠다며 돌아갔다. 그래도 한 가닥 희망을 품고 지켜보던 우리는 할 말을 잃었다. 그때부터 초 단위로 꺼져가는 엄마의 몸을 지켜볼 수밖에 없었다.

	사고 후 5시간 만에 운명하시는 걸 보며 처음으로 하느님을 원망했다. 그러잖아도 나날이 삭정이 같아지는 엄마의 몸을 보며 불안불안했다. 가 뵙지 못하는 날은 저녁이면 꼭 집에 계시는지를 확인했다. 그러다 한 시간 두 시간 전화를 받지 않으시면 문을 나서곤 했다. 다행히 늦게라도 전화를 받으시면 가던 길을 되돌렸다. 그때마다 엄마는 "걱정 마라, 나 잘 있다." 하셨다. 어쩌면 엄마의 마지막 순간에 함께할 수 있었다는 것만으로도 감사할 일인데 왜 이리 마음이 아픈지 모르겠다.

심각성을 누구보다 잘 아는 조카마저 무너졌다. 간호사가 되고 중환자실에서만 16년. 냉정하던 조카가 "할머니 죄송해요. 제가 해 드릴 수 있는 게 아무것도 없어서…." 하며 울었다. 왜 해 드린 게 없을까. 누구보다 맘 졸이고 두려웠을 텐데. 맏손주로 외할머니 손에서 자랐던 시기가 있었으니 할머니를 생각하는 맘이 남달랐을 것이다. 죽음 앞에서는 그동안의 효도도 다 불효가 된다. 잘한 일보다 잘못한 일이 더 많고 크게 보인다.

지난해 아버지가 갑자기 쓰러져 중환자실에서 여드레 만에 하늘나라로 가셨다. 그 아픔이 채 아물기 전 엄마마저 가신 것이다. 홀로 남겨진 엄마가 몇 년은 더 살아 주실 줄 알았다. 살아오시는 동안 힘들었던 일 다 잊고 홀가분하게 남은 생 보내시길 간절히 바랐다. 그 간절함이 하늘에 닿지 못한 걸까. 돌아가시는 날 아침 성당에서 주일미사까지 참례하셨다는데, 아무리 한 치 앞을 모르는 게 인간이라지만 아이러니하다. 태어날 때와는 상관없이 갈 때는 순서 없이 간다. 누구든 갈 날이 이미 정해져 있다는 죽음. 그날을 엄마는 아셨을까.

이렇게 일을 겪고 나니 아버지 가시고 난 뒤 엄마의 행동 하나하나가 생경했다는 걸 떠올리게 된다. 자꾸 비우셨다. 갈 때마다 휑해지는 집안이 낯설었다. 무엇보다 냉장고 문을 열 때마다 '왜 이러실까.' 했다.

아버지 계실 때는 꽉꽉 채워져 있던 냉장고였다. 뭘 드시는지 걱정될 만큼 썰렁해 어쩌면 가실 준비를 하는 건 아닐까 하곤 했다. 간식거리를 사다 놓으면 그마저도 안면 있는 노인들 불러 세워 나눔을 하시던 엄마.

지난겨울에는 유난히 바다 것들을 즐겨 잡수셨다. 어느 날은 굴을, 어느 날은 코다리를, 어느 날은 조기를 꺼내 놓으시며 "저녁 먹고 갈 거지." 묻곤 하셨다. 가끔 만들어 간 간장게장에 "맛있다 맛있다" 하셨는데, 그냥 좋아하시는구나 했다. 내가 좋아하듯 그 정도쯤으로 여겼다. 그런데 게장을 가지고 간 어느 하루, 울컥 치오르는 울음을 삼켜야만 했다. "내가 이게 얼마나 먹고 싶었는데…." 하시는 거였다. 갈비며 잡채며 먹을 찬이 많은데도 밀쳐 놓으시고는 "난 이거면 됐다." 그러더니 밥 한 공기를 뚝딱하셨다. 그 모습을 보며 난 "그게 뭐라고 사다 해 드시면 되지 왜 참느냐"고 퉁퉁거렸다. 엄마는 아직 자식들이 먼저였다. "내가 너희들 키울 때 먹고 싶다는 것, 하고 싶다는 것들을 다 해 주지 못해서 그래." 하시던 엄마. 섬이 고향인 엄마가 해산물을 좋아하시는 건 당연하다 여겼다. 엄마의 주머니가 아무리 두둑한들 내리사랑 앞에서는 다 헛것이었다.

이제는 내가 엄마를 떠올리게 하는 것들 앞에서 주춤대고 있다. 장을 보다가도 그것들 앞에서는 머뭇거리게 된다. 가고 안 계신 지금에야 엄마가 특별히 좋아하시던 음식을 앞에 놓고 후회하고 있으니 참 못난 딸이다. 왜 진즉 더 살뜰히 챙겨드리지 못했을까. 내 남편 내 아이들 챙기는 일엔 주저함이 없으면서 말이다. 엄마에겐 내가 제일 아픈 손가락이었지 싶다. 열 손가락 깨물어 안 아픈 손가락 없다지만 맏며느리로 살면서 마음고생을 가장 많이 시켜드렸다고 생각한다. 그게 너무 죄스러워 아버지 가시고 한 번이라도 더 밥상을 마주하려 애썼다. 하지만 그럴 기회마저 사라졌다. 엄마는 그토록 가고 싶어 하시던 고향 백령도에는 다녀가셨는지…. 좋아하시는 먹을거리들로 냉장고를 채워 놓으면 엄마가 오실까.

*영화 '벤자민 버튼의 시간은 거꾸로 간다'에서 착안.

김영채 essay2001@naver.com
2001년 계간 《수필춘추》로 등단
수필집 『앓다』

π 혹은 Life of pi

김용옥

가을날, 파리 한 마리가 5층 베란다의 작은 꽃밭에서 곡예비행을 한다. 잽싸게 내 머리 위로 상승하여 방으로 들어간다. 천정에 닿을 듯이 커다랗게 S자를 그리다가 옆으로 8자를 그리며 멈춘 듯 난다. 얼씨구, 저 파리가 π를 그린다. 무한대의 수 π. 아르키메데스의 수 π.

고개를 뒤로 젖히고 파리의 비상을 주시했다. 죽을 때가 임박한 파리 한 마리가 소수점 이하 300만 자리의 무리수로 나를 끌어간다. 3.141592653589…. 중학교 3학년생도 때, 김용하 수학선생에게서 π는 결코 정답을 풀 수 없는 수數라는 설명을 듣고 그 밤 내내 π를 풀어보겠다고 날을 꼬박 샌 적이 있었지. 수학은 반드시 정답을 얻을 수 있기 때문에 재미있는 공부라고 생각했으니까. 밤 내내 소수점 이하의 숫자꼬리는 울고 싶도록 이어졌지…. 폭폭했지…. 그 수의 끝처럼, 공부의 끝이나 생각의 끝도 한限이 없을까? 처음으로 수학에 정확한 답을 낼 수 없으며 그건 구球 곧 지구에 대한 미완의 값이며 완전함은 없다는 걸 처음으로 배웠다. 풀 수 없는 게 인생에는 있다는 걸 예감했다. 지식은 완벽한 거라고 믿으며 지식을 좋아한 소녀에겐 엄청난 충격이었다.

그로부터 나는 세상사와 사람을 이해하기 위해 나누어 생각하기 시작했다. 이성과 본능으로, 감성과 논리로, 현실과 비현실 세계로…. 이성적으로 지금 행복하며 본능적으로 내일이 불안하며, 현실적으로 지금 만족하면서 불확실한 미래를 염려했다. 그러나 내일에도 어김없이 해가 뜰 것을 믿고 세 끼니의 밥을 먹고, 학교에 가고 친구들과 대화하고 안식의 잠에 들었다. 언젠가 다가올 미래는 찬란하고 오묘한 향기로 가득할 것을 의심한 적이 없었다. 어차피 π처럼 인생도 절묘한 무리수 같은 걸 테니까.

 이런 이야기는 그 듣는 사람의 해석에 의해 완성된다. 언제나 사실은 1차원의 세계요, 화자의 서술은 2차원의 세계가 된다. 독자 또는 청자聽者의 해석이 3차원의 세계를 완성한다. 문학의 완성은 3차원이다. 그러나 인생엔 4차원 이상까지도 존재한다.

 1, 2, 3, 4, 5, 6, 7, 8, 9, 0.

 이 열 개의 단수가 조합하며 이뤄내는 삶의 파장에 나는 속수무책이다. 현대인은 삶의 경제지표를 숫자로 계산하고 모든 병증의 상태도 숫자로 표시한다.

 인류문명의 원조 격인 그리스문자 π. 지知와 문명이 극대화된 시대라 해도 π는 여전히 미완성의 무리수로 존재한다. 소수점 이하 300만분의 1의 차이가 그대와 나의 차이점이라면 우리는 그 차이를 어떻게 구별할 것인가. 인간은 모두 원래인간의 근사치일 것이다. 아버지는 그의 아버지의 근사치고, 자식은 아버지의 근사치다. 자식의 XY유전자는 근소한 차이가 나는 아버지의 유전자XY다. 300만 자리를 흘러온 π의 풀이 같다. 300만 대代를 이어온 조상의 유전자에 의해 현재의 내가 존재된 게 아닐까!

인간과 인생은 자기가 체험한 만큼 인식하고 해석할 수 있다. 그러나 절대적 인간과 인생은 그 아무도 확정할 수 없다. π의 미진한 자리를 사유하며 철학, 종교, 예술은 창조됐을 것이다. 인간은 π처럼 완전할 수 없다. 인생에는 똑 떨어지는 완성의 답이 없다. 그러기에 계속 질문하고 한 자리씩 미완의 답을 얻어가는 것이며, 그 과정이 발전인지도 모른다.

문제는, 대부분의 사람들은, 자기가 알지 못하는 것을 결코 이해하거나 믿지 않는다는 점이다. 결국 아주 평범한, 누구나 달콤하게 이해하는 이야기를 거짓말로 지어내야 한다. 그것의 정점에 신이 창조되었고 피교육자인 우리는 교육되는 대로 따라가는지도 모른다.

〈Life of pi〉라는 영화는 내 사유의 심층을 건드렸다. 얀 마텔 원작, 중국의 5세대 감독인 이안 감독이 영상화한 3D영화를 진지하게 보았다.

폭풍우에 난파된 배에서 뱅골호랑이, 오랑우탄, 하이에나, 얼룩말, 인간 파이Pie가 보트에 피신한다. 굶주림에 의해 대적관계가 된 그 맹수들과 인간 파이가 어떻게 227일간의 난항難航을 하며, 결국 인간 파이가 무슨 힘으로 홀로 살아남는가의 과정이다. 그리고 그 목숨을 건 사투死鬪의 체험을 망망대해의 풍파風波의 그림 속에서 실현하는 것이다.

폭풍우에 난파되는 고난의 수렁은 신의 형벌인가? 한순간에 고통 없이 꼴깍 죽은 자들에게 살아 있는 자는 왜 미안해하는가? 본능적인 굶주린 동물들과 채식주의자 인간 파이가 어디까지 공존 공생할 수 있겠는가? 그야말로 신이 도와주는가? 누구를? 사람만을? 신은 왜 인간의 생명을 가지고 종교놀이를 하는가? 파이는 무엇으로, 무슨 힘으로 비참하고 고독한 시련에서 살아남은 것일까?

　파이는 두뇌를 써서 본능의 적들 속에서 뱅골호랑이(=힌두교, 기독교, 이슬람교 경전의 의미)와 함께 싸우며 살아남았다. 그 호랑이는 파이에게 삶의 의지와 지혜를 끌어내준 마지막 적이고 동료였다. 생존투쟁에서 이겨먹어야 할 강적 호랑이가 있고, 그는 인간이므로 호랑이에겐 없는 지식이란 이성의 무기를 사용해서 호랑이에게 잡혀 먹히지 않았다. 그리고 그가 정말 힘들 때 기댄 곳은 글을 쓰는 것이었다. 그는 사고思考하는 자이므로 글을 쓴 것이다. 잠깐씩 막막함에서 희망의 끈을 놓칠 때면 텅 비어 휴식하였고, 그 시간은 다시 살고 싶은 희망과 지혜를 주었다.

　227일간의 표류 끝에 미어캣(바로 옆의 동료가 잡아 먹혀도 무신경하고 나약한 존재로 호랑이의 먹이=남을 위해 살 줄 모르는, 종교적인 현대인간)이 즐비한 섬에 닿자 인간 파이는 쓰러졌다. 드디어 문명의 땅에 발을 대고 텅 비어 안식에 든 거랄까. 막막하고 공포였던 고난과의 투쟁의 표류에서 파이가 살아남았다! 내 눈에서 하염없이 눈물이 흘렀다. 함께 살아남은 뱅골호랑이는 그를 일으켜주지도 않고, 저 홀로 미어캣 먹이들 사이로 사라져갔다. 기막힌 이미지였다.

　파이의 처절한 생존이야기를 어떤 사람도 믿지 않았다. 사고思考할 줄 아는 작가만이 파이의 이야기를 끝을 알 수 없는 π처럼 이해했다. 인생에는 자기가 풀어도 되고 풀지 않아도 되는 π 같은 게 있는 법이다.

　인간이 견디어낼 수 있는 시련 고난은 무리수다. 그러나 인간이 견디어낼 때 비로소 강자強者다! 그리고, 모든 생명은 모든 다른 생명의 죽음 위에 생존된다. 인간의 가치, 교육, 도덕, 인륜, 종교 등등이 문명문화의 발달을 만들었지만, 치열한 삶의 원칙은 생존이 그 일번이다. 인간생명은 자연이며 자연은 문명문화 이전에 존재했다.

파이의 아버지는 허황된 전설=종교와 예쁜 불빛=천국에 속지 말고 이성적으로 지혜로이 살아야 한다고 아들에게 교육하고 강조했다. 아버지로부터 배운 지식과 지혜가 그를 살아남게 했다. 그렇다. 본능을 제어하는 건 이성의 힘이다. 굶주림보다 두렵고 견디기 힘든 건 절망이다. 그리고 어떤 승자보다 진짜 승자는 고난과 절망에서 살아남은 자다.

파리가 그리는 무한대-누운 8자가 사고의 꼬리를 끌고 다닌다. 사고의 완결은 없었다.

내일은 또 내일의 가을해가 떠오를 것이다.

김용옥 kyok83@hanmail.net
《전북문학》,《시문학》(시)·《전북수필》(수필) 등단
수필집『生놀이』『틈』『아무것도 아닌 것들』외 다수

잡곡밥

김응숙

아침밥을 짓는다. 흰 쌀에 듬성듬성 섞인 붉은 콩은 새벽 들판에 핀 나팔꽃마냥 생기에 가득차 있다. 검은 쌀을 넣으니 밋밋하던 흰 쌀이 서서히 존재감을 드러내고 보리와 현미는 잠 많은 돼지풀꽃처럼 눈을 비빈다. 찹쌀이 들어가 뽀얀 별꽃을 피우니 함지박 속은 들꽃들이 피어난 들판이 된다. 이 작은 들판을 바람 같은 맑은 물로 흔들어 씻어 솥에 안친다.

나이가 들수록 잡곡밥이 좋아진다. 어릴 때는 씹기 힘든 콩을 입안에서 굴리다 슬며시 밥상머리에 뱉어 놓곤 했다. 한창 자랄 때에는 부뚜막에 베보자기를 쓰고 있는 보리밥이 싫었다. 그 베보자기에는 때마다 끼니걱정을 해야 하는 청승스러움이 누렇게 베어 있었다. 그러나 요즘은 흰밥을 먹을라치면 어쩐지 허전하고 싱거운 기분이 든다. 햇빛과 비와 바람을 품었던 품새만큼이나 서로 다른 맛과 결이 어우러진 잡곡밥은 늘 구수하고 차지다. 씹을수록 세월에 곰삭은 옛날이야기를 듣는 것처럼 마음이 편안해진다.

콩은 모내기가 끝날 즈음에 귀한 작물들에게 안방을 내어주고 밭둑가에 이리저리 심어져도 군말 없이 잘 큰다. 손바닥 같은 잎을 쓱쓱 내

밀며 땅내를 맡고 자라는 산골 소년처럼 지치는 법이 없다. 보리에게는 이야기가 많다. 겨울밤의 푸르른 달빛이 밤새 속삭여준 이야기들은 흰 눈을 뚫고 파릇한 잎이 되어 넘실거렸다. 마침내 푸른 수염을 단 이삭이 솟아올랐을 때 제 살아온 시간들을 알알이 새기며 금빛으로 익어갔다.

보릿고개가 호랑이보다도 무섭던 시절부터 건강 곡물로 인정받게 된 오늘날까지 잡곡은 기꺼이 우리들 곁을 지키고 있다. 어느 시인은 '이리도 예쁜 것을 잡초라 부르기가 미안하다'고 말했다. 나는 이리도 귀한 것을 잡곡이라 부르기가 참으로 미안하다.

밥이 끓으면서 구수한 냄새가 난다. 유독 잡곡밥을 좋아하시던 시어머니께서 돌아가신 지 일 년이 다 되어간다. 어머니께서는 평생 보리쌀에 쌀을 섞어 새벽밥을 지으며 울퉁불퉁한 오남매를 가슴에 끌어안고 사셨다. 일찍 친정어머니를 여읜 이 셋째 며느리마저도 품어 주시곤 했다. 어쩌면 전혀 다른 토양에서 자란, 참으로 익히기 어려운 또 다른 잡곡 같았을 텐데도 말이다. 함께 살았던 십 년 가까운 세월동안 어머니와 나는 잡곡밥을 해먹어가며 울고 웃었다.

어머니에게서 치매 증상이 나타나기 시작했을 때 자식들은 언제쯤 병원으로 모실지에 대해 의견을 나누었다. 어차피 병원으로 가실 수밖에 없는 것이라는 결론에 도달하기까지 그리 오랜 시간이 필요하지 않았다. 집에서 어머니를 보살필 수 없는 이유는 많았지만. 그 모든 이유는 밥벌이를 해야 한다는 한 가지 사정으로 귀결되었다. 모두가 먹고 살기도 바쁜 이 시대에 유산도 없는 어머니는 이제 분리의 대상이 되었다.

그런 결정에 동의할 수밖에 없었던 나는 며칠 동안 잠을 이루지 못하였다. 잡곡밥에서 콩 골라내듯이 어머니를 병원에 모셔놓고 돌아온 날, 많이도 울었다. 홍수가 밀고 온 퇴적물처럼 후회가 가슴에 쌓였다.

　노인 병원으로 옮겨진 어머니는 급격하게 사위어갔다. 자식들을 바라볼 때마다 생기가 돌던 눈동자는 말라버린 우물처럼 공허해졌다. 세상이라는 단단한 암벽의 틈 사이를 나무뿌리처럼 파고들었던 열 개의 손가락은 하얀 침대 시트를 움켜쥐고 석고처럼 굳어갔다. 나는 이따금씩 찾아가 그래도 미련인양 눈가에 붙어 있는 눈곱을 물수건으로 닦아내고 하나씩 손마디를 젖혀 주무르곤 했다. 그리고 무심한척하며 세월의 소금기가 허옇게 앉은 머리를 빗질했다.

　어느 날 병원에 가보니 밥 대신 멀건 미음 봉지가 머리맡에 매달려 있었다. 욕창이 심해지고 몇 번의 패혈증이 지나간 후였다. 음식으로 인한 독을 해독할 수 없기 때문이라고 하였다. 이제 어머니는 살아서는 더 이상 따뜻한 밥 한 그릇을 드실 수가 없게 된 것이다.

　성격이 급하고 야망이 컸던 큰아들은 상황이 여의치 않으면 뜨거운 불판에서 콩 튀듯이 튀었다. 그 단단하고 격정적인 콩은 어머니에게 평생 동안의 소화불량이었는지도 모르겠다. 누구보다도 잘 살고자하는 열망으로 가득했던 둘째 아들은 항상 현미처럼 껄끄럽고 겉돌았다. 급하고 궁할 때마다 셋째 아들은 기꺼이 보릿자루가 되어 주었으나 자식의 자루에서 퍼낸 보리쌀로 지은 밥이 어찌 어머니의 목으로 쉬이 넘어갔겠는가. 찹쌀처럼 차지고 싹싹한 막내아들은 큰 자랑이었지만 늘 멀리 있었다. 잡곡밥 위에 얹혀있던 대추 같았던 고명딸을 폭 떠서 시집을 보낸 뒤로 어머니의 가슴에서 그 자리는 붉은 멍이 되었다.

　자식이란 본래 그런 것인지 어느 자식 하나 어머니의 잡곡밥에서 녹록한 자식은 없었던 듯하다. 끊임없이 끌어안으며 끓이고 뜸 들여 자식들에게 따뜻한 밥 한 그릇을 먹이고자 했던 어머니의 가슴은 서서히 식어갔다. 모두들 그 가슴에서 지은 밥을 먹고 자라났으나 누구도 어머니의 가슴을 덥힐 따뜻한 밥 한 그릇을 지어 드리지 못하였다. 진정 편한 마음으로 드실 수 있는 밥 한 그릇을.

어머니의 가슴 솥이 차갑게 식었을 때 장례는 치러졌다. 절차에 대한 의논은 있었으나 자식들로부터 골라내어진 어머니의 삶에 대한 회고는 유예되었다. 싸락눈이 내리는 차가운 땅에 유해를 묻고 돌아온 저녁, 앞으로 우애 있게 지내자는 다짐은 있었다. 그러나 시간이 지날수록 콩은 콩으로, 현미는 현미로, 보리는 보리로 제각기 되돌아갔다. 뜨거운 솥이 사라졌으니 언제 다시 구수한 어머니의 잡곡밥을 먹어볼 수 있을까.

밥이 다 되었다는 신호음이 들린다. 작은 들판은 솥 안에서 잘 익어 있다. 콩도 현미도 보리도 뽀얀 김 속에서 상기된 표정들이다. 이제부터 자신들의 지나온 시간들을 세상에 풀어놓으려는 듯이 보인다. 잡곡밥을 꼭꼭 씹으면서 그 이야기를 들어볼까 한다. 행여 뜨거운 가슴솥의 열기가 전해져오면 아마도 나는 눈물이 날지도 모르겠다.

김응숙 kimeungsook@naver.com
2015년 《에세이문학》 등단
수필집 『달의 귀환』

함백산의 봄

김이랑

　화신花神도 평행선을 따라온다. 남해안에 상륙한 화신은 중앙선 철길을 따라 북진한다. 간이역마다 꽃들을 내려놓은 화신은 영주 벌판에서 갈라진다. 하나는 소백을 넘어 월악으로 가고 또 하나는 영동선을 따라 굽이굽이 깊은 산골로 달린다.
　산 첩첩 백두대간 골짜기에 이르러 화신은 다시 둘로 나눈다. 한 갈래는 똬리를 틀 듯 태백준령을 돌아 넘어 동해로 뻗고, 또 한 갈래는 낙동강 발원지 황지고원으로 간다. 황지고원에 집결한 화신은 잠시 멈춘다. 높고 가파른 함백산을 오르려면 전열을 가다듬어야 하기 때문이다.
　다시 출발한 화신은 비탈진 싸리밭길을 오른다. 먼저 복수초가 차가운 얼음벽을 뚫는다. 이어서 매화와 산수유가 여린 폭죽을 뿡뿡 터트리며 적을 교란하지만 역부족이다. 고지를 빼앗기지 않겠다는 동장군의 저항은 거세다. 화신이 방심한 틈을 타서 공중에서 우박을 퍼부으면 화신의 전열은 잠시 흐트러진다.
　동장군의 저항을 밀어내고 진달래가 능선에 붉게 핀다. 이에 뒤질세라 개나리가 양지를 노랗게 물들인다. 슬금슬금 음지로 퇴각하던 동장군은 흰 꼬리를 끌고 골짜기로 숨어든다. 그렇다고 전투가 끝난 것은 아니다. 게릴라전에 돌입한 잔당은 느닷없이 나타나 꽃샘바람 불어대고 줄행랑치기를 되풀이한다.

함백산 기슭 추전역柚田驛을 차지하려는 전투는 춘분이 넘어도 이어진다. 낮이면 화신이 따스한 봄바람을 불어대고 밤이면 동장군이 따끔한 싸락눈을 퍼붓는다. 밤낮 가리지 않고 밀고 밀려나기를 달포, 더는 소모전을 펼칠 수 없는 화신은 동장군의 잔당을 토벌할 계획을 세운다. 그 작전은 누구도 눈치채지 못할 정도로 은밀하다.

삼월 삼짇날 밤, 야음을 틈타 달려온 열차가 속속 도착해 추전역 플랫폼에 특공대를 부려놓는다. 긴산꼬리풀·두메고들빼기·갈퀴현호색·선괭이눈·매발톱·뱀톱·모싯대·노랑갈퀴·층층이꽃·큰까치수염·큰뱀무·노랑투구꽃…, 사나운 이름으로 무장한 특공대는 함백산으로 진격해 두문동재와 만항재를 탈환한다. 여세를 몰아 꼭대기에 깃발을 꽂으면, 그날부터 가을까지 산정山頂에는 별꽃잔치가 펼쳐진다.

새빨간 얼굴에 주근깨가 점점 박힌 깨순이 트리오가 사방으로 나팔을 불어댄다. 옆으로 말나리 아래로 참나리가 꿈결의 재즈라도 합주하는지, 하얀 머리 부스스한 터리풀과 껑충 까칠한 보랏빛 엉겅퀴가 잘 생긴 가문비나무 옆에서 몸을 흐느적거린다. 하늘을 향해 하늘나리가 살풀이 가락이라도 연주하는지, 수수꽃다리 향기 휘감고 도는 언덕에는 고깔을 비스듬히 쓴 광대나물꽃이 연보랏빛 춤사위를 풀어낸다.

봄꽃 잔치에 취해 미치광이풀꽃을 잘못 먹었을까, 벌 한 마리가 붕붕거리며 미친 듯이 허공을 선회한다. 이질에 걸려 밤새 설사라도 했을까, 창백한 나비 한 마리가 둥근이질풀에서 약을 짓고 있다. 때 아닌 낮술 몇 사발에 거나하게 취했는지, 노루오줌풀이 노린내를 솔솔 풍기며 흔들흔들 몸을 가눈다. 내가 호랑이인가 나비인가, 하얀 박하향에 취한 호랑나비가 당귀꽃 위에 주저앉아 해롱거린다.

아지랑이에 아롱아롱 홀리고 꽃향기에 취하면 내가 풀꽃인지 사람인지. 쉬땅나무꽃, 꼬리조팝나무꽃에게 수작을 걸다가 너도바람꽃과 눈이 맞으면 나도바람꽃, 빨간 하트 조롱조롱 금낭화가 수줍게 사랑을 고백하면 이 몽환에 가슴도 분홍으로 물이 든다. 쪼그리고 앉아 눈높이를 맞추면 풀꽃의 윙크에 정신이 그만 아찔해진다.

앙증맞고 깜찍한 꽃다지, 샛노란 점박이 얼굴로 땅바닥에 착 달라붙은 쇠비름, 돌돌 말린 꽃대가 사르르 풀어지면서 방글대는 하얀꽃마리, 오동통한 잎 사이로 노랑별을 뿌려놓은 돌나물, 꽃잎이 노란 바람개비처럼 빙글대는 물레나물, 하늘 향해 좁쌀을 내뿜는 냉이, 대롱 끝에 하얀 별사탕을 피운 쇠별꽃, 올망졸망 방싯대는 금싸라기 은싸라기 웃음을 바라보면 절로 마음이 애틋해진다.

별똥별 떨어진 자리에는 노란 민들레가 핀다. 노루가 오줌을 눈 자리에는 노루오줌꽃이 피고 제비가 똥을 눈 자리에는 제비꽃이 핀다. 장끼와 까투리가 사랑을 나눈 자리에는 꿩의바람꽃이 핀다. 사무친 그리움이 진 자리에는 상사화가 벙글고 애달픈 사연이 깃든 자리에는 찔레꽃이 핀다. 서러움 북받치는 자리에는 눈물꽃이 터지고 기쁨 넘치는 자리에는 웃음꽃이 핀다.

걸음마를 배우기도 전에 산으로 간 아기는 애기똥풀꽃, 시집도 못가고 물로 간 누이는 물봉숭아, 장가도 못가고 산으로 간 삼촌은 미나리아재비로 핀다. 죽은 딸 달래를 안고 죽은 진 씨 무덤에는 진달래가 핀다. 시집살이만 모질게 하다 꽃상여를 타고 떠난 어머니는 며느리밥풀꽃, 며느리를 미워하다 죽은 시어머니는 며느리밑씻개로 핀다. 쌀이 떨어져 탁발하러 간 스님을 기다리다 얼어 죽은 동자의 무덤에는 동자꽃, 딸을 기다리다 죽은 엄마의 무덤에는 족도리풀이 핀다.

 피고 지는 사연은 저마다 간절해서 그리움도 꽃으로 피고 서러움도 꽃으로 핀다. 별똥별처럼 이 땅에 소풍 나온 사람들은 슬픔도 원망도 사랑도 다 꽃으로 피운다. 그러고는 죽어서 별이 된다.

김이랑 kdshb@hanmail.net
수필가
감각적 글쓰기 실전서『문장의 문학적 메커니즘』외

동굴로 가는 길

김정화

　이쯤 어딘가에 있었다. 십 년 전에도 왔지만 분명 굴은 있었다. 바닥이 깊었으며 천장은 내 키보다 높았고 지하 돌길은 생각보다 넓었다. 그때도 의아했던 것은 다닥다닥 붙은 도시의 주택 옆에 비밀 아지트 같은 꺼먼 동굴이 꽤 길게 뚫렸다는 사실이었다.
　꼭 한번 다시 와보고 싶었다. 일제가 방공호로 지었다거나 무기고로 사용했다는 말을 확인하려는 것은 아니고, 황당하게 끝난 금괴 도굴 사건에 관심이 있는 것도 더더욱 아니다. 내가 유독 이곳에 오고 싶은 까닭은, 미로로 이어지던 검은 동굴길이 당시의 답답했던 내 몸속과 닮았다고 생각했기 때문이다. 턱 아래 침샘에 커다란 결석 두 개가 꽉 박혀서 음식을 씹기도 어렵고 침도 삼키기 곤란했었다. 설상가상으로 수술까지 잘못되어 파헤쳐놓은 목에 염증이 생기고 침샘관이 탈이 나서 무지하게 고생했다. 결국 목 절제를 해서 악하선 침샘을 들어내었는데 몸이 고장나려니 뜻하지 않던 장기도 이상이 생겨 또 한 번 수술대에 오르던 암울한 시기였다. 그 핑계로 어쩌면 상처 났던 몸과 속마음을 동굴에 빗대어 슬며시 들여다보고 싶은 건지도 모르겠다.
　선뜻 동굴로 가는 길은 나오지 않는다. 자신 있게 찾을 줄만 알았는데 이리저리 곱창 골목만 배회하고 있다. 한때 인기 있던 영화를 이곳에서 촬영했던 덕분인지 어느 곱창집 간판에도 그 유명한 영화 제목이 당당히 얹혀 있다. 노인 몇 분께 여쭤봐도 모두 관심 없다는 듯 고개만 젓는다. 최근 이곳 동굴이 어느 방송사에서 또 회자되었으니 카메라를 든 외지인들 때문에 귀찮고 성가셨을까. 구부러진 곱창 골목길과 주택 사이에 자그마한 산언덕이 끼어 있었으며 동굴 인근 몇 발자국 전부터 서늘한 기운이 휘돌았는데…. 재개발을 하려는지 마을은 더욱 낡았고 인적은 드물었으며 간간이 빈집과 허물어진 벽도 눈에 뜨인다.

처음 왔을 때의 섬뜩한 기운과 습하고 어두운 그늘과 한두 방울씩 떨어지는 물소리조차 거대한 소음으로 들렸던 그 분위기가 남아 있을까. 그때는 동굴 앞 이층집 노인이 건네준 열쇠로 쇠창살이 쳐진 출입문을 열고 들어갔었다. 곡선의 미로를 한 바퀴 도는 동안 물방울이 머리와 웃옷을 흥건히 적셔서 나올 때는 비 맞은 생쥐 꼴이 되었지. 그러고 보니 들어갔던 입구와 나올 때의 출구도 달랐었다. 출입문이 두 개였으니 어느 쪽이든 한쪽을 먼저 찾으면 되겠다.

움집 이전에 인간이 만든 최초의 집은 동굴이었을 터. 터널 같은 깜깜한 세상이 이어지던 원시시대에도 인간은 굴을 파고 그곳에서 밥을 먹고, 잠을 자며, 사랑을 나누고 아이를 낳아 길렀으리라. 원시인들에게 동굴은 단테의 지옥편이 상징하는 것처럼 천벌을 받은 인간이나 사탄이 머무르는 부정적인 장소가 아닐 것이며, 내가 기억하는 고립과 고독의 이미지와도 거리가 멀며 결코 괴괴하거나 침침한 터널로도 생각하지 않았을 것이다. 신비하고 비밀스러운 분위기를 가진 몽환의 장소, 아침이면 멀리서 하얀 섬광이 들어오고 밤이면 흥건히 달빛이 내려앉는 자리. 계절마다 꽃바람과 풀 향이 골바람을 타고 와서 온몸을 적시는 곳. 그들에게 동굴은 가장 아늑하고 가장 안전한, 그리고 창조의 신비가 시작되는 가장 거룩한 성소였을 테다.

그러기에 세계의 수많은 신화와 전설에도 동굴이 등장하지 않는가. 당연히 우리의 건국신화에도 입굴백일의 주문을 받고 곰이 인고의 시간을 보낸 곳이며, 부안군의 적벽강 절벽 위에서 칠산바다를 지킨다는 대모신 개양할미 역시 동굴에서 나왔으며, 원효가 해골 물을 마신 토감土龕도 흙구덩이 속이라고 할 수 있겠다. 이 밖에도 조상들이 혈거 생활을 하였다거나, 종교적 제의가 행해졌다거나, 피란처였다거나, 혹은 무덤이었다거나, 심지어 동굴에서 마법 수업을 배웠다는 내용까지 구전되거나 문학 속에 등장한다. 이렇게 머릿속에는 동굴 이야기들이 난무하는데 내가 찾는 동굴은 보이지 않는다. 나는 지금 어디까지 왔을까.

머리 위로 한 대의 비행기가 굉음을 내며 지나간다. 비행기가 추락하여 사막 가운데에 고립됐던 영화가 있었다. '잉글리쉬 페이션트'. 영화를 본 사람이라면 밀실의 동굴을 잊지 못할 것이다. 2차대전 말기에 지도 제작을 위해 이집트에 갔다가 영국인 귀족 부부를 만나게 되는데 그 부인을 운명적으로 사랑하게 되는 남자. 그러나 눈치챈 남편이 경비행기를 몰고 돌진하다 즉사하고, 남자는 중상을 입은 부인을 동굴에 눕힌 채 구조 요청을 하러 떠나지만 돌아왔을 때는 이미 싸늘한 시신이 되어 있었다. "꼭 돌아온다고 약속해줘요." 동굴을 울리던 목소리, 그 눈빛. 슬픈 일이지만 남은 자는 눈물을 걷고 일어서야 하겠지. 사막 바람은 산란하게 불어올 것이고 그 바람은 또 어느 날 예고도 없이 사랑의 불씨를 일으키며 미지의 동굴 속으로 데려가 줄 테니까.

아아, 그런데 나는 왜 동굴 속이 눅눅하고 어둡다고만 생각하는 것일까. 웨딩아치를 연상케 하는 아름다운 꽃 터널, 나무 터널도 많았는데. 벚꽃 터널, 동백 터널, 장미 터널…. 이팝꽃 터널과 아카시아 터널도 걸어보았고 산비탈의 무성한 녹음 터널도 올려보았으며 단풍 터널의 계절을 지나 설국의 도시에서 황홀한 눈 터널도 만나보았지. 오랫동안 갇히고 싶은, 벗어나고 싶지 않은 눈부신 동굴들이었지.

그렇게 생각하니 세상에 동굴 아닌 것이 없다. 주꾸미는 소라껍질 동굴에서 살고, 꺽지와 버들치는 강이라는 수굴에서, 문어와 개복치는 해저의 굴에서 숨 쉬며, 지렁이는 땅굴을 파고, 펭귄은 모래 굴 속에서, 참새와 개똥지빠귀는 허공이라는 상천上天의 굴에 산다. 직장인들은 사무실이라는 동굴 문을 열고, 드라이버들은 승용차라는 굴속으로, 반지하 세입자들은 폭우도 막지 못하는 지하동굴에 파묻힌다. 럭키아파트, 벽산아파트, 데시앙, 푸르지오, 무슨 무슨 팰리스에 사는 사람들도 한결같이 엘리베이터라는 지상 동굴에 갇혔다가, 현관문을 열고는 중문을 닫고 자기만의 동굴에 들앉아 스스로 수형자가 된다. 단절, 분절, 폐쇄가 익숙한 현대인들이다. 특히 글쟁이라면 고독이라는 동굴을 벗어나지 못하는 법. 해산토굴이라는 현판을 붙이거나 집 호실과 같은 수인번호를 달고 칩거한다. 모던보이 이상도 분내 나는 아내의 방과는 달리 빛 한 줌 들어오지 않는 '나의 방'에서 권태롭다. 그러니까 인간은 자궁이라는 동굴에서 태어나서 무덤이라는 동굴로 돌아가게 되는 것이다. 물론 일부는 불의 동굴을 거쳐 수목이나 심해 동굴로 침잠하지만, 한번 갇힌 죽음이라는 터널을 다시는 빠져나올 수 없다.

내 속의 동굴은 어떠한가. 지금까지 쉬지 않고 판 굴의 깊이는 가늠할 수 있는지. 그곳에 무엇이 살고 있는지. 안전한지, 혹시 침수나 낙석의 위험은 없는지. 굴을 파는 것은 끊임없이 자신을 깊게 만드는 일인 것을. 아직도 나는 내 굴의 끝이 어디인지 알지 못한다. 그러나 마냥 캄캄하거나 적막하지만은 않다. 가끔은 섬광 같은 푸른 빛에 눈을 뜨기도 하고 정신 깊은 곳에서부터 울려오는 맑은 종소리 같은 것을 듣기도 한다. 그것이 헛것이나 환청이라 할지라도 내가 존재하는 한 내 굴을 보듬을 수밖에 없다.

주위가 서늘해졌다. 분명 동굴이다. 기억처럼 오래된 주택 사이로 야트막한 산이 봉곳하고 그 아래 동굴이 얌전하다. 그때처럼 입구는 여전히 자물쇠로 채워졌으니 깨금발하고 동굴 속을 들여다본다. 검은 동굴 하나가 구불구불 몸을 펼쳐낸다. 다행히 석순이나 종유석 같은 것은 보이지 않고 떨어지는 물소리 청량하다.

김정화 jung-0324@hanmail.net
2006년 《수필과비평》 등단. 2015년 광남일보신춘문예 문학평론 당선
수필집 『미스 에세이』 『가자미』 등 6권

아들아! 황금색 누비이불 기억나니?

김 종 국

"목사님 저예요. 결혼 주례해주신 미향이입니다. 아들을 장가보내게 돼서요. 주례를 부탁드리고 싶습니다. 찾아뵙고 상세한 말씀 드릴게요."

문기군의 결혼식이 있기 40여 일 전, 전철 안에서 받은 전화 목소리는 낯설기만 했다. '왜 하필 나일까, 미향이 아들 얼굴, 포대기에 싸서 업고 다닐 때 보곤 그 후 한 번도 본 적이 없는데, 결혼식 주례는 소속 교회 담임목사나 그렇지 않으면 신랑신부와 각별한 사이인 선배나 은사에게 부탁하는 게 관례 아니던가. 결혼 당사자들의 의사를 제쳐놓고 부모 마음대로 주례자를 결정할 수는 없을 텐데,' 이런저런 생각 끝에 2년 전, 가까이 지내던 분 문상을 갔다가 우연히 미향이를 만났던 일이 떠올랐다.

얼굴 본 지 하도 오래되어 그동안 어디서 어떻게 살았는지 궁금했던 터라 이만저만 반가운 게 아니었다. 유족을 위로한 후 식사 자리에서 미향이와 마주 앉아 그동안 살아온 이야기를 들었다.

그는 결혼 후 아들 형제를 낳아 키우면서 하고 싶었던 신학공부를 사십 세에 시작했다. 졸업 후 절차를 거쳐 목사 안수를 받고 목회를 하고 있었다. 그리고 그가 희망했던 것처럼 늙으신 어머니를 모시기까지 했다. 착하고 효성스런 남편 잘 만난 덕분이었다. 거슬러 올라가 그의 결혼 당시 이야기도 들려주었다.

"목사님 생각나세요? 제가 시집갈 때 누비이불 사주신 거요. 사모님이 황금색 누비이불을 고르시고 호청은 따로 동대문 시장에서 흰 바탕에 잔잔한 꽃무늬가 있는 걸 사다가 목사님과 함께 안방에서 누비이불을 펴놓고 호청을 씌웠노라고 사모님이 말씀하셨어요. 그 선물을 받곤 눈물이 나도록 고맙고 소중해서 이불장 속에 아껴 두었다가 아이 둘이 생긴 후 둘로 쪼개서 각각의 이불을 만들어 덮어 키웠거든요."

40대 초반에 나는 서울 사직공원 근처에 있는 역사가 꽤 오랜 C교회에서 목회를 했었다. 신도 가운데 젊은 여성이 혼자서 딸 하나를 키우고 살았는데 그 딸이 미향이다.

미향이는 제주도가 고향이다. 미향의 엄마가 임신 중에 아빠는 직업을 찾아 일본으로 건너간 후론 소식이 끊겨 미향은 아빠의 얼굴도 모르고 자랐다. 미향이가 열한 살 되던 해에 모녀는 서울로 이사를 왔다. 어떻게 해서라도 딸 하나 제대로 교육하려고 미향 엄마는 온갖 고생을 다했다.

미향이가 고등학교를 졸업하고 2년 동안 직장을 다녔다. 그때만 해도 그는 열심히 돈 벌어 대학교 진학을 하려고 마음먹었다. 그럴 즈음에 신앙이 좋고 성실한 청년의 청혼을 받으면서 마음이 흔들렸나 싶었다. 차라리 시집을 가서 엄마를 모시면 낫겠다고 생각한 것 같다.

스물한 살에 결혼을 선택한 미향의 속 깊은 마음이 대견하면서도 다른 한편으론 덜 핀 꽃봉오리가 꺾이는 것 같아 안쓰러웠다. 내 딸 같으면 그 나이에 시집을 보냈을까 싶어서다.

어려운 환경에서 자라면서도 돈독한 신앙, 구김살 없이 밝은 얼굴, 속 깊고 성실한 미향이를 나도 아내도 사랑했었다.

가까운 일가친척도 없이 외롭게 자란 그가 변변한 혼수도 준비 못하고 시집가는 게 마음에 걸렸다. 생각 같아서는 포근한 솜이불 한 채쯤 사주고 싶었지만 겨우 누비이불 하나를 마련해 혼수를 보탰다. 그걸 우리 내외는 까맣게 잊고 있었다.

목회를 은퇴한 후론 결혼식 주례할 기회가 별로 없다. 지난날의 이런 저런 인연들은 엄연한 현실 앞에서 맥을 추지 못하기 때문이다. 그럼에도 불구하고 내가 문기 군의 결혼 주례를 할 수 있었던 것은 아무리 생각해도 누비이불 때문이 아닐까 싶다.

"아들아! 너 어릴 때 덮고 자던 황금색 누비이불 기억나니? 따뜻했던 그 이불 말이야, 엄마는 그 이불 선물하신 목사님이 너희들 결혼 주례로 가장 적합할 것 같구나." 엄마의 설득에 아들은 순순히 따랐을 것만 같다.

누비이불 한 채의 인연으로 2대에 걸친 결혼식 주례, 주례사를 어떤 말로 시작할까 고민 끝에 이렇게 말문을 열었다.

"어제 나는 신랑 홍문기 군의 어머님이 카톡으로 보낸 사진 한 장을 받았습니다. 사진 하단에 '저희들 결혼사진입니다. 감회가 새롭습니다.' 문자 메시지가 곁들여 있더군요. 아들의 결혼식을 하루 앞둔 어머니가, 자기 결혼 주례를 서주신 분이 아들 결혼식 주례까지 맡아 준 것에 감회가 새로웠던 모양입니다. 나는 그 결혼사진 속에 주례자의 얼굴을 물끄러미 들여다보았습니다. 새까만 머리에 주름 하나 없는, 믿어지지 않는 내 모습에 만감이 교차했습니다."

 어떤 주례보다 뿌듯한 마음으로 예식을 진행한 그해 유월 말, 초여름의 무더위가 한껏 기승을 부려 주례하는 내 등허리에서 땀이 흘렀다. 게다가 대부분 젊은이들로 가득한 결혼식장 안은 축제 분위기로 그 열기가 한없이 뜨겁게 달구어졌었다. 그런데도 내 머리와 가슴은 그렇게 시원하고 상쾌할 수가 없었다.

 예식 후 돌아오는 내 상의 안주머니에 넣어주는 봉투를 집에 와서 열어보곤 깜짝 놀랐다. 평생 결혼 주례를 많이 했어도 그렇게 많은 사례금을 받기는 처음이었다.

 해가 바뀌고 얼마가 지나서 미향이 전화를 또 다시 받았다. 물론 그 사이에도 여러 번 식사 대접도 받았고 연락도 있었다.

 "목사님! 둘째가 장가를 가요. 주례를 해주세요."

 전화를 받곤 '황금색 누비이불 효과는 어디까지 갈 건가?' 중얼대며 웃었다. 막내아들까지 결혼 주례를 부탁받으리라고는 전혀 생각하지 못했었다.

 홍인기 군의 결혼식 주례가 끝나고 돌아올 때도 두툼한 봉투를 받아 넣은 앞가슴이 불룩했다. 녹이 뻘겋게 슨 내 머리 속에선 누비이불 한 채가 몇 채로 불어 난 건가를 계산하느라 쩔쩔매면서 픽 웃었다.

 집으로 오는 길에 '사랑을 심고 또 심자, 내 인생의 땅거미 지도록.' 거듭 다짐했다.

김종국 jongam380@naver.com
2011년 《한국수필》 등단

2부

한국현대수필 105인선

김진식	산골 삶의 지족知足	박월수	구만리 바람소리
김창식	점點의 흔적	박정옥	채나물
김태실	철새	박지유	바람인형
남홍숙	이국의 어느 새벽기차 스케치	박 현	냉커피
노갑선	사포질을 하다	백두현	피고 지는 꽃
도월화	찔레꽃과 여민락	봉혜선	뿌리
문선자	나에게 나를 묻다	서금복	댄서의 순정
민명자	가을 3제	서미애	우산을 쓰다
박갑순	아버지를 만나다	서 숙	마네처럼
박경빈	탑을 이룬 사랑	서양호	사막 여행기
박계화	삶의 오름		
박금아	앞돌		
박남순	겨울 숲		
박영신	분꽃 마을 일기		
박온화	숲길 단상		

산골 삶의 지족知足

김진식

산골의 삶이 어떠냐고 묻는 벗이 있다. 살만하다고 하면 후회하지 않느냐고 한다. 편의시설은 말할 것도 없고 나들이할 차도 없으니 딱하게 여길 만하다. 그러나 세속의 욕심을 접으면 그렇지 않다. 오히려 불편이 여유롭고 편안하다. 황혼길에 무엇을 바라겠느냐. 심신의 건강을 위하여 거르지 않고 걸을 수 있다면 모자라지 않다.

나는 지금 둘레길을 걷고 있다. 벗이 따로 없다. 시내와 산이 있고 새들이 있고 구름이 떠도는 데 이들과 어울리는 것이 좋다. 이전에 번화한 그곳에서는 번거로움에 가려 보이지 않던 것들이다.

바람과 계절이 기미를 알려준다. 처음에는 건강을 위해서였지만 이력이 나면서 인생도 역사도 생각하며 걷는다. 평탄한 길이 별로 없다. 인생도 역사도 그렇다.

오늘은 유세遊說라는 말과 동행하고 있다. 선거철이 되어서 그럴 게다. 표를 얻기 위하여 달콤한 말을 쏟아내고 있지만 속임수가 많다. 긴가민가 하면서도 그 말에 넘어가는 것이 세상인심이다.

유세는 뿌리가 깊다. 중국의 전국시대로 거스르면 소진蘇秦과 장의張儀가 등장하는데 그 책략과 술수가 교묘하여 세상을 어지럽혔고 그 혀

끝에서 권모술수란 말이 생겨났음을 사마천司馬遷의 사기史記는 전한다. 직설하자면 난세의 어두운 자식인 셈이다.

　요사이 선거판을 보면 현대판 책사인 유세객이 교묘한 말로 싸움판을 이끌고 있는데 예나 지금이나 다르게 보이지 않는다. 고양이를 호랑이라 하고 메추리를 꿩이라고 우겨도 그렇거니 하면 그뿐이다.

　산길을 돌아 둑길을 나선다. 연두색 버드나무가 봄을 알려 주고 언덕에서는 개나리가 노랗게 벙글고 있다. 늪에서는 원앙, 청둥오리 등 철새들이 물을 가르며 대오를 짓고 있다. 거북선의 출진을 연상시킨다. 그래서인지 이순신李舜臣이 떠오르고 이를 연줄 삼아 세월너머 먼데서 제갈량諸葛亮이 다가선다. 제갈량은 이순신보다 천수 백 년 앞선 중국 삼국시대 사람이다. 그런데도 이런 시차를 넘어 가슴을 뜨겁게 한다. 무슨 업보 때문일까.

　사람의 평판은 관속에 든 후라고 한다. 제갈량과 이순신은 오랜 세월에도 바래지 않는 평판을 지니고 있으며 세월이 쌓일수록 더욱 빛을 내고 있다. 요사이 선거철에 순도 높은 대명사처럼 오르내린 그 '진眞'자 항렬과는 사뭇 다른 것이다.

　이순신과 제갈량의 삶은 쉽게 비교될 수 있는 것이 아니다. 비범하면서도 치열하였고 흐트러짐이 없이 엄격하였다. 마속馬謖을 베어 군령의 지엄함을 보인 제갈량이나 역행적 생사관으로 승전을 이끈 이순신은 차마 헤아리기가 어렵다. 감동이 아니라 채찍을 안겨준다.

　어느 가을날 노란 은행잎을 밟으며 현충사를 찾았는데 이상하게도 이순신과 제갈량이 나란히 겹쳐졌다. 비교해 보면 비슷한 점이 많다. 출중한 능력과 충절이 그렇고, 생을 마감한 연치도 그렇다. 이런 생각을 하면서 세상의 명암도 비춰보고 역사도 살피면서 내 삶도 깨쳐가고 있다.

왜 이런 역사가 떠오르는가. 건강이든 자적自適이든 꺼리가 있는 것이 반갑고 이를 새기거나 삭이는 맛으로 삶의 궤적을 그려보는 것이다. 계절이나 세월도 예외가 아니다. 이처럼 시공時空을 오가며 넉넉함을 알고 즐기는 것이 새삼스럽다고 할까.

산모롱이를 돌아 산가山家 입구의 소나뭇길에 든다. 언덕 위의 상수리에서 까치가 아는 체 '깍깍깍' 반긴다. 오늘의 둘레길에서는 마른 섶의 불씨를 경계하듯 현실을 에돌아 역사를 떠올렸지만 내일은 저만큼 역사를 비켜서 절로인 자연을 보고 들으며 여유를 만끽하고 싶다.

그리고 나를 아낀다는 그 벗이 찾아와서 산골의 삶을 물으면 불편하여 여유 있고 한가하여 살만하다고 안분지족安分知足을 일러줄 것이다.

김진식 mrnpub12@naver.com
『시와 의식』『한국수필』등단
수필집『길 없는 길』외 다수

점點의 흔적

김창식

늦가을 아파트 단지 사이로 난 산책로를 걷는다. 곧게 뻗은 데다 제법 긴 길이어서 멀리까지 한눈에 들어온다. 이면도로인지라 오가는 사람은 많지 않고 휑뎅그렁하다. 헬멧을 쓴 남자아이가 킥보드를 타고 앞지른다. 나뭇잎 한 장이 멈칫 얼굴을 스치며 떨어져 내린다. 한눈을 파는 사이 아이와 거리가 멀어졌다. 아이는 도로 끝에 이르러 흐릿한 점點으로 변하더니 건물을 돌아 시야 밖으로 벗어난다.

눈이 시리다. 어디서 본 듯 낯설면서도 낯익은 상고머리 아이가 역사로 들어선다. 초등학교를 마친 아이는 서울에서 학교에 다니러 고향을 떠나는 참이다. 무엇을 잘못한 사람처럼 뒤처져 어른들을 따르던 어머니는 소리 내어 울지 않았다. 막판에 앞으로 나선 어머니는 눈자위가 붉어진 채 아이의 손을 꼭 잡아주었다. 기차가 출발하자 플랫폼에서 손을 흔들던 어머니의 모습은 화인火印이 돼 아이의 가슴에 남았다. 기적소리를 뒤로하고 어머니가 점점 작아지더니 점이 되었다.

아이는 여름방학을 맞아 그리던 고향 집으로 내려왔다. 그런데 누구보다도 반겨줄 어머니가 집에 없었다. 어른들이 말해주었다. 아버지와의 불화로 외가로 쫓겨갔다는 것이다. 전에도 그런 일이 있었다. 아버지는 집에 머무는 날이 드물었고 밖으로 나돌았다. 쇠락해가는 여느 종갓집 장남이 그러하듯 다른 일, 이를테면 술타령이나 마작 같은 유흥에 빠져 밖에서 지내는 성싶었다. 한번은 아이가 기생집으로 아버지를 찾으러 간 적도 있었다.

며칠이고 집을 비운 아버지가 초췌한 모습으로 돌아온 날이면 온 집안이 시끄러웠다. 어머니에게 술 추렴할 돈을 구해오라고 타박하는 일이 다반사였다. 아이 생각으로도 아버지가 백번 잘못한 것 같은데 집안 어른들이 아버지 편을 들며 두둔하는 것이 알 수 없는 일이었다. 어머니는 아버지와 다투고 난 다음 날이면 길 떠날 채비를 하고 눈시울을 붉힌 채 아이의 손에 지전 몇 잎을 쥐여주며 당부하곤 했다.

"큰아야, 외갓집에 다녀오마. 동생 잘 돌보고 있거라, 알것냐?"

아이는 고개를 끄덕였고 어머니는 며칠이고 집을 비웠다. 아이는 그런가 보다 했지만 애먼 어머니가 무슨 잘못을 했는지 도통 알 수 없었다. 어머니를 내친 집안 어른들이 야속했다. 아이는 그 후로도 방학이 되면 고향에 내려오곤 했다. 하지만 집안 사정은 별로 나아지지 않은 듯했다. 계절이 지나고 해가 몇 번 더 바뀌었다. 아이는 이젠 방학이 되어도 고향집을 찾는 것이 더 이상 내키지 않았다.

사춘기 어림에 들어선 아이에게 새로운 관심거리가 생겨났다. 등·하굣길에서 마주치는 세일러복의 여학생 얼굴이나 서양 영화 속 여주인공이 마음속에 들어와 앉았다. 아이는 소년의 강을 건너며 익숙한 것들로부터 떠나는 의식을 치르는 참이었나 보다. 그로부터 한참 세월이 흐른 후였다. 기차를 타고 고향을 떠날 때 어머니의 모습이 아이에게 그러했듯 아이 또한 어머니 마음속에 소멸하는 점으로 남았으리라는 생각을 떠올린 것은.

 청년이 된 아이가 고등학교 기하 시간에 배운 점은 지금까지 알던 점과는 사뭇 다른 것이어서 혼란스러웠다. 수학자나 철학자가 정의한 점은 '더 이상 쪼갤 수 없는 어떤 것'(유클리드), '쪼갤 수 없는 선線'(플라톤)인가 하면, '위치만 있고 크기는 없는 최소의 단위'(아리스토텔레스)다. 즉 점에는 너비가 없다. 그런데도 점과 점 사이에 선線이 있고, 선이 선과 만나 각角을 이룬다고 한다. 나아가 점을 이으면 선이 되고 선이 너비를 갖추면 면面이 된다는 것이다.

 아이가 점에 대해 천착한 것은 대학생이 되고 나서였다. 독문학을 전공하며 형이상학적이고 사변적인 주제에 관심을 두어 점과 선의 관계에 대해 생각을 거듭하다 이들의 불완전한 존재 양식에 맞닥뜨리게 됐다. 점은 찍히는 순간 존재가 소멸한다. 그런데도 점으로 잇는 선이 그려지는 순간 되돌릴 수 없다면 이들은 가상세계에서처럼 '존재'하나 '실재'하지 않는 것인가? 우리가 보고 느끼는 모든 대상이 원래 그대로인 것이 아니라 마음속 표상이 발현, 투사된 것에 다름 아닌가.

 학교를 졸업한 아이는 직장생활을 시작했다. 어른들의 사회에 적응하는 일은 녹록지 않았다. 한때 그것을 위하여 헌신하리라 다짐했던 가치와 믿음을 외면하거나 소홀히 하는 과정이었다. 또 그러한 생활에 길이 든 자신을 보며 한편 놀라면서도 수긍하는 자신을 합리화할 수밖에 없는 국면의 연속이었다. 점은 물론 선이나 면, 각 같은, 사는 데 큰 도움 안 되는 추상적인 개념으로부터도 자연스럽게 멀어졌다.

 수십 년이 흘렀다. 퇴직 후 노년의 문턱에 들어선 아이가 조우한 또 다른 점은 낯설면서도 당혹스러운 것이었다. 디지털 커뮤니티 시대상을 반영하는 '노드(node·접속점)'가 그것이다. SNS(소셜네트워크 서비스)에서는 개인이 한 개의 노드가 되어 다수의 불특정 노드들과 영향을 주고받으며 관계망을 무한대로 연결한다. 하지만 노드와 노드가 소통하고 연결망이 확장될수록 개인의 실체적 삶은 공허하기만 하다. 그럴수록 내면은 더욱 소외되고 황폐해지는 것이다. 점의 본디 속성이 관계의 끝맺음이요, 연결되는 순간 소멸하기 마련인 것을.

 산책로 길섶에 놓인 벤치에 나뭇잎이 주저주저 미끄러져 내린다. 사라지는 모든 것들은 망설이다 점이 되어 사라지기 마련이다. 이 나뭇잎 또한 점으로 변했다가 흔적도 없이 스러질 것이다. 늦가을의 정서는 적막함이 제격이다. 머지않아 잿빛 갑주 차림의 겨울 군대가 기치창검을 번뜩이며 도하渡河하리라. 늦가을 아파트 단지의 산책로를 걸으며 반추한다. 내가 어떤 이들에게는 소실점처럼 사라져간 대상이었고 그들에게 아픔과 상처를 주어왔으리라는 것을.

 쫓기듯 걸음을 재촉한다. 산책로 끝에 이르러 두리번거린다. 헬멧을 쓰고 킥보드를 타고 간 아이의 흔적이 남아 있을까 하고. 나를 앞질러 점이 되어 사라진 그 아이가 내가 잘 아는 아이가 아닐까 해서. 눈이 시리다. 환청인 듯 유년의 기적소리가 들린다. 엄마 치마끈을 붙잡고 역사 안으로 들어선 상고머리 아이가 기차를 타고 점이 되어 사라진다. 플랫폼에 또 다른 점이 된 엄마를 남겨둔 채.

김창식 nixland@naver.com
2008년 《한국수필》 등단
수필집 『안경점의 그레트헨』 『문영음文映音을 사랑했네』 외

철새

김 태 실

　하늘 도화지에 움직이는 그림을 그린다. 어디 하나 비죽 솟아나는 곳 없이 부드러운 선, 가창오리 군무가 화려하다. 일몰의 화폭에 순식간에 바뀌는 거대한 형태, 몸으로 쓰는 언어이다. 수만, 수십만의 헤아릴 수 없이 많은 철새의 군무를 보며 하나하나가 모여 거대한 소통이 된다는 걸 알았다. 어딘가에 소속되어 펼치는 춤은 행복이다. 함께 모여 펼치는 그림은 힘을 발휘하는 삶이다. 집단과 소집단, 개인이 생을 건너며 그리는 춤은 아름다운 군무이다.
　군무는 새들만 추는 게 아니다. 사람들이 펼치는 군무 속에는 즐거움과 감동, 깊은 의미가 담겨 있다. '유쾌한 미망인'은 춤이 춤만으로 존재하지 않고 이야기를 풀어내는 주제가 된다. 19세기 파리가 배경인 오페레타는 국가의 절반을 유산으로 상속받은 은행가의 미망인에 대한 이야기이다. 하루아침에 돈방석에 앉은 여인에게 구애하는 남자들과의 해프닝이 무대를 장악한다. 화려한 의상과 역동적인 군무로 진실과 거짓이 난무하는 오페라, 어떤 악기보다 아름다운 목소리로 관객을 사로잡는 경쾌하고 애절한 느낌이 살아 있다. 사람의 심리와 삶에 관한 주제가 오래도록 기억에 남아 세상을 살아가는 철새들의 삶에 지표가 되어 주기도 한다.

　철새의 속성은 겨울을 떠나 따뜻한 곳에 머무는 일이다. 먹이가 풍부한 계절에 머물다 돌아오는 긴 여정 위에 놓여 있다. 나는 듀엣으로 추던 춤을 끝내고 홀로 남았을 때 겨울마다 철새가 되었다. 득득 얼어붙는 한파, 마음마저 공허한 겨울에 따뜻한 나라를 찾는다. 그곳에는 함께 춤을 출 가족이 있다. 어린 새들과 날개를 파닥이며 놀이공원을 휘돌고 성장한 젊은 새들과 즐거운 곳을 산책한다. 한국에서 함께 간 가족들까지 코로나도섬을 방문해 태평양 끝자락에서 가슴을 펴고, 유명 맛집을 돌며 다양한 음식을 접한다. 그것은 가족이 추는 군무이고 행복을 그려내는 언어이다. 쉼 없는 발걸음으로 삶을 표현하는 미국 샌디에이고에서의 군무는 철새의 날갯짓이며 다양한 형태를 표현하는 내 삶의 그림이다.

　철새가 이리 날고 저리 날며 함께하듯이 사람도 철새처럼 어울려 살고 있다. 뜻이 맞는 사람들과 집단으로 같은 방향을 향해 달리기도 하고 소그룹이 한 방향으로 나아가기도 한다. 철새의 군무처럼 아름다운 모양을 만들기도 하지만 때론 삐죽 솟아났다 갈라지기도 한다. 함께한다는 데 의미를 두고 있다가 한순간 떠나는 것은 무엇을 뜻하는 것일까. 살기 위해 따뜻한 나라를 찾는 것이 아니라 살기 위해 얼어붙는 한파도 같이 견뎌야 하는 것이 사람의 본분인데, 미련 두지 않고 형태를 저버리는 상황을 발견하곤 한다. 화려했다가 한순간 꺾이는 정치 철새의 날갯짓을 보며 추락하는 새는 아름답다고 할 수 있는 것인가. 어디를 향한 날갯짓이고 무엇을 위한 삶이었나. 다시는 돌아올 수 없는 길을 향한 것이 철새의 생이다. 보이지 않을 때도 아름다운 날갯짓을 기억할 수 있는 삶을 보여주기를 바라는 건 꿈이기만 한 걸까.

사람은 철새의 숙명을 지니고 태어났다. 어울려 노래를 부르고 춤을 추다가 슬그머니 대열에서 빠져나와야 하는 때가 있다. 날개를 다쳐 날지 못하고 다리가 부러져 뒤뚱거릴 때 어쩔 수 없이 집단에서 떨어지는 경우가 허다하다. 스스로 떠나올 때도 있다. 그런 때는 조용히 사색에 들 때이다. 생각의 깊이를 더욱 깊게 하고 남은 생을 밝은 눈으로 바라보며 어떻게 살아야 할지 고민할 때이다. 집단과 어울릴 때 가졌던 욕심도 내려놓고 자신의 처지에 맞는 소망으로 갈아타야 한다. 지구촌에 발을 딛고 살다가 말없이 지구촌을 떠나야 하기에 한정된 거리 안에서만 쉬는 숨으로 자신의 행복을 이뤄야 한다. 스스로의 삶에 손뼉을 치며 돌아서고 더욱이 자신의 생의 길에 감사할 수 있다면 무엇을 더 바라겠는가.

가창오리의 군무를 넋을 놓고 바라본다. 순간의 방향 전환으로 꽃이었다, 폭포였다, 한 권의 책이기도 한 형태는 철새 무용수들의 뛰어난 기량이다. 노을 지는 붉은 하늘에 점으로 그려지는 움직이는 그림은 쉽게 볼 수 있는 것이 아니다. 철새 군무를 카메라에 담으려고 금강하구를 찾았을 때가 있다. 군무 속에 어울리는 새보다 날지 못하고 바닥에 있는 새를 생각했다. 결국은 바닥에조차 없는 누군가를 생각나게 했다. 생을 마감하고 떠난 사람들, 그들도 우리와 함께 어울려 춤을 추던 이들이 아닌가. 언젠가 나도 따뜻한 그곳으로 날아갈 것을 안다. 지금 누리는 날갯짓은 삶이 주는 축복이기에 화폭의 작은 점으로 기쁘게 날고 있다.

김태실 ktskts1127@hanmail.net
2004년《한국문인》수필부문 등단, 2010년《문파문학》시 부문 등단
수필집『기억의 숲』『이 남자』『그가 말하네』『밀랍 인형』

이국의 어느 새벽기차 스케치

남홍숙

　시드니에서 번다버그로 가는 국내선 비행기를 타기위해 새벽 다섯 시 기차를 탔다.
　혼자만 병원에 가는 듯 여겨지는 감응처럼, 집을 나설 땐 기차 안이 휑할까 봐 내심 염려가 되었다. 인도, 중동, 레바논, 중국에서 온 다소 거친 다국적 국민이 사는 나라가 아니어도, 희붐한 기운이 감도는 새벽은 내게 설레면서도 조금 두려웠다.
　그러나 그건 기우였다. 기차 안은 온통 오렌지색 작업복과 고흐의 그림에 등장하는 군화와 유사한 노동화를 신은 노동자들로 꽉 차 있었다. 일을 하러 가지 않고 가벼운 여행 중인 사람은 나 혼자뿐이었다. 나는 그들의 인솔자도 아닌데, 어쩌다 보니 마주 보는 방향으로 앉게 되었다.
　일을 하러 가는 이 사람들은 거의 모두가 꾸벅꾸벅 졸고 있었다. 졸음으로 끄덕끄덕 흔들리던 머리가, 의자와 옆 사람한테 부딪히거나 불현듯 닿게 되면, 의식적으로 머리를 거두어 가는 모습들이 눈에 들어왔다. 그들에겐 미안한 표현이지만, 그 모습들은 책 속에서 신선한 문장 하나를 발견하여 읽는 듯 경이로웠다. 혼자여행인데 지루하지 않고 나름 흥미를 불러왔다. 행선지가 꽤 되는 거리에 있어선지, 이들은 깊은 잠 속에 빠져 있었다.

졸음에 겨워 잠에 푹 빠져있는 모양들은 각양각색이었다. 다리를 편한 자세로 쭉 뻗거나, 머리를 자신의 허리에다 대고 절을 하듯 푹 숙이거나, 더러는 코를 골거나 했다. 새벽 단잠에서 깨어 아침밥을 먹은 둥 마는 둥하고 집을 나와 다시 곤하게 잠들었을 이들의 모습이, 노동을 하기 이전의 엄숙하고 숭고한 예식같이 느껴졌다.

발밑에 하나씩 놓인 커다란 배낭의 표면적은 서류가 든 가방처럼 가지런하진 않았다. 울퉁불퉁하게 음각과 양각이 불규칙하게 두드러진 걸 보니, 아마도 오늘 일하게 될 도구가 든 듯했다. 쇠로 된 망치거나 목재로 된 자 같은 걸로 두드리고, 깨고, 재면서 일하는 일용 노동자들의 짐이었다. 그건 이분들의 노동의 결과물을 구체적으로 상상할 수 있는, 그들 작업의 표적이며 몸의 연장선과 동일한 기구였다. 작가의 펜과 종이 같은 것이다.

몇 역을 지나서 칠순 즈음의 노신사가 탔다.

눈을 꾹 감고 코를 쿨쿨쿨 골던 한 노랑머리의 건장한 젊은이는, 죽었던 유령이 되살아나듯 갑자기 벌떡 일어났다. 눈을 감고 자다가 저렇게 자동적으로 일어나는 걸 보면 젊은이의 평소 감각이 보통이 아니었을 성 싶다.

서로 모르는 사이 같은데 아는 이처럼 주고받는 새벽의 말이 친근했다. 겸손한 말씨와 눈빛과 행동이 그런 분위기를 자아냈다. 인자해 보이는 노신사는 젊은이를 보고 앉으라고 팔을 저으며 자리를 사양했지만 결국 젊은이에게 져서 앉아가게 되었다. 두 역 후에 내린다고 하던 젊은이는 세 역 네 역이 다 가도록 내리지 않고, 창문에 기대어 선 채로 눈을 감아 다시 잠을 청하고 있었다. 밝고 따순 아침빛이 젊은이를 감싸고 있었다.

성당의 수사처럼 보이는 노인은 자리에 앉더니 눈을 감고 기도를 했다. 그 몸짓은 어색하지 않고 항상 그래 오던 자신의 일상처럼 자연스러웠다. 이 신성한 새벽의 노동자들을 위하여 기도하는 것 같았다. 조금은 어색하게 결빙되어 있던 내 마음도 봄풀처럼 풀리는 걸 보니 나를 위해서도, 신께 주문을 외시나 보다.

이 새벽의 순결하고 고귀한 노동자들과 수사님과 그리고 덤으로 함께하는 나까지, 마치 신이 선택하여 이 자리에 있게 한 특별한 사람이 된 듯 했다. 어느덧 내 몸에도 따스한 겨울 햇살이 감기기 시작했다.

이국의 기차 안에서 목격한 이색적인 따스한 풍경이었다. 아니 비현실적인 풍경이었다. 평소 나는 이 나라 사람들의 냉혈동물처럼 차가운 성격을 닮지 말아야겠다고 결단해오던 차라 더욱 그런 생각이 들었다. 이 나라 사람들은 자리 양보에 있어 냉철함을 넘어 냉정하고 차갑기만 하다고 생각해왔는데, 다 그런 건 아니었다.

한 사람의 등장으로 인하여 기차 안이 내 고국의 안방 같은 뜨듯한 구들장을 들여놓은 온화한 분위기가 되었다. 비록 몸은 고단하겠지만, 이 노동자들은 꿈속에서도 신의 손길을 그윽이 느낄 것만 같았다.

한참 후 푸른 눈을 뜬 이들은 내가 기차를 갈아타는 시드니 시내의 '센트럴 스테이션'에서 내렸다. 빈센트 반 고흐의 군집된 군화소리가 샛별을 이고 어디론가 뚜벅뚜벅 걸어가는 소리가 하루를 알리는 나팔 소리처럼 기운차게 울려 퍼졌다. 노동으로 굳어진 근육들이 내는 소리를 아침 공기 속으로 찬란히 흩어놓고 있었다. 이렇게, 새벽마다 일을 하러 가는 그들의 길이 나는 부러웠다.

아니, 그리고 보니 이 노동자들 틈새에서 나는 나도 모르게 따스한 글 한 편을 깔끔한 아침 밥상처럼 읽었고, 또 한편의 글까지 쓰게 되는 행운을 얻고 있었다. 행복의 바이러스뿐 아니라, 노동의 바이러스까지 옆 자리로 번지는 전염성이 있는 모양이었다.

남홍숙 hsn613@hanmail.net
2001년 〈현대수필〉에 수필, 2007년 〈수필시대〉에 평론 등단.
작품집 『흔들어도 흔들리지 마』『물빛』 외 2권, 평론집 『봉인된 시간을 깨다』

사포질을 하다

노 갑 선

거칠거칠한 나무판에 쓱싹쓱싹 사포질을 한다. 나무에서 각질처럼 일어난 가루가 신문지 위로 떨어진다. 하얀 아크릴 물감을 칠하고 말린 후 사포로 문지르기를 반복한다. 힘을 가해서인지 손등에 푸른 심줄이 드러나고 엄지와 검지에 통증이 느껴진다. 밑바탕 작업은 냅킨을 돋보이게 하기 위함이다. 마치 주인공을 빛나게 한 조연의 숨은 공로를 보는 것 같다. 냅킨아트의 멋진 모습을 상상하며 작업에 몰두한다.

'냅킨아트'라는 낯선 분야를 접하게 되었다. 새로운 것에 대한 도전은 무미건조한 일상의 활력소가 아니던가. 나무, 섬유, 금속 등 생활 주변에 있는 소재에 냅킨을 붙여 표현하는 생활 아트다. 손재주가 없어도 다양한 디자인이 많아 예쁜 소품을 만들 수 있다. 가정에서 쓰는 물건이 낡았거나 밋밋해 지루한 느낌이 들면 냅킨 아트를 이용해 보면 좋을 것 같다. 산뜻한 모습으로 재탄생 되어 멋스러운 분위기를 연출할 수 있어서이다.

사포질로 다듬은 키친수건 걸이에 냅킨으로 장식할 것이다. 꽃망울을 터뜨린 벚꽃, 분홍빛 넝쿨 장미, 사랑을 상징하는 빨간 튤립 등의 냅킨이 유혹을 한다. 싱그러운 초록 잎사귀 사이로 튼실한 꽃잎을 연 튤립에 손길이 머문다. 몇 떨기 꽃을 얇게 떼어 한 잎 두 잎 나무판에 붙이니 백자 화병에 튤립 한 묶음이 피어났다. 광택제를 덧칠하고 황금빛 가루를 뿌려 반짝이는 햇살을 머금은 것처럼 보인다. 완성된 냅킨아트 소품은 무생물에 새 생명을 불어 넣은 것 같아 창작의 매력을 느낀다.

냅킨 다용도 함 세 개를 만들기 위해 거친 평면과 날카로운 모서리를 사포로 살살 문지른다. 똑같은 크기의 사각 나무통은 정리함으로 쓰면 좋을 것 같다. 시간이 지날수록 평면은 반질반질하고 모서리는 완만한 곡선을 이룬다. 함의 세 면에 은박지를 조물조물 구겨 다시 펴서 붙인다. 은박지를 붙인 표면은 반짝이는 모래밭과 자갈길이 연상된다. 하얀 페인트칠을 하여 말린 후 짙은 갈색을 입히니 추상화를 보는 듯하다. 손으로 만져 보아도 은박지 느낌은 전혀 없고, 우둘투둘한 나무껍질 같은 질감이다. 함의 남은 면은 나무, 장미, 해바라기 등의 냅킨으로 장식한다. 연둣빛 어린나무와 장미는 봄이 연상되고, 둥글넓적한 화병에 가득 꽂힌 해바라기는 풍성한 가을 분위기가 난다. 완성된 함 세 개를 나란히 두고 보니 정겹고 사랑스럽다.

다용도 함을 하나씩 나누기로 했다. 빨간 장미꽃 함은 남편에게, 물기를 듬뿍 머금은 어린나무 함은 손녀에게 안겼다. 두 사람의 얼굴이 활짝 핀 꽃을 닮았다. 작은 선물이지만 나의 정성과 마음이 담긴 것이다. 싱그러운 나무처럼 건강하기를 기원하는 마음과 사랑이 오롯이 전해지면 좋겠다. 해바라기 꽃이 핀 함은 책상 위에 앉아 수시로 나와 눈을 맞춘다. 각양각색의 필기구를 가득 안은 채 마음속에 간직한 꿈을 펼치라고 속삭이는 것 같다.

함을 바라보면 넓은 언덕배기를 금빛으로 물들였던 해바라기 밭이 떠오른다. 해바라기 꽃밭은 쪽빛 하늘을 배경으로 아름다움의 극치를 보여 주었다. 향기로운 꽃에 벌 나비가 모여들듯 사람들의 발길은 끊이지 않았다. 통나무 원두막에서 들려오던 사람들의 웃음소리가 아직도 귓가에 맴도는 듯하다. 해바라기 씨를 심고 가꾼 농부들의 땀이 없었다면 멋진 풍경을 볼 수 있었을까. 쪽빛 하늘, 해바라기꽃, 행복에 겨운 사람들의 모습은 오래도록 지워지지 않는다.

키친 수건걸이의 하얀 배경이 빨간 튤립을 더욱 돋보이게 한다. 거친 나무판과 각진 모서리를 사포질로 매끈하게 다듬고 순백의 옷을 입힌 덕분이리라.

나는 누군가의 배경이 되어 주는 삶을 살아왔는지 되돌아보게 된다. 세상을 살아오면서 선입견과 사심으로 사람들을 바라보지는 않았는가. 무심코 내뱉은 말이 상대방에게 뾰족한 가시가 되어 상처를 주지 않았을까. 사포질을 하듯 끊임없이 마음을 닦고 털어내어 평정심을 찾고 싶다.

냅킨아트 소품은 집안 분위기를 화사하게 바꿔 놓았다. 초록빛 잎사귀 사이로 튤립 몇 송이가 활짝 웃는다. 나는 방과 주방을 오가며 하얀 미소를 보내며 눈 맞춤을 한다. 사포질은 마음속에 삐죽삐죽 돋아난 가시마저 없애는 것 같아 편안하다. 날마다 불쑥 돋아나는 미운 생각의 마디마디에 힘주어 쓱싹쓱싹 사포질을 해주어야겠다.

노갑선 sun76111@hanmail.net
2007년 《수필시대》 등단
2017년 수필집 『꽃등』 『하늘꽃 피다』

찔레꽃과 여민락

도 월 화

　봄비가 내린다. 장사익의 〈봄비〉를 듣는다. 거실 창밖에는 연두색 새잎이 피어난다. 봄기운이 겨우내 얼었던 마음을 누그러뜨리고, 조금은 애수에 잠기게도 하는 사월에 더욱 노래가 가슴속으로 젖어든다.
　몇 해 전 어느 대학 강당에서 장사익의 공연을 관람한 적이 있다. "저는 노래가 좋아 부평초처럼 돌아댕기는 장사익이라 합니다"라고 무대에 등장해 자신을 소개했다. 하얀 바지저고리에 두루마기를 갖추고 무대에 선 표정이 진지하다. 화면으로 볼 때 보다 분위기가 선비풍이다.
　'구름에 달 가듯이 가는 나그네⋯.' 노래를 시작하자 그가 관객을 데리고 남도 삼 백리 나그네가 되어 훠이훠이 촉촉한 감성의 나라로 여행을 떠난다. 전북대 김규형 교수가 간간이 북을 치며 추임새를 넣어 신명을 돋운다. 가수 고 김광석과는 동명이인인 기타리스트, 김광석의 반주로 노래는 더욱 멋들어진다.
　이어진 곡은 〈대전 블루스〉이다. 그도 관객도 블루스 음향에 빙빙 돌아가는 것 같다. 스스로 노래에 취해 허공으로 손을 들어 파트너의 허리와 어깨에 놓는 시늉을 해보이며, 눈을 지그시 감고 대전 발 영시 오십 분⋯, 구성지게 부르는 대목에서는 객석에서 와르르 웃음소리가 터져 나온다.

'봄날은 간다, 님은 먼 곳에, 빛과 그림자, 희망가, 꽃구경….' 주옥같은 곡들이 이어지고 무대와 객석이 하나가 되어 음악에 빠져든다. 그의 깊은 내면에서 분수처럼 폭포처럼 뿜어져 나오는 소리는 관중의 영혼을 흔들어 놓는다. 탁음이 섞여선지, 귀족적인 포도주 맛이라기보다는 서민적인 막걸리 맛이라고나 할까. 화려한 장미꽃 보다는 고향마을 냇가의 흰 찔레꽃이 떠오른다.

하얀 찔레꽃이 고향 땅처럼 정답다면, 장사익은 가장 한국적인 소리꾼이지 싶다. 국악은 아니지만 우리 전통적인 요소가 많은가 하면 민요, 트로트, 소울, 재즈와 퓨전의 색채가 짙어서 마니아층이 폭넓은 것이 아닌가 한다. 옛 것을 간직하면서 새로운 것을 받아들일 때 대중적일 수 있다는 것을 보여준다. 옛 국악 중의 〈여민락與民樂〉이 생각난다. 세종대왕이 작곡한 〈여민락〉은 찔레꽃 같이 여린 백성과 함께 즐기고 싶은 애민군주의 뜻을 그윽하게 품고 있지 않은가.

〈여민락〉은 요즘도 사극 드라마에서 왕이 행차 할 때의 배경음악으로 자주 쓰인다. 듣고 있으면 냇가에 지나가는 신선한 바람이 느껴진다고나 할까. 찔레꽃 향기 날리는 고향산천이 눈에 선하다. 심금이 편안해지는 국악이다. 세종은 우리 겨레 음악의 유산을 남겨 준 위대한 음악가이기도 했다.『세종실록』에는 임금이 〈여민락〉 등을 제작함에 모두 악보가 있다고 나온다. 찾아보니 실제로 다른 왕대의 기록과는 달리 악보 편이 첨부돼 있다. 세종대왕은 "이제 그대들에게 신악新樂을 내리니 마땅히 마음껏 즐기라." 하였다. 또한 임금은 수양 대군과 여러 왕자들에게 명하여 종친과 신하들에게 술을 권하니, 밤을 새워서야 그만두었다고 실록에 적혀있다.

    장사익의 대표곡인 〈찔레꽃〉이 처음 출시 됐을 때, 나는 시디를 여러 개 구입해 같은 성당 교우들에게 전했던 기억이 난다. 쉽고 친근한 가사로, '찔~레꽃 찔~레꽃~' 되풀이만 해도 묘한 위안을 받는 느낌이 들어, 친지들에게 선물하고 싶었다. 장사익의 〈찔레꽃〉과, 백성과 더불어 즐기자는 뜻으로 세종이 만든 〈여민락〉은 감상하면 우리네 정서를 어루만져 주는 게 공통점이 아니겠는가.

    장사익 공연의 대미를 장식한 곡은 역시 〈찔레꽃〉이었다. '찔레꽃 향기는 너무 슬퍼요.' 슬픔으로 한을 녹여내는 소리. 아, 장사익. 이 시대 진정한 소리꾼. 어떠한 집착도 얽매임도 다 내려놓고 바람처럼 홀연히 노래 가락 속으로 떠나갈 수 있을 것 같은 자유인. 그의 〈찔레꽃〉을 한 참 듣고 있으면 눈물도 한탄도 고통까지도 아름답다는 것을 느낀다. 흐르는 세월을 기꺼이 껴안을 마음의 위로와 여유를 가져다준다.

도월화
2000년《창작수필》등단
수필집 『여월여화 如月如花』『달처럼 꽃처럼』『최치원 향내』

나에게 나를 묻다

문선자

　봄 햇살이 연둣빛 공기를 흔들어 댄다. 초록의 일구어진 봄바람에 귀가 녹는다. 가슴의 체온을 앗아갔던 겨울도 봄기운에 쫓기어 줄달음친다. 새들은 쉴 새 없이 나뭇잎에 말을 끼얹고 내 걸음에 박자를 맞춘다. 나는 새들의 노래에 위로를 받으며 병원으로 들어선다.
　창가에 비스듬히 앉아 한복판에 머물러 있는 태양을 본다. 봄빛에 졸다 지친 풍경 몇 점이 좁은 창틈을 비집고 들어온다. 마주 앉은 주치의의 미소에 푼푼한 성품이 묻어난다. 잔뜩 웅크린 내 마음이 슬며시 고개를 든다. 조용히 입을 열기 시작한다. 세상에 홀로 남은 듯한 나, 견디기 힘든 고통의 심연으로 떨어져 내리는 기분에서 놓여난다. 선생님과 상담으로 병행하고 약을 처방받아 병원을 나선다. 투명한 봄볕이 애무를 하듯 정수리에 숨어들었던 불순한 찌꺼기를 쓸어 낸다.
　관심 뒤에 숨은 편견이 두려웠다. 내면의 거부감으로 인해 집에서 멀리 있는 병원을 선택했다. 깊은 내면의 상처를 그 누구에게도 드러내지 않기 위해서였다. 우울함과 아픈 사인도 보내고 싶지 않았다. 나 혼자 아파해야 했고 스스로 이겨내야 했다. 자존감 때문에 교단의 리더로서 나약함을 보일 수 없어 스스로 내려왔다.

나를 더 강한 사람으로 보이고 싶어 할 때마다 마음은 점점 더 쇠약해져 갔다. 그렇게 마음에 병이 있어 자유를 잃고 있었다. 외경의 유혹에 끌리게 되고 나 스스로 고통을 만들기도 하였다. 상처 아래로 깊숙이 몸을 숨긴 고통은 쉽게 드러내지 않았다. 고통은 어둠 속에 숨은 채 나 자신을 생의 밑바닥까지 가혹하게 밀어붙였다. 무거운 갑옷을 두르고 두를 때마다 갑옷 안의 살덩이는 물러 터져가는 것 같았다. 가장 중대한 문제나 사건이 부딪칠 때는 홀로 그 문제와 대결했다. 나도 모르는 높은 미래의 고독감이 가리워져 있었다. 공기가 내 몸을 둘러싸고 있듯이 허무가 내 마음 구석구석을 친친 에워싸고 있었다. 그런 고독감이 마음속에 꾹꾹 눌러 담겨 있었다.

　여고 시절 기억 하나가 파노라마처럼 희미하게 뇌리를 스쳤다. 상위권에 머물면서 많은 친구들의 관심을 받았던 친구, 자기 스스로 감정을 이겨내지 못하고 충동에 의해 극단적인 선택으로 내 몰았던 친구, 그의 일기장에는 정신적 대화가 부족하고 육체적인 고립감을 느꼈다고 호소했다. 바로 우울증이었다. 정신생활이 빈약하고, 분노에 휩싸이고, 생리적인 자아가 강했기 때문이었다. 그런 친구에게 필요한 건 대화였다. 대화로 다가가지 못함이 뒤늦은 후회로 달라붙었다.

　그의 일기장이 내 가슴에 쿵 날아와 박혔다. 병으로 곪아 터진 생각을 내보내고 싶어 바깥세상과 내 안에 세상을 잇는 창문을 열고 심호흡을 했다. 유리알처럼 쏟아져 내리는 달빛이 조촘조촘 걸음으로 들어와 곧 사그라질 것만 같았던 심장에 불꽃 심지를 돋웠다. 문득 살아야겠다고 읊조렸다.

　하지만, 한 걸음도 내딛지 못했다. 내 마음이 심연의 바닥을 긁어대기 시작했다. 손에서 피가 흘러내렸다. 나는 당당하지 못했다. 내 마음의 약점을 누군가에게 책잡힐 거라는 생각에 모골이 송연했다. 치열한 경쟁 사회에서 살아남기 위해 가속 페달을 밟아대며 많은 경음기를 마구 울려 대기만 했을 뿐 제자리에서 맴돌고 있었다. 더는 버틸 수 없음을 알았을 때 추함이 어떤 것이라는 것을 알았을까. 겉으로는 절대 눈물을 흘리지 않았다. 몇 주가 지나자 마음의 심연을 긁는 일은 없어졌다. 내 정신을 갉아먹지도 않았다. 그러나 몇 달이 지나자 다시 나는 손톱으로 바닥을 긁어대기 시작했다.

교직에서 나와 평범한 삶을 살아가기로 한 지 어언 두 해가 되었다. 집에서 나 자신으로 보내는 시간이 아닌 것 같았다. 혼자 있는 시간은 오히려 내 마음을 공격했다. 적막이 적막을 껴안고 또 껴입으면 혼자 그 적막을 지그시 눌러 앉히곤 했다. 갈수록 나의 고통은 굴뚝이 뚫려 연기가 문틈으로 새어 나오듯 몸 여기저기에서 뿜어져 나왔다.

매사에 적당히라는 말은 없다. 융통성 없는 완고한 성격이 자신을 괴롭혔다. 알 수 없는 무력감과 고통이 찾아오고 불면증이 내 마음 빈자리를 움켜잡았다. 무슨 일이든 완벽을 추구하는 것이 하나의 강박증이 되어 나의 삶은 끊임없는 투쟁으로 변했다. 내 자신에 대한 자각의 시간도, 자신의 가야 할 방향도 잃어버리고 마냥 앞을 향해 돌진했다. 그리하여 무기력한 상태, 소리 없는 아픔, 마음의 감기로 약을 먹었다.

그건 그저 우울하기 때문은 아니었다. 뇌가 보내는 불가피하고 불가역적인 신호였다. 그걸 고백한다는 건, 병원을 스스로 찾는다는 건, 자신을 다듬어서 세상과 다시 연결지점을 찾겠다는 의욕이었다. 관심의 강도만큼 알게 되고 닮고 싶은 만큼 다가갔다. 나만의 경험을 내 것으로 만들겠다는 방향키로 과감하게 돌렸다. 여러 곳으로 다니면서 보고, 듣고, 느끼고 경험했다. 더 나은 것, 의미 있는 것을 발견하고 싶었다. 아픔 뒤에 성숙이라 할까. 병은 아픔과 고통을 주지만 인생의 깨달음을 주는 기회이기도 했다.

이삼십 대 아니, 사오십 대까지만 해도 몰랐다. 어떤 조건과도 싸워 이길 수 있는 천하무적의 무기였다고 자신했다. 체력뿐만 아니라 감정적인 면에서도 그랬다. 성격도 활달해서 모든 일을 주도했고 앞장서서 진행하였다. 예전에 상상할 수 없었던 변전무상을 경험한 나, 어느 날 나를 보았을 때 젊음은 내 곁에서 저만치 멀어져 가고 있었다. 깊은 성숙이 나에게 도재했음이 나를 좋아하는 사람을 찾아 마음의 안테나를 세운다. 마음을 알아주기도, 그 안의 감정을 받아주기도, 스스로를 다듬어 줄 수 있는 삶의 브레이크를 조절하면서 밟는다.

초록 잎들은 햇살을 되쏘아대고 봄의 비타민이 마음에 흐른다. 생각, 행동, 습관, 성격을 바꾸면 운명이 바뀌리라. 나에게 나를 묻는다. 앞으로 남은 시간 빈 그릇에 어떤 삶의 내용을 채워가겠는가. 나는 내 안의 가장 깊은 곳 인식의 끝에서 가다듬는 중이다. 오랜 상처가 치유되면서 그 빈자리를 나는 나로 사는 법을 알게 되었다. 현재를 온전하게 살아가는 치유의 힘은 외부에 있는 것이 아니라 내 안에 있다는 것을.

문선자 m5258677@naver.com
2018년 《선수필》 등단

가을 3제

민명자

가을 산

만일 당신이 가을 산에 가시거든 그 산의 마음을 가만히 들여다보세요. 산은 자리를 옮기지 않지요. 늘 한 자리에 서서, 어서 오라며, 언제든지 오라며, 객고客苦에 지친 영혼을 말없이 품어줍니다.

가을 산엘 갔습니다. 해와 바람이 손을 잡고 색색의 무늬를 짜 넣고 있었어요. 객지로 떠났다가 돌아오는 자식 반기는 늙은 어미처럼 큰 산이 빗장 활짝 열어 맞아주고, 낙엽들은 어깨를 툭툭 건드리며 아는 체를 했어요.

산자락에선 잔치판이 한창이었어요. 바람 소리 햇볕 모아 한숨으로 키운 자식들 우수수 한꺼번에 시집보내는 날이랍니다.

은행나무는 노란 멍석을 둥그렇게 펴놓고 하객들 맞기에 여념 없었어요. 죽 둘러선 하객들의 차림새도 가지각색이었지요. 바른말 콕콕 잘하고 까슬까슬 까다로운 밤나무 댁은 입을 헤벌린 채 자식들 자랑에 신이 났고요. 대머리를 모자로 감춘 상수리 아재는 여전히 체수없이 촐랑대며 잔치 마당을 구르듯 오갔어요. 어디서나 와자지껄한 폭포수님 힘찬 팡파르로 축하음악 한 가락 보태고요. 그 곁엔 긴 세월 모진 세상

살이에 가슴 버석버석 구멍 뚫린 바위도사도 묵묵히 자리 잡고 있었어요. 오늘은 모두가 한마음, 한여름의 노고를 뒤로 하고 하객으로 나섰습니다.

흔들림 없는 절개로 세상 지킨 소나무 선생 주례사에 가을 산은 딸들 보낼 마음에 눈시울을 붉힙니다. 길 떠나는 딸들도 상기된 얼굴입니다.

가을 산은 긴 여행 떠나는 딸들에게 산국 한 다발 안겨주며, 가서 부디 잘 살아라, 손 흔들며, 풍요도 공허도 안으로 다집니다. 또 한 굽이, 이내 찾아들 황량한 시간을 맞으며 노년을 준비하겠지요.

가을 산, 딸아이를 시집보내는 날, 내 마음이 꼭 이랬습니다.

귀뚜라미

귀뚜라미의 마음은 어떨까요. 가까이서 만나보신 적이 있나요. 옛 선인은 귀뚜라미 소리를 들으며 "네 비록 미물일망정 무인 동방에 내 뜻 알기는 너뿐인가 하노라"며 시조를 읊었다지요. 그런데 내 귀엔, 너 어디 있니, 너 어디 있니, 나를 부르는 소리처럼 들리네요. 사위四圍가 잠든 가을 밤, 홀연히 들리는 작은 파열음 하나, 귀뚜라미 소리가 마른 풀잎 같은 영혼을 깨웁니다.

아주 어릴 적, 우리 집 토방에도 귀뚜라미가 있었답니다. 그때 들던 귀뚜라미 소리는 무척 청량하고 낭랑했습니다. 그런데 왜 그럴까요. 오늘 저 소리, 목청 잃은 성악가가 부르는 투혼의 노래인 듯, 높이 날지도 못할 날개 숙명처럼 비비며 혼신의 열로 토해내는 노래인 듯, 세상에 대고 부르는 구애의 노래인 듯, 애달프게 들리네요. 일체유심조라니, 이

것도 내 마음이 빚어낸 소리일까요.

이 귀뜰, 저 귀뜰, 입춘 우수 경칩 춘분 지나 … 백로 추분 한로 상강, 어두운 세상 아둔한 더듬이로 어떻게 예까지 왔을까요.

나, 귀뚜라미에게 말해요. 네가 나의 구원이 되지 못하듯, 나 또한 너의 구원이 되지 못하니, 이 밤 우리는 홀로 가고 있다고. 그러나 남은 생 엄동설한 다시 흔들리며 갈지라도, 이 밤만은 온몸 일으켜 너와 함께 깨어 있고 싶다고. 낮게 웃는 저 달 데려와 너와 나, 후생後生 살피며 마른 영혼에 불이라도 지펴보고 싶다고.

나, 다시, 가만히 생각해보아요. 높이 날지 못하면 어때요. 더듬으며 가면 어때요.

나, 귀뚜라미, 길고 허약한 다리 곧추세우며 미약하고도 미약한 힘으로 고단한 생의 언덕 넘어온 군상들에게, 박수를 보내요.

하늘공원

당신은 하늘 드높은 가을날, 난지도 하늘공원에 가보신 적 있나요. 하늘공원에 가면 하늘도 만나고 공원도 만나고 억새도 만날 수 있답니다. '아아~, 으악새 슬피 우~니 가을인가요~' 으악새는 풀(억새)이라고도 하고 새(왜가리)라고도 한다지만 나는 억새를 보면 이 노래가 생각나요. 고복수님은 이 노래를 부르면서 무엇을 떠올렸을까요.

비 내리는 가을날, 하늘공원에 가보신 적 있나요. 억새도 나무도 풀꽃도, 추연한 가을비에 몸 적시며 서 있는 걸 보면 울고 있는 것 같다는 생각이 들기도 해요. 그런데 만일, 저 많은 생명들이 모두 소리 내서 운다면…. 아, 그런 생각은 아예 말아야 해요. 세상이 온통 울음소리로 경천동지, 흔들흔들 들썩들썩할 테니까요. 이 세상 모든 풀과 나무, 그리고 민초들도 소리죽여 안으로만 울고 있어요.

혹시 억새들의 춤을 보신 적이 있나요. 저 너른 억새밭에서 바람에 쏴쏴쏴 이리저리 몸 흔드는 억새들의 군무를 보노라면 억새는 억척스러운 새일지도 모른다는 생각을 하게 돼요. 땅을 힘껏 박차고 훌쩍 뛰어 올라 저 높은 하늘로 푸드덕 비상하고픈 욕망 누르고, 온몸으로 바람과 맞서며 부딪치는 새.

하늘공원에 사는 생명들은 자신들이 뿌리박고 사는 땅이 쓰레기들의 무덤이었다는 걸 알기나 할까요. 인간의 묘용妙用은 참으로 놀랍기도 하지요. 쓰레기를 산처럼 쏟아내기도 하고, 그 쓰레기 산을 다시 옥토로 만들기도 하니까요. 약도 되고 독도 되는 파르마콘, 문명이라는 이름이 빚어낸 요술이기도 하지요. 그래도 쓰레기가 쓰레기로 남지 않고 뭇 생명의 거름이 되니 얼마나 다행이에요. 그 힘 받아 피어난 생명들은 낙엽 되어 다시 거름으로 돌아가고요.

비바람에 꺾이지 않고 의연하게 살아남아 신선처럼 하얀 수염 날리는 억새들, 공원의 뭇 생명들이 말하네요. 네가 딛고 서있는 땅이 진토塵土든 옥토든 초연히 꽃자리 만들고 생동하는 꽃대 밀어 올려서 가지 벋고 이파리 달아라, 하네요.

하늘공원에선 겨울을 준비하는 단풍나무도 만나고 저 멀리 도도하게 흘러가는 강물도 볼 수 있어요. 무생명이 생명으로 피어나는 하늘공원에 가서 함께 가을도 품고 세월도 품어보면 어떨까요. 내 마음도 진토를 지층삼아 옥토로, 일신우일신日新又日新, 그랬으면 좋겠네요.

민명자 mjmin2000@hanmail.net
《계간수필》(수필)·《문학마당》(평론) 등단
수필집 『새벽 한 조각』 『가면과 거울의 이중주』

아버지를 만나다

박 갑 순

30년 만에 아버지를 다시 뵈었다. 얼마나 더 늙으셨는지, 이제는 새 옷도 입으셨는지 확인할 수는 없었지만 오랜 이별 뭉뚱그려 하얀 사기 함에 고이 모셔진 아버지. 가뭇없이 흘러버린 세월만큼이나 눈물도 말라서 그저 먹먹한 가슴으로 맞이했다.

흙이 덕지덕지 달라붙은 장화를 신고 마당으로 들어서던 아버지는 늘 지쳐 있었다. 주름 깊은 이마엔 땀이 허옇게 말라붙어 있고, 턱엔 미처 뽑지 못한 들판의 풀처럼 수염이 거칠었다. 씻을 생각도 못 하고 토방에 털썩 주저앉아 한참 동안 한숨을 내쉬다가 주문처럼 혼자 중얼거렸다. 가만히 귀를 기울여 보면, 힘든 아버지 일을 제대로 거들지 못하는 약골 어머니에 대한 원망이었다. '다른 집 여자들은 일만 잘하도만….' 그럴 때면 어머니는 죄인처럼 숨을 죽인 채 정성껏 저녁상을 차렸다. 그러나 어쩌다 어머니가 힘에 부치는 일을 할라치면 팔을 걷어붙이던 아버지는 깊은 속정을 간직한 분이었다.

내가 중학교 3학년 때까지 남의집살이로 가계를 꾸렸던 아버지는 자식들과 놀아줄 시간이 없었다. 우리가 잠든 후에 오셨다가 날이 밝기 전에 나가곤 했다. 그래도 생활은 좀체 펴지지 않았다. 언젠가 어떤 선생님이 가난한 사람은 게으르기 때문이라고 했을 때 정말 화가 많이 났다. 아버지는 게으를 틈 없이 일했고, 그러면서도 평생 가난했기에 그 말에 수긍할 수 없었다.

  비가 오면 짚으로 새끼를 꼬거나 동생들 팽이를 만들어주고 자치기용 막대 자를 만들어주셨다. 아버지가 우리에게 보여주신 애틋한 사랑이었다. 하나뿐인 딸인 내게는 언제나 '우리 고명딸'이라며 꼬깃꼬깃 접힌 용돈을 남몰래 쥐여주곤 했다.

  시래기 된장국에 시어빠진 김치가 전부인 밥상이어도 싫은 기색 없이 고봉밥을 맛있게 드셨던 아버지. 어쩌다 들일을 마치고 술 한잔 마신 날은 세상 어떤 아버지보다 당당하게 어깨가 떡 벌어졌다. 좁은 골목을 박달재를 넘듯 넘어와서 술기운이 가실 때까지 〈번지 없는 주막〉과 〈타향살이〉를 반복적으로 부르셨다. 가장으로서 짊어져야 했던 온갖 시름을 노래로 풀어내는 그 시간. 구성진 노랫소리에 나도 모르게 눈물이 나던 게 엊그제만 같다.

  남편의 회갑 기념 가족여행 중 또 한 번 아버지를 만났다. 살아 계신다면 영락없는 우리 아버지의 모습이었다.

  딸들이 코로나로 위험한 시기라고 패키지로 준비한 여행이다. 미니버스에 우리 가족만 타고 다녔다. 제주 토박이라는 가이드는 어림잡아 삼십 대 후반쯤으로 보이는 젊은 아빠였다. 한곳이라도 더 보고 가라고, 남들이 해보지 않은 것들 해보라고, 나름의 노하우를 총동원하여 최선을 다하는 모습이 성실한 아버지였다. 인생샷을 담아주겠다고, 무거운 카메라 가방을 메고 이리 뛰고 저리 뛰는 젊은 아버지. 무거운 지게를 짊어지고도 달음질치던 아버지가 오버랩되었다.

숙련된 가이드에게서 성실한 아버지를 회상하며 여행을 즐기는 나와 달리 남편은 고생해서 번 돈을 여행으로 써버리는 것이 안타까워 가는 곳마다 잔소리였다. '너무 비싸다, 조금 싼 것 시켜라, 아껴 써라.' 좋은 날 큰소리는 내지 못하고 오만상을 찌푸리고 있는 남편은 틀림없이 돌아가신 내 아버지였다. 자신을 위해서는 한 푼도 흔쾌히 써보지 못했던 아버지.

　어머니는 젊은 날 남의집살이에 매여 한 달에 두 번 손님같이 다녀가던 남편과 죽어서라도 부부의 정을 나누고 싶었던 것일까. 유언처럼 말씀하시곤 했다. "나 죽으믄 니 아버지랑 같이 화장혀서 아무디나 뿌려버려라잉." 두 분을 나란히 서남권추모공원에 모셨다. 210구역 99, 100번.

　엄마 삼우제 날 추모관에 넣을 사진을 준비하는데 아버지 사진이 없어 할 수 없이 내 결혼식 날 혼주석에 앉아 계신 사진을 집어들 수밖에 없었다. 사진은 고사하고 양복도 그날이 처음이라 남의 옷 빌려 입은 듯 어색해하던 아버지의 모습이 눈에 선하다.

　함에 담긴 아버지를 보는 순간, 엄마를 보내드려야 하는 슬픈 마음에 평안이 깃들었다. 삼십 년이나 먼저 가서 사후세계의 생활을 계획하신 아버지. 이승에서 한 번도 호강시켜주지 못한 아내를 위해 저승에서의 삶은 부족함 없이 준비하셨으리라 믿는다.

박갑순 rongps@hanmail.net
1998년 《자유문학》 시, 2005년 《수필과비평》 수필 등단
수필집 『꽃망울 떨어질라』, 시집 『우리는 눈물을 연습한 적 없다』 외

탑을 이룬 사랑

박경빈

노추산 계곡 모정탑 가는 길.

호위하듯 에워싼 소나무 숲 사이 계곡 따라 모정탑으로 가는 길이 있다. 빽빽한 솔잎 사이로 오월의 햇살이 실낱처럼 쏟아져 내린다. 전설 속에 있는 얘기가 아니라서일까? 아직은 가끔 관광차가 풀어 놓은 여행객을 제외하고는 인적이 드문 곳이다.

슬하에 4남매를 둔 여인이 두 아들을 잃고 남편마저 정신질환으로 우환이 끊이지 않던 어느 날 산신령이 나타나 "계곡에 돌탑 3천 개를 쌓으면 집안이 평안해진다."라는 현몽을 했단다. 상황이 그러하니 의심이나 들었을까. 돌탑을 쌓을만한 계곡을 찾아서 2년간 이 산 저 산을 헤맸다고 한다. 강릉과 정선을 잇는 백두대간의 노추산 계곡. 그곳에 움막을 짓고 26년간 오로지 가족의 평안을 기원하며 3천여 개의 돌탑을 쌓고 2011년에 생을 마감했다고 한다.

엄마 나이 40이 채 되기도 전이었으니 잃어버린 두 자식은 얼마나 어린 나이였을까? 삶이라는 것이 여물지도 않았을 터, 그냥 엄마라는 이유만으로도 그처럼 오랜 세월 동안 오로지 가족을 위해 그 계곡에서 돌과 함께 여생을 보낼 수 있었던 건지….

국가산림문화자산으로 지정되면서 마을 사람들이 쌓아놓은 돌탑을 지나 한참을 오르다 보니, 길이 좁아지며 앞서 지나온 돌탑들과는 사뭇 다른 느낌들이 가슴을 짓누르는 것 같았다.

미로를 지나듯 1km 정도 돌탑 길을 오르니 여인이 기거했던 움막이 있고 그 안에는 돌을 나르는 데 썼다는 지게와 양동이 등이 놓여 있었다. 주변으로는 마치 돌탑이 광장을 방불케 하듯 넓게 자리하고 있었고, 몸을 눕혔던 작은 공간은 새우잠을 자며 연명해야만 했던 움막에 있었다. 그 옆으로는 기도처처럼 촛불을 켜 놓았을 법한, 그리고 먼저 간 두 아들 밥을 굶을까 싶어 밥을 퍼 놓았을 법한 그릇들이 놓여 있어 그가 간절히 염원했던 세월을 고스란히 말해 주고 있었다.

움막을 돌아서 하산하는 길. 암호처럼 돌탑에 쓰인 숫자와 이름들에는 어떤 염원이 담겨 있을까? 마치 돌탑이라도 끌어안은 듯 마음도 무겁고 다리도 무거워 주저앉아 탑을 쌓는 사람들의 마음을 헤아려 보았다.

여인네의 키 높이보다 낮은 고만고만하게 쌓인 수많은 돌탑. 어찌 그리도 정교한지 그 어떤 것과도 비교할 수 없는 정성으로 다져진 탑이었다. 한동안 앉아 있자니 오막살이집들이 모인 돌담 너머로 들려오는 사람 사는 얘기처럼, 돌탑들이 내게 말을 걸어오는 듯했다. 부모가 위하는 자식의 사랑 법과 자식이 위하는 부모의 사랑 법이 탑을 쌓는 정성으로 교감 되는 자리였다.

불교 경전에는 "어린아이가 장난으로 모래탑을 쌓더라도 한량없는 복락을 받아 부처가 된다."라는 말이 있다. 그래서 우리나라는 옛적부터 돌로 작은 탑을 만들어 자신의 소원을 기원하는 풍습이 생겨났고, 탑을 쌓는 일이 불가에서는 큰 공덕 중의 하나로 자리매김하기도 하였다.

붓글씨로 탑을 쌓는 일이 돌탑을 쌓는 일과는 비교할 수 없겠으나 붓끝으로 성인의 말씀을 써서 탑을 이루는 내 모습을 보는 것과도 같았다. 그 여인이 쌓은 탑이 자식을 위한 것이었다면, 내가 쌓은 것은 7층 탑에 글씨를 메워 부모를 위해 쌓아 올린 탑이었다.

불가에서는 고인을 입관할 때 마지막으로 가시는 길 편안하도록 극락왕생의 길을 인도하는 경문을 써서 관에 넣어드리기도 한다. 아버지께서 자리를 보존하고 누우신 지 2개월이 지나고 하루가 다르게 기력을 잃어 가는 아버지를 보며 금강경으로 보탑도를 쌓아 올리기 시작했다. 한 달 남짓 아버지 삶의 여정을 떠올리며 극락왕생을 기원해야만 했던 자식의 마음이, 모정탑을 쌓던 어미의 마음 같지는 않았을 것이라 짐작한다. 눈물로 얼룩진 한지 위에 정성을 담아 한 탑 한 탑 보석처럼 쌓아 올린 보탑도. 그 이불 덮으시고 부디 편안히 가시기를 발원하며 쏟아냈던 눈물이 모정탑 앞에서는 사치스럽게 느껴지는 순간이기도 했다. 그러나 탑을 쌓는 시간과 공간의 차이가 있을 뿐 오직 그 하나를 이루는 정성스러운 마음이야 어찌 다를 수 있으랴.

2mm의 공간에 붓끝으로 글씨를 쓰는 고난도의 작업을 하는 나로서는 그 긴 세월 동안 오로지 한 정성을 쏟았던 어미의 마음을 조금은 이해할 수 있을 것 같았다. 그렇기에 마치 물가에 어린아이를 놓고 오는 어미 맘처럼 뒤돌아보지도 못하고 발길을 돌렸다. 결코 '공든 탑은 무너지지 않는다'는 믿음을 뒤로 한 채 허물어지는 일이 없기를 기원하며 산에서 내려왔다.

오늘도 나는 붓끝으로 탑을 쌓고 있다. 이제는 어떤 어려움에도 정성스러운 마음 하나로 작품에 몰입할 수 있을 것 같다. 노추산의 돌탑과 붓끝으로 쌓아 올린 보탑도는 탑을 이룬 사랑이기에….

박경빈 paksoji8487@hanmail.net
2008년 《선수필》 등단
수필집 『붓끝으로 쌓아올린 보탑도』

삶의 오름

박 계 화

"오늘 오름을 두 개나 오르셨군요. 한라산과 크게 다칠 뻔한 삶의 오름이요. 예순여섯 그 연세엔 한라산 그만 오르세요. 제주 오름에 오르며 삶의 오름을 느껴보세요."

제주도 한라산 여섯 번째 산행 하산길에서 돌부리에 걸려 엎어졌다. 어둠이 꼬리를 드리운 길에서 10시간 산행으로 피곤한데도 길을 알고 있다는 자만심이 화를 불렀다. 입에서 쏟아져 나오는 피를 막으며 택시를 불러 병원으로 갔다. 입 안에 다섯 바늘을 꿰매준 의사의 말이 의미심장하게 다가온다.

불현듯 제주 오름이 궁금해졌다. 제주에는 360여 개 오름이 있다고 한다. 오름은 땅속 깊은 곳에서 들끓던 마그마가 좁은 화도를 따라 상승하면서 압력이 증가되어 분출된 작은 산체를 말하는 제주어濟州語이다. 분출된 용암이 저마다 하나씩의 다른 세상을 꿈꾸며 굳어지고 깨어지기를 반복하다가 '오름'이라는 생명으로 태어난다. 모양새는 비슷하지만 차림새는 서로 다르다. 하나의 오름이 태어나듯 내 삶에도 굴곡진 삶의 고개들이 숱하게 있었음을 깨닫는다. 고통의 순간을 이겨낸 고개들이 오름일까.

오름 오르기에 앞서 서귀포에 자리한 '두모악 김영갑 갤러리'를 찾는다. 20여 년을 오름 표정만 찍은 김영갑 사진작가는 '매일 오른 오름의 표정이 하루도 같지 않았다'고 토로한다. 그의 앵글 속에서 새롭게 태어난 오름 속에는 기다림과 인내의 진한 외로움이 묻어 있다. 열정과 갈망이 꿈틀거린다. 그는 왜 근육이 마비되는 희귀한 루게릭병에 걸려 카메라 셔터를 누를 수 없을 때까지도 그토록 오름만 올랐을까. 작품 아래 놓인 그의 독백에서 행복의 의미를 찾은 삶의 오름이 느껴진다.

'비밀화원에서 나만의 꿈을 키워올 수 있었기 때문에 나는 참으로 행복했습니다. 그 시간들이 행복이었음을 뒤늦게 알아차린 나는 진정 소중한 것이 무엇인가를 이제야 깨닫고는 이제 되돌릴 수 없는 세월을 못내 안타까워합니다.'

김영갑이 그토록 사랑했던 '다랑쉬오름'과 '용눈이오름'에 오른다. 두 오름은 지척에서 서로를 응시하며 관조하듯 마주 보고 있다. 침묵의 대화로 우정을 나누는 듯하다. 산봉우리의 분화구가 마치 달처럼 보인다는 다랑쉬 둘레길을 느릿느릿 걸으며 사색에 잠긴다. 작가는 이곳에서 마음의 연마를 통해 인생의 의미를 발견한 것일까. 용이 누웠던 자리 같다고 해서 이름 붙여진 용눈이 능선 위에 누워본다. 반원 모양의 유연한 곡선이 푸근한 어머니의 젖가슴 같다는 작가의 안목에 공감이 간다. 깊은 분화구에서 불어오는 한 자락 바람결이 뺨을 스치고 지나간다. 마지막 순간까지도 오름에 오른 작가의 온몸을 애무했던 바람인 듯 훈훈하다. 자신의 꿈을 키워올 수 있었기 때문에 행복했다는 김영갑의 마음을 내게 전해주고픈 바람의 마음은 아닐까.

제주 오름의 대표 격이며 유네스코 세계 자연유산에 등재된 '거문 오름'에 오른다. '거문'은 신령스런 뜻이라 한다. 몸과 마음을 단정히 하고 오르라는 해설사 설명이 유쾌하다. 쭉쭉 뻗은 삼나무와 측백나무 숲의 분화구 속으로 걸어 들어간다. 힘겨운 제주민의 삶 이야기를 품은 숯가마터, 일제 강점기에 일본군들이 만들어 놓은 갱도진지를 돌아본다. 시대적 아픔에 공감하면서 마음 한 구석이 애잔해진다. 아픈 역사 이야기를 품고 있을 야생화들도 모진 추위를 이겨내고 자신의 열정을 모두 살라 새봄에 올라 있다. 탁구공만 한 크기의 연꽃모양의 샛노란 꽃 복수초, 바닥에 바짝 붙어 핀 별꽃 모양의 연보라 노루귀 꽃이 환한 미소로 맞이한다. 아리잠직한 들꽃들도 '부드럽고 기쁜 낯빛으로 사람들을 대하라'는 부처의 보시報施를 알고 행하는 것일까. 풀꽃들이 귀한 깨달음을 준다. 마주치는 이들에게 먼저 웃으며 인사한다. 답례하는 이들의 얼굴에도 밝은 웃음꽃이 피어난다. 새봄 오름이다.

거문오름 가까이에 이름난 국숫집 '오름 나그네'의 '전복성게 칼국수'와 '보말 칼국수' 메뉴가 독특하다. 보말은 바다 고둥의 제주 말이다. 재료를 아끼지 않고 우려낸 진한 국물에 잘게 다진 진주 빛 전복과 황갈색 성게 고명이 입맛을 돋운다. 쫄깃한 수제 면발과 함께 고둥 살이 톡톡 씹힐 때마다 특유의 향이 입 안 가득 퍼지며 바다 향기를 전한다. '제주 음식은 맛이 별로 없다'는 내 인식이 바뀐다. 세계자연유산으로 등재되어 관광객의 입맛을 사로잡기 위해 음식점도 숱하게 맛 오름에 올랐나 보다.

오름에 덮인 땅 색깔이 붉다는 '붉은오름' 정상에서 주변을 아름답게 물들이는 노을과 조우한다. 제주의 맨도롱한 봄 햇살에 열정으로 솟아올랐던 오름들 위로 하루 해가 순례를 마무리한다. 발 아래 청회색의 수묵담채화를 그려 놓는 오름들. 높고 낮은, 멀고 가까운, 농담과 명암의 오름들이 노을이 꼬리를 내린 어둠 속으로 침잠한다. 마치 정년퇴임으로 교단에서 내려올 때 굽이굽이 지나온 삶의 고개를 회상하며 숨결 고르던 내 모습 같다. 저마다 독특한 아름다움으로 솟아오른 제주 오름들처럼 고통의 순간마다 좌절하지 않고 용기와 열정으로 타오른 불꽃이었음을 느낀다.

"제주 오름에 오르며 삶의 오름을 느껴보세요."

멀리 '백약이오름'이 손짓한다. 약초가 백 가지도 넘는다 해서 이름 붙여진 백약이에 다시 올라보리라. 그곳에 오르면 또 어떤 모습의 진정한 나를 발견할 수 있을까. 앞으로 '삶의 오름'은 수없이 많이 다가올 것이다. 제주에서 얻은 깨달음의 신비로 힘든 고통이 닥치더라도 설렘으로 맞이하고 기쁨으로 올라 새로워지리라.

박계화 park-keiwha@hanmail.net
2015년 월간 《한국수필》 등단
수필집 『산티아고 가는 길 El Camino de Santiago』 『에콰도르 미완성 교향곡』

앞돌

박금아

돌 박물관에 갔다가 돌멩이 하나를 보았다.
'앞돌'이라고 적힌 팻말에는 이런 설명이 적혀 있었다.

"크지 않은 돌 중앙에 홈을 내거나 자연의 홈을 이용하여 줄을 걸고, 반대편의 줄을 그물에 연결하여 어로 작업을 할 때 그물이 늘어질 수 있도록 달았다."

하루를 걸어도 다 돌아볼 수 없으리만치 넓은 곳이었다. 선돌이며 고인돌이며 집채보다 큰 바위들 속에서 귓불만 한 돌멩이 하나가 눈에 띈 것은 무슨 까닭이었을까.

사람들의 발길이 닿을 성싶지 않은 후미진 곳에서였다. 어구漁具로 쓰인 돌을 모아 둔 전시관은 대숲으로 둘러싸인 데다 어둠과 냉기 탓에 등골이 오싹할 정도였다. 그런데 이상한 일이었다. 서둘러 떠나야겠다고 생각하면서도 나도 모르게 조명등 스위치를 찾고 있었다. 유리장 안에서 기척이 왔다. 몇 번을 깜빡거린 끝에 애기전구가 켜졌다. 전시장 내부가 부연 바닷속 같았다. 가느다란 빛줄기가 작은 돌멩이 하나를 비추었을 때였다. 내 속에도 한 줄기 빛이 스몄던가. 오래도록 방치되었던 유년이 기억으로 흔들렸다.

어느새 내 손은 빈 호주머니를 만지작거리고 있었다. 어린 날의 섬 집 마당이 떠올랐다. 수북이 쌓인 그물을 가운데 두고 동네 어른들이 빙 둘러앉아 돌을 달았다. 바다 갈매기와 파도의 울음 속에서 아이들 몇은 공기놀이를 하고, 몇은 머리에 그물을 뒤집어쓰고 깔깔대며 마당을 뛰어다녔다. 이윽고 작업을 끝낸 그물을 돌담에 '척!' 걸치는 소리가 들려오고, 화들짝 놀란 도마뱀 한 마리가 담쟁이 넝쿨 사이로 줄행랑을 쳤다.

그물에 돌을 매다는 일은 섬에서는 늘 하는 일이었다. 잠시 쉴 때나 손님이 왔을 때도 어른들은 손을 놓지 않았다. 고기를 많이 잡으려면 그물을 물고기가 지나는 물길 아래에 쳐 놓아야 하는데 가벼워서 물 위에 뜨는 것을 가라앉게 하려고 돌을 달았다. 그 돌을 제주에서는 '앞돌'이라고 부르는 모양이었다. 내 고향에서는 무엇으로 불렀는지 알 수 없지만 돌에 대한 느낌만은 또렷했다.

어린 날을 가족과 떨어져 살았다. 육지에 있는 학교에 다니느라 섬에 사는 부모님과 동생은 방학 때나 되어야 만날 수 있었다. 얼마나 기다린 시간이었을까. 방학이면 섬 구석구석을 돌며 놀다가 개학 전날에야 밀린 숙제를 했다. 어머니도 그날엔 밤늦도록 내 곁에서 그물일을 했다.

겨울 방학을 끝내고 섬을 떠나오던 날의 아침 풍경이 떠오른다. 어머니는 꼭두새벽에 일어나 아침밥을 지었다. 뽄디 콩밥과 개조개살로 끓여낸 뽀얀 미역국이 놓인 밥상을 받아들고 앉으면 어머니는 부지깽이로 아궁이를 뒤적여 돌을 꺼냈다. 장작불 속에서 발갛게 달아오른 작은 돌멩이들이 '탁! 타닥!' 소리를 내며 굴러 나왔다. 그물에 매달 때 쓰는 돌들이었다. 꺼낸 돌은 바닥에 굴려서 불의 센 기운을 뺀 다음, 무명 주머니에 넣어 돌돌 말아 집을 나설 때 호주머니에 넣어 주었다.

"손 시리다. 개와 속에 꼭 넣어 놓크라이."

그 돌들이 '앞돌'이 되어 나의 말들을 깊은 곳에다 꾹꾹 가라앉혀 놓았던 걸까. 어머니와 함께 선착장까지 걸어가노라면 아무 말도 할 수 없었다. 속에서만 웅얼거릴 뿐, 입 밖으로 나오지 않았다. 나도 동생들처럼 섬에 있는 학교에 다니면 안 되느냐고, 부모님과 함께 살고 싶다고 말하고 싶었다. 그런데 한 번도 하지 못했다. 그렇지 않아도 집안일을 도맡아 하느라 힘든 어머니에게 어리광을 부리면 안 될 것 같아서였다. 도선이 섬을 떠날 때도 인사말조차 할 수 없었다.

배가 바다 가운데에 이르렀을 때쯤에야 고개를 들어 섬을 보았다. 어머니는 아직도 그 자리에 서 있었다. 바람에 날리는 광목 치맛자락이 수십 개의 손이 되어 흔들렸다. 바라만 볼 뿐, 나는 호주머니에서 손을 빼지 않았다. 돌멩이에서 손을 떼면 선창가 끄트머리에 간신히 서 있는 어머니가 가뭇없이 사라져버릴 것만 같았다. 섬에서 멀어질수록 배는 너울을 탔다. 물결 속으로 어머니의 모습이 사라졌다가 떠올랐다가 다시 사라져갔다. 그러기를 몇 번 반복하다 보면 어느새 어머니는 파도에 묻혀버리고, 곧이어 섬도 묻혔다.

그맘때면 영화의 마지막 장면처럼 발동기가 소리를 높였다. 고개를 돌리면 반대편에서 지평선이 떠오르고 있었다. 뱃전에서 한참 이야기

꽃을 피우던 어른들은 짐 보따리를 챙기며 그제야 혼자 있는 나를 알아봤다는 듯 한마디씩 건넸다. "이리 애린 아를 혼자 떼놔서 우짜노…. 에미도 아도 참 모질다." 그 말에 간신히 참았던 눈물이 뚝 떨어져 내렸다. 뭍은 언제나 그렁그렁한 눈물 속에서 다가왔다.

학교에 가서도 호주머니에서 손을 빼지 않았다. 수업이 끝나고 집으로 돌아가면 돌멩이들을 꺼내어 책상 위에 올려놓고 뚫어져라 보곤 했다. 그러면 돌들도 눈을 맞춰주었다. 어머니와 동무들과, 바다 생물들의 껌벅이는 눈망울들이 검은 돌 위에 돋아났다. 밤이면 돌멩이들은 내 곁으로 더 바짝 다가왔다. 불 꺼진 방에 누워 눈을 감으면 바닷새 울음과 함께 어머니가 자주 부르던 '메기의 추억'이 들려왔다.

신기한 일은 시간이 지날수록 돌에서 온기가 느껴지는 것이었다. 풀이 죽어 있다가도 돌멩이만 보면 힘이 났다. 돌들은 책상에서 내려와 꼬막손 안에서 공깃돌이 되어 머물다가 제자리로 돌아가곤 했다. 그러구러 지내다 보면 육지에서의 날들이 갔고, 돌멩이에 먼지가 앉을 무렵이면 어느새 방학이 눈앞에 성큼 다가와 있었다. 새 학기가 시작되면 그 자리에는 또 어김없이 새로운 돌이 놓였다가 똑같은 과정을 거쳐 떠나갔다.

그 어린 날, 나의 돌멩이들은 다 어디로 간 것일까. 한 번도 입 밖으로 나온 적 없이 내 속에서만 살아 '내 말들의 집'이 되었을까? 그리하여 나를 이루는 밑돌이 되었을지도 모르겠다. 바다에 던져져 뭍으로 올라오지 못한 '앞돌'이 깊은 바다 밑바닥에서 '바다 물고기들의 집'이 되었듯이.

돌 박물관 한 귀퉁이에서 유년의 벗을 만났다. 기억 저편, 꼭 닫힌 유리장 속에서였다. 문을 열었다. 그리고 그 반가운 이름 앞에 새 이름표 하나를 올려두었다.

'앞돌'
'한 번 데워지면 영원히 식지 않는 세상에서 가장 따뜻한 불돌. 그 이름을 떠올리기만 해도 사람의 마음을 평온의 바다에 내려주는 어머니와 같은 돌.'

박금아 ilovelucy@hanmail.net
〈매일신문〉 신춘문예로 등단(2015)
수필집 『무화과가 익는 밤』

겨울 숲

박 남 순

　겨울 산행은 나와 대화 시간이 많아 좋다.
　봄부터 가을까지 풍성한 볼거리와 이야깃거리로 시끌벅적하던 봉화산은 숨죽은 듯 조용하고 한가롭다. 그들만의 이야기와 오고가는 발걸음이 쉴 새 없이 분주해서인지 요란스럽기까지 하였다.
　그러다 늦가을부터 불어닥친 세찬 바람에 열매와 잎새마저 훌훌 벗어 던지고 빈 가지만 앙상하게 남아 있다. 미련 많고 욕망 가득 찬 인간에게 본보기라도 되어야 해서인지 말끔히 다 떨구고 서 있다. 그래도 그 많고 많은 사연을 품고 살다가 어찌 묻어두고 떠나는가?
　수북이 쌓인 낙엽을 밟아 본다. 사각사각 바스락거리며 부서지는 소리에 힘 조절을 하며 조심스럽게 걷는다. 아마도 떨어진 나뭇잎 한 잎 한 잎마다 겨우내 사연을 안고 잠잠히 있다가, 봄이면 영락없이 다시 찾아와 수런수런 이야기꽃을 피울 것이다. 갈참나무의 마지막 잎까지 사연을 묻어두고 떠나간 겨울 숲을 걸으니, 할 일을 다 마친 후 봄을 기약하고 떠난 낙엽들이 초연하고 아름답다. 그럼 나는 얼마만큼 내 몫을 다하고 있는지 생각한다. 무심히 흘러가는 세월 속에 나의 위치는 어디쯤이고 잘 가고는 있는지가 궁금하고 두렵다.

오늘은 산행을 함께하는 동무가 볼일이 생겨 혼자 사색하며 걷는 중이다. 어젯밤 살짝 내린 자작눈의 흔적이 기분 좋다. 단단히 준비하고 살금살금 걷지만, 이런 날이 겨울 산행의 백미白眉라 마음껏 즐기고 있다. 둘이서는 풍성하던 대화가 혼자라서 겨울산처럼 조용하지만 이 또한 좋은 시간이니 가끔은 해볼 만한 행차다. 헐벗은 나목 사이사이로 속살까지 보이며 실핏줄처럼 제멋대로 난 사잇길을 볼 때마다 마음이 짠하다. 헉헉 숨을 고르며 구불구불 돌고 돌아 찾아온 소나무 숲은 여전히 당당하다. 누구의 사연도 외면한 듯 어찌 보면 야속하리만치 싱싱하고 빽빽하다.

어젯밤 내린 흰 눈의 흔적도 하나 없어 지난 계절과 별반 다르지 않다. 소나무 숲 사이로 겨우 비치는 햇살을 온몸으로 맞으며 잠시 자리를 잡고 앉았다. 늘씬하게 쭉쭉 벋은 나무들이 늠름하다. 건너편 언덕의 활엽수들이 홀랑홀랑 벗었어도, 이곳은 간간이 털갈이 하듯 내려놓은 약간의 솔잎뿐이다. 여전히 풍성한 잎 사이로 햇살이 겨우 비집고 들어와 따스한 기운을 주고 있다.

여기 소나무들은 대부분 외송 리기다소나무이지만 그런대로 잘 자라 보기가 좋다. 우리나라 토종 소나무인 적송은 어쩌다 하나둘 끼어 있다. 한반도 웬만한 깊은 산에 가면 토종인 적송 숲을 아직은 자주 볼 수 있다. 그럴 때면 품위 있는 선비를 만난 듯 반가워 바삐 가던 걸음을 멈추고 꼿꼿한 성정을 느껴 본다.

많은 사람이 그렇듯 나도 소나무를 꽤 좋아한다. 물론 알싸한 솔 향에 취해서 좋지만 늘 푸르고 당당한 모습을 좋아한다.

가끔 설악산을 가게 되면 일부러 비룡폭포 가는 길을 가본다. 초입에서 조금만 가면 금강송 군락지가 있기 때문이다. 그곳에 갈 때마다 매번 설레어 일 년에 서너 번은 가게 된다. 그곳은 계절과 상관없이 조용하면서도 평온하다. 백성의 아픔을 다 안아줄 것 같은 자상한 군주 같은 위엄을 풍기고, 오래전 소천하신 부모님 품속같이 포근해서 좋다. 지나가는 나그네 누구든 도닥여주며 쉬어가라 한다. 그 숲에 서면 마음이 숙연해지며 겸손해진다. 그 소나무는 이름도 여럿이다. 원래 홍송 적송이라 하지만 백두대간에 주로 분포되어 있다. 금강산에서 시작하여 강원도와 경북 일대까지 많이 자라고, 금강산을 시작점으로 많다고 하여 금강송金剛松이라 한다. 살아 천 년 죽어 천 년이라 하며 살아서도 물론 위엄을 지키지만, 죽어 목재로도 최고의 대접을 받는다. 예전부터 궁궐이나 부잣집 한옥 대들보로 쓰여 귀한 금광석 같다고 하여 금강송金剛松이라고도 불린다.

나는 기회가 될 때마다 소나무 숲을 찾는다. 언젠가는 해송海松을 보러 고성 바닷가를 가보았고, 대관령 어흘리 송림과 안면도 소나무 산책길을 걸어보러 가기도 했다. 가까이 있는 동구릉에 가면 소나무 숲길을 원 없이 걸을 수 있어 좋다. 백송이 있다 하여 재동 헌법재판소를 찾아가 고품격의 백송白松에 매료되기도 했다. 수령이 600년은 넘었고 1962년에 천연기념물 8호로 지정된 백송을 그 근처를 지날 일이 있을 때마다 먼발치서라도 꼭 넘어다본다.

이런저런 사색에 빠져 있다 보니 한기도 느껴지고, 간혹 지나는 등산객들의 시선도 신경 쓰여 등산로로 다시 접어들었다. 등산로 옆 소나무 뿌리들이 앙상하게 속살을 보이고 있다. 모진 풍파와 등산객의 발자국에 하루도 못 쉬고 몸살을 앓고 있어 안쓰러운 마음에 발자국을 크게 벌려 펄쩍 건너뛰며 걷는다.

　겨울 숲에 오면 나만의 생각에 몰입할 수 있어 좋다. 내면 깊숙이 나만의 소리를 들을 수 있어 좋다. 복잡하고 답답하던 응어리를 쉽게 풀어내기도 해 평온해지니 온몸이 가볍다.

　오늘 겨울 숲에서 새롭게 기운을 찾듯, 이 숲도 얼마 지나지 않아 침묵을 딛고 일어설 것이다. 따스한 봄볕으로 연초록의 물감을 뿌릴 것이고, 연분홍 꽃가루가 흐드러지게 날아오를 것이고, 여름날은 다시 뜨거운 뙤약볕으로 지친 인간들에게 쉼터를 제공할 것이다. 또 변함없이 가을의 전령들이 알차고 야무진 열매와 고운 단풍을 품고 와 사람들과 산속 식구들을 분주하게 할 것이다.

　이렇게 자연의 질서처럼 인간도 순리대로 정담을 나누며 살다 보면 세월의 흐름 속에 허둥대거나 당황하지 않고 제 발걸음대로 살게 되지 않을까.

　산다는 것은 자신을 계속 다듬고 보듬어 창조해 가는 것이라 했다. 겨울 숲이 묵묵히 그 자리를 지키고 있듯 인간도 각자 자리를 지키며 살다 보면 전염병이 창궐하는 어려운 시절이라도 화창한 봄은 오지 않겠는가.

박남순 namsoon4123@hanmail.net
2001년《순수문학》으로 등단
수필집 『세월의 숲』

분꽃 마을 일기

박영신

　도시의 외곽을 두른 산자락 기슭 아래 구불구불한 작은 골목길을 따라내려오면 낡고 허름한 빌라들이 가득하다. 집들은 전체적으로 조악하고 허술해서 도시의 찬란함이라곤 찾아볼 수 없다. 너저분한 간판과 전깃줄이 얽힌 지붕이 즐비한 다소 어두운 골목을 걷다 보면 때 절은 보도블록이 튀어나와 넘어지기에 십상이다. 이것들과 더불어 빛나는 것이 있으니 그것은 자투리땅마다 만발한 작은 풀꽃들이다. 분꽃, 채송화, 금잔화, 맨드라미꽃 등이 피었는데 지나가는 길마다 향기가 짙다. 그중에서 가장 향기가 좋은 꽃은 분꽃이어서 그 동리의 이름을 나 홀로 '분꽃 마을'이라 정했다.

　분꽃 마을의 내 세탁편의점은 무인점포나 마찬가지라 세탁물을 배달하거나 수거하러 간 후에는 단골손님들이 세탁물과 함께 편지를 써 놓고 가곤 했다. 종종, 혼자 세탁물을 가져갈 때는 옷에 붙어 있던 표식을 떼어 놓고 세탁비도 정확하게 놓여 있었다. 수거와 배달을 하는 것은 주로 단골손님들이 원하기 때문이었다. 명절이면 선물도 책상 안쪽에 넣어 놓고 간 사람들이 있는데 누군지 도통 이름을 밝히지도 않았다. 숱한 사람들이 세탁물을 들고 나의 가게에 들렀지만 금방 뒤돌아가는 법이 없어서 이런저런 세상만사의 이야기들을 털어놓기도 했다. 어쩌면 사람들은 마음속에 접어놓은 이야기들을 풀어놓고 자신도 모르게 나의 단골이 되어가곤 했는지도 모를 일이다.

K 여사의 집에 옷을 수거하러 간다. 오십 대의 그녀는 늘 허둥대며 뛰다시피 가게에 들른다. 가끔은 그녀의 딸이 동그란 얼굴에 미소를 머금고 대신 나타나기도 한다. K 여사는 깡마른 몸매에 까무잡잡한 얼굴로 표정이 없다. 늘 앞모습보다 뒷모습을 더 많이 보아온 터라, 사소한 말 한마디 나눠본 적도 없다. 빌라의 담벼락에 기댄 화분들에 색색으로 피어난 꽃들이 마치 사람들의 얼굴들처럼 평범하고 시름없이 해맑다. 거칠게 발라진 시멘트 바닥은 울퉁불퉁하고 구석진 곳에 버려진 플라스틱 대야에 물이 찰랑하다. 한 조각의 흰 구름이 고인 물속에서 한가롭다. 담벼락에는 '이삿짐 XXX-2424'라고 검은 고딕체의 스프레이 글씨가 박혀 있다. 이삿짐 차들은 수시로 드나들고 사람들은 어디서건 새롭게 오거나 떠난다.

잡다한 낙서와 먼지로 퇴색된 건물의 외벽에 설치된 철제 계단을 올라간다. 3층 계단으로 올라갈 때는 어느 집에서 풍겨오는 것인지 장 달이는 냄새가 난다. 계단을 올라가다가 습관처럼 아래를 내려다본다. 각종 중고품이 쌓여 있는 고물상점이 보이고 골목에 인접한 도로는 늘 좁은 주차장을 확보하느라고 비비고 들어오는 자동차들로 소란하다. 녹슬고 삭은 철제 계단이 가파르게 휘어져서 아찔하고 어지럽다. 이런 집을 수없이 오르내리며 살아가는 그녀의 근황은 모르지만 살짝 궁금하다. 그저 세탁물을 주고받는 것이 전부라서 눈이 마주치는 순간 겸연

찍어 서로 피식 웃는다. 그럴 땐, 분꽃 향기 같은 것이 살짝 마음에 번 져온다.

어느 눈 내리는 추운 날, 내 차와 엇비슷하게 서 있는 봉고차에서 후다닥 내린 K 여사를 보았다. 재빨리 생활정보지를 길가의 철제 보관대에 넣어 놓고는 급하게 차에 올라탔다. 그녀는 생활정보지 배달업을 하고 있었다.

벨을 누른다. 그녀는 산발한 머리에 내복을 입은 채로 문을 연다. 언뜻 보이는 집은 자질구레한 살림살이가 만물상처럼 어지럽고 어두컴컴한 실내에는 햇빛이 들어도 쉽게 자리 잡지 못할 것만 같다. 세탁물도 늘 빨아서 다림질만 부탁한다. 점포를 운영하는 나로서는 이득이 별로 남지 않는 일이다. 그럼에도 불구하고 알뜰하고 부지런한 그녀가 애틋하게 느껴지는 것은 단골로 맺어진 인간적인 친밀감 때문이다. 한눈에 봐도 애옥한 살림살이라 이 변두리 도시에서는 고만고만한 사람들끼리 쉽게 친밀감이 쌓인다. 쌓이는 친밀감은 내 안에서만 곱게 다독일 뿐 겉으로는 그저 담담하게 웃으며 사람들을 대한다. 언제나 재빠르게 왔다가 튕기듯이 사라지는 그녀와 진한 우정을 맺을 만한 짬도 없기 때문이다. 옷과 함께 그녀가 내미는 선불요금이 무겁게 느껴진다. 내 손에 쥐여주는 그녀의 돈은 생활정보지에 빼곡한 광고들처럼 어지럽게 구겨져 있어서 주머니에 눌러도 얼기설기 일어선다. 손바닥 가득 진한 전율이 느껴진다.

그녀와 인사를 하고 가파른 누드 식 철제 계단을 조심스럽게 디딘다. 저 아래 도시의 풍경이 산란하면서도 균형 잡힌 듯 보인다. 사람들은 누구나 마땅히 해야 할 직업의 의무로 하루를 소진한다. 그녀도 나도 오늘을 그렇게 살아간다. 이 도시의 밑바닥에서부터 높은 수준의 직업에까지 수도승처럼 하루의 의무 앞에 선정禪定하는 많은 사람들을 생각하면 손에 땀이 고인다. 꼬깃꼬깃한 지폐가 손바닥 안에서 숭고하게 느껴진다.

주머니도 마음도 두둑해진 것을 느끼며 가게로 돌아온다. 몇 명의 손님들은 내가 없는 시간에 다녀갔고 스스로 완성된 옷들을 찾아갔다. 옷에 붙어 있던 표식을 책상 위에 떼어놓고 새로운 뉴스거리를 전해줄 요량으로 조금은 기다렸을 단골손님들의 얼굴들이 환하다. 점퍼의 소매를 주기적으로 수선하러 오는 중장비 기사, 장애견들을 키우는 독신 남자, 와이셔츠에 찍힌 루즈를 비밀로 해달라는 젊은 남자, 술에 절어 코가 빨갛지만 부끄럼 많은 홀아비 관광버스 기사, 옷과 함께 새로운 얘깃거리를 더 많이 들고 오시는 팔순의 노파, 어린 고아들을 보살피는 가난한 목사님, 등등 많은 사람들은 내 앞에서 솔기 터진 옷들을 맡기고 돌아갔다.

저녁이 되어 서랍을 열고 마무리 정산을 하면 삶의 감각이 실제적으로 피부로 닿는다. 저마다 생업으로 사람들을 마주하며 생존의 파장을 밀고 당기는 생생한 느낌이 지폐에 아롱져 있다. 양배추 잎사귀들처럼 꼭꼭 접힌 지폐에서 온기를 느낀다.

길 건너에 성자처럼 수려한 밤나무가 벌써 달빛에 제 그늘을 길게 내리고 별들을 불렀다. 나무가 저 아래 숱한 사람들의 사연들을 품고 환幻처럼 아득한 인생을 음미하는 것만 같다. 퇴근하는 자동차의 시동을 켜기 전에 잠깐 멈추어 서서 언덕 아래 지붕들을 내려다본다. 집들과 자동차들과 상점들의 간판들이 밤안개에 묻혀 있다. 삼월의 마지막

주, 버드나무는 길섶에서 노란 가로등이 되어 있다.

　오래전에 이삿짐 차를 타고 떠나왔고, 여러 번의 다른 직업, 다른 일들을 하며 나는 그곳을 잊고 살았다. 문득, 그곳 사람들의 일상 속에 스며들어 조촐하게 행복했던 날들이 떠오른다. 저마다 생계의 고난 속에서도 작은 미소를 주고받았던 온정이 분꽃 향기로 번져 온다.

박영신 hopaksin@hanmail.net
2001년《한국수필》등단

숲길 단상

박온화

하루에서 두어 시간만큼을 덜어내어, 숲길 이야기를 채집하러 간다. 홀연히 도깨비감투를 쓰고, 은밀스러운 초월체험에 빠져보는 상상도 해본다. 신묘한 향기에 이끌린 감정들이 가슴주머니에서 파닥거리는 전율에 휩싸일 때가 있다. 깊은 상념에 들면 오롯이 농익은 감성들은 박제剝製되어, 나만의 사유思惟박물관에 전시된다.

숲길 입구에선 보랏빛 비비추가 목을 빼고 기다린다. 허리 키를 훌쩍 넘긴 개망초도 망울망울 그리움을 풀어낸다. 산자락을 감싸고도는 숲길은 산을 타고 내려오는 바람과 땅 밑에서 풍겨오는 흙냄새로 지쳐가던 촉각들을 탱탱하게 되살려준다. 긴 꽃자루를 매단 밤꽃이 산언덕마다 하얀 눈꽃을 뿌리더니, 어느새 여름이 지나가는 숲길은 초록 무리들의 막바지 축제장이다. 벌레들에 시달려 상처뿐인 잎맥의 틈새로도 실낱같은 햇살은 눈부시다. 초록가족들은 제각각의 빛깔과 독특한 향기로 마지막 열정들을 뿜어낸다. 삐리릴리 호릴릴리 새소리 중창과 바람을 입에 물고 트레몰로로 떠는 잎사귀들의 합창은 천상의 감탄교향곡이다. 비릿한 듯 달콤한 향기에 취해 리듬 맞춰 하나 둘 발걸음으로 조우한다. 두 팔을 들어 신비의 대자연 오케스트라를 지휘하는 무등 기쁨이여, 기립박수로 환호하는 생명의 축복들이여!

　이 길엔 참나무과의 나무들이 빽빽하게 둘러차있다. 떡을 쌀 만큼 잎이 넓다고 떡갈나무, 줄기를 갈아치워서 갈참나무, 나무껍질이 굵으니 굴참나무란다. 잎이 좁아 졸참나무라 부르니, 재미있는 나무 이름들을 식별해가며 걷는 맛도 쏠쏠하다. 어제 오늘 공기가 다르지 않느냐고 수다를 떨며, 실바람 산들바람은 겹겹이 달려들어 얼굴을 간질인다. 바람무동을 타고 풀벌레, 매미들도 운치를 더한다. '또르또르 찌르르, 맴맴맴 귀뚜르르….' 짝을 부르는 소리가 구슬프다. 배가 볼록한 메뚜기는 산란을 위해 풀잎을 양껏 갉아먹은 암컷인가보다. 뱅글뱅글 다람쥐 놀다 간 자리엔 수줍은 단풍잎 하나가 누워 있다. 벌 나비 유혹 작전에 향기 다툼을 하는 풀꽃, 야생화들의 소박한 경쟁엔 애잔함이 엿보인다. 한 잎 두 잎 내려놓는 나무의 우듬지들엔 태양빛 지붕 대신 가을빛 정취가 사뭇 배어있다. 비어가는 나뭇가지 사이로 비집고 들어온 파란 하늘 흰 구름은 나하고 숨바꼭질을 하잔다. 제 위치에서 제 방식대로 주연과 조연으로 자신을 표현하며, 자연물들은 어울림의 극치를 이룬다.

　며칠째 장마처럼 폭우가 쏟아지더니, 정오 지나면서 비가 그친다. 무지개를 그리며 오늘도 숲길로 향한다. 채 10분도 지나지 않아 걸을 수가 없다. 나뭇가지 부러져 뒹굴고, 작은 열매들이 여기저기 떨어져 구른다. 빗줄기 헤집고 간 곳마다 흙들이 쓸리고 패어, 나무뿌리 속살들이 밖으로 도드라졌다. 말갛게 드러난 살갗 위를 걷는 이들이 무관심으로 밟으며 간다. 지나간 자국마다 더욱 또렷해지는 눌린 상처들, 용케 참았던 나무들이 몸을 비튼다. 나무뿌리들을 피해 조심조심 걸으려는데, 시큰대던 무릎이 넘어질듯 쿨렁거린다. 매일 일정분량을 걷자고 다짐한 터이다. 통증을 견디면서라도 걷는 게 좋은지, 조심하며 쉬는 게 옳은지 갈등이 인다. 이럴 때면, 인내와 끈기의 긍정의지보다, 걷기욕심으로 치부하는 부정의 방해공작이 언제나 한 수 위다. 걸음을 포기하고 집으로 가려는 순간, 숲속 나무들의 메아리가 울려온다.

"상처뿐인 나무뿌리 위를 사람들이 밟고 지나가도 의연한 나무들 좀 봐. 거센 폭풍우에 팔이 잘리고 손과 발이 찢겨도 순명하고 있잖아. 뼈아픈 상처는 아무에게나 주어지지 않아. 선택된 사람아, 물러서지 말고 고통의 고개를 당당히 넘어봐."

한참을 나무기둥 붙잡고 서서 눈을 감았다. 허리척추수술과 무릎인공관절수술로 몇 년 간 의욕과 열정은 소진됐다. 세월에 순응하며 욕심 없이 사는 나에게, 세상은 왜 몇 번씩 상실의 고통을 안기는 걸까. 신비의 베일로 가린 채 자석처럼 매일을 끌어당기는 숲길엔, 대체 어떠한 응축된 메시지가 숨어 있는 걸까. 문득 올려다 본 하늘 아래, 물기 품어 생생한 진초록 잎새들과 진고동 줄기들이 강인한 빛을 뿜어낸다. 힘찬 마중물의 에너지를 소나기처럼 퍼부어준다. 시동이 걸렸다. 몸 안의 모든 피돌기가 돌기 시작한다. 큰비 다녀간 바위마다 골골이 쏟아지며 흐르는 물소리, 물방울들이 튀는 생명의 합창을 들으며, 고통 속을 기꺼이 걸어 들어간다.

숲길은 옹골차게 단단해진 자신감으로 세상을 향해 힘차게 나가라고 외쳐주는 응원의 길이다. 스스로의 힘으로 고통을 이기고 강하게 만드는 자강自强의 길이다. 무기력과 자괴감, 몸부림치던 상실감들을 토닥이고 보듬어주는 위안의 길이다. 산바람과 흙냄새로 온몸을 씻어 힘든 마음의 찌꺼기를 깨끗이 떨어내주는 치유의 길이다. 숲길 친구들 조연의 역할, 다름과 어울림의 조화를 가슴으로 느끼게 하는 심미안의 길이다. 아픔이 성숙함으로 승화되어 새롭게 거듭나는 깨달음의 길이다.

아이들이 잠자리채로 나비와 잠자리를 잡으러 깔깔대며 뛰어다닌다. 숲속에 날아다니는 추억들을 마음속 보물 상자에 차곡차곡 담는다. 먼 훗날 엄마 아빠가 되어, 숲길추억의 이야기를 시와 수필, 소설 등으로 풀어낼 아이들이 사랑스럽다. 밤꽃들은 언제 다 졌는지 밤나무 밑 사람들 오가는 길에 누렇게 밟혀있다. 인내와 수고로움으로 결실을 맺는, 가시 수북한 밤송이들이 제법 열릴 모양이다.

박온화 onwha0608@hanmail.net
2019년 《선수필》 등단
수필집 『두 배로 행복하기』(2013, 쌍둥이 2인 공저) 외

구만리 바람 소리

박 월 수

처마 끝 풍경이 밤새워 운다. 나도 잠 못 든 채 양철로 된 물고기가 되어 바람을 맞는다. 풍경에 매달린 몸이 어지럼을 탄다. 불면에 시달린 내 늑골에는 하염없이 더운 바람이 인다. 거실로 나와 창문을 연다. 뒷산 은사시나무 숲을 헤집던 바람이 왈칵 밀려든다. 불면을 부채질하던 바람에도 달아오른 몸을 식히기엔 모자란데 거친 바람결에 꽃 지는 소리 들린다. 봄이 간다는 기별인가 보다. 문득 가야할 곳이 떠올라 카메라를 챙기고 날이 밝기를 기다린다.

곳은 바다가 뭍으로 가고 싶어 긴 팔을 뻗은 곳이다. 절절한 그리움으로 바다가 빚어낸 뭍의 형상이다. 어찌 보면 애착의 경계인 듯한 호미곶 언저리에는 구만리 언덕이 있다. 나는 멀고 아득한 땅에 사는 바람을 만나러 간다. 그득히 피어난 청보리를 껴안고 악보 없이도 노래하는 바람을 보러간다. 바람과 보리가 한데 엉긴 몸짓이 거리낌 없이 어울리는 곳으로 간다. 바다는 바람의 힘을 빌려 습기 품은 비릿한 냄새를 언덕으로 보내놓고 하얗게 팔랑이며 보리물결을 넘겨다 볼 것이다. 이맘땐 호미바다도 나처럼 구만리 언덕에 몸을 섞고 싶어 안달이 난다는 걸 짐작으로 안다.

내처 달려온 구만리 언덕엔 우르르 바람이 먼저 인사를 건넨다. 나는 예의를 갖추듯 낮게 엎드리며 사진을 핑계 삼아 보리밭에 스며든다. 보리가 춤추는 걸 찍는 동안 바람은 카메라를 거쳐 내 몸을 골고루 관통해 갈 것이다. 몸에 걸친 긴 재킷이 펄럭거리며 소리를 보탠다. 땅과 바다가 뜨겁게 부둥켜안은 호미곶 끄트머리 구만리 언덕에서 해종일 바람을 맞는다. 간 밤 몸속을 유영하던 더운 기운은 흔적을 감췄다. 어쩌면 내가 자꾸 열이 난다고 생각하는 건 마음에서 일어나는 일인지도 모른다. 산속에서 귀로만 듣던 바람과는 다른 융숭한 움직임이 물컹물컹 나를 만진다.

구만리 언덕에선 옷자락을 여밀 생각일랑 아예 말아야 한다. 무엇이든 여며야할 것이 있다면 내려놓고 와야 한다. 버려야 할 것이 있다면 바리바리 싸 짊어지고 와도 무난하다. 사내의 억센 숨결 같은 바람이 깊은 곳에 숨겨둔 먼지만 한 미련 한줌까지 남김없이 비워줄 수 있는 곳이다. 한순간도 멈추지 않고 부는 바람은 보리밭 사이사이를 헤집으며 불고 머리칼 하나하나를 다 셀 것처럼 분다. 하여 소용없는 일인 줄 알면서 옷의 단추라도 떨어지지 않았나 싶어 살피게 된다.

나는 여며야 할 것보다 버려야 할 것이 더 많은 사람이다. 밥벌이에 관한 생각들을 짊어지고 사느라 늘 등이 아프다. 어설픈 농군에서 잇속 챙기는 장사꾼도 되어야 하니 속에선 신물이 치민다. 녹슨 문장을 껴안고 밤마다 씨름을 하느라 머리는 지끈거린다. 하지만 내겐 숨통 같은 그 일을 손에서 놓을 수 없다. 그런 중에 누구나 처음이라는 갱년기를 힘겹게 지나고 있다. 몸에선 불이 나는데 손발은 시리고 저리다. 이처럼 잡다한 삶의 찌꺼기들을 이 언덕에 부려놓고 바람이 거두어 가는 걸 지켜보러 왔다. 다 버려서 텅 비어버린 내 속에 맑은 풍경소리 하나 담아갈 수 있으면 좋겠다.

　구만리 허릿등에 서서 삼각대를 펼친다. 무거워 버리려던 물건이 끊임없이 누웠다 일어나는 바람을 붙잡자니 소용에 닿는다. 이 물건이 카메라를 흔들림 없이 지탱해주지 않는다면 바람은 정갈하게 표현되지 않을 것이다. 그저께까지만 해도 신형의 가벼운 삼각대에 마음이 가던 참이었다. 참지 못하고 바꾸었더라면 이토록 바람 많은 언덕에서는 제 구실을 못할 뻔했다. 때론 투박하고 못생긴 것이 귀하게 여겨질 때도 있구나 싶다. 진득하지 못한 내 마음 먼저 버려야겠다.

　바람이 귀를 때리더니 머리칼이 눈을 가린다. 잠시나마 보이지 않으니 소리는 더욱 선명하다. 버려야 할 것들을 다 버렸는지 묻는 소리 들린다. 바람은 어찌 알았을까. 내려놓은 것들이 못내 아까워 슬쩍 주워 담으려던 중이었다. 바람의 물음에 놀라 언뜻 깨닫는다. 이토록 세찬 바람의 언덕에서도 움켜쥐기만 한다면 난 영원히 놓지 못하겠다는 걸. 그러니 지금이 가벼워질 수 있는 적기라는 걸 말이다.

　신은 성전에만 기거하는 건 아니다. 풀포기 하나에도 내리는 빗줄기에도 존재한다고 믿는다. 내려놓지 못하고 움켜쥐려는 나에게, 사는 일에 자꾸만 힘겨워 하는 나에게 말 걸어 준건 바람의 몸을 빌린 신이 아니었을까. 훌훌 털어버리고 홀가분해진 맘으로 세상 속에 다시 나아가라고 위로하는 소리 들리는 것 같다. 카메라 앵글 속에서 좀 더 가벼워진 내가 웃고 있다. 흔들리는 보리를 배경으로 더는 흔들리지 않을 내가 바람 속에 초연하다.

　제가 지닌 등짐이 무겁다고 생각 키우거든 국토의 방향키를 쥐고 있다는 호미곶 언저리 구만리 언덕에 서 볼 일이다. 구만리 허릿등의 바람을 맞아 볼 일이다. 이 고장 사람들의 염려처럼 '내 밥 먹고 내 배 꺼져'도 아깝지 않을 만큼 이 언덕에 부는 바람은 당신의 위로가 되어줄 것이니. 그나저나 나는 구만리 바람에 홀려서 길 잃지 않고 무사히 돌아갈 수 있을까. 거죽뿐이 아닌 온전한 내 마음을 데리고 집까지 갈 수 있을까. 구만리 언덕을 떠나려니 어느새 친근해진 바람이 허리춤에 달려들어 자꾸만 내 팔짱을 낀다.

박월수 barkchoa@daum.net
2009년 부산일보 신춘문예 등단, 2009년《수필세계》신인상 등단
수필집『숨, 들이다』

채나물

박정옥

    탁탁탁 탁!
    칼날이 박자를 맞추니 도마 위에서 순백의 하얀 동그라미가 수분을 머금은 채 가지런히 몸을 누인다. 엄마의 채나물 맛이 그리워서 무 생채를 만드는 중이다.
    "있지, 무는 길쭉한 것보다 타원형으로 약간 둥글고 매끈하며 무거운 것이 좋아."
    무 반찬을 좋아하는 딸이 새겨들었으면 하는 생각에 눈은 칼끝에 두고 딸을 향해 넌지시 맘을 던져본다.
    무는 값싸고 흔하지만, 맛과 식감에서 대체 불가한 소중한 채소다. 무가 없다면 소고기 뭇국과 무 생선조림, 동치미와 깍두기, 생채나물 등등 이런 반찬들은 존재하지도 않았을 것이다. 나는 무로 만든 반찬을 좋아하지만 그중 무생채를 제일 좋아한다.
    늦가을 길섶에 애잔하게 피어있던 구절초의 보랏빛이 가슬가슬 말라가면 부모님은 비탈밭에 있는 채소를 거두어들였다. 뿌리가 반쯤 땅 위로 올라와 초록으로 보이는 통통한 무와 노란 속보다 푸른 잎이 훨씬 더 많은 엉성한 배추도 뽑았다. 바지게에 한 짐 가득 채소를 지고 와서 마당 한구석에 쏟아놓는 아버지 얼굴에선 고단함에 맺혀 있는 송골송골한 땀방울과 풍족함에서 오는 환한 웃음이 묻어났다. 먼저 김장거리를 다듬고 남은 무와 배추는 땅속 깊이 묻었다. 무청은 시래기를 만들기 위해 빨랫줄에 젖은 옷을 널 듯이 널어 두고 담장이며 나뭇단 위에도 척척 걸쳐 놓았다. 말린 무청은 비가 들치지 않는 뒤꼍의 처마 아래나 광속의 벽에다 주렁주렁 달아 두었다. 이것들은 봄이 올 때까지 부족한 비타민과 섬유질을 보충해주는 밑반찬의 재료로 사용했다. 대수롭지 않게 보이는 작고 단단한 알뿌리는 조선무라는 이름표를 달고 무궁무진한 변신술을 부리며 많은 사람이 가난하던 그 시절에도 입맛 돋우며 밥상을 맛깔나게 하는 일등 공신이 분명했다.

땡감이 홍시로 변하고 누렇게 벼가 익어가는 계절이 되면 무가 제일 맛있다. 이때쯤이면 어김없이 무생채가 밥상에 올라왔다. 엄마는 낡은 나무 도마 위에 동그랗고 납작하게 자른 무를 가지런히 모아 놓고 가늘게 썰었다. '다다 다다…' 무쇠 칼날이 보이지 않을 정도의 손놀림으로 채 친 무에 고추장, 고춧가루, 다진 마늘과 참기름, 설탕과 깨소금을 넣었다. 매콤하면서 고소하고 달짝지근한 맛이 나게 손에 힘을 주어 조물조물 무쳤다. 새콤한 맛을 위해 식초 한 방울 쪼르르 넣기도 했다. 우리 집에서는 엄마가 해준 무생채를 그냥 채나물이라고 했다.

무는 가을무가 제일 맛있지만, 채나물은 다음 해 봄까지 수시로 밥상에 올랐다. 별 반찬 없어도 말린 무청으로 끓여낸 된장국과 뻣뻣하고 질긴 듯하지만 잘 익은 배추김치, 아버지가 좋아하는 사발 고기 조림, 그리고 갓 만들어낸 무채 나물이면 충분한 밥상이었다. 큰 양푼에 쌀보다 보리쌀이 많이 섞인 밥을 담고 채나물을 넣고 쓱쓱 비벼서 동생들과 함께 먹으면 씹을 여유도 없이 목으로 꿀떡했다. 나중엔 남은 국물만 넣고 밥을 비벼 먹어도 새콤달콤 입맛 다시는 엄마의 채나물이었다.

결혼 후 엄마의 무생채가 그리워서 흉내를 내보았지만, 그 맛이 나지 않았다.

"엄마, 그때 그 반찬 할 때 어떻게 했어요?"

엄마 손맛이 그리울 땐 전화를 해서 물어본다. 하지만 전화는 엄마의 손맛까지 전달해 주지는 못했다. 그런데도 내가 해주는 무생채를 딸이 좋아하는 것을 보면 딸 말처럼 유전자의 영향일까? 아니면 손맛이 늘었을까?

살면서 많은 것을 너무도 당연한 듯 그냥 그러려니 했다. 맛있는 채나물도 가족의 건강과 입맛까지 살피는 사랑에서 나온 맛인 것을 알지 못했다. 본래 그런 맛인 줄 알고 엄마의 정성과 노고를 미처 헤아리지 못한 것처럼, 소중한 것을 그때는 알지 못하고 돌이킬 수 없을 때 깨닫게 되는 경우가 많았다.

세월은 번개처럼 지나갔다.

이제는 '엄마 그거 어떻게 해?' 그런 전화를 할 수조차도 없다. 한평생 몸과 혼이 다 닳도록 자식을 위해 당신을 내어놓으신 엄마는 맛깔나는 채나물 만들기는 고사하고 채나물을 먹을 수도 없는 노쇠해진 몸으로 요양원에 계신다. 며칠 전 요양원에 계신 엄마를 뵙고 왔다. 엄마는 모든 고뇌를 잊은 듯 아기 같은 맑은 눈빛으로 아는 듯 모르는 듯 눈에선 잠깐 물기가 어릴 뿐 한동안 말씀이 없었다. 무쇠 칼을 호령하고 천만 가지 요술을 부리던 그 손은 마디마디 휘어지고 굽어진 그대로였다.

면회실 창을 비집고 들어온 오후 햇살이 갈고리 같은 엄마 손을 살포시 쓰다듬었다. 내 눈물 한 방울이 소리 없이 떨어져서 엄마 손등에서 머뭇거리는 햇살을 적시며 반짝거렸다.

박정옥 jubu002@hanmail.net
2012년 《한국산문》 등단
수필집 『가죽벨트가 있던 이발소』

바람인형

박 지 유

　바람인형을 본다. 변두리를 비추던 태양은 슬그머니 모습을 감추고 어둠이 내려와도 여전히 힘차게 춤을 춘다. 모터는 웅웅거리며 쉴 새 없이 바람을 만들어준다. 빨간 옷을 입은 키가 4미터나 되는 바람인형이 좌우로, 위 아래로 유연하게 몸을 흔든다. 익살스런 어릿광대 같은 표정 때문인가. 인형 속에서 누군가 정말로 춤을 추는 것처럼 생동감이 넘친다.

　주변엔 아무도 없다. 나도 눈을 감고 두 팔을 벌려서 천천히 리듬을 타고 흔들어 본다. 발밑에서부터 스멀스멀 내재된 아픔들이 솟구쳐 오른다. 마음 깊숙이 쓸쓸함이 녹아들고 눈가에 촉촉한 이슬이 맺힌다.

　전화기 속에서 친구의 목소리가 나지막이 들린다.

　"내 삶에 왜 내가 없지?"

　물음표를 던지는 그녀의 젖은 목소리가 깊은 공명을 울리며 어둠속으로 스며든다. 결혼 후 30여 년간 시부모님을 모시고 사는 그녀. 창밖의 세상엔 그녀의 꿈들이 유영하고 있다. 어젯밤에도 어머니를 모시고 응급실을 다녀왔다며 긴 한숨을 토해낸다. 친구의 공허한 목소리가 마음을 휘젓는다. '나도 내가 어디에 있는지 몰라.' 우린 어디에도 마음을 두지 못한 채 서로에게 아픔을 내비치고 있었다.

　아프니까 청춘이라고 했던가. 친구의 아들도, 내 딸들도 책갈피 속에 묻혀버린 청춘을 애써 외면하고 날마다 책과 사투를 벌이고 있다. 하지만 현실은 열심히만 하면 되는 세상은 아닌듯하다. 명료하게 보이지 않는 길 위에 기하학적으로 세워지는 이정표들. 그 앞에 서서 엄청난 혼란의 소용돌이에 휘말려 자신의 주체를 찾기도 어려운 현실. 고뇌하는 청춘들의 한숨소리가 아프게 들려온다.

　꿈이란 건 지난 세월 속에 깊이 묻어 두었고 생존의 본능만이 일상이 되어버린 친구와 나의 어머니들. 삶의 동력을 잃어버린 채 자식들의 손길만을 기다리며 수동적인 삶을 살아가는 부모와, 힘겹게 현실을 극복하려는 자식들 사이에서 우린 어디쯤에 서 있는 것인지…. 어느 순간 내가 사라져 버린 삶. 어디에서 나를 찾아야 하는 걸까.

　'언제나 나의 적은 나 자신이다.'라고 사람들은 말한다. 어쩌면 자신을 넘어서지 못하는 것이 가장 큰 패배라는 진실을 받아들이지 못해 마음앓이에서 헤어나기 어려운 건 아닐까. 가끔은 현실이 인식되지 않는 묘한 환상 속에 있다. 지금 이 순간 내 몸속을 돌고 있는 바람은 어떤 것인지.

　저 바람인형의 모터처럼 아이들과 어머니들에게 생생한 에너지를 불어넣어 주고 싶다. 아이들이 자신들의 꿈을 찾아 높이 날아오를 수 있도록. 세월 속에 묻힌 어머니들의 꿈도 한 조각 찾을 수 있다면. 접어 두었던 내 날개도 다시 펼칠 수 있는 무한의 에너지를 만들어 줄 희망의 모터를 꿈꿔본다.

　산다는 것은 날마다 새로 꾸어야만 하는 꿈이 아닐까. 바람인형은 말을 건다. '나처럼 일어서봐, 이렇게 춤을 춰봐' 바람인형을 따라 수많은 내가 상상 속 플래시몹flashmob으로 한바탕 춤의 물결을 만들어 낸다.

'바람이 속을 채워주지 않으면 어떻게 춤을 출 수 있겠어?' 바람인형의 말이 들려온다. 어느 순간 커다란 물음표와 마주친다. 내가 가족들을 위해 쉼 없이 바람을 만드는 것처럼 그들은 또 다른 나의 바람이었어. 따뜻한 느낌표를 본다. 아둔하게도 내 삶에 내가 다른 모습으로 서 있음을 보지 못했다. 힘차게 춤을 추도록 나에게 바람이 되어주는 사람들. 그 사랑의 동력으로 꼿꼿하게 허리를 세워보자. 반쯤 구겨졌다가 두 팔을 활짝 펴며 다시 일어나는 바람인형을 따라 힘차게 일어선다.

나도 바람인형이다.

박지유 gaon8787@naver.com
2011년 《선수필》 등단

냉커피

박 현

　남편의 고등학교 친구인 K 씨가 죽었다. 문상을 다녀온 남편이 한숨을 내쉬며 말했다. "K가 지금쯤 천당에 갔을까."
　지난해 동창 송년모임에서 남편은 여행을 위주로 한 부부모임 회장이 되었다. 그때 모처럼 나온 K 씨에게 모임을 같이 하자고 하자 한사코 싫다했다고 한다.
　연초에 다섯 부부가 상견례를 하였다. 여행 계획을 세우고 부인들 얼굴 익히는 자리였다. 감투를 쓴 남편은 회비 통장을 만들고 스케줄을 짜며 일사천리로 진행하였다. 그 첫 여행으로 구봉도 해솔길을 택했다.
　우리는 아침 일찍 다른 부부와 카풀을 해서 대부도 티라이트 전망대로 갔다. 거기에 모인 다섯 부부가 전망대에 올라 공중에 떠있는 유리 바닥을 걷고 바다와 하늘을 배경으로 사진을 찍고 난 후 해솔길로 향했다.
　산길을 걷기 시작한 지 얼마 되지 않았을 때였다. 약수터에서 잠시 한눈파는 사이 전화를 받던 남편이 어디로 갔는지 보이지 않았다. 리더가 없어지니 갈림길에 남은 아홉 명은 잠시 망설이다가 곧 바다가 내려다 보이는 쪽으로 발걸음을 옮기고 있었다. 일행은 바다가 멋있다고 감탄했지만 나는 바다를 감상할 여유가 없었다. 남편이 무슨 중요한 전화를 받기에 일행도 팽개치고 갔나 싶고 막힌 길이면 되돌아갈 일이 큰일인데 하는 생각도 들었다. 다행히 양쪽이 만나는 곳이 있었다. 남편은 그곳에 어두운 표정으로 서 있었다.

남편은 K 씨가 죽었다고 말했다. 결근이 길어지자 회사에서 동생에게 전화를 해서 알게 되었다고 했다. 55세, 아직 세상을 등지기엔 너무 아까운 나이였다. 가끔 텔레비전에서 고독사를 접하며 사망 시기를 모른다는 뉴스는 들었지만 지인의 일은 처음이었다. 죽은 후 혼자 남겨져 있는 상황이 눈에 보이는 듯, 영혼이 떠나지 못하고 맴돌며 불귀의 몸이라도 누군가 얼른 찾아주기만을 애타게 기다리고 있었을 것 같았다.

동창들은 모두 K 씨를 회상했다. 교장선생님 아들이었던 K 씨는 어려서부터 고생 모르고 자랐고 장남을 끔찍이 사랑하던 부모님은 아들 친구들에게도 잘해주었다고 한다. K 씨 집에 가면 솜씨 좋은 어머님이 맛있는 것을 많이 해 주어 먹을 것 귀하던 시절 그 집에 가서 밥도 먹고 공부도 했다 한다. 한때 승승장구하던 K 씨는 사업이 망하면서 신용불량자가 되고 집안도 완전히 기울었다고 한다. 그동안 아들이라면 금쪽으로 알던 부모님도 세상을 떴고 부인과도 이혼한 상태였다고 한다. 부인이 아이들을 기르고 K 씨는 혼자 갈 곳 없어 쪽방에서 지내며 끼니도 제때에 못 먹고 막일을 다녔던 것 같았다. K 씨가 돌연사로 생을 달리할 때까지 친구들은 그가 혼자 사는 줄도 이혼한 줄도 몰랐다.

내가 K 씨를 처음 본 것은 오 년 전이다. 휴가 때 우리는 어머님을 모시고 강릉으로 여행을 갔다. 남편이 보고 싶은 친구가 있다며 전화로 불러낸 사람이 K 씨였다. K 씨는 한눈에 보기에도 형편이 좋지 않아 보였다. 앞니는 두 개나 빠져 있어 발음이 정확치 않고 머리도 듬성듬성해 친구라기보다는 한참 위의 형님 같았다. 나라면 아무리 친한 친구가 불러내도 체면 때문에 나오지 않을 차림새였다. 남편이 저녁으로 회를 먹을 생각이라고 하자 K 씨는 경포대에 좋은 곳이 있다며 예약을 해주었다.

   나는 주방장에게 어머님이 좋아하는 우럭 미역국을 끓여 달라고 부탁했다. 처음에는 거절했던 주방장이 K 씨가 부탁을 하자 바로 끓여가지고 왔다. 식대를 지불할 때였다. K 씨는 계산대 앞에서 손가락을 꼼지락거리며 멋쩍게 서 있었다. 당연히 우리가 계산할 생각이었는데 그것이 미안했던 것 같았다. "친구야 면목 없다. 어머님도 모시고 왔는데 내가 대접해야 하는데 형편이 그렇다. 언젠가 꼭 밥 한번 살게." 라고 했다.

   밤에 자려고 누웠는데 K 씨가 다시 왔다. 무슨 일인가 주섬주섬 나가니 그냥 보내기가 아쉽다며 냉커피라도 한잔 사고 싶다고 했다. 그를 따라 간 커피숍은 해변에 위치한 길 카페였다. K 씨는 한 잔에 천 원인 냉커피를 세 잔 시켰다. 주머니에서 꺼낸 꼬깃꼬깃한 천 원짜리 세장을 보자 내가 내고 싶었지만 자존심을 건드릴까 봐 가만히 있었다. 해변의 벤치에서 마신 냉커피는 여름저녁 바닷바람처럼 달고 시원했다. K 씨의 따뜻한 마음이 고스란히 전해왔다.

   그 후 K 씨는 남편에게 카톡을 자주 보냈다. 남편은 어디서 이런 글을 퍼왔는지 좋은 글이란 글은 모두 보내는 것 같다고 했다. 지난해부터 작은 공장에 취직했다고 통화만 하면 밥 산다고 오라고 한다고 했다. 어느 날은 내가 전화를 받자 까마득히 잊고 있던 경포대 횟집 이야기를 꺼내며 미안하다고 했다.

　K 씨는 죽는 순간까지도 혼자였다. 숨이 끊어지는 급박한 순간에 아무에게도 도움을 청할 수 없어 얼마나 침이 마르고 애가 탔을까 싶다. 문상 다녀온 남편은 이혼 했는데도 부인이 유족 명단에 이름을 올리고 자리를 지키고 있다고 친구의 가는 길을 지켜주는 것이 고마워 눈물이 났다고 한다.

　남편은 K 씨가 보낸 카톡을 찾아보았다. 열흘 전에 보낸 카톡이 마지막이었다. K 씨는 죽을 것을 예감한 것일까. 카톡 내용은 천당과 지옥이 지금의 삶이라는 글이었다. 내 마음이 즐거우면 천당이고 내 몸이 괴로우면 지옥이다. 그리고 액운을 막아준다는 부적이 같이 있었다.

　K 씨와 우리가 사는 곳은 가깝지 않지만 마음만 먹으면 다녀올 수 있는 거리다. K 씨가 내려오라고 할 때 밥이라도 같이 먹고 차라도 마시며 속사정을 알았더라면, 조금이라도 K 씨의 건강을 살폈더라면 고독사는 막을 수 있지 않았을까 남편은 후회했다. 늦었지만 남편은 K 씨에게 카톡 답장을 보냈다. "K야 어찌 이리 됐나. K야 거기선 편히 쉬거라." 카톡을 읽어야만 없어지는 숫자 1이 사라지지 않고 있었다.

　지금도 냉커피 한잔 사겠다고 늦은 밤 찾아온 K 씨가 눈에 선하다. 그를 떠올리면 한없이 안타까우면서도 그의 따뜻한 마음으로 가슴이 데워진다.

박현 qqiiiii@hanmail.net
『에세이문학』(2013) 등단

피고 지는 꽃

백 두 현

　인생이 무엇인지 묻는 제자들을 데리고 세계 4대 성인 중 한 명이라는 소크라테스는 사과 과수원으로 갔다. 한 줄로 늘어선 사과나무 옆을 끝까지 걸어가며 제자들에게 스스로 생각하기에 가장 마음에 드는 사과를 하나씩만 따도록 했다. 단 한 번 선택하면 남은 사과는 물론 뒤돌아가서도 더 이상 사과를 딸 수 없는 조건이었다. 목적지에 도달한 제자들은 각자 탐스러운 사과를 하나씩 들고 있었는데 문제는 무슨 일인지 대부분 만족하지 못한다는 거였다. 어떤 제자는 초입에서 탐스러운 사과를 발견해서 땄는데 지나고 나니 더 좋은 사과가 눈에 띄었다는 것이다. 또 다른 제자는 처음 좋다고 생각하는 사과를 발견했지만 더 좋은 사과가 나타날 거라 생각해 따지 않았는데 끝까지 와보니 따지 않은 사과가 가장 좋은 것 같더라고 했다. 소크라테스는 웃으면서 그것이 인생이라고 했다.
　기실 사람의 마음이란 소크라테스의 사과 따기와 다를 게 없다. 인생은 시간의 경과에 따라 수시로 선택하는 것이고 그때마다 결과에 대해 책임져야 한다. 누구라도 그 선택이 강요되지 않은 것인 한 선택으로 인한 결과는 오롯이 자신의 몫이다. 또한 제대로 된 선택을 했더라도 욕심으로 인해 사람의 마음은 언제나 변심하기 마련이며 선택하지 않은 것에 대한 미련으로 시간을 낭비한다. 어쩌면 그때 제자들 중에는 편법으로 이미 딴 사과를 몰래 버리고 다시 땄을 수도 있다. 그렇더라도 만족이 쉬울까. 버리고 따기를 반복하면서 선택했던 사과는 서로 비교가 되었을 것이고 그로 인한 후회 역시 반복하기 마련이다. 더 좋은 사과라고 생각해서 기왕의 사과를 버리고 땄더라도 생각할수록 이전의 사과가 더 좋았을 경우는 얼마든지 많고 버린 사과를 다시 선택하고 싶어도 이미 누군가가 차지해버린 후라 엎질러진 물이 된 경우도 있지 않을까.

또한 어떤 사람은 이미 딴 사과를 버리지 않고 몰래 새로운 사과를 따는 경우도 있을 것이다. 드물게는 두 개의 사과로도 만족하기 어려워 세 개, 네 개의 사과를 탐하는 사람도 있을 것이다. 그런 사람들은 하나만 가질 수 있다는 조건이었고 삶 역시 그런 풍습이 굳건하므로 공개적으로 버리고 다시 따지 않는 한 새로 딴 사과는 주머니에 숨겼을 가능성이 크다. 숨기기 싫다면 그 과수원을 떠나 조건을 제한하지 않는 새로운 과수원을 찾았을 수도 있다. 그리고 새로운 사과를 찾을 적마다 여러 사과를 동시에 소유할 방법을 찾았으리라. 아니면 기왕의 사과를 버리기 위해 흠집을 만들어 정당화시키는 방편으로 비굴한 방법을 동원했을 수도 있다. 그렇더라도 기왕의 사과에게 변심한 마음은 미안했을 것이고 양심의 가책까지 버릴 수는 없는 것이다. 훔친 사과 역시 떳떳할 리 만무해 불안한 마음으로 거짓을 반복하며 살았을 게 빤하다. 원하든 원하지 않든 규칙을 어긴 책임 또한 기꺼이 져야 한다. 과수원 주인에게 들키면 손해배상을 해야 할 것이고 여러 구성원에게도 반칙을 했다는 비난을 감수할 의무가 있다. 대가가 필요하면 그 대가도 치러야 하며 들키지 않았다 하더라도 언젠가 밝혀질 위험 요소는 늘 가슴 속에 존재한다. 숨기느라 노심초사한 스트레스와 하지 않아도 될 시간을 투자하는 것도 응당 그르친 자의 몫이다. 더불어 규칙을 어기면 나쁘다는 선례를 대중 앞에 남겨 교훈이 돼야 하므로 드러난 치부를 평생 이마에 낙인을 찍고 살아야 한다.

사과 입장도 별반 다르지 않다. 누군가의 마음에 들지 않는 사과라도 다른 누군가에게는 놓쳐버린 사과일 텐데 마음이 변했다고 버려진다면 그것은 사과 탓이 아니다. 오히려 또 다른 누군가에게는 지나고 나서 보니 따지 않았지만 놓친 사과인 경우 역시 허다할 테니 선택되지 않았다고 부실한 사과는 절대 아니다. 생각할수록 세상에는 사과 수만큼 사과가 필요한 사람은 차고 넘치질 않는가. 당장 사람들이 그냥 지나갔더라도 계속해서 다음 사람이 온다는 것을 우리는 경험으로 안다. 그러므로 선택되지 않았거나 선택에서 실수가 있더라도 계속해서 사과에게는 기회가 온다. 사과를 따는 사람도 후회하는 데 소중한 시간을 허비하지 말고 잘못된 선택을 끌어안아야 한다. 번복할 수 없는 선택이라면 번복할 방법을 골몰할 게 아니라 선택한 사과로 행복할 수 있는 길을 찾는 데 힘을 모으는 것이 일백 배 더 현명하다는 생각이다.

산다는 것은 반드시 선택의 연속이다. 행동의 제약이 없는 사람일수록 아침에 눈을 뜨는 순간부터 매 순간 선택하게 되어 있다. 그런 선택에는 큰 선택과 작은 선택이 있고 헤아리기 어려울 만큼 잘된 선택과 잘못된 선택들이 혼재되어 있다. 그런 선택들이 하나로 모아져 그 사람의 일생이 되는 셈이다. 고로 인생은 선택이다. 잘된 선택이 반복된다면 더없이 행복하겠지만 잘못된 선택이라도 끝은 아니다. 다음 선택에서 만회할 기회는 끊임없이 주어진다. 그런 의미에서 지금 이 순간의 선택이야말로 내게 주어지는 가장 소중한 기회다. 누구라도 현재의 선택을 잘 살려 자신의 인생을 아름답게 꽃피워야 한다. 사과 고르기가 곧 인생인 것처럼 모든 이들에게 반복되는 선택은 스스로를 한 송이 꽃으로 피워 올리는 과정일 수도 있다. 살면서 선택의 목적은 분명 각자 행복한 삶을 꽃피우는 데 있고 우주 만물의 모든 존재 의미 속에 피고 지지 않는 생명은 결코 없는 법이니까.

백두현 bduhyeon@hanmail.net
2009년 《선수필》 등단
수필집 『세상에서 가장 행복한 집』 외 다수

뿌리

봉혜선

　뿌리내릴 수 있는 공간이 없다. 흙도 없다. 허공이다. 양분으로 삼을 만한 것이라곤 없는 뿌리는 하얗게 질렸다. 빽빽이 들어차 틈이 없는 자루 속에서 양파 뿌리가 온몸을 감싸며 몸통 방향으로 뻗었다.

　어디엔가 있을 양분을 찾으며 뻗는 뿌리 길이만큼 싹이 오른다. 양파는 얇은 껍질 속 제 몸을 빨아들여 싹을 올렸다. 양파 속을 열어보니 몸속이 비었고 썩는 듯 말라가고 있다. 제 몸을 내주어서라도 싹을 피워야 하는 것이 생명 가진 것들의 숙명인가 보다. 싹이 난 양파를 하나씩 물을 채운 유리병에 꽂아두었다. 식물이 가지를 뻗거나 땅 위로 몸체를 밀어 올리려면 그만큼의 뿌리가 뻗는다는 사실을 수경재배에서 확인한다. 끝이 노랗던 싹에 물이 올라 생기가 돈다.

　매년 '양파김치'가 무안에서 올라온다. 김치가 된 양파는 장에서나 마트에서 봐온 알이 굵은 양파와 달리 알이 작은 대신 잎 부분이 대파만큼 풍성하다. 외국 만화영화에서 본 잎 달린 홍당무처럼 모양이 신기해 주말농장에 양파를 심었다. 묻힌 부분 쪽이 보이지 않을 때 잎은 대파와 구분이 되지 않는다. 익힌 양파처럼 부드럽고 생으로 먹거나 곰삭아도 맛있는 양파김치를 재현하려면 수확해야 할 때다. 알이 굵은 양파로도 자라려나, 좀 더 지켜보기로 한다. 잎이 하늘로 치뻗거나 옆으로 쓰러진 채여도 뿌리는 땅을 놓치지 않는다. 무게에 짓눌린 뿌리가 땅속에서 끌려 나와 탈색된 채로도 몸체 크기를 불린다.

  싹이나 높이 솟은 나무보다 뿌리에 관심을 둔 것은 우연이다. 등산로에서 땅 위로 울뚝불뚝 팔에 솟은 핏줄만큼 도드라진 뿌리에 걸려 넘어져 주저앉은 적이 있다. 뿌리는 차라리 나를 밟지 가지와 잎을 건드리지 말라고 발을 걸었다. 나무와 풀은 위로 뻗는 만큼의 뿌리를 내리는가 보다. 보이지 않는 땅속에서 다른 나무뿌리에 걸리고 돌을 들먹이느라 제 길을 잃어가면서, 때로 본디 자리인 땅속을 벗어나 땅 위로 몸을 치뻗으며 양분을 올린다. 어찌 나무에 한정되는 것이랴.

  '청출어람 청어람靑出於藍 靑於藍' 입으로 늘 뇌고 있는 어구였지만 더 나은 자손을 만들어야 한다는 마음가짐은 막연하기만 했다. 이론과 현실과의 차이를 알아채지 못하고 어느 결에 엄마가 되어 있는 내 모습에 당혹스러워하고 있었으니. 세대를 잇는 일이 생명 가진 것들의 본능이자 숭고한 자세가 아니던가. 뿌리만 든든하다면 새잎은 나듯 엄마 된 자리의 정성이 아이를 올곧은 길로 이끌 수 있지 않을까.

  아이들 교육을 위해 교육 1번지인 강남으로 이사를 하자고 어렵사리 남편에게 말을 건넸다. 남편은 일상이듯 간단히 무시했다. 뿌리를 내릴 수 있는 필요하고도 충분한 조건이 갖추어진다는 것은 어쩌면 일반적인 현상이 아닐지 모르겠다. 바위틈에서 솟은 듯한 풀은 어찌나 여린지 보는 이들을 안타깝게 한다. 교육 장소를 옮겨야 하는 이유를 편지지 앞뒤로 석 장에 써서 남편에게 건넸다. 서울은, 한국은, 세상은 그리 좁지 않다고 큰아이를 설득해 강남에 있는 고등학교에 보냈다.

반장이 된 아이 입에서 1학년이 지나자 다니기 힘들다는 말이 나왔다. 체육 시간에 땀이 너무 나서 목욕탕에 갔는데 나와서는 땀에 전 옷을 다시 입어야 했다고 했다. 이끄는 대로 새벽부터 한 시간 넘게 전철에 시달리면서도 한마디 불평하지 않던 아이의 말에 답이 필요했다. 2학년이 되기 전 냄비 몇 개와 아이의 책상을 들고 강남 행을 결행했다. 남편은 큰아이를 명문대학에 보내지 못하면 다시 들어오지 말라는 말로 두 가슴에 대못을 박았다. 남은 텅 빈 집에 돌아올 남편을 위해 집단속에 더 신경이 쓰였지만 할 수 없는 일이었다.

아이들과 2년간 강남에서 단칸 셋방살이를 했다. 가출을 묵인한 남편은 옮길 데를 알아봐 주고는 생활비를 한 푼도 더 내놓지 않았다. 교육을 하려고 같은 서울에서 떠나왔으니 아이의 학원비를 줄일 수는 없었으므로 월세 얻은 방값을 벌어야 하는 당면 과제에 처했다. 아이 둘을 돌보는 시간을 줄이지도 말아야 했다. 엉겁결에 잘 다니던 초등학교를 옮긴 7년 터울인 막내가 학교에 간 후부터 하교 전까지의 시간에 할 수 있는 일, 남편의 주중 생활을 준비해야 하는 주말에는 쉴 수 있는 일이어야 했다. 비록 양 갈래로 갈라졌으나 한쪽만으로는 뻗어나가려는 가지를 온전하게 지탱하지 못한다는 것은 자명한 일이다. 방세 외의 돈은 엄두 내지 않았다. 아이들의 앞날이 좋아질 수 있다면 치러야 할 대가가 나여야 했다.

원하는 시간 동안 원하는 만큼의 급료를 제공하는 데는 거의 육체노동을 하는 곳뿐이었다. 처음에는 밤 11시부터 다음 날 7시까지 하는 음식점 야간 주방 일을, 다음에는 근처 중학교 급식실 조리 일을 찾을 수 있었다. 거대 도시 강남을 움직이는 보이지 않는 사람은 따로 있었다. 노동에 인이 박인 사람들 사이에서 처음 하는 일은 서툴고 거칠어 미움을 받았다.

그 사이 막내가 다니던 학교에서 과학 실험 중 손가락에 피가 났다고 연락을 내게 했는데, 받지 못하자 남편에게 소식이 갔다. 수습하고 돌아오며 남편이 내가 일하는 데로 왔다. 찾아왔다는 소식을 듣고 긴 비닐 앞치마 차림으로 나가니 평소 같았으면 크게 혼냈을 남편이 막내 소식을 간단히 전해 주었다. 다 처리했으니 걱정마라, 큰일은 아니더라, 몸조심해라 등등 나를 걱정하는 것 같은 낯선 위로의 말이었다. 잠깐 놀란 가슴이 진정된 이유는 막내의 상처가 작다는 소식이었는지 남편의 걱정 섞인 표정 때문이었는지 아직도 모르겠다.

간절한 속내는 건강과 맞바꾸어졌다. 난생처음 접하는 막노동에 집에 오면 드러눕기가 일상이 되었고 강철처럼 단단하다고 자부했던 몸이 무너져갔다. 중노동을 하고 앓으면서 몸이 망가져도 좋다고 생각했다. 아이들이 그만큼 잘 자라기 때문이라고 자위했다. 아이들을 위해 살면서 나를 잊어도 좋았다.

친정 조카들과 만나면 내가 자랄 때 희성이어서 받던 놀림을 생각하고 동병상련을 나누었다. "우리가 의기소침해서야 되겠어. 우리가 '봉奉'인데, 우릴 잡으면 봉棒 잡은 건데 그런 것도 모르고 말이야." 하며 기운을 북돋웠다. 스스로에게 건 주문이기도 했던 이 말을 설 자리가 없던 때에 더 크게 말했다. 우리 아이들에게 '외할아버지가 교육자니까 너희들도 모범을 보이며 자라야 한다.'고 하니 엄마는 아빠가 교육자지만 우리는 아니라고 했을 때 해준 말이다. 뿌리 있는 자식, 뿌리를 아는 자손으로 커야 한다고 답해주었다.

사람 사는 일 거기서 거기다라거나 동서양이 비슷하다거나 옛말 틀린 것 없다고도 한다. 옛날로 돌아가자는 열풍이 르네상스니, 복고니, 레트로라는 말로 불현듯 살아나곤 한다. 뿌리만 있다면 음지에서도 새 잎은 난다. 내가 썩는 만큼 아이들이 잘 자란다는 보장만 있다면 선 자리에서 썩으며 늙어져도 좋다는 생각을 했다. 잎 부분을 뭉텅 잘린 거리의 가로수가 눈에 밟힌다. 모양이나 키를 맞춘다고 자라 나온 새잎 부분을 다듬어 놓은 조경수도 보인다.

몸이 축나는 줄도 모르는 채 껍질로 감추고 싹을 틔운 양파의 길고 뽀얀 뿌리가 길쭉한 유리컵 안에서 굵어지고 있다. 뿌리란 무엇일까. 밭에 옮겨 심으면 어두운 흙으로 숨어 씨를 만들리라.

봉혜선 ajbongs60318@hanmail.net
2019년 《한국산문》 등단

댄서의 순정

서금복

　모임이 끝날 때쯤 글벗 중 한 사람이 회원들에게 나눠 줄 게 있다고 했다. 성냥갑만 한 플라스틱 약 상자에 담아온 새싹이었다. 핀셋으로 두서너 개씩 집어주는 게 토끼풀보다 작았다. 대부분은 고맙다며 받았는데 나는 거절했다. 화초를 잘 키우지 못하니 괜히 가져가서 죽이기보다는 안 가져가는 게 좋겠다고 제법 용감하게 말했다. 그녀 또한 용감하게 대답했다. 이건 아무렇게나 심어도 되고 물을 잘 챙겨주지 않아도 쑥쑥 자라는 다육식물이니 괜찮다며 오히려 다른 사람의 두 배를 주었다.
　갓 태어난 아기의 손톱만 한 잎에는 뿌리랍시고 모기 다리 같은 게 달라붙어 있었다. 이걸 심으라고? 심란한 마음으로 이가 빠져 못 쓰게 된 커피 잔에다 흙을 담고 손가락으로 꾹꾹 눌러 심으니 남편이 화초도 심을 줄 아냐며 이름이 뭐냐고 했다.
　"몰라, 이름도 없대." 하니 남편이 곧바로 유행가 한 소절을 불렀다.
　"이름도 몰라요, 성도 몰라~ 처음 본 남자 품에 얼싸 안겨~ 푸른 등불 아래, 붉은 등불 아래 춤추는 댄서의 순정~" 하더니만 "그러면 댄서의 순정이라고 하면 되겠네" 했다. 그래서 그 다육식물은 그날부터 '댄서의 순정'이 되었다.

'댄서의 순정'은 글벗 말대로 잘 자랐다. 모기 다리로 버틸 수 있을까 했는데 하루가 다르게 옆으로, 위로, 톱니바퀴 같은 잎을 피웠다. 그 초록 잎마다 조롱조롱 새싹들을 매달고 있는 모습이 둥근 옷깃에 레이스가 달린 것 같기도 했고, 동그랗게 모여 부채춤 추는 것처럼 보이기도 했다. 장난스러운 마음으로 새싹들을 조르륵 훑어서 화분에 꾹꾹 눌러 놓으면 그 애들은 며칠 만에 고개를 꼿꼿하게 쳐들고 푸른 옷깃에 또 레이스를 달거나 부채춤 출 준비를 하곤 했다.

처음에는 재미있었다. 쑥쑥 자라는 걸 보는 것도 그랬고 나도 이웃에게 화초를 나눠줄 수 있다는 게 그랬다. 하지만 그녀의 출산 속도를 따라갈 수 없는데다 점점 뚱뚱해져서 맨 처음에 심었던 에스프레소 잔에 더는 놔둘 수 없었다. 부채춤 추는 것처럼 귀엽게 보이던 새싹들도 어느 날부터는 입만 열면 와르르 쏟아내는 수다처럼 보이기 시작했다.

드디어 '댄서의 순정'을 제법 큰 컵에 옮겨심기로 했다. 실수로 떨어뜨려 손잡이가 뚝 떨어진 컵이었다. 손잡이 위쪽은 깨끗하게 떨어져 뭉뚝한 코처럼 보이고 아래쪽은 마름모 입 모양으로 구멍이 뚫렸다. 코와 입은 있으니 눈이 필요했다. 만물상인 서랍을 뒤져서 파란 별 속에 빨간 별이 눈동자처럼 들어가 있는 스티커를 찾아냈다. 둘째 아들이 유치원 다닐 때 착한 일 하면 상으로 주던 스티커였다. 20년이 훨씬 넘은 스티커 두 개를 뭉뚝한 코처럼 보이는 곳 위로 나눠 붙였다. 야광 스티커라 그런가, 동화책에서 본 호랑이 눈처럼 번쩍거렸다. 무서워서 떼어버릴까 하다가 꾹 참고 그곳에 심었다.

'번쩍번쩍 빛나는 두 눈이 지켜보고 있으니 행동거지를 조심해야돼. 물을 많이 부으면 마름모 모양의 입으로 흙물이 나오니 말조심해

야 돼.'

그렇게 말 하는 것 같아서 음식을 할 때는 부엌 창가로, 글을 쓸 때는 컴퓨터 책상으로 데리고 다니며 〈계영배〉를 떠올리곤 했다. 술을 많이 따르면 술잔 옆에 파놓은 구멍으로 술이 넘치니 과음하지 말라는 뜻에서 만들었다는 것이 〈계영배〉라는 걸 어디선가 들었다.

나의 약점인 다정多情과 수다가 차고 넘치면 안 된다고 '댄서의 순정'을 보며 수십 번 다짐했지만 그렇다고 별로 나아진 건 없다. 누가 뭐라고 하면 솔깃하고 그 사람을 믿고 마음 줬다가 낭패 보는 것은 여전했다. 또 가슴속 말을 털어놨다가 불과 며칠 만에 그 말이 돌고 돌아 내 귀로 들어오는 것도 마찬가지였다. 천만다행인 것은 내가 손해 보지 않겠다고 누군가에게 마음 주지 않고 팍팍하게 사는 것보다는 내가 그 사람을 위해 시간 주고 마음 주는 것이 차라리 낫다고 생각하는 것도 변함 없다는 거였다. 누구에게 말 전하지 말라고 신신당부했지만, 그 사람도 내가 그랬듯 누군가에게 털어놓지 않으면 속이 터져버릴지 모르니 그렇게 했겠지라고 이해하는 속도도 빨라졌다. 이렇게 말하면 내가 꽤 괜찮은 사람처럼 보일 수도 있겠으나 사실 이렇게 말하지 않으면 또 어쩔 것인가. 이미 준 정이고 내 입에서 나간 말인 것을.

살수록 현명하게 사는 사람들이 많다는 걸 깨닫는다. 분명히 논쟁을 벌여야 하는 곳에서도 입을 꾹 다물고, 다혈질 선배가 까닭 없이 역정을 내도 나처럼 대들지 않는다. 재산이 나보다 많아도 자랑하지 않고 커피 한 잔을 선뜻 사주지 않는다. 모임의 홈페이지나 밴드에 글을 올리거나 댓글을 달면 할 일 없고 시간 많아서 그렇다며 얕잡아 보는 이도 있다. 모임의 재정을 생각해서 찬조금을 내면 돈자랑 한다고 흉보는 이도 있다. 그럴 때마다 '댄서의 순정'을 생각한다. 정 헤프고 입 가볍게 생겼다고 물도 잘 주지 않고, 꽃이 없으니 예쁘다고 칭찬하지 않아도 금방금방 자기 새끼를 매달고 하나하나 정 주는 '댄서의 순정'이다. 성도 없고 이름도 없지만 누가 뭐라고 하든지 말든지 자기 할 일은 하고야 마는 '댄서의 순정'.

    지금도 뭉뚝한 코 위에 부릅뜬 두 눈이 번쩍인다. 말을 많이 하면 흙물이 나오니 조심해야 한다고 아무리 그래도 '댄서의 순정'은 또 톱니바퀴 잎사귀에 갓 태어난 아기의 손톱보다 작은 새끼들을 매달고 책꽂이 위에서 나를 내려다보며 속삭인다. 태어난 대로 살라고…. 때로는 따뜻한 말 몇 마디에 마음 주고 속마음 다 털어놓아 손해 볼 때가 많지만, 웬만하면 상대에게 정주는 너 같은 푼수도 필요한 거라며 이 세상을 하직할 때 누가 더 행복하게 살았는지는 두고 볼 일이라고 속삭인다.

서금복 urisaijo@hanmail.net
1997년『문학공간』수필, 2001년『한국아동문학연구』동시, 2007년『시와시학』
시 등단. 수필집『수필 쓰기 딱 좋은 사람들』외 다수

우산을 쓰다

서 미 애

비가 내린다. 네온이 반짝이는 종로 네거리에서 보행자 신호를 기다린다. 비가 세차게 내리는 날, 우산을 쓰고 시내 거리에 서 있다는 것은 며칠 전만 해도 꿈꾸지 못한 일이다.

비는 오후 들어서 내리기 시작했다. 오랜 가뭄 끝에 내리는 단비다. '또르르 똑똑' 빗방울이 자꾸만 창문을 두드렸다. 자연스레 눈길이 창밖으로 향했고 비 오는 풍경을 무심히 바라보았다.

담장 옆 동백이 빗물에 더욱 붉게 빛나고, 창문 앞 자목련도 살랑살랑 비를 반긴다. 여느 때 같으면 저녁 일정에 대한 걱정이 앞섰겠지만, 오늘은 비를 바라보는 마음이 평온하였다.

비는 퇴근 시간이 되도록 그칠 기미가 없었다. 나는 일터에서 나와 자동차 핸들을 시내로 돌렸다. 와이퍼는 충실한 일꾼처럼 굵은 빗방울을 쓸어내리기에 여념이 없었고 사람들도 종종걸음을 쳤다. 내 차를 운전하며 비 내리는 모습을 태연히 바라볼 수 있다는 것이 감격이었다. 이런 날은 꼼짝없이 집에 갇히는 신세가 아니었던가. 한쪽 다리가 불편한 탓에 한 손은 지팡이를 짚고 다른 한 손으로는 흔들리는 다리를 잡아야 하기에 우산 쓸 손이 없었다. 그런데 나는 이 비를 뚫고 오며 차에서 내린 뒤 우산 쓸 걱정을 하지 않았다.

내 다리에 무슨 일이 일어난 걸까. 갑자기 터미네이터라도 되었다는 건가. 그럴지도 모른다. 다리에 낯선 동행자가 생긴 것이다. 힘없는 다리를 튼튼하게 지탱해주는 보조기가 바로 그것이다. 보조기는 발끝에서 허벅지까지 양옆으로 튼튼한 쇠가 받치고 있고 앞쪽으론 단단한 보형물이 자리 잡았다. 뒤꿈치를 들어 올려 짧은 다리의 길이도 보완했다. 그것을 긴 장화 신듯이 끼우고 일어서면 마술처럼 힘이 생기는 것이다.

하지만 세상사가 그러하듯 하나를 얻으면 다른 하나를 잃는 법, 새로운 자세에 따른 허리 통증은 오롯이 내가 감내해야 할 몫이다. 한쪽으로 기울던 허리를 바로 세웠으니 새로운 자세에 따른 근육이 생길 때까지 통증은 계속될 것이다. 뻣뻣한 걸음걸이에 익숙해지기까지도 많은 시간도 필요하다.

목적지 근처 주차장에 도착했다. 우산을 펼치고 차에서 내렸다. 힘없는 다리를 짚으며 기우뚱하지 않고 똑바로 내려설 수 있다는 것이 감사했다. 우산을 쓰고 꼿꼿하게 걸을 수 있다는 것은 내 걸음에 대해 한 번도 갖지 못한 자신감을 불어넣어 주었다. 창문 너머로 바라보는 주차장 관리인의 시선이 부담스럽지 않은 것도 그 때문이다.

오늘은 방송대 후배들을 만나는 날, 나는 뒤늦게 졸업한 방송대에서 후배들의 학습을 돕고 있다. 주차장에서 학습관까지는 백여 미터가량 떨어져 있고, 삼십 미터가량의 사거리 도로를 건너야 해서 보행 신호를 기다리는 중이다.

우산을 쓰고 초록 신호를 기다리며 이렇게 마음 편했던 적이 있었던

가. 예전 같으면 도로 저 건너편이 얼마나 아득했을까. 우산을 목에 끼운 채 다리를 짚으며 힘겹게 한발 한발 내딛는 내 모습이 그려진다. 지나는 차 안에서는 그런 나를 어떤 눈으로 바라볼까. 뒤통수가 뜨겁고 얼굴은 불에 덴 듯 화끈거릴 것이다. 등은 온통 식은땀으로 축축하리라. 넘어지지 않고 잘 건너면 다행이다. 순간적으로 털썩 주저앉는 횟수도 잦아, 온 신경을 다리에 쏟으며 걸어야 하지 않던가.

그나마 벌떡 일어설 수 있다면 무슨 걱정이랴. 늘어난 뱃살 탓인지 맨바닥에서는 바로 일어설 수도 없다. 한쪽 다리에 힘이 없으므로 벌떡 일어서지 못하고 엉덩이부터 먼저 들어 올린 후 상체를 따라 일으켜야 하지 않는가. 그런데 붙잡을 것 하나 없는 바닥에서는 도저히 엉덩이를 들어 올릴 방법이 없다. 빗물이 흥건한 도로에 주저앉아 일어서기 위해 안간힘을 쓰는 내 모습은 상상하고 싶지 않다. 안타까이 바라보는 그 눈빛들은 또 어찌 감당할 것인가.

보조기를 맞추게 된 이유가 바로 그것이다. 가을에 있을 딸 결혼식을 앞두고 가장 큰 걱정이 바로 나의 몸놀림이었다. 화촉을 밝히러 들어갈 일이 까마득했다. 조금만 앉아 있어도 퉁퉁 붓는 다리가 맥없이 기우뚱할 때는 대책이 없다. 그대로 풀썩 주저앉게 된다면 그 창피함을 어찌 감당할까. 그대로 땅속으로 푹 꺼지고 싶은 마음이 간절할 것 같았다. 혼주로서 준비하고 살필 일은 또 얼마나 많은가. 툭하면 넘어지는 다리로 감당할 자신이 없었다.

휠체어 사용도 생각해 보았지만, 그 또한 번거로운 일, 궁여지책으로 생각해낸 것이 보조기다. 앞으로 이 무거운 보조기와 한 몸이 되어야 한다. 로봇같은 걸음걸이가 영 어색하지만, 결혼식을 무사히 치르려면 이만한 불편쯤은 참고 견뎌야 한다. 일단 넘어질 염려만은 덜지 않았는가.

건널목의 대각선처럼 여러 생각이 겹친다. 내가 두 다리에 힘이 들어가는 느낌을 처음 알았듯이 휘청거리는 다리를 끌며 넘어질까 불안에 떠는 마음을 겪어보지 않고는 짐작하기 어렵겠다. 힘들다고 말하면 괜한 투정 같고, 말을 안 하자니 내 처지를 너무 몰라주는 것 같아 서운했던 마음들. 특히 가족에 대해 두드러졌던 감정들이 부질없는 바람이었음을 깨닫게 된다. 삶은 결국 스스로 헤쳐 갈 몫이지 누구에게 기대거나 보상받으며 사는 것은 아니지 않던가.

파란불이 켜진다. 뚜벅뚜벅 길을 건넌다. '아! 우산을 쓰고 이렇게 당당하게 길을 건널 수 있다니…' 뜨거운 감정이 파도처럼 밀려온다. 빗소리가 이처럼 경쾌하게 들린 적이 있었던가. 빗물이 마치 우산 위에서 춤을 추듯 '통, 통, 통' 리듬을 탄다. 남의 시선도 두려움도 걱정마저 잊은 저녁, 나는 우산을 쓰고 걷고 있다.

서미애 pskkiss2000@hanmail.net
2010년 《선수필》 등단

마네처럼

서 숙

　인상주의 여류화가 베르트 모리조의 생애에 대한 나의 관심은 에두아르 마네에게로 이어졌다. 마네가 그녀의 초상화를 많이 그렸기 때문이다. 모리조는 후에 마네의 동생과 결혼하였는데 마네와의 관계는 끝내 석연하게 밝혀지지 않았다. 그들의 복잡한 관계는 19세기 파리의 문화 지형도를 함축하여 설명한다.
　당시 새롭게 부상한 부르주아 계급의 젊은이들은 경제적 여유와 함께 문화와 교양을 향유하면서 전에 없던 도시적 삶의 유형을 만들어갔다. 드디어 근세가 열리고 모더니스트들이 등장한 것이다. 그들은 사람들이 북적이는 거리와 공원을 유유자적 배회하다가 카페나 바에서 대화를 즐겼다. 『악의 꽃』의 시인 샤를 보들레르는 이들을 플라뇌르(flâneur, 한가롭게 거니는 사람)라고 명명했다. 마네의 작품 〈뛸르리 공원의 음악회〉에서처럼 마네는 다년간 거의 매일 오후 2시에서 4시 사이에 보들레르와 함께 파리의 뛸르리 공원을 산책했다. 이들은 다소 느슨한 방관자적 시선으로 사소한 것에 눈뜨고 새롭게 살피기를 즐겼으며 그를 바탕으로 시와 회화의 세계를 펼쳤다.
　보들레르는 또한 예술적 멋쟁이로서의 댄디dandy의 미학적 개념을 새롭게 주장했다. 유복한 마네는 세련된 의복과 우아한 태도를 지닌 멋쟁이를 가리키는 댄디에 딱 들어맞는 인물이었다. 보들레르는 비록 물질적으로 부유하지는 못했지만, 정신의 귀족주의를 추구하는 댄디를 자처했다. 그는 삶이 예술을 위해 운용되고 윤리학이 미학에 종속되기를 바랐으며 시와 삶의 일체를 꿈꾸었고 댄디즘Dandyism을 정신의 자세로 격상했다. 그런데 속물적 사고를 경멸하고 미美를 동경하고 멋을 추구하는 댄디의 정신과 예술은 자연으로부터 온 것이 아니고 다분히 인공적이고 도시적이다.

그런 맥락에서 일시성의 요소를 '현대성'으로 최초로 정의한 보들레르는 '모든 의상은 당대의 모럴이고 미학'이라며 여성 옷차림의 유행을 찬미했다. 그에 의하면 인간의 오감五感에 새겨지는 낙인으로서의 유행은 세속과 자연을 넘어서는 아름다움을 향한 새로운 노력이자, 어떤 이상에의 점진적 접근으로서 덧없음 속에 최상의 것을 추구하려는 움직임이다. 자연은 이기적이고 사악한 인간 본성을 의미한다고 생각한 보들레르는 자연에서 벗어난 인공의 아름다움을 추구하여 여성의 화장을 찬미했다. 여성, 그리고 여성의 패션에 매혹되었다는 공통점을 가지고 있던 마네와 말라르메도 그러한 취향을 공유했다. 말라르메는 심지어 패션 칼럼을 잡지에 연재하였는데 마네는 그의 기사를 매우 즐겼다.

보들레르는 자유로운 사고를 가진 기발한 천재로서 로맨티스트이자 모더니스트였다. 마네는 그와 어울려 첨단의 작품세계를 일구었다. 당연히 그들은 다수에게 이해받지 못한 채 많은 비난에 직면하곤 했다. 그럼에도 그들은 그 시절에 허용된 방탕을 행복하게 만끽했으니 19세기의 파리는 풍요와 환락이 넘치는 도시였다.

그들은 자신의 내면과 정신에 있어 엄격했을지는 몰라도 현실의 쾌락을 멀리하지는 않았다. 보들레르는 유산을 사치한 생활로 탕진했다. 그러나 표면과 이면의 괴리란 인간이 피할 수 없는 심연이라는 절망스러움 속에서 그가 구하려던 시세계는 그만큼의 절실함과 치열함을 지녔다. 마네의 여성 편력은 너그럽고 온후한 부인의 아량으로 마냥 이어질 수 있었다. 열정적이고 사치스럽고 방탕한 무리들이었지만 예술가로서의 태도는 절제력과 금욕, 엄격함과 완벽함을 추구해 마지않았다.

아마도 보들레르나 말라르메의 상징주의가 없었다면 마네의 모더니티는 발현되지 않았을지도 모른다. 그의 미술작업 과정에서 새로운 시도는 놀랄 만하다. 바타이유에 의하면 그는 회화를 문학과 서사로부터 독립시켰다. 착각을 불러일으키는 눈속임수인 원근법도 버렸다. 대신에 스페인 회화와 자포니즘에 경도되어 우키요에의 평면성을 취했다. 캔버스의 물질성을 강조하여 그림에서 깊이와 환영을 제거한 납작한 그림들은 오늘날의 현대미술에 단초를 제공한다. 훗날 푸코와 그린버그 등이 마네의 작품이 지닌 '현대성'을 후원하여 그의 위상을 정립하는 것에 기여하였다.

사진이 가져가버린 재현의 역할에서 벗어나야 했던 인상주의 화가들은 흑백사진과 대조되는 색채를 펼쳤다. 그러나 마네는 검은색을 과감하게 사용하는 등, 인상주의 화가들과 친분을 이어가긴 했으나 화풍은 그들과 전혀 달랐다. 이제 와서는 외광파의 그림보다 마네의 그림이 현대미술의 계보에 훨씬 더 중요한 분기점을 이룬다.

파리를 소요하며 폭 넓은 삶을 살다간 그들의 한 평생은 고난과는 거리가 멀었다. 그런데도 모종의 천재성으로 정신적인 깊이에 도달하였다. 누구나 가는 길을 가지 못하게 그들을 붙들었던 예술혼의 정체도 모르는 채 나는 그들의 삶을 회상한다. 현실을 뚫어지게 투시하되 현실에 매몰되지 않았던 힘을 지닌 자들이 역사에 이름을 남긴다.

예술가들이 위대한 건 그들은 사소한 것에 구애받지 않았다는 것이다. 결국 이들을 우러르며 우리가 바라는 것은 여유다. 마음의 여유뿐 아니라 세상살이에 시달리지 않아도 되는 여유. 멋있는 사람이 된다는 것은 동시대를 호흡할 줄 안다는 것으로 주변을 두리번거리는 방관자적 여유로움이 필수적이다. 세상을 두루 돌아보며 안목을 기르는 가운데 나름의 취향이 쌓여 개성이 생겨나는데 그것은 한가한 마음가짐 속에서 가능하다. 세속적 욕망의 때에 찌들어 소시민적 소심함을 거부할 수 없거나 한 끼의 식사를 걱정하는 처지라면 어떻게 한가할 수가 있겠는가. 그러나 한유의 삶이 반드시 만족한 상태를 의미하지는 않는다. 다소 쓸쓸한 한적함이 동반되어야 제격이다.

봄꽃이 흐드러진 산책로에서 마네의 시선으로 군중을 바라본다. 나는 지금 아무런 전쟁의 위험이나 나의 일상을 해칠 위협이 없고 세상은 날로 좋아지고 있다는 느낌을 지니길 희망한다. 그 가운데 자신의 삶을 음미하며 내면으로의 심화와 더불어 세상을 바라보는 시야를 확장하는 것에 공히 온 정신을 기울이는 삶을 동경한다. 마네가 충분히 누렸던 방관자적 배회와 댄디즘, 그리고 소슬한 한가로움을 내가 원한다.

오늘은 각별히 마네가 부럽다.

서숙 sooksuh@hanmail.net
2001년 『계간수필』 등단
수필집 『일부러 길을 잃다』 『마음이여, 정착하지 마라』 외 다수

사막여행기

서양호

2000년 12월 저물녘에 은자隱者의 나라 인도로 여행을 떠났다.
IMF 후유증에다 어려운 기업환경으로 끝내 사업을 정리해야 했다. 회오리치며 밀려든 무거운 현실을 잠시나마 벗어나고 싶은 충동이 여행을 부채질 한 것이다.
인도의 수도 '델리'와 더불어 황금 트라이앵글 관광지로 일컬어지는 '아그라'와 '자이푸르' 여행을 하였다.
아그라에는 인도의 상징 같은 존재인 타지마할이 있다. 그 유명한 건물은 무굴제국의 제5대 황제 '샤자한' 왕이 건설하였다. 왕이 부인의 사후에도 깊어가는 그리움으로 세상에서 가장 화려한 하얀 대리석 무덤 건물을 지어 놓은 것이다. 자이푸르는 도시의 많은 건축물들이 핑크색을 띄고 있다. 영국이 인도를 식민통치하던 때에 영국의 왕자와 여왕이 인도 방문을 요청하였다. 인도 왕은 영국과의 관계를 강화하고 싶어 했다. 왕은 환영의 의미가 담겨 있는 핑크색으로 도시를 아름답게 꾸미도록 명령하여 이 도시가 조성되었다 한다. 잘 보존된 인도의 문화유산들과 웅장한 요새, 사원들을 간직하고 있어 여행객의 마음을 사로잡는 로맨틱한 매력의 도시이다.

이 도시들의 여행을 마칠 무렵 현지에서 만났던 자유여행객으로부터 쉽게 기회가 주어지지 않는다는 사막여행을 권유받았다. 사막은 인도 서북부에 있는 '라자스탄' 주州에 위치하고 있었다.

　이 주州의 서부에서 파키스탄 쪽 국경유역으로 광활한 사막이 펼쳐져 있다. 인도 유일의 열풍지대로 '죽음의 사막'이라고도 불려지는 '타르사막'을 소개받은 것이다. 타르사막에서는 별을 가장 가까이서 볼 수 있는데다 일몰 풍경이 전 세계 사막 중에서 제일이라는 찬사를 늘어놓았다. 이런 칭송들은 사막 여행 선택에 주저함이 없게 하였다.

　사막으로 가기 위해 자이푸르를 출발한 버스는 먼지 풀풀 날리는 비포장도로를 하루 종일 달렸다. 왕궁들이 있었던 고도古都 '우다이푸르'를 거쳐 '자이살메르Jaisalmer'로 향한 것이다.

　자이살메르는 라자스탄 주州에서 두 번째로 오래된 성城채 도시이고 사막 여행 출발지로 선호하는 도시이다. 사막 여행은 지프차를 타고 이 도시를 떠나면서 시작했다. 아스팔트 길이 사라지고 흙먼지 날리는 비포장도로를 한 시간가량 달려갔다. 그 길조차 끊어진 곳에 당도해서야 낙타 몰이꾼을 만날 수 있었다. 여행자 6명에 낙타 몰이꾼 2명, 낙타 6마리가 한 팀이 되었다. 몰이꾼은 여행자 머리에다 흰색 무명 머플러로 터번을 감아 주었다. 여행자를 태운 낙타들이 일렬로 대오를 이루며 나아갔고 몰이꾼은 걸었다.

　출발 후 반나절 정도가 될 때까지는 사막 속에 군데군데 산재해 있는 작은 마을들을 지났다. 마을에는 최소한의 생활 도구만 갖추어진 열악한 생활환경과 허기진 삶의 모습들을 엿볼 수 있었다. 물통을 이고 물을 길러 가는 여인의 모습, 흙먼지를 뒤집어쓴 채 막대를 들고 있는 어린 양치기 모습만 간간이 보였다. 사람들은 척박한 땅에서 자신들의 삶을 순응하며 살아가고 있었다. 운명으로 받아들이는 듯했고 불행하다고 여기지도 않는 듯했다. 때때로 스쳐가는 사막 여행객을 만나면 신기한 듯 호기심 어린 눈빛으로 이방인을 바라보며 환호성을 지르기도 하였다. 오아시스 마을에는 우물과 나무 그늘이 있다. 그곳에 양 떼와 소떼 그리고 목동들과 하릴없어 보이는 나이 많은 노인네들이 모여 있었다.

사막 이름에 부쳐진 '타르'는 모래 황무지란 뜻이다. 정오를 지나자 사막은 숨이 막힐 정도로 뜨거운 열기로 가득했다. 우리는 때때로 나타나는 덤불 나무 밑에서 휴식을 취했는데 낙타도 쉬게 하고 우리도 쉬어야 했다.

찌는 듯한 햇볕 때문인지 사위는 너무도 조용하였다. 그 고요가 두려움을 느끼게도 하였다.

철떡거리며 나아가는 낙타 등에 얹혀서 자신의 그림자를 벗 삼으며 불같은 태양 아래 진종일 사막을 가로질러 갔다.

실존주의 문학의 대가 알베르 카뮈의 소설 『이방인』에 나오는 '태양이 뜨거워서'라는 살인 동기를 답하는 등장인물이 떠올랐다. 낙타의 발길에 전부를 맡기다 보면 깊은 곳에서 울려오는 내면의 음성을 듣게도 된다. 사막이라는 거대함은 인간이란 존재가 한낱 모래알 같이 작은 존재임을 스스로 느끼게 하였다. 문명을 누리며 살아오는 동안 잊고 있었던 또 다른 삶의 면목들이 깨어나면서 지쳐있는 자신을 위로하였다. 낙타는 길을 아는 듯 언덕을 넘고 지평선을 넘어서 가도 가도 끝이 없을 듯한 길을 묵묵히 걸어 나갔다.

햇볕이 설핏해지고 노을이 내리기 시작할 무렵 몰이꾼은 사막 한 군데에서 종착을 선언하였다.

가시덤불 몇 포기가 있을 뿐이고 모래만이 대지 위에 물결치듯 출렁이는 곳이었다. 천지 사방을 둘러보아도 온통 지평선만 보였다. 사막이 아름다운 것은 우물이 숨어 있기 때문일까? 덤불 사이에 물이 솟아나고 있었다.

사막의 모든 것은 빨랐다. 눈 깜짝할 사이에 태양은 지평선 아래로 뚝 떨어졌다. 가시덤불 사이로 비치던 아름다운 낙조마저 일순간에 사라졌다. 낮이 밤으로 바뀌고, 낙조 하늘이 별자리로 되는 것도, 열사熱沙가 오싹한 한기로 바뀌는 것도 일순간이었다. 막 구워 낸 '짜파티'로 저녁을 때우고 잠잘 자리를 선택하고 모닥불을 피웠다.

달빛이 비치기 시작했다. 달은 너무도 가까이에 있었다. 차디찬 하늘을 배경으로 눈썹 모양의 초승달이 누군가가 만들어 놓은 조각처럼 신비로운 정물이 되어 떠 있었다. 모닥불을 쬐고 있는 사이에 달마저 사막 저편으로 사라져 버리자 어둠이 사막을 감쌌다.

쏟아지는 별들의 향연, 빛이라곤 별빛밖에 없었다. 그 빛은 무언가를 구분하기에는 턱없이 부족했지만 별 하나하나는 찬란하게 빛났다. 우주의 모든 별들이 모여 은구슬을 엮어서 온 하늘을 덮은 듯했다.

그저 별빛만을 바라볼 수밖에 없는 그런 밤이었다. 별 사이사이로 짧은 궤적을 그리며 무수히 떨어지는 별똥별은 밤이 새도록 그칠 줄 몰랐다. 어린 시절 여름날 마당 가운데에 놓인 평상에 누워 별을 헤던 아름다운 시절이 떠올랐다.

잊고 살아온 참으로 귀하고 고운 가치들을 반추하게 하였다.

모래 구릉 사이에다 잠자리를 폈다. 온기가 남은 모래 위에다 모포를 깔고 그 위에 편 슬리핑백 속으로 들었다. 누워서 밤하늘을 보았다. 반구半球의 중심에 있는 듯했다. 별을 가장 가까이서 볼 수 있는 자리였다.

밤이 이슥해지자 별빛은 더욱 영롱해졌다. 낙타의 방울소리가 바람에 실렸는데 풍경소리로도, 환청 같은 소리로도 들렸다. 미풍에 모래들이 수런거리는 듯했다. 빛과 소리가 모두 순수한 자연 그대로였다. 다시 맞을 수 없는 밤이었고, 다시 볼 수 없는 풍경들이었다. 태고 이래로 생멸로 순환한 것이었다.

사막을 찾은 것은 행운이었다. 사막은 그를 찾아 온몸으로 다가선 이에게 어떤 울림을 전한다고 느꼈다.

광활한 사막의 열악한 환경에도 가시덤불 한 그루 한 그루가 기어이 제 생명을 부지하며 살아내고 있음은 무엇을 의미하는가. 영원과 순간, 무한과 유한, 불멸과 파멸, 이 이율배반적 부정합에도 삶의 의미를 찾아야 하는 인간의 의지는 어디를 지향해야 하는가. 이 여행에 앞서 당면하고 있었던 고통과 절망, 빠져나갈 길 없어 보이는 재앙들에 잠식당하길 거부할 수 있는가. 작은 탐욕에 젖고 어리석음에 물들어 바동거렸던 자신이 부끄러웠다. 세상사 모든 것을 눈으로만 보아왔고 눈으로만 계량한 태도를 벗어나야 했다. 마음으로 보고 마음으로 헤아리는 선한 지혜가 부족했음이 마음을 아프게 하였다.

이런저런 뒤척임에다 금방이라도 쏟아져 내릴 듯한 밤하늘의 별들이 잠을 설치게 하였다. 스쳐가는 바람이 그리운 이를 떠오르게 하였다. 그들은 나를 버티게 한 소중한 인연들이었다. 두고 온 삶의 버팀목들, 소박한 추억의 편린片鱗들, 정다운 이웃들을 사랑으로 기억하게 하였다. 하늘은 언제나 열려 있으며 별빛조차 마음에 따라 달라 보인다는 사실을 깨닫는 데는 오늘 밤으로 충분하다고 여겼다.

열사의 사막, 그 뜨거운 태양에도 가시덤불 나무는 자라고 있었고 샘물도 솟아나고 있었다. 과거가 얼마나 힘들었던 간에 항상 다시 시작할 수 있는 것이다. 넘어진 그곳이 희망의 시작점이라 하였다.

새벽이 오고 새날이 밝아 왔을 때 따뜻한 '짜이' 차 한잔을 마시면서 솟아오르는 아침 해를 가벼워진 마음으로 맞이하리라. 맑아진 영혼을 낙타 등에 얹은 채 콧수염 낙타 몰이꾼의 콧노래를 들으며 본향本鄕으로 돌아갈 것이다. 그리고 이 말 한마디를 가슴에 새기며 내 삶을 정립시켜야겠다고 다짐했다.

"남보다 뛰어나다고 해서 고귀한 자가 되는 것은 아니다. 과거의 자신보다 더 나아진 자가 고귀한 사람이 되는 것이다."

서양호 yanghsur@hanmail.net
2018년 《선수필》 등단
수필집 『해 뜨면 낮, 달 뜨면 밤』

3부

한국현대수필 105인선

서정진	'샴' 정유	이순금	짱뚱어 다리에서
송마나	머리새	이언주	사막여우와 전갈
신미정	나팔꽃이 피었다	이영숙	위대한 나무
신현식	통이 작은 남자	이예경	깐부
엄현옥	계림桂林의 노익장	이용옥	바람의 흔적
예자비	텅 빈 듯 꽉 찬 바다	이정선	부전령赴戰嶺, 아버지의 전설
윤경화	남편의 학실	이희도	반려화伴侶花
윤미향	공평하다	임덕기	회귀본능
이동석	남자라는 이유로	임순자	오목눈이를 노래하다
이동이	비 내리고, 그치다	임영도	주상절리柱狀節理
이미애	댓돌 위 검정고무신	임영애	종부宗婦
이봉길	얼굴바위		
이부림	책 읽는 여인		
이상열	친구를 떠나보내며		

'샴' 정유

서 정 진

　오랫동안 소식이 없던 친구에게서 전화가 왔다. 반가우면서도 웬일인가 싶었다. 친구는 손자의 숙제를 부탁했다. 손자의 숙제란 전국의 사투리 모음이었는데, 충청도 사투리에 대해서는 내가 생각나더란 것이다. 몇 가지 질문에 답을 해주다가 피식 웃음이 나왔다. 갑자기 오래 전의 동료였던 김 교사 생각이 나서다.
　그가 충청도의 한 학교에서 내가 근무하는 초등학교로 전근해 온 지 얼마 안 되었을 때의 일이다. 교무실에서 우연히 그가 전화하는 내용을 듣다가 난 그만 박장대소를 하고 말았다. 학부형과의 대화인 모양인데 그쪽에서 못 알아듣는지 전화받는 목소리가 점점 높아갔다. 방과 후이긴 하나 교무실에는 서너 명의 교사가 있었다. 하지만 각자 자기 볼 일에 그의 전화 통화에는 관심이 없었다. 그런데 나는 그의 진한 충청도 사투리에 구미가 당겨 귀담아 듣게 되었다.
　"샴 정자유."
　"…."
　"아뉴, '샴 정자'라니까유."
　"…."

"아이구, 참내 샴유 샴!"

그쪽에선 뭐라 하는지, 김 교사는 계속해서 '샴'이라고만 우기고 있었다. 충청도에서는 '우물'을 '샴'이라고 한다. 나는 얼른 상황이 파악되었다. 급히 종이에 '井'자를 써서 그에게 보여주니 고개를 끄덕였다. 다시 '井' 옆에 '우물 정'이라고 덧붙였다. 그제야 '우물 정'이라고 답하면서 통화는 끝이 났다. 그리고는 멋쩍게 웃으면서 '우물 정'은 아는데 통화 당시 '샴'만 자꾸 생각나더란 것이다.

그는 키가 껑충하고 작은 얼굴이었다. 약간 노르스름한 머리는 숱도 적고 손으로 쓸어 넘긴 듯 흐트러져 있지만 웃는 모습과 말하는 표정은 순박하고 꾸밈이 전혀 없는 성실한 인상이었다. 그의 딸도 삼학년인 내 반에서 공부를 하고 있었다. 아버지를 꼭 닮은 모습에 말투도 어찌나 충청도 사투리를 쓰는지 서울내기 아이들에게는 사뭇 낯설고 생소한 언어가 재밋거리였다. 그 아이가 말만 하면 깔깔대고 웃었다.

사투리 얘기가 나오니 또 하나 잊을 수 없는 추억이 떠오른다. 이 교사는 경상도에서 전근해 왔다. 작은 키에 유난히 까만 머리에 꽉 다문 입매가 야무졌다. 그리고 약간 배를 내밀고 걷는 모습이 다부져 보였다. 그런데 하루는 이 교사가 교무실에서 절실한 하소연을 했다. 학생들이 담임 말을 잘 알아듣지 못하여 학급 일을 해낼 수 없다는 것이다. 그러면서 한 예를 들었다. 학생 B와의 대화다.

"너희 집 개잡니?"

"아닌데요."

"아니, 너네 집 개잡냐고."

"우리 집에서는 개 안 잡아요."

"에고 마, 그게 아이고 너네 집 개잡냐고 묻는기라."
"선생님, 우리 집은 개도 없어요."

한때는 학기 초에 가정방문을 실시한 적이 있다. 담임인 반 아이들의 환경을 조사하여 생활 지도에 참고하기 위해서다. 이 교사는 B학생의 가정방문을 가기 위한 질문이었는데 아이는 자꾸 딴 소리만 했다는 내용이다. 이 교사는 결국 알아듣지 못하는 아이가 답답하여 본인 가슴만 쿵쿵 치고 말았다고 한다.

우리 교사들도 '개잡냐'를 못 알아들었다. 그것은 경상도 사투리로 풀어 해석하면 '너희 집 가까우냐?'라는 뜻이란다. 이렇듯 사투리는 한 나라 안에서도 소통이 잘 안되어 웃지 못할 일들이 생기기도 한다. 교과서에서 표준어를 배우고 있지만 지역적인 사투리는 어쩔 수 없는 것이리라.

언제인가 중국어를 배운 적이 있다. 사성의 언어로 배우기가 매우 까다로웠는데 경상도 사투리도 중국의 사성처럼 언어의 높낮이가 심하여 우리가 듣기에는 어려운 점이 있다.

나는 충청도에서 출생하고 어린 시절을 보냈다. 그러나 서울에서 학교를 다녔고 내 생애 사분의 삼을 서울에서 살아온 터이지만, 심한 사투리는 아니어도 느릿한 말투에 어미語尾가 불분명하고 마음과는 달리 우유부단한 행동으로 종종 오해를 받기도 한다. 이는 전형적인 충청도 성정性情을 가진 사람이라서 그런가 보다. 역시 잠재된 고향의 뿌리가 아닐는지. 남편은 경상도 태생으로 지금까지 살아오면서도 소통이 되지 않는 부분이 많다. 시절탱이[바보], 탑새기[먼지], 통통장[청국장], 줄[부추], 가세[가위] 등은 나도 모르게 잘 쓰는 단어들인데 아직도 그는 잘못 알아듣는다.

 연만年晚하신 모친이 생존해 계시어 우리 형제들은 자연스럽게 어머니의 말투를 많이 닮아 있다. 충청도 사투리는 타 도에 비해 재미있는 일화가 많다. 어리석은 듯하고 투박한 말씨지만 정겹고, 반갑고, 그리움이 넘치는 구수함이 나는 좋다. 충청도에서도 어머니 고향인 서산 말투는 더 느리고 특유한 말맛이 깃들여 있다.

 김 교사와는 '샴 정유' 전화 건 이후 인간적으로 가까이 지냈다. 물론 그의 사투리는 그 후로도 변하지 않았다. 길가의 민들레가 방긋 웃고 새싹이 쫑알대는 이 계절에 젊은 날의 두 교사가 그리워진다. 지금쯤 어떻게 지내고 있을까.

서정진 sm39794@hanmail.net
2016년 《선수필》 등단

머리새

송 마 나

　개울을 따라 늘어선 수크령*이 싱그럽다. 정결하고 단아한 꽃이삭이 투명하게 살랑거린다. 군락을 이룬 초록 물결 사이로 빛이 송송 빠져나간다. 수크령은 존재로서 무게가 전혀 느껴지지 않는다. 하얗게 튕기는 물거품과 함께 가볍게 날아오르는 비상이 눈부시다.

　실바람이 분다. 온몸이 흔들린다. 가녀린 목이 꽃을 떨어뜨리지 않도록 꽃받침을 받치느라 정신이 혼미하다. 졸졸 흐르는 물 한 모금만 마셔도 그렇게 빙글거리지는 않을 텐데. 물속에서 통통 튀어 오르는 물고기들이 얄밉기만 하다. 줄기를 따라 늘어선 기다란 잎이 그만 휘청하고 휘어진다. 날아오던 나비가 어이없는지 뒤돌아 들장미의 품에 안긴다. 작은 바람에는 끄떡하지 않는 벚나무와 모감주나무 그리고 담쟁이와 인동초의 비웃음 소리가 환청처럼 들리는 듯하다.

　바람에 흔들리지 않는 것이 어디 있으랴. 힘없는 자를 업신여겼던 족속들도 큰 바람이 불면 가지가 잘려 나가고 더러는 뿌리까지 뽑혀 드러눕는 것을. 삶이란 조금만 가까이서 들여다보면 어리석고 허망한 소꿉놀이. 그렇다고 가냘픈 수크령이 세상을 뒤엎거나 바꿀 수는 없을 터, 울음을 속으로 삼킨다. 눈물이 빈 줄기를 타고 뿌리로 흘러내린다.

　흙으로 덮인 뿌리는 세상을 보지 못한다. 그만큼 가슴앓이가 크다. 줄기가 잔바람에도 허우적거리며 살아가게 할 수는 없다. 꽃잎이 세상의 웃음거리가 되도록 버려 둘 수는 없다. 누구도 자신들에게 눈길조차 주지 않지만 의연하게 살아가야 한다. 불모의 어둠 속에서 하늘을 향하여 솟구쳐야 한다는 욕망이 불끈거린다. 솟구친다는 것은 존재의 분출인가. 수크령의 머리는 곤추서리라.

　뿌리가 사방으로 뻗어 나간다. 메마르고 돌멩이가 박힌 척박한 땅을 마다하지 않고, 물가나 비탈진 언덕도 가리지 않으며 땅속으로 파고든다. 대지의 무게가 짓누를수록 뿌리는 서로 얽혀 나아간다. 점점 커지고 단단해진 뿌리 다발은 흙덩이를 온통 감싸 안는다. 흡사 세상을 껴안듯이. 얼마나 굳은 의지로 뿌리가 뒤엉켰으면 홍수에도 끄떡하지 않을까. 뿌리는 대지의 살아 있는 응괴凝塊. 땅 밑 심연에서 골수를 힘차게 뿜어 올려 꽃망울을 터뜨린다.

　새가 날아오른다. 탱글탱글한 꽃이삭이 그 흔한 꽃잎 한 장 없이 바늘 같은 거센 침을 촘촘히 박고 날아오른다. 흐트러짐 없는 곧은 절개로 서슬이 퍼렇다. 범접할 수 없는 기상이 산죽처럼 강건하다. 그 옹골찬 생명력에 칠월의 엽록소들은 짙푸르러 젖내 나는 연둣빛을 벗어던졌다.

　머리새가 날고 있다. 고난과 역경에도 머리를 굽히지 않는 새가 날고 있다. 멍에와 질시를 풍화하고 기쁨의 춤을 추는 날갯짓이 힘차다. 뿌리의 깊이만큼 높이 도약하는 머리새. 수크령이 수크령과 머리를 맞대고 거대한 머리새가 되어 창공에 푸른빛을 더한다. 머리 수首의 기상으로 푸르르 푸르르 날아오른다.

*수크령은 8~9월에 꽃이 피는 볏과의 여러해살이풀로 '머리새'라고도 부른다.

송마나 mana5956@naver.com
2016년 《에세이문학》 수필 등단, 2017년 《한국산문》 평론 등단
수필집 『하늘비자』

나팔꽃이 피었다

신 미 정

　나에게 지금쯤 쉼표를 선물하고 싶었다. 어린이집을 개원하고 정신없이 보내고 보니 처음 원에 와 울음을 터뜨리던 아이가 청소년이 되어 찾아올 만큼 자랐다.
　난데없이 불쑥 찾아온 코로나바이러스. 지나온 일상에서 놓쳤던 것을 좀 더 차분하게 들여다보는 시간이다. 거리두기로 말미암아 지금 어린이집은 휴원 중이다. 마땅히 돌봐 줄 보호자가 없는 맞벌이 부모를 둔 아이들만 받아들인다.
　봄볕에 눈이 부신 듯 눈시울에 초롱초롱 눈물 꽃을 단 아이들이 내 품으로 쏙 들어온다. 다급히 출근하는 엄마의 짠한 마음을 아는지 현관문이 닫히기 전 말간 웃음을 보이며 미끄럼틀로 내닫는다.
　해가 반나절로 기울 때쯤이면 유리창 너머 하늘을 볼 여유가 있다. 창밖 목련나무가 언제나 자신을 볼까 기다린 듯 내 눈에 가득 안긴다. 하얀 목련꽃 봉우리를 본 기억도 없이 활짝 핀 꽃잎들이 바람과 함께 지휘자의 손끝 따라 연주하듯 낙화를 즐기고 있다. 삼월은 느낄 겨를도 내주지 않고 성큼 사월을 데려다 놓았다.
　까르르 까르르 ~~

자박자박 걸으며 돌잡이를 막 치른 아이 둘이 슬그머니 내 치마 뒷자락을 들친다. 모른 체하고 있으려니 도톰하고 반지르르한 손가락 사이로 내 치마 끝자락을 둥글게 말아 뒤뚱 걸음으로 내닫는다. 저만치 소꿉놀이 중이던 아이도 사부자기 한 자락을 잡는다. 마치 강강술래 놀이를 엄마 뱃속에서 즐기다 온 듯 치맛자락을 한 자밤씩 잡고 둥글게 그리며 뛰논다. 어느덧 아이들보다 팔다리를 더 많이 움직여 나도 실컷 뛰어논다. 내 치맛자락이 장난감 기차가 되어 빙글빙글 동그라미를 그리며 달린다. 치마 나팔꽃이 활짝 피었다. 달음박질에 앙증맞은 어깨와 엉덩이가 들썩거린다. 배부른 점심 뒤 꿀처럼 단 꽃잠이 들도록 너나들이 춤을 춘다.

　내가 플레어스커트를 입고 온 날이다. 플레어스커트는 나팔꽃 모양으로 퍼져 자연스럽게 주름이 잡히는 긴치마이다. 허리 고무줄이라 차려입기 번거롭지 않다. 나는 이 옷이 편해 즐겨 입는다. 자잘한 들꽃 모양이 수 놓인 치마부터 커다랗게 활짝 핀 분홍빛 꽃 그림 등 아이들이 좋아할 무늬들이다.

　돌쟁이들이 넘어질세라 그들의 몸짓 따라 빙빙 돌수록 치마는 허리 아래로 내려간다. 움켜쥔 꼬막손에 치마가 벗겨질까 봐 바닥에 앉았다. 두 살배기 봄이는 둥글게 펼친 치마를 돌돌 말아 그 속에 얼굴을 숨긴다. 한낮 해처럼 둥글게 떠 있는 엉덩이가 보여도 봄이는 숨바꼭질 노래를 부른다. 아이들은 시종일관 옹알거리고, 내키는 대로 움직이지만 앙증스러운 춤사위가 된다. 서로 얼굴을 마주대고 반짝이는 배냇니가 드러나게 크게 웃는다. 플레어스커트를 펼쳐 해맑은 아이들을 오글오글 눕히고 앉혀 땀범벅인 이마를 닦아주며 눈을 맞춘다. 붕붕 소리를 내며 바퀴를 굴리던 장난감 자동차도 이 시간에는 심심할 터이다.

친구들이 그리운 아이들에게 치마 입은 내가 세상에서 제일 재밌는 장난감이 되는 시간이다. 나팔꽃 모양 치마로 인해서 느낄 수 있는 오롯한 하루였다.

해마다 요맘때쯤 걸음마를 갓 시작한 아이들이 첫걸음을 내딛기 위해 어린이집으로 온다. 해종일 엄마 품에서 막 벗어난 아이의 마음을 달래느라 시간 가는 줄 모르게 올봄도 훌쩍 보내버렸다.

코로나바이러스가 아니었다면 올해도 나는 아이를 도닥이며 안고 어르느라 충실하게 하루를 보낸다고 자신하였을 거다. 여느 날처럼 잠시 눈물을 뒤로 한 채 방긋 웃어 주는 민낯으로 그들의 마음자리를 헤아리며 내 몫을 다한다 여겼을 게다.

여태 아이들은 수없이 치맛자락을 당기거나 종종걸음으로 긴 그림자를 밟으며 내게 허리를 낮추어 보라 불렀을 테다. 마법에 걸린 공주가 깨어나길 기다리는 숲속 나라 일곱 난쟁이의 간절한 바람처럼 기다렸을 것이다. 난 더금더금 '잠시만'이란 아득한 대답을 꼬막손마다 쥐여 주었겠지. 아이들은 그런 나를 나무라지 않고 품 안에 꼭 감싸고 있었을 거다. 스스로 깨달아 주길 하염없이 기다리며. 그네들이 바라는 마음자리를 담아 언젠가 손잡아 주리라 나를 믿었지 싶다.

은은한 꽃향기 마냥 기분 좋아지는 아이 냄새가 코끝에 부드럽게 닿는다. 또래의 걸음짓으로 또르르 구르고 뛰며 허리를 내려 가볍게 보듬어 줄 테다.

가장 힘든 순간에 가치 있는 중요한 것을 알게 해 주었다. 코로나바이러스로 쉬어가는 삶이 내겐 결코 헛된 시간이 아니다. 아이들 몸짓 놀이를 깊이 있게 샅샅이 돋보기로 헤아려보는 지금은 나름 좋은 때이다.

    창밖에 비를 머금은 매지구름이 가득 몰려온다. 내 옆에 낮잠 자는 아이들의 숨소리가 참 고르고 미덥다. 발아래로 밀쳐진 이불을 끌어당겨 덮어준다.

통이 작은 남자

신 현 식

　통이 작다는 말을 들었다. 모임의 뒤풀이에서 나온 말이었다. 무슨 이야기 끝에 나온 그 말은 많이 듣던 소리였다. 화기애애한 분위기였기에 별스럽게 들리지는 않았다.
　통이 작다는 말은 아내로부터 많이 들었다. 아내는 툭하면 통이 작다는 말을 던졌다. 어떤 일에 선뜻 나서지 않을 때, 이리저리 가늠하고 있을 때 그런 말을 했다. 그것이 돈벌이와 관련된 일이었을 때엔 빠지지 않고 나왔다.
　통이 작다는 말은 좋은 곳에 쓰이지는 않는다. 특히 남자의 입장에서는 민망하고 수치심을 느낄 수도 있다. 그 뜻이 배포가 작다, 대범하지 못하다, 이해심이 부족하다, 씀씀이가 작다, 그런 곳에 쓰이기 때문이다.
　통이 작다는 데 대해서는 할 말이 없다. 무엇에든 과감하지 못하고, 큰 욕심도 없고, 배짱이 두둑하지도 못하고, 이름을 떨치겠다는 야망도 없고, 부당한 처사에는 속이 뒤틀리니 마음도 넓지 못하고, 형편이 그런지라 씀씀이도 넉넉하지 않다. 그러니 이의를 달래야 달 수 없다.
　통이 작은 데는 이유가 있을 것이다. 우선 태생이 쥐띠이기 때문일 수도 있다. 쥐는 소심하고 겁이 많다. 그래서일까, 쥐처럼 겁이 많고 소심한 편이다. 또 자랄 때의 환경 탓일 수도 있다. 부친이 엄하셨기에 언제나 불안 초조했고, 어디에든 과감하게 나서지 못했다.

학업을 이어가지 못한 것도 소심함 때문이었다. 살림이 점점 어려워지자 어머니의 한숨은 깊어 갔고, 그것을 모른 체할 수 없었다. 직장생활이나 연애도 과감하지 못했다. 상사에게 할 말도 제대로 못했고, 아가씨에게 다가가는 것은 애당초 꿈도 꾸지 못했다.

성격이 그렇게 굳어진 것은 숙부의 몫도 컸다. 숙부는 통이 큰 분이었다. 남자답게 호탕하고 씀씀이도 넉넉했다. 세상에 안 되는 게 없었다. 무엇이든 거칠 게 없었으니, 기세氣勢는 하늘을 찔렀다. 그러나 오래 버티지 못하고 결국 파산하고 말았다. 자신은 물론 식구들이 벼랑으로 내몰리는 것을 곁에서 똑똑히 보았다.

나이가 들면서 통이 큰 사람들을 눈여겨보게 되었다. 통이 큰 사람들은 큰소리치며 무엇이든 다 줄 듯이 살가웠다. '내 것은 네 것이고, 네 것은 내 것이다.'라며 다가왔다. 그러나 마지막엔 '내 것도 내 것이고 네 것도 내 것'이라며 우격다짐했다.

통이 큰 사람들은 보통 사람과는 달랐다. 그들의 큰 통, 기저基底에는 야망과 욕망이 자리 잡고 있었다. 그것이 순수하다면 무슨 문제일까. 욕망이니 야망이니 하는 것은 대체로 신념이니 이념이라는 그럴 듯한 가면을 쓰고 사리사욕을 취하기 일쑤였다. 고약한 것은 그 야망과 욕망은 중도에 멈출 수 없는 속성도 가지고 있었다.

문제가 어디 그것만이겠는가. 통이 큰 사람들은 자신의 야망과 욕망의 거대한 수레를 굴리기 위해 주위 사람들을 끌어들인다. 동원되는 숫자는 그들이 가진 통의 크기에 비례하였다. 그리하여 마침내 조력자들을 파멸의 구렁텅이로 몰아넣고 말았다. 역사적 인물들이 그것을 증명하고 있다. 나폴레옹, 히틀러, 도조 히데키, 가깝게는 우리의 정치 지도자들까지도.

통이 작으면 구차한 삶을 살 것 같지만 그렇지 않다. 성공한 사람들 중에 통이 작은 사람이 오히려 더 많다. 그들은 무엇이든 차근차근 나아가기에 대단한 성공에 이르지는 못한다. 그러나 작은 것들을 차곡차곡 쌓아 마침내 나름의 성공을 거둔다. 그들이 훌륭한 것은 결코 주위 사람들을 희생시키지 않는다는 것이다.

통이란 참으로 묘한 구석이 있다. 아무리 작더라도 자신감이 붙으면 통은 조금씩 커지는 모양이다. 한때, 팔자에 없는 자신감이 넘쳤었다. 혈기 왕성하던 시절이었던 때문일까. 잘 다니던 직장에 사표를 던지고 사업에 덤벙 뛰어들어 성공의 가도를 달리기도 했었다.

그 상승세가 계속되었으면 오죽이나 좋았을까. 얼마 가지 않아 길 밖으로 내던져지고 말았다. 그렇게 자신감이 한풀 꺾이니 커졌던 통은 본래대로 쪼그라들고 말았다. 그 통이 요즘은 더 작아졌다. 나이가 들어감에 따라 자꾸만 작아지는 것을 느낀다.

지금 생각하면 통이 작아진 것이 천만다행이다. 부풀었던 그 통이 그대로 유지되었더라면 어찌 되었을까. 남은 재산으로 아무 사업이나 또 뛰어들었을 것이다. 그랬더라면 '내 것이 네 것이고 네 것이 내 것이다.' 하던 그 통 큰 친구들처럼 모든 재산 탕진했을 것이 뻔하다. 아무튼 작은 통 때문에 이 정도나마 산다고 여기며, 마냥 감사한 마음이다.

신현식 hssin2280@hanmail.net
2001년 《생각과느낌》 등단, 저서 『바라지 않아야 오는 것들』 외 다수

계림桂林의 노익장

엄현옥

　중국 계림桂林 여행 3일째, 계림에서 두 시간을 달려 양삭陽朔 용호 공원에 도착했다. 공원에 수령 1400년이 넘은 나무가 있다고 했다. 줄기가 실처럼 늘어진 특이한 형상에 크기가 어마어마하여 대용수大榕樹라던가.

　대용수는 계림에 도착한 후부터 이동 중에 수없이 보았던 가로수와 같은 수종으로 도로변에서는 우산처럼 둥글게 우거진 이파리 아래 가느다란 줄기가 하느작거렸다. 대용수는 뱅골 보리수나무로 2000년을 자란다니 인간이 느끼는 세월과는 다른 눈금이 적용되는 것 같았다. 앞으로 500년을 거뜬히 버틸 것 같았다.

　나무를 눈앞에 두고 한 그루라는 사실을 믿을 수 없었다. 홀로 숲을 이룬 나무는 노령이었음에도 지쳐 보이지 않았다. 지지대로 보였던 기둥은 실뿌리가 자란 나뭇등걸이었다. 버팀목으로 연명하고 있으리라 짐작했으나 스스로 제 몸을 거뜬히 추스르고 있었다. 한겨울이었음에도 잎을 우렁우렁 매달고 서 있는 자태가 예사롭지 않았다. 남방의 포근한 날씨 때문만은 아닌 듯했다.

　나무에게도 노익장이라는 비유가 가능할까. 대용수 앞에서 노익장과 마원馬援을 떠올린 것은 연륜에 걸맞은 노블레스 오블리쥬를 실천하는 듯한 의젓한 품새 때문이었다.

《후한서後漢書》〈마원전馬援傳〉에 등장하는 마원은 감찰관으로 있을 때 죄수들을 압송하게 되었다. 그들이 고통에 못 이겨하자 동정심에 죄수들에게 각기 제 살길을 찾으라며 모두 풀어주고 자신도 북방으로 달아났다. 그는 북방에서 목축으로 생활하였으나 워낙 부지런하고 수완이 좋아 가축 규모가 수천 두에 이르렀다. 생활이 윤택해지자 사람들에게 돈을 나누어 주었으며 자기는 떨어진 양가죽 옷을 걸치고 근검한 생활을 했다.

그 후 광무제를 만났는데 마원의 진가를 알아본 광무제는 공손하게 조언을 구했다. 그는 광무제의 태도에 감동하여 휘하에 들어가 남방을 평정하는 공을 세웠다. 얼마 뒤 만족蠻族의 반란에 광무제의 군대가 전멸하자 마원이 자신에게 군대를 달라고 청했다. 주저하는 광무제에게 마원은 "소신의 나이 비록 예순두 살이나 갑옷을 입고 말도 탈 수 있으니 어찌 늙었다고 할 수 있습니까?"라며 말에 뛰어올랐다.

지금이야 100세 인생 운운하지만 당시로서는 육십이 넘은 마원이 전쟁에 나설 나이는 아니었으리라. 광무제는 더 이상 말리지 못하고 출정을 허락했다. 결국 마원은 군대를 이끌고 정벌 길에 올라 반란을 평정하고 흉노 토벌에 큰 공을 세웠다.

그는 "대장부는 뜻을 품었으면 어려울수록 굳세어야 하며 늙을수록 건장해야 한다(大丈夫爲者窮當益堅老當益壯대장부위자 궁당익견 노당익장)." 며 "가멸지더라도 사람에게 베풀지 않으면 수전노守錢奴일 뿐이다."라고 했다.

노익장을 떠올리기에 적합한 식물은 흔치 않으리라. 대용수는 중국인들에게 민간 신앙의 대상으로 자리매김한 모양이다. 사람들이 나무를 중심에 두고 시계 반대방향으로 돌고 있었다. 그런 의식이 장수를 가져다준다고 믿기 때문에 고단한 일상의 버팀목이라도 되는 양 적지 않은 사람들이 나무 주변을 느리게 돌고 있었다. 덩달아 합세한 관광객들도 세월의 시침時針을 뒤로 돌리고 싶은 마음에서인지 나무 주변을 걸었다.

대용수는 리강을 사이에 두고 건너편의 낙타봉을 천 년 넘도록 바라만 보았다. 리강과 바람과 구름이 대용수를 중심으로 흐르고 있었다. 사람들은 강에 뗏목을 띄우고 뱃놀이를 즐겼다. 중국 특유의 웅얼거리는 듯한 노래가 수면 위로 퍼지자 뗏목이 느리게 움직였다. 그들의 표정이 무척 밝아 보였다. 계림 정부에서 나무 주위에 휴식 공간을 만들었으며 주민들은 그곳에서 태극권 등으로 몸을 단련한다니 대용수가 사람에게 베푼 것은 여느 성인聖人과 다를 바 없다는 생각이 들었다.

수목으로 천 년 넘는 세월을 멋지게 살고 있는 나무 앞에서 무슨 말이 필요할까. 섣부른 나열도 자제하는 편이 나을 뻔했다. 화석도 아니건만 살아 있는 식물로 저만한 모습을 갖추기까지 숱한 고비를 넘겼을 것이다. 생장에 좋은 여건만 만났다면 도리어 버텨내지 못했겠지. 긴 가뭄에 가슴이 타들어가던 여름날은 길었으며 비바람과 강풍에 잠 못 이룬 밤도 많았으리라. 소리쳐 말할 수 없는 사연인들 없으랴.

나이를 인정하지 않으려는 듯 "내 나이가 어때서…."를 목청껏 부르거나 동안童顔을 과시하는 어르신과는 격이 달랐다. 제 나이에 대한 책임으로 주변의 풍광을 아우르며 사람들을 포용하는 대용수의 위용에 압도당했다.

한 생을 살다 가는 사람도 저런 모습으로 나이 들 수 있을까.

엄현옥 umhyunok@hanmail.net
《수필과비평》수필 등단, 《수필시대》평론 등단
작품집 『다시 우체국에서』『나무』『발톱을 보내며』『받아쓰기』 등

텅 빈 듯 꽉 찬 바다

예 자 비

　텅 빈 바다는 고요하다. 잔잔한 물비늘이 윤슬로 빛난다. 숱한 사연들을 품어 안은 바다는 지난 이야기를 풀어내려는 것인가. 숨겨진 상처들을 하나하나 작은 반짝임으로 산화散花시켜가는 것 같다.
　바다는 물의 종착지다. 물의 근원은 어디에서부터일까. 지상에 무수한 시작점을 찍어두고 여기까지 온 것이리라. 지나는 길목마다 점철된 무수한 사연들을 실어 이곳으로 파고든 것은 아닐까. 바다는 제게 안겨드는 모든 것을 분별없이 받아들이려 무량하게 넓은 가슴을 펼쳐놓았다.
　옛 벗들과 추억이 서려 있는 둑길로 들어선다. 예전의 모습은 사라지고 정비된 뚝방이 떡하니 버티고 서서 홍수로 범람하던 농지의 방패막이 되어 있다. 강과 바다를 이어 길게 굽이지며 길을 열어놓은 둑길을 걷다 보니 어느새 갯내음 물씬 풍기는 해변이 턱 아래다. 갯벌에 열려있는 무수한 생명의 숨구멍 위로 게들의 옆걸음이 분주하다. 갯벌 속으로 들어갔다 나왔다 무에 그리 할 일이 많은지 집게발을 앞세우고 걸음을 재촉한다. 해수면 위에 떠 있는 구름만이 유유자적 한가롭다.
　뚝방길은 유년의 기억을 부추긴다. 오늘의 고달픔도 내일의 걱정도 없던 철부지 시절이었다. 한 가지 놀이를 위하여 먼 길도 마다하지 않았다. 여름 뙤약볕의 따가움도 잊은 채 너른 들판을 가로질러 멱을 감으려고 다니던 아이들의 재잘거림이 아직도 머릿속에 쟁쟁하다.

산을 경계로 나누어진 두 골짜기에서 흐르는 강물이 모여드는 하구는 우리의 야외 수영장이었다. 간만조干滿潮에 따라 수심이 낮아지고 높아지기도 했다. 널따란 둔덕에는 크고 작은 돌판들이 자리를 잡고 있었다. 누가 만들거나 가져다 둔 것은 아니지만 아이들이 둘러앉아 놀이하기에 충분한 크기였다. 나는 물개처럼 폼 나게 헤엄을 치고 싶었지만 개구리헤엄의 폼새를 벗어나지 못했다. 때로는 물수제비를 뜨며 열을 올리기도 했다. 물놀이를 하다가 몸이 식어 입술이 파래질 때쯤엔 가위바위보를 했다. 햇볕이 달구어놓은 돌판의 편한 자리를 차지하기 위하여 순위를 정했던 것이다. 돌판은 군불 땐 온돌방처럼 아이들의 몸을 데워주었다. 바람이 부는 대로 흔들리는 들꽃처럼 순수했던 날들이 온유하게 다가온다. 유년을 회억하다 슬그머니 짚고 일어서는 아픈 기억 하나가 떠오른다.

지난여름, 어느 날이었다. 뉴스를 보던 내가 급류에 휩쓸리듯 숨이 멈추어졌다. 조급해진 가슴을 진정시키려 애썼지만 소용돌이치며 쓸려 내려가는 흙탕물은 악마의 발톱처럼 두려움에 떨게 했다. 폭우가 시간당 80밀리미터에 육박하며 쏟아져 내렸으니, 물의 위세는 대단했다. 불어난 물에 휩쓸린 버스가 강물에 빠져 키 작은 다리에 걸려 있는 장면을 보게 된 것이었다. 우리의 놀이터에서 얼마 떨어지지 않은 마을 어귀에 있는 다리였으니 그 충격이 더 했다.

사경을 헤매고 있을 버스 속의 사람들이 무사하기만을 바랐지만 안타까운 소식만 들려왔다. 수마 앞에서 어찌할 수 없는 인간의 나약함을 볼 뿐이었다. 물은 자연의 선순환善循環과 역순환逆循環을 몸으로 말해 주는 것 같다. 때로는 참았던 울분을 터뜨리며 스스로도 감당하기 힘들 때, 자신의 위용을 여지없이 드러내며 이기적인 인간에게 내리는 훈계인지도 모른다.

멀리 하늘 담은 물빛이 큰 몸짓으로 술렁인다. 저 깊은 곳, 더 멀리 코발트색 바닷물 아래서 뭇 생명들은 또 다른 세상을 펼치고 있다. 그들은 온갖 삶의 궤적들과 어우러져 살아가고 있는 것은 아닐까. 스쿠버다이버의 수중사진을 감상했을 때다. 화려한 열대어종들이 해초 사이를 유영하는 풍경이 평화로워 보이지만은 않았다.

아프도록 붉은 산호초다. 불식간에 유명을 달리한 영혼들이 안착된 곳은 아닐까. 피같이 붉게 전해지던 산호초는 응어리진 아픔을 풀어내려 진한 빛을 사방으로 뿌려내고 있는 것 같았다. 그 사이를 누비며 헤엄치는 열대어들은 그들의 안주를 위한 위로의 몸짓인가. 살랑대는 꼬리가 부드러운 곡선을 그리며 쓰다듬고 있는 듯하다. 몇몇의 해초는 서로를 감싸 안은 것처럼 둥글게 잎을 모으고 있었다. 아픈 상처 하나를 보듬고 물 따라 흘러든 무수한 삶의 이야기들로 도란거리고 있는지도 모를 일이다. 수심을 뚫은 태양 빛이 더 많은 바다 속 이야기들을 그리고 있었다.

누구나 가슴에 숨겨둔 상처 하나쯤은 간직한 채 살아가지 않을까. 하지만 내내 그 상처를 붙들고 아파하고 괴로워할 수는 없는 노릇이다. 내 앞에 주어진 길이라면 묵묵히 따르는 것이 인생의 순리가 아닐는지. 지난 일에 발길이 묶여 허우적대기보다 여여히 흐르는 강물처럼 겸허하게 걸어가고 싶다. 어떤 색으로 물을 들인다 해도 본연의 모습을 찾는 물처럼 말이다.

생명의 원천인 물의 근본은 하심下心이다. 세상 만물에 생명의 빛을 키워내지만 '나'라는 존재를 드러내지 않는다. 마땅히 제 할 일을 했다는 듯이 몸을 낮추어 아래로만 향할 뿐이다. 길이 막히면 소리 없이 돌아가는 아량이 있고, 어쩌다 움푹 파인 길을 만난다 해도 조바심을 내지 않는다. 고요히 생각에 잠기듯 때를 기다릴 뿐이다. 어느 것 하나 이기려 들지 않는 물이다. 밀려드는 힘에는 노도처럼 거친 숨을 내쉬기도 하지만 이내 근본을 찾아 나선다.

활짝 열린 바다는 속을 꽉 채우고 있다. 세상 구석구석에서 물길 따라나선 삶의 이야기들이 뭇 생물들과 어우러져 모인 곳이다. 한 곳으로 치우치지 않는 물은 무색무취로 담담하게 자리를 지키고 있다. 쉽게 내색하지 않는 바다도 때로는 적조로 인하여 힘들다고 호소하기도 하지만 이내 평정을 찾는 힘을 가지고 있다. 간간이 큰 파도가 밀려오기도 하겠지만 그 또한 때가 되면 잠잠해 질 것이다.

텅 빈 듯 꽉 찬 바다에서 평상심을 본다.

예자비 bkshks1@hanmail.net
2016년 〈경남신문 신춘문예〉 당선, 2017년 《한국수필》 등단
수필집 『춤추는 여자』

남편의 학실 *

윤 경 화

깐깐하고 꼬장꼬장한 남자, 별 말이 없어도 신경이 쓰이는 이 남자가 느슨해져 가고 있다. 처음엔 걱정이 되더니 요즘은 오히려 얼마나 어떻게 풀어질지 궁금해지기도 한다.

방문을 열어놓고 다니기 시작했다. 사람이 바쁘면 문 닫는 것을 잊어버릴 수도 있다. 문제는 빈도가 잦아지는가 하면 처음엔 안방 문 하나였으나 점차 열어 놓는 문의 수가 늘어나는 데 있었다. 안방, 아들 방, 목욕탕, 서재, 창고의 문을 열어놓더니 급기야는 책상 서랍과 옷장뿐만 아니라 어느 날은 단추까지 한두 개 씩 풀려 있었다.

목이 바짝 조일 만큼 셔츠의 마지막 단추까지 잠그고 다니는 것은 물론 모자의 기울기와 앞창의 위치까지 기준이 있었던 사람이다. 집 안에 나의 소지품은 제자리가 없어도 그 남자의 것은 늘 제자리를 지켰다. 조금은 까다로운 듯한 이 남자 때문에 집안 일이 서툰 나는 자정을 넘기면서까지 꼼지락거릴 때가 많았다. 아파트에 살 때는 아래층에 소음이라도 들릴까 봐 두꺼운 카펫을 깔았고 발뒤꿈치를 들고 다니면서 일을 했다.

빈틈없는 그 남자의 성城을 누가 흔든 것일까. 내가 잔소리하는 대상은 딱, 한 사람, 아들뿐이라 그 일과는 무관하다. 그럼 치매 증세인가? 절대 그렇지 않다. 신문의 사설부터 광고까지 본다. 책과 신문을 읽고 내용을 간추려 바쁜 아내에게 이야기를 해 주는 배려도 한다. 이 정도면 지극히 정상일 거다. 그럼에도 예전에 볼 수 없었던 모습으로 느슨해진 것은 '학실'이 들어오고부터다.

뭐든지 제자리에 반듯하게 있어야 마음이 편하던 사람이 거실의 소파에 앉아 책을 읽다 학실을 쓴 채 잠이 든다. 처음엔 자신의 그런 모습에 당황해하는 눈치가 역력하더니 이제는 태연하게 한 마디 보태기까지 한다. 녀석을 쓰고 자면 꿈의 세계가 선명하게 보인단다.

학실을 쓰기 시작했다는 것은 한 발 떨어진 곳에서 대상을 이윽히 바라볼 수 있는 시간 앞에 섰음을 뜻하리라. 한 호흡 쉴 여유가 생긴 것. 미세한 것까지 주워들고 콩팥을 가리는 것이 그다지 의미 있는 일이 아닌 것도 알기 시작했음일 것이다.

어느 댁을 방문하면 거실의 탁자 위나 안방의 문갑, 서재의 책상 위에 앉아 있는 녀석을 만난다. 그 댁 주인은 나의 실수나 미숙함을 헤아려줄 것만 같아 긴장감이 풀린다.

나이가 들어 학실을 쓰는 것은 필요한 것을 선명하게 보기 위해서기도 하지만 새로 접한 존재를 통해 자신의 내밀한 세계와 진지하게 만날 때가 온 것을 알게도 하는 것 같다. 요즘, 그 남자는 학실을 쓴 채로 종종 명상에 들기도 하는데 그다지 녀석을 의식하지 않는 것 같다. 그렇지만 내 눈에는 매우 상징적으로 보인다. 긴 시간 동안 인생이란 여정의 먼 거리를 달려온 여행자가 경험하고 체득한 세상 이치의 진면목을 들여다볼 수 있는 물건 같아서다.

언제부턴가 그 남자는 헐렁하고 편한 차림을 즐겼다. 생각해보건대 그 즘에서 학실이 들어왔고 남자에서 남편의 자세가 나오기 시작한 것 같다. 나에게도 변화가 확연했던 것 같다. 식탁 위의 접시에 담긴 과일 껍질이 시들어 갔고, 냄비의 새까만 화상 흔적을 지우느라 관절이 시큰거리기 시작한 것도 그때쯤이었다.

우리 부부는 결혼 후 한동안 남자와 여자로 살았다. 땡감인 채 익지 않아 풋내 나는 날들을 맨눈으로 보고 짧은 생각으로 젊음을 사용했다. 때로는 상처와 통증에 놀랐다.

안경점에서 학실을 얹던 날 남편도 나처럼 울렁증이 느껴졌는지 모르겠다. 나는 그날 남편의 눈썹 아래를 가리고 있던 그 물건이 예사롭지 않음을 직감했다. 남편은 가끔 멀미도 하면서 새롭게 얻은 장기에 적응하려는 듯이 얹었다 내려놓기를 거듭하면서 안정을 찾아가고 있었다.

학실과의 관계가 원만해지면서 남편은 형식으로부터 점점 멀어져 갔다. 여름 한철은 영혼이 자유로운 인디언이 되었다. 새까만 얼굴에다 머리 위에 녀석을 얹고 다니지 않은 곳이 없다. 어디서 무엇을 만나고 어떤 경험을 하는지 이른 아침에 안개 걷히는 골 안처럼 맑고 편한 표정이었다.

학실을 착용하는 새로운 경험은 설렘과 당혹감이 있었지만 가만히 들여다보니 선물도 함께 있었다. 그것은 남편의 나머지 시간에 대한 사용 설명서였다. 녀석은 이제 사막의 여우처럼 남편 인생의 구석구석의 비밀을 꿰며 나보다 앞자리에서 당당하게 제 입지를 굳혀가고 있다.

왠지 남편 얼굴의 한복판 윗자리에 앉아 있는 녀석이 방정스러워 보이기보다 오히려 마지막 지기 같아 보인다. 나는 오늘도 면포로 부드럽게 녀석의 알몸을 닦고 있다.

＊학실 : 돋보기의 방언

윤경화 sbh2544@hanmail.net
2009년 《선수필》 신인상
수필집 『달궁둥이에 반하다』 『좋다』

공평하다

윤미향

　세상은 그런대로 공평하다. 가난한 나라의 행복지수가 높은 것이나 잘사는 나라의 행복지수가 낮다는 것은 정말 공평하다. 만약 가난해서 불행하기만 하거나 부유해서 행복하기만 하다면 불공평한 것은 차치하고 고통스러워 죽든 한가해 죽든 인류는 종래 멸종하고 말 것이다.
　개미와 베짱이 이야기를 생각하면 사는 일이 두루 공평하다.
　젊어 열심히 일한 개미가 늙어 편안하게 사는 것과 놀기만 하던 베짱이가 배고픔에 시달리는 것은 당연하니 공평하다. 요즘은 개미가 뼈 빠지게 일해 모은 재산을 관절염 치료비로 모두 탕진하고 노래를 좋아하던 베짱이도 유명한 가수가 되어 크게 성공한다고 결말이 바뀌었다. 욕심이 지나치면 화를 부르고 좋아하는 것 외에 안분지족하면 복을 받는다는 것이니 마찬가지로 공평하다. 안락한 노후를 위해서건 지나친 욕심 때문이건 열심히 일한 것으로 개미는 만족할 일이다. 베짱이도 내일이야 어떻든 오늘 하루 행복했다면 후회 없는 삶을 산 셈이니 역시 공평하다.
　나는 젊었을 때 개미처럼 살고자 노력했다. 미래를 위해 현재쯤은 기꺼이 희생해도 좋다고 여겼다. 내핍한 생활은 물론이고 잠시 잠깐이라도 한가하면 불안하고 초조했다. 오늘은 누추해도 빛나는 내일을 위해서라면 참고 인내하는 것이 최선이라고 믿은 것이다. 하지만 내일을 위해 오늘의 욕구를 자제한다는 것은 큰 고통이었다. 또 내일이 되어도 오늘의 결핍은 결코 채워지지 않았다.

나는 다시 베짱이가 되고 싶었다. 불투명한 미래를 기다리느니 차라리 매일매일 행복한 오늘을 살고 싶었다. 하지만 막상 베짱이가 되고 보니 매사 편하게 생각해 발전 없는 것이 또 탈이었다. 지금 사는 집도 개미처럼 애면글면할 때 장만한 것이고 만학의 열정을 태운 것도 그때였다. 실제 베짱이 생활로 접어든 뒤로는 이룬 게 거의 없어 낙오되는 게 아닌가 하고 불안했다. 하지만 베짱이와 같은 느긋함으로 다시 생각하게 되었다. 부정적이던 사람이 긍정적으로 변하고 또 마음에 여유가 생겨 작은 것에도 고마워할 줄 알게 되었으니 잃기만 한 것은 아니라고 말이다. 가치관에 따라 선택한 삶을 느긋하게 또는 최선을 다해 살아가는 것일 뿐 얻는 것도 잃는 것도 비슷하니 결국 공평하다.

어느 날 키 큰 친구가 내게 말했다. 키 작은 여자는 남자들에게 보호본능을 일으키는 것 같아 부럽다고 말이다. 키 작은 나를 위로하려는 것이라고 일축했더니 극구 손사래를 친다. 크면 멋있다 소리는 들을망정 귀엽단 말은 절대 들을 수 없다는 것이다. 작은 사람은 서툴러도 예쁘게 봐주지만 큰 사람은 허우대만 멀쩡하고 싱겁다 소리나 듣기 십상이라 애쓰게 된다고 덧붙인다. 키와 능력은 비례하지 않는다는 것을 증명하고 싶었다. 열심히 사는 것 외에 작은 키를 보완할 방법은 없다고 믿었다. 그런데 키 큰 사람은 또 키가 커서 애가 쓰였다니 세상사 공평함에 무릎을 치지 않을 수 없다.

좋은 일에 나쁜 일이 겹치면 호사다마라 한다. 나쁜 일만 거듭되거나 좋은 일이 반복되는 경우는 드물다는 얘기다. 나쁜 일은 겪으면 겪을수록 삶의 자세가 성숙하고 진지해져 잃기만 하는 것이 아니다. 좋은 일이 많으면 자칫 방심하기 쉬워 얻기만 하는 것도 아니다. 문제는 좋은 일이 찾아왔을 때 전에 겪었던 나쁜 일에 대한 보상이라고 생각하지 못하는 데 있지 않을까. 앞으로 겪게 될 나쁜 일에 대한 보상을 미리 받는 것으로 여기지 못하는 것 말이다. 행복한 순간은 금방 잊어버리고 고통스러운 것만 기억하며 두고두고 세상이 불공평하다고 여기는 것이다.

멀리 넓게 보면 세상은 비교적 공평하다. 가까이 좁게 보면 더없이 불공평하다. 결국, 내가 성숙하지 못해 갖게 된 편견이라면 주어진 대로 살 뿐이며 뿌린 대로 거둘 뿐이다.

윤미향 dbsalgid59@hanmail.net
2005년 『한국수필』 등단

남자라는 이유로

이 동 석

　퇴직한 남자들의 생활 방식에 대한 성토가 방송에서 끊이지 않는다. 이제 알 만한 사람은 다 아는 신조어이지만 남편이 집에서 밥을 먹는 횟수에 따라 두식이, 삼식이라 부른다며 어느 여성 출연자가 목에 핏대를 세운다. 볼썽사나워 다른 방송으로 돌려도 그 비슷한 내용은 흔하게 본다.
　IMF 등을 겪으면서도 열심히 살아온 우리 세대는 노후에 여행도 다니며 여유롭게 살고자 꿈꿨을 것이다. 하지만 그 꿈과 현실은 거리가 너무 멀었다. 돈 버는 것에만 몰두하다 보니 노후에 아내와 어떻게 지내는 게 좋은지 모르는 경우도 있고 자녀들의 교육과 결혼 뒷바라지로 여유자금은 그저 뜬구름이 된 경우도 있다.
　너무 남자들을 두둔한다고 할지 모르나 할아버지, 아버지 세대를 보고 자란 남자 중에는 사실 여자가 하는 일을 어떻게 도와야 하는지 몰라서 못 도와주는 경우도 있을 것이다. 그런데 방송에서는 부부가 어울려 같이 사는 방법을 보여주기보다는 도와주지 않는 남자를 아주 형편없는 남자로 몰아세우며 '그동안 너희가 누린 것만큼 당해 보라'는 식으로 오락화하는 것 같아 볼 때마다 가슴에서 찬바람이 인다.

이런 세상인데, 친구 중 한 명은 자기 아내가 외출하면 밥을 못 하니 아들의 눈치를 본다고 한다. '라면이라도 끓여 달라'는 사인을 보내지만, 그 아들 역시 아버지의 눈치를 본다고 한다. '아버지가 먼저 끓여 주면 안 되나요?'

나는 그 친구에게 '하면 되지 못할 게 뭐 있느냐'고 하지만, 그는 자기 어머니가 '남자라는 이유'로 부엌 근처에 얼씬도 못 하게 해서 그런가, 가장 체면에 어떻게 라면을 끓이냐고 한다.

다행히 나는 고등학교와 대학교 다닐 때 자취했기에 음식 만드는 게 어렵지 않다. 아내가 모임이나 수업으로 늦게 들어올 때는 콩비지찌개나 김치찌개를 뚝딱 끓인다.

또 시장 가는 것도 좋아한다. 출근하지 않는 날은 배낭을 메고 동네 시장에 가서 반찬거리며 국거리를 산다. 휠체어를 탄 어머니를 모시고 들렀던 순댓국집도 들여다보고, 어느새 단골이 된 야채가게, 정육점, 손두부를 파는 주인들과 이런저런 이야기를 나누는 것도 즐겁다.

슈퍼보다 조금 싸다는 이유로 짐을 잔뜩 지고 오면 아내는 '힘든데 뭐 하러 그 먼 데서 지고 오냐.'며 핀잔을 주기도 하지만, 조리하지 않아도 되는 '초밥'이라든가 '회' '곱창볶음' 등 완제품을 사 오면 아내의 목소리는 부드러워진다.

아내가 아침밥을 준비하는 동안 나는 행주로 식탁을 닦고 수저를 놓는다. 물론 내가 식탁에 수저를 놓아준 지는 몇 년 안 되지만 즐거운 마음으로 한다. 이렇게 하다 보면 24년째 하는 '하루 만 보 걷기' 채우기도 쉽다.

그리고 드립커피를 준비한다. 국이 짜거나 싱겁거나 나는 아내의 정성을 생각해서 밥을 맛있게 먹고 아내는 아침 커피를 좋아하지 않지만, 내 정성을 생각해서인지 식사 후 마주 앉아 커피를 마신다.

요즘이 정말 어떤 세상인데 '남자라는 이유'로 부엌 근처에 얼씬도 안 하면 되겠는가. 지인 중 한 사람은 자기 아내가 외국 간 사이에 혼자서 김장을 25포기나 했다. 사위의 직장 때문에 외국에 사는 딸이 돌쟁이 손자와 왔다가 출국할 때 딸만 보내기가 안쓰러워 그의 아내도 동행했다고 한다. 그때가 김장철이라 놓치면 안 되니 혼자서 김장하고 일주일 치 식사량을 준비해서 낱개로 포장한 후 냉동실에 놓고 데워 먹으니 50여 일 동안 지낼 만했다고 한다. 문제는 혼자 먹다 보니 밥맛이 없어서 그런가, 살이 쪽 빠졌다고 해서 웃었다.

퇴직한 남자들도 애를 쓴다. 20여 년 동안 한 달에 한 번씩 만나던 친구들도 퇴직한 친구들의 주머니 사정을 생각해서 두 달에 한 번씩 만난다. 그중 한 명은 자기 아내 눈치를 보느라 평일은 교외로 나가서 무조건 걷다가 밤이 돼야 들어온다. 독서실에서 몇 달간 공부해서 전기기사 시험에 합격한 친구도 있다. 이제 그 친구는 이전과는 다른 직업을 갖게 되었다.

평생 열심히 일하고 퇴직한 게 죄가? 모처럼 만난 친구에게 술 한 잔 사주려고 카드를 쓰면 곧바로 아내에게 전화가 온다는 사람도 있고, 분위기상 자기가 한턱내야 할 자리인데도 아내의 눈치 보느라 참석한 이들의 카드를 걷어 전체의 비용을 똑같이 결제하는, 일부 MZ 세대를 흉내 내는 남자도 있다.

베이비부머 세대는 국내에서나 해외에서, 특히 열사의 중동지역에서 가족을 위해 열심히 살았다. 그때는 자기 자신을 위한 준비를 한다는 건 사치였다. 그래서 아내를 도와주는 방법도 서툴고 자기 계발을 위해 돈을 쓰는 것조차 모르는 남자들에게 '두식이, 삼식이'라고 부르며 무능력한 데다 눈치까지 없다며 몰아붙이지 않았으면 좋겠다.

   남자들도 아내가 아이들 교육과 집안일로 힘들었다는 것도 잘 알고 있지만, 어떻게 도와줘야 할지 몰라 나름 당황하고 있다는 걸 알아줬으면 싶다. 방송도 그런 남편을 나쁜 남자, 어리석은 남자로 몰아세우지 말고, 화목한 가정을 이루기 위해 애쓰는 방법을 가르쳐주는 프로그램으로 이끈다면 텔레비전을 보는 마음이 편할 것 같다.

   그래서 누군가 노래방에서 가수 조항조의 '남자라는 이유로'를 부를 때 그 방에 모인 남자들이 목이 터지라고 합창하지 않았으면 좋겠다.

   '남자라는 이유로 묻어두고 지낸/ 그 세월이 너무 길었어…'

이동석 dsl@gpectech.com
2016년《한국수필》등단
수필집 『따뜻한 밥 한 그릇』

비 내리고, 그치다

이동이

　성급하게 여름을 깨우던 덩굴장미가 장맛비에 흠뻑 젖었다. 빗물 머금어 유난히 푸른 잎사귀를 보면 가슴이 뛴다. 장미가 돋보이도록 자신이 품은 색을 한껏 드러내기 때문이다. 선명한 두 색깔이 주변을 밝히자 빗줄기조차 명료하다.
　6월 장마로 인한 적적함이 싫지 않지만, 우렁우렁 퍼붓는 빗소리는 마음에 파고를 일으킨다. 머릿속에 갈증을 해소하고 싶다는 강한 욕구 이외에 아무것도 떠오르지 않을 때면 무작정 빗속을 걷는다.
　덩그마니 혼자 우산을 쓰고 비가 내뿜는 공기를 흠씬 들이마시자 아릿한 슬픔과 희열이 뒤섞인다. 수없이 만나고 헤어졌던 인연들이 파노라마처럼 펼쳐져 그때의 감정에 휩싸이는 것이다. 갈증을 해소하기 위한 방편으로 나선 일이 오히려 마음을 심란하게 하지만 이 또한 비가 베푸는 혜택이 아닌가 싶다. 복잡한 것도 단순한 것으로 환치시킬 수 있는 지혜를 주기 때문이다.
　보도블록 틈으로 풀꽃이 돋았다. 오가는 사람들의 발길에 무수히 짓밟혀 허리가 꺾이고, 세차게 흐르는 빗물에 단박 쓸려갈 것 같은데도 강인한 생명력으로 앙버티고 있음이 대견스럽다. 그에 비해 쉽게 상처

받고, 상대를 이해하고 용서하기보다 오히려 내 심정 헤아려 주기만을 바랐으니 참으로 부끄러운 일이다. 비는 어리석고 나약한 정신을 일깨워 주려는 듯 줄기차게 내린다.

이런 날은 사물에 대한 몰입도가 높다. 평소 눈여겨보지 않던 것도 꼼꼼하게 챙겨보고 그것에 닿는 감각도 여느 날과 다르게 밀도 있다. 마음이 통째로 젖기 때문이다. 게다가 찻집에서 흘러나오는 감미로운 음률까지 더해지면 가슴 밑바닥에서 뜨거움이 밀려온다.

시원시원하게 뻗은 메타쉐쿼이아를 향해 뜬금없이 두 팔을 뻗고, 담장을 기웃거리는 석류꽃 붉은 볼도 이유 없이 잡아당기고, 빗물 고인 웅덩이 앞에 오도카니 앉아 나르시시즘에 빠지는 일도 서슴없이 행한다.

비에 젖은 나무 냄새를 맡으면 주변에 생기가 도는 것을 느낀다. 보리수의 새치름한 얼굴은 점차 붉어지고, 어느새 화무십일홍이 된 작약도 제 몸에 씨방을 한껏 부풀려 놓았다. 가녀린 달개비는 발돋움하느라 한창이고 손끝만 닿아도 톡 터지는 봉숭아도 여물대로 여물었다. 물밑 같은 고요 속에서도 끊임없는 움직임이 일듯, 생명을 이어가는 저들의 몸짓이 경이롭다.

어느 틈에 비가 그쳤다. 빗소리가 멈추자 바람조차 차분하다. 저만큼 풀숲에서 두꺼비가 기어나오다 꼼짝도 않는다. 내 정체가 녀석의 레이더망에 걸렸나 보다. 모처럼의 나들이에 예측치 못한 장애물을 만났으니 바짝 경계를 한다. 껌벅거리는 눈꺼풀이 주변을 제압할 만큼 무거워 보인다. 한 걸음 더 내딛지 못하는 것은 나도 마찬가지다. 곁눈질로 적당한 긴장을 유지하다가 안심이 되었는지 태연히 풀숲으로 사라졌다.

하마터면 오해로 인해 녀석을 해코지할 뻔했다. 대수롭지 않은 일에도 예리한 판단이 필요함을 깨닫는다. 두꺼비의 압도적인 눈빛이 하루에도 몇 번씩 빛과 어둠으로 마음이 기우뚱 쏠리는 내게 조용한 메시지를 남겨주었다.

햇볕이 물기를 거둬들이자 꼬꾸라져 있던 식물들이 본래의 색보다 더 깊은 색을 머금고 분연히 일어난다. 자연스럽게 제 자리를 찾는 현장에서 치열한 생존경쟁의 준비가 시작된다. 그런데 어쩌나, 젖은 몸을 말리기엔 아직 이른 것 같은데 지렁이 한 마리가 나타났다. 땅바닥에 배를 깔고 꾸물거려 봐야 멀리 못 가서 주검으로 널브러지고 말 텐데…. 생애 전체가 환부인 지렁이의 꿈틀거림은 목숨 부지를 위한 필사적인 것일 텐데…. 나뭇가지로 녀석의 몸을 들어 올려 위험지대에서 벗어나게 했지만 어느 틈에 또 나올지도 모를 일이다. 문득 어느 시인의 글귀가 생각난다.

10센티도 채 안 되는/ 한 오라기 실 같은/ 생로병사

인생 부실한 관계로 이 앙다물고 살다보니 어금니가 망가졌다는 지인의 말처럼 실핏줄이 보일만큼 투명한 지렁이의 몸에서도 생로병사는 지나간다. 비 내리고 그치는 이 순간의 감격도 내 인생에 단 한번 뿐임에랴.

접은 우산 속에 또르르 말려 있는 빗방울 툭 떨어진다.

이동이 58agassi@hanmail.net
1991년《경남문학》, 2000년《수필과 비평》등단
수필집『바람개비의 갈망』『비 내리고 그치다』외 다수

댓돌 위 검정고무신

이미애

그 당시 할아버지의 초상은 다들 호상이라고 했다. 아흔 넷에 돌아가신 할아버지는 밤새 안녕이란 말처럼 주무시다 돌아가시니 친척들은 천복을 타고났다고 입을 모았다. 하지만 어머니는 그러질 못했다. 식음을 전폐한 채 할아버지의 부고를 믿으려 들지 않았다. 요즘의 효문화에 비추어보면 그런 효부의 모습은 보기 드문 광경이었다.

아지랑이가 하늘하늘 쑥내음을 타고 오르는 춘삼월이 되면 할아버지의 기일이 임박했음을 알 수 있었다. 어머니 손길이 전에 없이 분주해지기 때문이다. 벌써 여러 해가 지났건만 할아버지를 생각하는 마음은 바래지도 않은 채 고이 간직하고 있는 눈치였다. 시부모를 만나지도 못한 채 결혼한 나로서는 그런 정이 의아하긴 했다. 하지만 늘 가까이 보면서 세상에 이처럼 아름다운 연이 또 있을까 싶었던 것이다.

여든을 넘기고도 거뜬히 밭일을 하던 할아버지는 사십 년 세월을 홀로 지낸 분이었다. 장죽을 재떨이에 툭툭 치며 아침을 알렸고 밤이 이슥해지면 다시 장죽을 치며 어머니에게 자리끼를 건네받았다. 평생 농사일로만 잔뼈가 굵었던 분이라 갈퀴 같은 손마디는 그 투박함이 남달랐다. 마치 가시라도 찔린 듯 맞잡은 손에서 내빼던 기억이 아직도 뚜렷하다. 그렇게 성한 손톱이 하나 없을 만큼 부지런을 떨어가며 일궈낸 살림이었지만 정작 당신을 위해선 한 푼도 쓰질 못했다. 한량인 아들 덕에 날개 잃은 가장이었던 할아버지에게는 유일한 낙이 하나 있었다. 저녁상을 물린 할아버지가 사랑방의 쌍바라지문을 열어 제치고 장죽을 길게 늘어뜨린 채 밖을 내다보았다. 그 시선이 멈춘 자리는 마당 한가운데 자리한 우물가였다. 어머니가 흙범벅이 된 할아버지 고무신을 한 손에 뭉쳐 잡은 짚으로 힘껏 문지르고 있었다. 그날 있었던 일들을 간간이 주거니 받거니 하면서 여백을 맛보는 시간이었다. 그리고 댓돌 위 고무신이 꼿꼿이 세워지면 할아버지의 고단한 하루도 스르르 문을 닫았다. 어머니가 시집오기 전까지는 늘 흙구덩이에 파묻혀 살았던 고무신은 아무도 쳐다봐주지 않던 천덕꾸러기였다. 할아버지가 제일 아끼는 물건이래야 그 검정고무신과 흰고무신 두 짝이 전부였다. 짚신을 신고 자랐던 할아버지의 유년시절에 비한다면 검정고무신도 가장 소중히 여길만한 물건임에는 틀림없었다.

오일장이 서는 날이나 친지의 혼인이나 상갓집에 갈 일이 생기면 할아버지의 손놀림은 바빠졌다. 많지도 않던 염소수염을 가위로 곱게 다듬고 빳빳하게 풀을 먹인 하얀 두루마기를 꺼내 입었다. 그리고 망건 위에 갓을 반듯하니 올려 묶고서는 선반에 가지런히 놓인 흰고무신을 댓돌 위에 내려놓고 의관이 정제되었다 싶으면 출타하는 것이다. 그런 날은 왠지 가족 모두가 숙연한 기분이 들었다. 농사일에 절어 흙과 거름냄새만을 풍기던 할아버지가 그렇게 말끔하게 차려입고 길을 나서는 뒷모습이 괜히 낯설어보였기 때문이다. 군대 간 아버지를 기다리며 시집식구 뒤치다꺼리를 하던 그때 어머니의 나이는 열여덟이었다. 그런 어머니에게 할아버지는 누구도 감히 어쩌지 못하는 안식처였다. 외로움으로 점철된 할아버지와 고된 시집살이로 마음을 나눌 곳이 없었던 두 사람은 서로의 아픔을 보듬으며 스스럼없는 사이가 되었던 것이다. 분가를 결심했을 때 시집살이의 해방과 도시에 대한 설렘과 기대는 말할 수 없이 기뻤지만 내색조차 할 수 없었던 어머니였다. 할아버지에 대한 죄스러움과 미안함이 그 모든 걸 앞섰기 때문이었다. 막상 떠나던 날 할아버지는 동구 밖까지 나와 묻어둔 속내를 내비쳤다.

"인자 누가 내 고무신을 씻어줄기고. 내 니 생각 많이 날끼구마."

"아부지, 형님이 둘이나 안 있습니꺼. 그런 소릴랑은 하지 마이소."

"너거 셍이가 어디 니만 하겠나."

된 동서 시집을 살면서도 지극정성을 보인 것을 늘 고마워한 할아버지는 결국 돌아서서 눈물을 보이고 말았다. 어머니도 시외버스를 타고 오는 내내 그 눈물을 헤아리느라 자신의 눈물은 닦질 못했다.

그렇게 각별했던 할아버지와 어머니는 스무 해가 지난 뒤에 다시 만났다. 아흔의 연세로 지겟짐을 나르는 건 큰일날 일이라고 우리 집으로 모셔왔던 것이다. 못다 한 효도를 하느라 어머니는 초저녁이 되면 할아버지에게 와 시골이야기부터 TV드라마까지 일일이 설명하며 도시생활에 생경한 말동무가 되어주었다. 한밤중까지 두런거리는 말소리와 웃음소리는 옆방의 내게 조곤조곤한 자장가처럼 들리곤 했었다. 우리 집에서도 시골을 못 잊어선지 습관을 버릴 수 없어선지 장죽이 곰방대로 바뀐 것 외에는 망건을 쓰고 옥양목 바지저고리를 입고 있었다. 좁은 마당에서 검정고무신이 제격이라는 할아버지를 한사코 말려서 어머니는 맵시 있는 흰색 코고무신을 신게 했다. 저녁나절에는 예전과 다름없이 흙 묻은 코고무신을 중성세제와 철수세미로 말갛게 씻어서는 계단에 가지런히 세워놓았다. 집안 어디선가 할아버지가 이 모습을 곰방대로 툭툭 치며 대견스레 바라보고 있을 건만 같은 풍경이었다.

    검정고무신은 질기고 투박한 성질로 반백년은 거뜬할 합성고무로 만들어진다. 할아버지가 흙에서 일궈낸 신성한 노동처럼, 생산의 기쁨처럼 칼끝을 만나지 않고는 절대 변하지 않는 지조를 간직하고 있다. 그런 반면 흰 고무신은 어떤가. 자유자재로 휘어지는 정도가 너무 유연해 신는 촉감 또한 확연히 뛰어나다. 무엇보다도 귀하게 대접해 방안에 함께 기거할 정도로 애지중지하면서도 늘 거리가 있던 할아버지의 흰고무신. 그건 할아버지가 결코 품을 수 없는 동경의 대상으로 어쩌면 애물단지에 불과한 것은 아니었을까. 그래서 농사일과 평생 씨름하면서 미운 정 고운 정이 듬뿍 든 검정고무신의 미소에만 더 익숙해졌는지도 모르겠다. 검정고무신의 토속적이고 만만한 매력은 할아버지를 연상시키는 유일한 가교였음을 돌아가신 후에야 깨닫게 된 어머니였다. 검정고무신만을 고집하는 할아버지의 불편한 심기를 눈치 채고도 자신의 허영을 채웠던 잘못을 뉘우치며 그토록 서럽게 울었던 것은 아닐까. 할아버지에게 흰고무신은 결코 가까이하고 싶지 않은 지독한 외로움의 또 다른 이름은 아니었을까. 어머니를 위해 코고무신을 신으면서도 결코 마음만은 담지 않았던 할아버지. 이젠 잊히고 세상에 낯설어하며 자신을 낮추어야 하는 보잘것없는 검정고무신이 어머니와 할아버지에게는 비껴갈 수 없는 인생의 정리情理였음을 느끼게 된다. 내게는 진정 와 닿을 수 없는 인연이기에 더욱 깊고 도타워 보인다. 어머니의 가슴에 여적 남은 그리움의 여운이 늘 부럽기만 하다. 갈수록 왜소해지고 자잘해진 내 마음에 그런 오롯한 정의 무게가 담겨진다면 좀 더 넉넉하게 살아갈 수 있지 않을까 싶다.

늘 바라건대 가슴의 맷돌에도 그저 소담한 그리움 한 짝 있어 준다면 참 좋으련만.

이미애 hgaji_2000@hanmail.net
2006년 《선수필》 등단

얼굴바위

이 봉 길

　인왕산 자락길을 자주 걷는다. 한낮의 무더위를 피해 저녁나절의 산책이 편안하고 한가롭다. 가벼운 차림으로 나섰다. 산마루에는 엷은 햇살이 걸려 있지만 숲이 우거진 좁은 오솔길은 어둑어둑하다.
　어릴 때는 동네 아이들과 마을 뒤편 나지막한 산에서 놀았다. 그 산에는 그늘이 될 만한 큰 나무는 없었지만, 내 키만큼 자란 관목이 산등성이를 덮고 있었다. 우리는 뙤약볕에서 산딸기도 따먹고 웃자란 풀을 헤치며 날이 어두워지는 줄도 모르고 뛰놀았다. 해가 설핏하면 온몸이 땀에 젖은 채 마을이 내려다보이는 널찍한 바위에 나란히 앉아 노을이 발갛게 익어가는 걸 지켜보았다.
　더운 줄도 모르고 어두워질 때까지 함께 놀았던 어린 시절 친구들이 생각난다. 얼굴이 뽀얗고 소녀같이 생긴 아이와 시골에서 이사 온 지 얼마 되지 않은 키가 크고 피부가 검은 아이 셋에서 자주 어울렸다. 그중 한 명은 초등학교 5학년 때 이사를 갔고, 한 아이는 나와 서로 다른 중학교에 입학하면서 같이 놀지 않게 되었다. 생각해보면 초등학교 졸업 후에는 해 질 녘까지 종일 함께 뒹굴며 놀았던 그런 친구가 없다.
　중년을 넘어서니 소년 시절의 그 아이들이 그립고 가끔 생각난다.

그럴 때마다 그 시절 함께 뒹굴던 그들의 얼굴 생김새나 표정을 떠올려 보려 하지만 선명하지 않다. 오늘도 인왕산 자락길을 걸으며 아릿하게 눈앞에 어려오는 그 친구들을 생각하며 얼굴 모습을 기억해 내려고 고개를 갸웃거리며 걷는다. 그들도 어딘가에서 그 시절 나를 기억할까.

산자락 길에는 갈참나무, 산수유, 팥배나무 등 잎이 무성한 나무들이 꽉 차 있어서 머리 위를 올려다봐도 간간이 하늘이 보일 뿐이다. 운동기구들이 설치되어 있는 널찍한 마당으로 나왔다. 하늘이 활짝 열린 공터에서 문득 고개를 들어 산봉우리 쪽을 쳐다본다. 능선을 타고 쭉 뻗어 올라가는 성벽이 한눈에 들어오고 그 끝자락에 인왕산 봉우리가 우뚝 솟아 있다. 그 아래로 8부 능선쯤 성벽 바깥으로 덩그러니 허공에 걸린 듯 툭 튀어나온 검은 바위 하나가 눈에 들어온다. 얼굴바위다. 사람의 두상을 닮아 얼굴바위라고 부른다.

평소 무심코 봐왔던 얼굴바위에 옛 친구의 얼굴 윤곽이 겹친다. 나는 그 자리에 서서 무엇에 홀린 듯 한동안 얼굴바위만 바라본다. 산봉우리에만 조금 남아 있던 햇살도 떠나고 산 아래 도심의 불빛이 여기저기 드러나기 시작한다. 나는 성벽을 따라 얼굴바위를 향해 올라간다. 들뜬 마음으로 가파른 성벽 계단을 쉬지 않고 오르다보니 등은 축축하게 땀에 젖고 이마에서도 땀방울이 흘러내린다. 얼굴바위는 가까이 다가가면서 조금씩 다른 모습을 보여준다. 입술을 죽 내밀고 있는 듯이 보이는가 하면 고개를 뒤로 젖히고 하늘을 보며 사색하는 모습을 보여주기도 한다. 어릴 때 단짝이던 친구의 표정이 그랬다. 그 친구의 얼굴 윤곽이 조금씩 그려진다.

아버지가 공장에 취직했다고 도시로 나왔던 친구는 커서 돈 많이 벌어 시골에 가서 방앗간을 차릴 거라고 했는데, 고향으로 돌아갔는지. 오누이와 함께 시장에서 일하는 어머니를 기다리느라 저녁 늦게까지 골목 어귀에 앉아 있던 친구는 아버지 이야기만 나오면 눈물을 글썽였는데, 지금은 할아버지가 되었겠지.

바위를 바로 올려다볼 수 있는 데까지 왔다. 멀리서 볼 때와는 다르게 눈은 푹 들어가고 코는 작다. 이마가 벗어지고 검버섯이 피어 있는 표면은 중년을 훌쩍 넘긴 내 나이 또래같이 보인다. 성벽을 짚고 고개를 젖힌 채 한참을 올려다보고 있자니, 노을에 물든 하늘을 배경으로 하나의 검은 돌덩이의 실루엣에 해 질 녘 내 옆에 앉아 있었던 소년의 옆얼굴이 겹친다. 가슴이 뭉클해진다. 어쩌면 처음부터 그 친구들의 얼굴 특징이나 인상에 대한 아무런 기억이 없었는지도 모른다. 이 순간 까마득하게 잊고 지냈던 한 소년의 옆모습을 떠올렸다는 것만으로도 자못 흥분되고 옛 시절로 돌아간 듯 젊어지는 기분이다.

산은 얼마나 많은 이야기를 숨겨놓고 있는가. 인왕산 얼굴바위가 내게 큰 선물을 준다. 산자락에서 우연히 마주친 바위 하나가 까맣게 잊었던 어린 시절의 기억을 되살려주고 옛 친구를 가슴으로 만나게 한다. 나이 들면서부터 어린 시절의, 젊은 시절의 추억을 더듬어 활기를 찾기도 하는데 이보다 더 소중한 일이 있을까 싶다.

이봉길 provider47@hanmail.net
2004 《창작수필》 등단
수필집 『야간비행』

책 읽는 여인

이 부 림

　1960년 대학 시절에 얼마간 기숙사 생활을 했다. 기숙사는 일제 강점기에 지어진 목조건물로 많이 낡았고 방이 모자랐다. 별관이 더 구식이었는데 일본식 주거 형태인 다다미방으로 학과가 증설되고 지방학생이 늘면서 별관에는 한 방에 6명까지 기거하기도 했다. 기다란 한 쪽 벽은 붙박이장처럼 문이 달린 벽장이 있고, 맞은 편 벽은 앉은뱅이책상 여섯 개를 주욱 붙여 놓았다. 군대에서 사병들이 자기 사물함 앞에 누워 자듯이 옷장에서 이불을 꺼내 각자 책상 앞에 나란히 누워 잤다. 폭이 1m 남짓 되는 책상마다 전공에 따라 다른 책들이 꽂혀 있다.
　내 책상은 벽에 붙은 그림 한 장 때문에 룸메이트들의 책상과 쉽게 구별 되었다. 당시 월간 여성지의 부록으로 프랑스의 인상파 화가 르누아르의 〈독서하는 여자〉가 들어 있었다. 나는 A4 용지 크기의 도화지에 프린트가 선명한 이 그림을 네 귀퉁이에 압정을 꾹꾹 눌러 책상 위 벽에 붙여 두었던 것이다.
　여인의 통통한 볼에 햇빛이 환하다. 그림의 바탕이 되는 뒷벽 배경이 진한 감색이다. 여인이 입은 상의와 들고 있는 책 표지 색도 감색으로 안정감을 주며 여인을 우아하고 지적으로 보이게 한다. 햇살에 황금색으로 변한 머리카락과 하얀 얼굴이 도드라져 보인다. 뒷머리를 높이 올려 얹고, 두 눈을 내려 뜨고 있다. 독서에 몰두한 표정이 진지하다. 당시 불란서 상류층의 대 저택에 살롱을 열고, 예술인들의 사랑방 안주인으로 파리 사교계를 주름잡는 젊은 마담이려니 하면서 동경하는 마음으로 마주 앉아 책을 읽었다. 그 뒤 자취방으로 옮겨 간단한 이삿짐을 풀면서 그림을 그대로 두고 온 것을 알았지만, 찾으러 가야지 하면서 시간만 보내다가 잊어버리고 말았다. 기숙사에서 일 년 반 동안이나 동거하던 그림의 여인을 금년 봄에 우연히 다시 만났다. 모 수필 전문지 여름호를 들추는데 두어 장을 넘기자 다음 페이지에 그녀가 있었다.

60년 전 모습대로 그때 읽고 있었던 책을 지금도 보고 있다. 그런데 여기서는 〈책 읽는 여인〉이라고 소개하고 있다. 현재 프랑스의 오르세 미술관에 소장되어 있으며 그림 크기가 가로 46.5cm, 세로 38.5cm의 캔버스에 유채화라는 캡션이 붙어있다. 원본은 A4용지 두 장을 긴 쪽으로 붙인 것보다 조금 더 큰듯하다. 이번에 다시 만나면서 알고 보니 이 그림의 모델은 '마르고'라는 처녀로 몽마르트 언덕의 화류계 여성이었다고 한다. 상류사회의 살롱 마담이든 하층민의 가난한 여자이든 상관없다. 조용하면서 기품 있는 인상을 준다. 마르고는 1879년 전염병에 걸려 23세의 나이로 사망했는데 이 그림은 1875년경 그려졌다고 하니 그녀의 당시 나이는 20세 전후로 추측된다.

대학 2학년 때 내 나이 20세. 이제야 알았지만, 우리는 동갑내기로 만났다. 마르고는 두 볼이 통통하고 입술이 도톰해 귀염성 있어 보이는데 그때의 나 역시 볼이 빵빵해서 수밀도 같다고들 했다. 마르고는 지금도 여전한데, 내 볼은 처지고 햇살이 비친다 해도 머릿결은 빛나기보다 흰머리가 더 도드라진다.

　예전이나 지금이나 저 여인은 무슨 책을 읽고 있을까 궁금하다. 책 표지가 진하고 책이 두꺼운 걸 보면 일반 소설책 같지는 않은데, 그렇다고 교양서적이나 철학책도 아닌 듯하다. 표정으로 보아도 내용이 즐거운지 슬픈지 달콤한지 알 수 없다. 레오나르도 다빈치의 그림인 〈모나리자〉의 미소가 알 듯 말 듯 신비롭다고 하지만 〈책 읽는 여인〉의 미소도 감을 잡을 수 없다. 얼굴에 살포시 홍조를 띤 듯도 하고 무언가 골똘히 생각하는 것도 같다. 내 또래의 마르고를 나보다 나이 많은 부인으로 오해는 했지만 그녀의 고운 자세와 지적인 모습에 반했었다. 지금 보니 손녀처럼 어려 보여 정이 더 간다. 한창 꿈 많던 처녀 시절의 한때, 나의 롤 모델이 되어 주었던 책 읽는 여인 마르고.

　잡지의 사진을 오려 화장대 거울의 모서리에 끼워 놓았다. 반세기가 넘었어도 여전한 모습의 그녀는 한참을 잊고 지낸 그림 속의 친구다.

　네가 살아보지 못한 세월을 내가 살아왔구나. 네가 나만큼 살았다면 넌 어떤 삶을, 어떻게 살았을까. 너의 일생은 한 번의 모델로 끝나지 않았다. 너의 삶에 가장 아름답던 순간은 너의 마지막 모습이었고 그 모습 그대로 모두의 기억 속에 영원히 남아 있다. 마르고, 너는 앞으로도 독서하는 여인의 자태로 오래오래 남아 세상 사람들의 귀여움과 사랑을 받을 것이다.

　나도 예전처럼 너와 마주앉아 같이 책을 읽을 생각이다. 너와 함께 늙지 않은 내가 있음을 깨닫는다.

이부림 bulimy@hanmail.net
1994년《현대문학》수필 등단. 수필집『대문 안쪽』

친구를 떠나보내며

이 상 열

　유세차 모년 모일 모시에 애달픈 마음으로 소주에게 고하니, 나이 들어 이제까지 옆에 두고 사귀어온 벗 중에 너보다 더 나를 충족시키고 빠지게 한 이는 없었으며, 배반하지 않고 충실히 옆을 지켜주는 친구도 드물다. 지금까지의 정과 회포로 너와 더불어 일생을 마칠 때까지 함께하고자 하는 마음은 여전하고 간절하다. 그럼에도 불구하고 단지 내 몸이 예전처럼 팔팔하게 너를 영접하지 못하는 까닭으로 이제 아쉽지만 너를 그만 떠나보내고자 한다. 애달픈 마음은 간장을 녹이지만 생각해보면 모든 걸 내려놓고 털어내야 하는 이 나이에 어쩔 수 없는 현상이라 여기고 참아야 할 것이라고 간주하노라.

　대학교 시절부터 너는 좋은 친구였다. 그 시절에는 지금의 17도 정도의 약한 애가 아니라 25도, 30도 나가는 아주 팔팔한 놈이었다. 처음 마실 때 '카!' 하면서 털어 넣지 않으면 목으로 넘기기가 결코 만만치 않았다. 그렇게 어느 정도 목젖을 노긋노긋하게 적응시켜놔야 술술하고 잘 넘어갔다. 그런 너를 친구하고 둘이서 고기도 안 넣은 빈약한 김치찌개를 안주로 하룻밤에 열다섯 병까지 마시기도 했다. 그러고는 정신 잃고 쓰러져서 코를 심하게 골며 아침까지 잠들었다. 늘 함께하다

보니, 시계와 학생증은 항상 술집 주인 서랍에서 잠자고 있었다. 시간이 있으면 으레 너를 마시는 것이 주요 일과가 되고 너를 맛보려고 친구를 불러댔다. 평생을 사귀어왔지만 이제는 너를 이길 수는 없게 되었다. 누구나 처음에는 네 앞에서 말똥말똥하게 맨정신으로 대적하지만, 조금 지나면 눈이 흐릿해지고 입은 옆으로 벌어져가고 말은 두서없어지고 했던 말 계속 중복하기가 일쑤였다. 그러면서도 뭐가 좋은지 계속해서 너를 찾아다니다 젊음이 가고 장년이 가고 이 나이가 되었다.

너는 모든 사적인 만남이나 모임의 경직된 긴장감을 풀어주는 좋은 역할을 담당했고, 고기나 회 등의 기름진 음식을 더 풍족히 즐길 수 있게 한 것도 사실이었다. 그러다 보니 그놈의 정이 무엇인지 부지불식간에 너무 빠지고 젖어서 생활하게 되고, 우리에게 공기나 물의 존재처럼 항상 옆에 있는 그런 친구가 되었다. 너는 나에게 함께하는 고마움은 느끼지 못하고 잠시의 부재만을 아쉬워하는 그런 대상으로 변해갔다. 항상 밥만 먹고 살 수 없고 가끔 짜장면을 먹듯이, 때때로 향이 좋고 매끄러운 외국산 위스키나 와인, 고량주, 보드카에 빠져 한눈을 팔기도 했다. 그렇지만 곧 네놈에게 다시 돌아와서 역시 신토불이가 최고라고 확인해 주곤 하였다.

너무 빠져 살았다. 아니 빠진 줄도 모르고 젖어 살았다. 마약 중독은 심각하게 여기면서, 네놈 중독은 내가 왜 그렇게 너그러웠는지 모르겠다. 고혈압으로 의사에게서 경고를 받고, 또 예전과 달리 고작 17도짜리 1병에 해롱거리고 나니 정신이 들어 이제야 네놈의 정체를 확실히 깨달을 수 있었다. 이순이 넘어 더 이상 몸이 너를 예전처럼 감당하지 못하고서야 그 패악을 하나하나 떠올릴 수 있었다. 그동안 나를 얼마나 헤집어 분해해 왔는지. 두꺼비처럼 늘어난 뱃살은 전적으로 네놈의 공이며 고지혈증에 수면 장애에…. 너한테 매달리지 않았으면 벌써 집을 곳곳에 얼마나 많이 소유하고 있겠는가. 네놈이 아니면 땅바닥이 왜 올라와서 내 얼굴을 때리고, 전봇대가 무엇 하려고 다가와서 나를 후려쳤겠는가. 땅바닥한테 맞아서 부러진 내 이빨은 또 얼마나 억울한가. 네놈 아니었다면 내가 왜 친한 친구 놈들하고 그렇게 싸워대고, 옆자리 다른 패거리들과 육탄전까지 벌였겠는가. 울컥해서 잘 지내던 애인하고 헤어졌던 것도 네놈 공이며 위로해 준답시고 내장을 병들게 한 것도 네놈 짓이었다. 너를 너무 마시고 정신없이 자다가 새벽에 눈이 떠서 살펴보니 웬 허름한 여인숙 방이었다. 속은 쓰리고 머리는 빙빙 돌고 지갑은 어디 간지 모르겠고 무엇을 해야 하는지 헤매며 흐느적거리던 일이 몇 번이었던가. 산에서 만난 두꺼비는 징그러워하면서, 뭐가 좋다고 그렇게 두꺼비 병 나팔을 불어댔는지 모르겠다.

  가만히 생각해 보니 네가 나를 도와준 일들도 헤아릴 수 없이 많은 것도 사실이다. 취하지 않고 맨정신으로는 비즈니스를 전혀 하지도 않던 K 은행의 김 차장을 설득하여 계약을 성공시키게 한 건 전적으로 네가 있었기 때문이었다. 새침데기로, 콧대 높기로 유명했던 은정이를 해롱거리며 나한테 매달리게 도운 것도 너의 우정이었다. 외국 출장 때마다 같이 갔던 팩 소주로 치장한 너 때문에 얼마나 많은 동료들이 내 뒤를 쫓아다녔던가. 한 모금이라도 얻어 마시려고. 그만큼의 충족감과 단절 없는 해방감은 너를 통해서였다.

  달 밝은 삽교천 잔잔한 물에 배를 띄우고 낚시를 할 적에, 한밤중의 적막함 속에서 너와 나눈 입술과 마음의 대화는 얼마나 나를 흠씬 채워

주었던가. 그때의 달빛과 삽교천과 너는 완벽하게 나와 하나였다. 지금도 간간이 그 시간을 그리워한다.

만나는 친구들과 그냥 서먹하게 헤어지기가 아쉬울 때마다 '딱 한 잔만'을 외치며 붙잡고 정을 나누던 소중한 추억들, 배 속은 채우면서 가슴은 더 넓고 크게 키워주던 시간들, 어렵고 괴로운 일들을 잠시 벗어나서 별거 아니라고 여겨지게 하던 시간들. 생각해보면 너는 정말 좋은 놈이었다.

아깝다 소주여, 애달프다 친구여.

이제 나는 너와 작별을 고하고자 한다. 이미 누차 얘기한 바와 같이 내가 너를 떠나보내는 것은 마음이 달라져서 너를 미워하게 되었다든지, 너 말고 다른 친구가 생겨서 너를 배반하는 것이 아님은 너도 잘 알 것이라고 본다. 피할 수 없는 나의 한계로 너를 놓아 보내게 되니 눈물이 앞을 가리며 가슴이 먹먹하다.

나만 빼놓고 다른 놈들하고 희희덕거릴 걸 생각하면 지구상에서 너를 말살시켜버리고 싶은 마음도 있으나, 불행하게도 나에게는 그럴 능력이 없으니 내 곁에서만이라도 너를 떠나보내고자 하노라. 그럴지라도 자주 네가 그리워 손에 익은 병의 크기와 감촉을 그리면서 안타까워할지도 모르겠다. 그렇지만 이미 너를 예전처럼 흠뻑 들이키지 못하니 그것을 아쉬워할 뿐이다. 가라! 가라! 다른 놈들 품에 안겨서 좋아할지라도 어쩌겠는가. 그동안의 정리를 생각해서라도 그냥 고이 보내 주는 것이 맞으리라. 이 사랑스러운 놈아! 아무 말 말고 그냥 가거라!

이상열 arui3030@naver.com
2021년 《선수필》 등단

짱뚱어 다리에서

이순금

　우리가 슬로우 시티 증도에 내린 것은 해 질 녘이다. 이곳은 천일염 생산지로 널리 알려진 전남 신안의 섬이다. 전에는 배를 타고 건너가던 길을 자동차로 건너왔다. 도착하기 전에 TV 드라마 촬영지로 알려진 화도를 보려고 노두길 입구로 차를 달렸다. 그러나 마침 밀물 때여서 돌로 쌓아 만든 길이 바닷물에 잠기려 하고 있다. 멍하니 화도를 한참 바라보다 다시 차를 돌렸다. 숙소에 짐을 풀고 창밖을 보니 서천西天의 낙조가 바다에 붉은 빛줄기를 뿌리고 있다.

　다음날, 운동화 차림으로 해변을 끼고 소나무 숲길을 걷는다. 왼쪽은 유명한 우전해수욕장이다. 이 숲은 지난여름에 다녀간 사람들의 흔적을 찾을 수가 없다. 왕래하는 길에 깔아놓은 흰모래만 없다면 그러하다. 오가는 사람은 보이지 않고 해풍에 푸른 솔가지들만 향기로운 소리를 내며 흔들린다. 한참을 걷다 보니 새로 지은 듯한 건물이 시야에 잡힌다. 그리고 붉은색의 다리가 아득한 갯벌을 가로질러 건너편에 닿아있다.

　나는 다리 위로 오른다. 물이 차 있다면 바다 위를 걷고 있는 셈이다. 그러나 지금은 광활한 갯벌만이 보인다. 난간에 손을 얹고 아래를 내려다보니 아직도 낮은 곳엔 진흙 사이로 물길이 흘러가고 있다. 꼬물꼬물 움직이는 것들은 모두 살아있는 생명이다. 콩알만 한 게와 조금 큰 것들, 그리고 크고 작은 짱뚱어들, 이들이 어디에 숨어 있다가 이렇게 많이 기어 나왔을까. 참깨를 열 섬 정도 뿌려 놓으면 그 수가 이와 비슷할까. 이 개펄 위의 생명들은 매우 유쾌해 보인다. 끈적이는 검은 흙 속에 뒹굴면서도 즐거운 몸짓을 하는 짱뚱어들. 그것들의 빠른 점프와 콩게들의 느리면서도 부지런한 움직임은 이 갯벌이 건강함을 증명해주고 있다.

　나는 끝없이 펼쳐진 갯벌에 렌즈를 맞춘다. 짱뚱어의 엉뚱하게 생긴 모습이 흥미롭다. 머리 위로 매달린 툭 튀어나온 두 개의 눈과 등에 달린 지느러미는, 성깔을 숨긴 듯 부채처럼 활짝 편 채 힘을 주고 있다. 도도하고 거침없이 당당한 모습은 옛날 전쟁터의 선봉에 선 장수와 흡사하다. 지느러미를 세우고 나는 겁나는 것이 없다고 호령하는 듯하다. 몸을 솟구쳐 뛰어오를 땐, 말 위에서 칼을 뽑아 들고 달려 나가는 맹장猛將의 모습이다. 진흙 사이로 번개같이 미끄러져 갈 때는 그 생동감에 눈을 떼지 못한다. 개펄에서 짱뚱어를 잡는 사람들은 그것의 빠르기를 능가하는 노련한 낚시의 기술이 필요하단다. 속임수로 두 개의 구멍을 내놓고 사는 지능을 가졌기에 오랜 경험이 따르지 않으면 손으로 잡기가 어렵다고 한다.

　내 시선은 다시 갯벌을 걸어서 바다로 나간다. 물이 남실거리는 경계에 멈춰 바다를 본다. 눈은 푸른 물결을 따라 한없이 달리다가 멈춘다. 그리고 뒤돌아 아득한 갯벌을 바라본다. 내 뒤통수에서 출렁이는 파도들이 언제 밀물이 되어 등을 밀고 들어올지 정보가 없는 상황이다. 두려운 생각을 안고 해수가 흐르는 갯골을 따라 천천히 시선을 거두어들인다.

나는 이들에게서 공생의 미덕을 본다. 이곳에는 가히 셀 수 없는 빠끔빠끔한 크고 작은 구멍들이 뚫려 있다. 이들이 위험을 느낄 때나 쉬고 싶을 때 드나드는 구멍, 즉 집이다. 한데 그 모습이 단순하고 욕심이 없다. 이 많은 짱뚱어들과 콩게가 패를 나누어 영역싸움을 벌인다면 이런 평화는 존재하지 않으리라. 어쩌면 인간에게 빨리 잡히는 빌미가 될지도 모른다. 그러기에 공존이라는 현명한 선택을 한 건 아닐까.

갯벌은 천혜의 요새이다. 바닷물이 가득 찰 때는 지구상의 바다는 모두 하나로 통한다. 헤엄치는 동물들은 어디든 갈 수가 있다. 그러나 썰물이 시작되고 바닥이 드러나면 물과 뭍의 경계가 생겨난다. 하지만 갯벌은 뭍도 아니고 바다도 아니다. 그 내막을 알 수 없는 진회색의 세상이다. 개펄에는 주민들도 정해진 길 이외는 다니지 않는다. 함부로 발을 디딜 수 없는 수렁이 많기 때문이다. 그러나 지금 이곳의 생명들은 마음껏 일광욕을 즐기고 있다. 여기는 깊숙한 곳으로 사람이 들어올 수 없는 곳임을 아는 듯하다.

갯벌은 겉으로 보기에는 평화로워 보여도 어느 곳에 함정이 도사리고 있는지 그 속을 알 수가 없다. 무게가 나가는 동물들에겐 한 번 빠지면 헤어나지 못하는 잔혹한 곳이 있기 때문이다. 이러한 뻘은 피해야 하는 것들을 상징하기도 한다. 어두운 세계에 발을 담가 빠져나오지 못하는 경우도, 혹은 그런 곳으로 유혹하는 일도 흑막의 세상인 뻘에 비유하기도 한다. 빠져나오려 몸부림칠 때마다 그만큼씩 깊숙한 곳으로 더 들어가는 곳이 여기다.

이렇게 위험한 곳에 빠져 가출한 어린 딸이 돌아오기를 기다리며 밤마다 대문을 잠그지 않고 기다리는 부모의 마음을 다룬 소설이 생각난다. 일본 작가가 쓴 『수렁에서 건진 내 딸』이다. 마지막에는 아이가 돌아와 부모 앞에 뉘우치지만 그 과정이 가슴을 도려냈다. 개펄엔 두 개의 얼굴이 존재한다. 뭇 생명이 환호하는 따사로운 표면이 있는가 하면, 깊이를 몰라 빠져나오지 못하는 구렁텅이의 습성도 함께 지니고 있기 때문이다.

개펄의 재주꾼 짱뚱어는 굳이 큰물을 따라 깊은 바다를 동경하지 않는다. 따뜻하고 햇빛 좋은 날 진흙탕의 묘미를 즐길 줄 알기 때문이다. 밀물과 썰물이 규칙적으로 순환되는 이곳은 평화로운 시간과 파도치는 시간을 모두 감당해야 하는 양면을 가지고 있다.

내가 바라본 갯벌은 언제나 힘든 일을 묵묵히 해내는 참을성 있는 사람이고, 그 역량이 어디까지인지 짐작할 수 없는 불가사의한 초인超人이며, 때론 마음이 한없이 유순하다가도 거슬리는 일엔 단호하게 소리치는 절도節度 있는 사람이다. 늘 코를 골고 푹 자면서도 지각 한 번 없는 정확한 사람이고, 본래 모습은 안에 숨기고 절대 당황하지 않는 속이 푹 곰삭은 백전노장百戰老將을 닮아 있다. 나는 지금 그러한 개펄 위를 건너고 있다.

이순금 yusu-lsg@hanmail.net
2009년《문학산책》수필 등단, 2014년《아동문예》동화부문 당선
수필집『그물』『물을 토하는 화공 』

사막여우와 전갈

이언주

동영상 채널에서 사막여우와 전갈 사이에 결투가 벌어졌다. 큰 귀를 쫑긋 세운 귀여운 페넥과 악명 높은 전갈이 싸우니 아이들은 당연히 사막여우 편이다. 궁지에 몰린 전갈이 여우를 피해 달아났다. 구덩이 파기 선수인 여우는 모래를 파헤쳐 숨어 있는 전갈을 밖으로 끄집어냈다.

전갈은 사막여우가 가장 좋아하는 먹이다. 사막여우는 아무리 강한 전갈의 독이라도 스스로 해독하는 능력이 있다. 전갈은 갑자기 닥친 위험에서 벗어나기 위해 필사적으로 달아났지만, 여우를 당해낼 재간이 없다. 여우는 전갈 꼬리에 있는 독침을 떼어냈다. 꼬리를 세우고 저항하던 전갈이 모래 위에 무방비 상태로 놓이고 말았다.

사막여우의 식사가 시작되었다. 여우는 살아 있는 전갈의 꼬리부터 즐겼다. 몸이 뜯겨 씹히는 동안에도 전갈은 죽음에서 달아나기 위해 있는 힘을 다해 앞으로 나아갔다. 여우는 전갈의 머리와 집게발까지 맛있게 먹고 아쉬운 듯 입맛을 다셨다. 사막여우를 응원하던 작은 아이의 얼굴이 일그러졌다. 그러더니 뜬금없이 물었다.

"엄마도 죽음을 생각해 본 적이 있으세요?"

느닷없는 질문에 어떻게 대답을 해야 할지 난감했다. 내 표정을 살피던 아이는 그냥 궁금해서라고 말꼬리를 돌렸다. 머릿속으로 많은 생각이 스쳐 지나갔다. 혹시 학교에서 무슨 일이 있지나 않았는지, 친구들 사이에 무슨 문제가 있는지 걱정이 됐다.

전갈의 죽음을 어떻게 생각하는지 아이에게 물었다.

여우는 먹이 사냥을 할 뿐이었지만, 발버둥 치는 전갈을 보는 일은 몸서리치게 하는 일이었다. 몸통의 반이 잘려나간 전갈이 몸을 숨길 곳을 찾았다. 그 순간 전갈은 죽음보다 더 고통스러운 공포와 세상의 끝이라는 절망을 느끼지 않았을까.

존재의 소멸이라는 말 속에는 '자연'이라는 의미가 깃들어 있다. 사람들은 몰락을 예견하면서도 살아간다. 몰락은 파국이 아니라 윤회로 이어지기 때문이다. 그러나 가족이나 가까운 사람의 죽음이나 이별을 떠올리면 상황은 달라진다. 상상하고 싶지 않다.

이사를 하듯 죽음이 이곳에서 다른 차원으로 옮겨가는 것은 아니다. 어떻게 되돌릴 방법이 없다. 생을 놓아버린 순간 개체의 존재는 영원히 사라지고 만다. 내일은 오로지 존재하는 자들의 하루일 뿐.

무로 돌아간다는 말을 아이에게 쉽게 설명할 수가 없다. 잘못 받아들여 삶을 가볍게 여기지나 않을까 걱정이 앞선다.

살면서 겪는 어떤 불행보다도 죽음에 닿는 과정이 더 무섭고 고통스러운 것이다. 각박해지는 사회에서 안전을 위협하는 일들이 너무 많다. 전갈이 여우를 만난 것은 운이 나빠 사고가 난 것이라고 말할 수밖에.

그러니까, 조심했어야지. 위험한 곳으로 다니지 말라고….

이언주 lsjmum@hanmail.net
2006년 「선수필」등단. 소설집 『크라잉 게임』 외

위대한 나무

이영숙

연보랏빛 칡꽃이 숲을 환하게 밝힌다.

참나무 목을 조르듯 감고 올라간 칡넝쿨이 몇 가닥인지 가늠조차 하기 어렵다. 건장한 청년 엄지손가락 굵기만큼 큼직한 줄기와 간난아기 새끼손가락만큼 가느다란 칡 줄기들이 얽히고설키면서 참나무를 감싸고 있다. 우듬지에서 흔들리는 나뭇잎을 보고 참나무라고 느낄 뿐 밑둥치를 보면 칡인지 참나무인지 분간이 어렵다. 칡넝쿨에 휘감긴 참나무는 숨이 막힘직도 하련만 칡넝쿨을 묵묵히 보듬어 안고 있다. 연보라색 밝은 칡꽃이 샹들리에 등불처럼 오종종 매달려 숲을 밝히고 있다.

여섯 동생 앞길을 보라색 밝은 빛으로 밝혀준 사람은 큰언니였다. 언니는 너무 일찍 철이 들어버렸고 활짝 피기도 전에 세파에 몸을 싣고 참나무처럼 묵묵히 여섯 동생을 감아올렸다. 넉넉하지 않은 산골에서 일곱 아이 먹을거리만 걱정하던 부모님과 달리 언니는 맏이라는 중압감을 짊어지고 고군분투했다. 참나무가 큰언니 같아 목 안이 아릿하다.

우리 부모님도 자식 앞날이 걱정이 되고 마음이야 아팠겠지만, 나에게는 무관심으로 비쳤다. 아래로 남동생이 네 명이며 셋째 딸인 나는 일찍감치 상급학교 진학을 포기해야 했다. 좋은 성적으로 입학하게 되어 입학금 등록금이 면제되었지만 실험실습비 몇천 원을 내야 하는데 부모님은 관심이 없는 듯 멀리 출타해버렸다. 나는 이불을 뒤집어쓰고 울기만 했다. 큰언니가 이리 뛰고 저리 뛰어 겨우 마감 10분 전에 돈을 냈다. 내가 교사가 된 것은 순전히 큰언니 덕분이다.

바람이 한 점 지나가더니 참나무 잎이 흔들린다. 자세히 올려다본 참나무는 말라서 잎이 없는 가지가 여러 개 있었다. 생명력이 끊어진 가지에도 칡넝쿨은 손바닥만큼 넓은 파란 잎을 펄럭이며 자랑스럽게 꽃을 피우고 있었다. 라일락꽃 향기 같은 은은한 칡 향이 코끝에 감돈다.

큰언니 부고가 날아왔다. 눈물도 나지 않고 머릿속이 하얗게 비워져 멍하니 하늘만 쳐다보았다. 큰 슬픔은 눈물도 멈추고 생각도 앗아가는가 보다. 몇 달 전부터 입원과 퇴원을 번갈아 하기에 걱정을 했지만 이렇게 갑자기 떠날 줄 몰랐다. 운명하던 날 아침 몇 번을 전화해도 받지 않았다. 가끔 말하기 힘들거나 귀찮으면 받지 않은 날이 있었기에 그날도 그러려니 했는데….

참나무 꼭대기에 있는 굵은 가지에 달린 잎 몇 장이 바람에 흔들린다. 아직도 살아 있다는 신호인 듯. 굵고 가녀린 수많은 칡넝쿨을 보듬어 안고 키워 주느라 자신의 몸이 점점 쇠퇴되어 가는 것을 참나무는 알고 있었을까? 계곡물에 담그고 있던 발을 닦고 언덕배기로 올라갔다. 칡넝쿨을 헤치면서 참나무 밑둥치를 만져보니 시커멓게 변해버린 푸석푸석한 껍질이 툭툭 떨어진다. 머지않아 참나무 생명도 끝이 나려나 보다.

하늘로 떠나기 보름 전. 병원에서 언니를 만났다. 썩어가는 참나무 밑둥치처럼 언니 발은 퉁퉁 부어서 허벅지와 종아리와 발의 구별이 어려웠다. 마흔다섯 해 전 위암 수술로 40kg을 겨우 넘긴 작은 체구가 부모님 빈자리를 채우느라 참 많이도 힘들었을 것 같다. 그저 '언니니까.' '누나니까.' 하면서 칭칭 감고 오르기만 했지, 그 속을 헤아려 본 적이 없는 듯하다. 언니 몸이 시나브로 망가지는 것을 알지 못했다. 우린 알려고 하지 않았다는 것이 옳은 말인 듯하다. 싸늘해진 다리를 만지자 아프고 따가워서 가슴속에서 올라오는 뜨거움을 억지로 참았다.

참나무 잎같이 연초록 옷을 입고 갈색 모자를 쓴 언니 영정 앞에 엎드리자 말랐던 울음이 왈칵 쏟아졌다. 따뜻하게 잡아주던 손도, 반가이 맞아주던 웃음도, 힘들었지 하는 위로도 없이 언니는 사진 속에만 앉아 있었다. 통곡을 해도 손수건 한 장 주지 못하고 등 한번 쓸어주지 않은 채 하얀 꽃 속에서 가만히 내려다보고만 있었다.

시나브로 죽어가는 참나무를 감고 높이 올라간 칡넝쿨은 은은한 향을 내뿜는 꽃을 달고 그늘진 강가 숲을 환하게 비추고 있다. 칡은 나무를 의지하고 기대어 올라왔지만 저 혼자 힘으로 자랐다는 것같이 당당하게 뻗어 있다. 훈장 같은 보랏빛 꽃을 소복하게 달고서.

일찍 세상에 내동댕이쳐진 언니를 우리는 당연한 듯이 그 어깨를 밟고 올라갔다. 어렵고 힘든 일을 부모님과 의논하기보다는 언니가 먼저였다. 엄마가 일찍 돌아가시고부터는 모든 것을 언니에게 의지했다. 여섯 남매 맏며느리였지만 우리는 우리만의 언니인 줄만 알고 감고 또 감았다. 숨이 턱턱 막히고 가슴 먹먹한 날들이 얼마나 많았을까? 그래도 언니는 불평 한마디 없었다.

참나무는 고향인 몽골에서 '위대한 나무'라고 불린다고 한다. 그때는 몰랐다. 150cm 조금 넘긴 언니지만 나에게는 크고 '위대한 나무'

였다는 것을. 이제 기댈 수 없는 나무이기에 그리워하지도 서러워도 말아야겠다. 비빌 수 있는 나무가 없어 높이 오르지 못하지만 누워서라도 꽃을 피워야겠다. 더 곱고 더 밝은 큰 보랏빛 꽃을. 그것이 위대한 나무가 바라는 소망이 아닐까.

이영숙 emeritanice@hanmail.net
2015년 《선수필》 등단

깐부

이예경

　일상이 권태로울 때 가끔 영화관을 찾았다. 코로나 팬데믹 이후로는 안방극장이 그 자리를 메우는 중이다. 최근 세계적인 이목을 끄는 '오징어 게임'. 등장하는 놀이와 용어까지 유행처럼 번지고 있는 그 대열에 나도 끼이고 싶었다.

　잔혹한 장면이 많았지만 점점 그 속으로 빠져들었다. 시선을 두기가 어려운 장면이 있었지만 눈물샘을 자극하는 감동도 있었다. 극 중 여섯 가지 게임 중 구슬로 하는 홀짝 게임을 할 때였다. 시작 전 노인은 상대에게 깐부부터 맺자고 했다. 깐부는 동네에서 구슬이랑 딱지랑 네 것 내 것 없이 같이 쓰는 친구라며 천진난만하게 웃는 모습이 강하게 여운으로 남았다.

　우리는 이산가족이었다. 남매를 조기유학 보내고 부부는 일 때문에 떨어져 지냈다. 남편은 직장일과 집안일을 양립하기가 쉽지 않았겠다. 그래도 혼자 의식주를 해결하고 취미 생활까지 하면서 잘 지냈다. 결혼 후 줄곧 집사람으로만 살다가 내가 직장을 갖게 된 건 가부장적인 그에게 혁명 수준이었다. 그도 결국 나의 일을 인정하게 될 수밖에 없었지만 늘 목에 걸린 가시 같았으리라.

그렇게 이십 년이 지났다. 자연스러운 수순으로 합가해야 할 이유가 생겼다. 내가 일을 그만두면서다. 혼자 생활하는 데 익숙해진 두 사람. 긴 세월 동안 혼자 생활하며 너무 커버린 자아의 간극을 좁힐 일이 염려되어 마음이 복잡했다. 그도 나와 같은 생각을 하지 않았을까. 지인들도 나 못지않게 걱정을 했다. 떨어져 지낸 만큼의 시간이 지나야 서로 적응할 거라면서.

결정하고 나니 시간은 더 빠르게 지나갔다. 나와 남편 그리고 아들, 세 집 살림을 합한 짐이 방과 거실에 가득 찼다. 어떻게 정리를 해야 할지 막막했다. 쉬엄쉬엄 하라고들 했지만 사람마다 일 처리 방법이나 능력이 다른데 말처럼 쉽지 않았다. 성격 탓으로 돌려봐도 인내심이 필요한 일이었다. 전업주부가 된 내 몫이라는 판단이 서자 빨리 정리를 끝내야겠다는 욕심이 앞섰다.

모든 일의 결과에는 원인이 있기 마련이다. 이사 전부터 어깨에 문제가 있었지만 나쁜 선고를 받으면 이사고 뭐고 모든 것이 틀어질 것 같아 참았다. 그러나 참는 데도 한계가 있는 것. 부랴부랴 짐 정리를 끝내고 병원을 찾았더니 회전근개 파열이라고 했다. 이 무슨 날벼락인가. 욕심이 화를 부른 것이다. 건강하다고 자만할 게 아니라 몸을 아끼고 무리하지 말았어야 했다. 어쩌냐는 걱정과 미련스럽다는 핀잔이 주변인들로부터 동시에 쏟아졌다.

한쪽 팔, 그것도 오른쪽을 못 쓰게 되니 아무것도 할 수 없었다. 제일 답답하고 불편한 건 나였지만 가족이라고 편했을까. 이십 년 만에 합가한 신고식을 톡톡히 치르게 된 것이다. 그간 누렸던 자유에 대한 대가代價라 생각하니 마음이 좀 편해졌다. 거기에 남편의 보호로 분에 넘치는 호사까지 누리게 된 것이다. 이런 상황이 되지 않았다면 서로에게 맞추기보다 자기 기준으로 서로를 재단하고 있었을지도 모른다. 어쩌면 한쪽도 양보하지 않아 큰소리가 그칠 날이 없었을지도.

요즘 일과는 팔을 보조기구에 의지하고 가만히 있는 것이다. 여행을 비롯한 일상생활이 제한된 코로나가 되레 위안이 된다. 엉뚱하게도 전화위복이라는 말이 떠올랐다. 만약 내가 환자가 되지 않았다면 이런 대우를 받았을까 하는 생각도 들었다. 나는 평소 일을 두려워하지 않는 편이다. 결혼 전에는 맏딸이어서, 이후에는 몸에 밴 근성으로 무리했고 결국 이런 결과를 낳았다. 몸은 마냥 쉬고 있지만 마음은 편하지 않았다.

자발적 의사가 아닌 휴식이 나를 힘들게 했다. 생산적인 일을 하지 못하는 것이 무료하고 괴로웠다. 아들에게도 그 마음이 닿았는지 일할 생각 말고 멘탈 관리 잘하라는 말이 출근길 인사였다. 이 정도 아픔을 견뎌내지 못하고 세상 다 산 것 같은 생각을 하고 있다니. 그렇게 빨리 흐르던 세월은 또 왜 이렇게 지루하게 느껴지는지. 그러다가도 고칠 수 없는 병으로 고통받는 누군가에게 미안한 마음이 들었다.

어느 날 남편은 이제 나를 마님처럼 모시겠다고 했다. "알아서 모셔. 늙어서 찬밥 신세 되지 않으려면." 이번 기회에 그의 사고를 바꿀 필요가 있겠다 싶었다. 한편으로는 과연 그럴 수 있을까에 대해 의심하며 조금만 소홀해도 트집을 잡았다. '마님으로 모시겠다더니 며칠이나 됐다고!' 그래도 빙긋이 웃는 남편. 예전과는 너무 다른 반응이 오히려 낯설었다.

얼어붙었던 마음이 자연스레 녹아내렸다. 아프고 힘들 때 곁에서 힘이 되어 주는 사람이 있다는 것보다 큰 위안이 있을까. 남들은 그를 싹싹하지는 않지만 진국이라며 위로를 했지만, 사람은 쉽게 변하지 않는다는 걸 알기에 큰 기대를 하지 않았다. 그랬기에 집사람에서 마님으로 승격하기까지의 과정이 더 큰 감동으로 다가왔는지 모르겠다.

합가하면서 비로소 각자의 소유를 주장하지 않고 경제권을 공유하게 되었다. 극 중에서 노인이 상대편에게 맺자고 했던 깐부가 생각났다. 매스컴에서도 깐부 맺기가 연일 보도되고 있다. 남편의 이름으로 저장되었던 휴대폰 번호를 얼마 전 짝꿍으로 바꾸었다. 이제는 그 번호가 '깐부'로 뜬다.

이예경 mdhlee@hanmail.net
2018년 《선수필》 등단

바람의 흔적

이용옥

    선연하게 결이 드러난 나무캔버스 위에 유채꽃 세 줄기 피었다. 금방이라도 바람이 불면 하늘거릴 듯, 나비 한 마리 내려앉으면 휘청거릴 듯. 그 꽃 저쯤에서 한곳을 응시하는 소녀, 그녀는 누군가를 기다린다. 오롯이 전해오는 설렘. 기다림은 만남이 되고, 만남은 그리움이 되고, 그리움은 사랑이 되어 그녀와 그녀의 연인은 마음속에 서로를 심었다. 언제까지나 행복할 것만 같은 그들의 수채화….
    그새 무슨 일이 있었던 걸까. 제2미술관의 벽면은 기괴스러운 그림들이 점령해버렸다. 여백 하나 없이 흩뿌려진 유화물감, 마그마처럼 들끓는 원색의 소용돌이는 거대한 에너지가 되어 꿈틀거린다. 그것은 때로 눈을 홉뜨며 외마디 소리를 내지르는 괴물 같기도 하고 금세 풀이 죽어 주저앉는 아이가 되기도 한다. 캔버스의 귀퉁이에 거칠게 표현된 남녀의 생식기와 자궁 속에 움츠리고 있는 태아의 모습이 겹친다. 그림 속의 난해한 영문자들을 해석하지 않더라도 메시지는 알 것 같다. 한때의 격정으로 잉태된 생명, 아무도 반기지 않는 그 생명이 죽음의 공포와 분노를 온몸으로 항거하고 있는 것이다.
    등골이 서늘하다. 사랑은 왜 아름답게 완성되지 못하고 저토록 가슴

아픈 상처로 남는가. '바람의 흔적 미술관'이라더니 그 바람이 내 머릿속을 휘저어 안타까운 흔적 하나를 꺼낸다.

 어린 눈에서 뿜어내는 빛이 예사롭지 않은 녀석, 여덟 살 어린아이라고 하기에는 녀석과 보낸 몇 달이 참으로 힘겨웠다. 입학식이 시작되고도 한참 후에 나타난 녀석은 사람들의 눈길을 아랑곳하지 않고 휘젓고 돌아다니는가 하면 곁에 앉은 친구에게 시비를 걸어 첫날부터 싸움을 일으켰다. 이후, 하지 말아야 할 일만 찾아서 하는 것 같은 녀석은 참 감당하기 어려운 존재였다. 친구들을 때려 야단을 맞으면서도 뭘 잘못했는지 모르겠다는 듯 노려보던 아이는 길들여지지 않은 야생마 같았다. 마음을 쏟을수록, 손길을 줄수록 더 사나워지는 아이에겐 스스로도 제어할 수 없는 뭔가가 있는 듯했다. 뒤늦게 외할머니에게 녀석의 이야기를 듣고서야 그 애를 조금 이해할 수 있었다.
 아이 엄마는 미혼모였다. 연애 중에 임신한 것을 안 남자는 낙태를 요구하다 떠났고, 여자는 혼자서 아기를 낳았다. 엄마라는 이름이 버거웠던 어린 엄마는 산후우울증을 앓다 컴퓨터 게임에 빠져 아이에게는 관심이 없었다. 원치 않은 손주였지만 모른 체 할 수 없어 외할머니가 녀석을 길러온 것이다. 삶은 힘에 부쳤고 필요한 것은 턱없이 모자랐다. 각박한 형편 때문인지 아이는 성격마저 모질고 거칠었다.
 "나는 왜 아빠가 없어? 빨리 아빠 데려와."
라고 울부짖으며 외할머니와 제 어미에게조차 주먹을 휘두른다는 녀석 얘기를 하며 그녀는 눈물을 흘렸다. 가슴에 돌덩이가 얹힌 듯 답답하여 나 역시 한참동안 아무 말도 할 수 없었다.

누군가에겐 당연한 것이 다른 이에겐 이루기 어려운 꿈이 되는 경우가 있다. 생명 자체를 축복으로 여기며 잉태와 동시에 태교니 부모교육이니 정성을 다 하는 엄마 아빠의 모습은 익숙하고도 당연하다. 아기와 눈 맞추며 옹알이에 답하고, 배냇짓 하나라도 놓칠세라 카메라에 담아 육아일기로 남기는 부모에게 아기는 세상의 전부이다. 아픈 아이의 머리맡을 지키며 기도로 밤을 새우는 엄마의 간절함, 잠투정하는 아이를 어르며 뜬눈으로 새벽을 맞는 아빠의 사랑. 그런 기억이 녀석에게도 있을까.

아빠에게 자전거 타는 법을 배우며 해해거리는 동무의 웃음에서, 축구공 들고 가족과 함께 체육공원을 향하는 친구의 뒷모습에서 느꼈을 녀석의 좌절이 읽혀졌다. 행복한 주변 사람들의 모습이 녀석에게는 자신의 불행을 비추는 거울이 되었으리라. 옆에 있지만 봐주지 않는 엄마, 노력하지만 충족시켜주지 못하는 할머니에게 절망하면서 아이는 오히려 본적 없는 아빠에게 희망을 걸었나 보다. 아빠만 데려오면 자기도 남과 다르지 않은 생활을 할 수 있으리라 기대를 했으리라. 그런데 그는 언제 오는가. 가장 먼저 자신의 존재를 거부한 이가 아빠란 사실을 알게 되었을 때 아이의 삶은 어디를 향하게 될까.

외면당한 아이가 설 곳이 어디인가를 생각해본다. 사랑 받아본 사람이 사랑도 할 수 있는 것. 제대로 된 사랑도 존중도 받아본 적 없는 녀석에게 떼쓰기는 제 존재를 알리는 신호이며, 시비 걸기는 나 좀 봐달라는 애원이었으리라. 그것은 혼자 감당하기 어려운 결핍과 원망을 함께 나누어 달라는 손짓이요, 발버둥인 것이다. 녀석은 광활한 벌판에 내동댕이쳐져 폭풍을 견뎌야 하는 어린 나무, 가혹한 맞바람을 헤치며 죽을힘을 다해 여린 날개를 저어야 하는 어린 새. 누가 녀석에게 바람벽이 되어줄 것인가.

　무거운 마음으로 미술관을 나섰다. 멀리 보이는 잔잔한 호수, 햇살 맑은 남녘의 들판. 오전 내 세상의 머리채를 잡고 흔들던 바람의 자취는 어디에도 없다. 막 봉우리를 틔운 유채꽃 무리가 한 방향으로 누워 일어설 기미를 보이지 않는다는 것이 흔적이라면 흔적일까. 낮잠이라도 즐기는 듯 천연덕스러운 꽃, 수없이 바람을 맞고 일어서며 겨울을 이긴 여린 풀꽃은 정말 바람의 횡포를 잊은 건가.

　떼어내지 못한 녀석의 눈빛을 슬며시 꽃무리 속에 밀어 넣는다. 꽃들에게 위안을 얻고, 견뎌 일어서는 법을 배워 그들처럼 고운 빛깔로 제 삶을 살아낸다면 얼마나 좋을까. 유채꽃과 함께 사랑을 꿈꾸던 수채화 속 소녀처럼 녀석에게도 사랑이 찾아온다면, 그래서 지나간 날을 추억으로 이야기 할 수 있다면 또 얼마나 좋을까. 머뭇거리며, 서성거리며, 미술관을 떠나지 못하는 내 마음에 바람은 또 하나의 흔적을 남긴 것 같다.

이용옥 chorog25@naver.com
2013년 《계간수필》 등단
수필집 『석모도 바람길』

부전령赴戰嶺, 아버지의 전설

이정선

오래전부터 우리 집안에 전설처럼 전해져 내려오는 이야기다.

1915년, 할머니가 40대 후반에 접어든 시기였다. 가산家産은 몰락하고 그로 인한 화병으로 할아버지마저 돌아가셨다. 살길이 막막해진 할머니는 살림을 정리한 뒤 여덟 살 된 막내아들(내 아버지)을 데리고 서둘러 길을 떠나야 했다. 멀리, 교통이 열악한 부전령赴戰嶺을 넘어 고원지대(함경남도 신흥군)에 사는 셋째 딸 집으로 가기 위해서였다. 얼마나 비통한 심정이었겠는가.

이른 아침부터 출발하여 험준한 산길을 걸어 재를 다 넘어설 때쯤 되니, 8월의 긴 여름 해도 서서히 지기 시작했다. 화전민火田民들이 일궈 놓은 감자밭에 이르러서야 "여기부터는 경사가 완만한 내리막길이니 이젠 한결 쉬울 거"라고, 두 모자母子는 비로소 안도의 숨을 쉬고 풀섶 위에 주저앉았다. 온몸은 지쳐서 땀에 젖고, 발은 부르트고, 무엇보다 몹시도 시장하였다. 한참을 쉬고 있던 어머니는 어린 아들을 불렀다. "동지쇠(동짓달에 태어난 아버지의 아명兒名)야, 밭에서 감자 두어 개만 캐어 요기나 하고 가자" 이 말을 듣고 놀란 표정으로 벌떡 일어선 어린 아들은 "어머니, 안 됩니다. 남의 밭에서 감자를 캐는 것은 도둑이에요!"라며 단호히 말렸다.

"그건 아니란다. 남의 농작물을 서리해 가는 것이 도둑이지, 먼 길을 가는 나그네가 시장하여 무나 감자 한 두 개를 캐서 요기하는 것은 예부터 다들 봐주는 것이 우리나라 사람들의 인정人情이란다." 어머니가 이렇게 말하면서 불을 지필 나뭇가지와 마른풀을 모아 놓자, 끝내 감자를 캐려 드는 어머니를 더는 막을 수 없다고 생각한 어린 아들은 궁여지책으로, 별안간 멀리 산 아래 보이는 인가人家를 향해 냅다 뛰어 내려가면서 소리쳤다.

"도둑이야!"

혼비백산한 어머니는 "얘야, 얘야, 안 할 테니 그만해라! 이 무슨 짓이냐?"라고 급히 아들을 부르며 손사래를 쳤다. 뜻하지 않은 황당한 일을 당하고 나니 어머니는 민망스럽기 그지없었다.

창백하게 질린 얼굴로 황급히 일어나 그곳을 털고 떠나가는 어머니의 뒤를, 어린 아들은 죄송한 듯 고개를 숙인 채 묵묵히 따라갔다. 한참을 가다 차츰 마음을 가라앉힌 어머니는 곰곰이 생각해 보았다. 늘 아직은 너무 어리다고만 알았던 아들이 오늘 보니 놀랍기도 하고, 한편 제가 옳다고 여기는 소신을 절대 굽히지 않는 대쪽 같은 그 기개가 가상하기까지 했다.

이후 "이 아이만은 어떤 고생을 해서라도 학문을 가르치겠다."라는 어머니의 강한 집념과, 총명한 어린 아들의 배움에 대한 열망에 감동한 서당 훈장의 호의로 아버지는 무료로 글을 배울 수 있었다. 그러나 지필묵紙筆墨을 살 돈이 없어 사판砂板으로 글자를 익혀야 했다.

글을 가르치면서 훈장은 참으로 놀라웠다. 그야말로 하나를 가르치면 열 이상을 깨우치는 어린 제자를 만났던 것이다. 그는 감탄하여 이렇게 말하지 않을 수 없었다. "이 아이는 하늘이 내려준 신동神童"이라고. 이윽고 이 소문은 온 고을에 자자하게 퍼졌고, 드디어 문중門中 어른들 귀에까지 들어갔다. 문중에서는 '가문家門이 낳은 신동神童을 개화되어가는 시대에 시골구석에서 구舊학문이나 겨우 배우게 하면서 썩힐 수는 없다'고 하였다. 우선 아이를 고향인 함흥「제일 보통학교」에 입학시켰고, 단계적으로 신학문을 배우게 하였다. 이 모든 것은 일찍이 선대先代 증조부께서 이씨李氏 문중의 어려운 대소사大小事를 돌봐주었던 그 은덕을 증손자가 보답받는 것이라 하였다.

훗날 이 이야기는 할머니께서, 그때 아버지의 나이와 같은 여덟 살 된 손녀인 나에게 "그 어려운 중에도 소신을 굽히지 않는 정직한 네 아비의 모범을 배우고 따르라."고 간곡히 하신 말씀이었다.

1942년 8월, 국민(초등)학교 3학년 여름방학 때였다. 부모님은 소아결핵으로 늘 병약했던 나를 방학 한 달 동안만이라도 부전고원 청정지역에 사는 셋째 고모 댁에 요양 보내기로 하였다.

함흥咸興에서 기차를 타고 신흥고원지대로 통하는 관문에 이르렀다. 그곳에는 표고標高 1515미터, 직고直高 455미터나 되는 백암산 역까지 케이블 선으로 차량을 끌어 올리고 내려주는 '부전령赴戰嶺-인클라인(incline)'이 있었다. 난생처음 타 보는 인클라인으로 30도의 구배를 오르는 차창 밖 풍경은 실로 장관이었다. 몇 백 길인지 저변을 가늠할 수조차 없는 아찔한 바위절벽이 온통 빨간 단풍 넝쿨로 덮여 있었다. 그래서인지 첫 번째 정거장 이름은 '단풍계곡紅葉谷'이었다. '천구바위天狗岩'라고 이름하는 두 번째 정거장에 이르고 보니, 마치 여러 개의 거대한 원추 기둥을 세워 놓은 것 같이 우뚝 솟은 바위산 허리에 구름이 걸려 있어, 동양화의 선경仙境을 보는 것 같았다.

　팔월 한여름인데도 그곳은 늦가을 날씨처럼 기온이 싸늘하여 긴소매 재킷을 걸쳐야 했다. 드디어 인클라인 객차客車가 백암산 역에 도착했고, 다시 기차로 환승해서 고모네로 편히 갈 수 있었다. 오래전, 1915년 8월, 그 당시는 할머니와 아버지가 진종일을 힘겹게 걸어서 넘어야 했던 부전령이 아니었던가. 그리고 거기에는 할머니와 아버지의 전설 같은 이야기가 서려 있다. 나는 아득한 현기眩氣 속에서 격변한 시공時空의 거리를 헤아려 보았다. 부전령 마루턱 감자밭 저 멀리, 고모네를 향하는 할머니와 어린 아버지의 이미지가 기시감旣視感처럼 스쳐갔다.

　세월은 흐르고 나는 내 아이들에게 부전령의 이야기를 전해주었다. 그리고 또 세월이 흘렀다. 할머니가 된 내가 손자녀에게 부전령의 이야기를 들려주고 있는 지금, 나는 인클라인을 타고 그 준령을 넘어 고모 댁으로 결핵을 치유하러 가던 10세 소녀의 눈 속에서 내 집안의 작은 역사와 전설을 투시透視한다.

　간난신고艱難辛苦의 불우했던 어린 시절과 청소년기를 꿋꿋하게 헤쳐오신 아버지! 평생 의롭게, 인애仁愛로 덕德을 베푸는 삶을 사신 아버지! 주변의 지인들 누구에게나 칭송과 존경을 받으셨지만, 공직에 종사했음에도 부정한 정치권력에 단호히 불복했기에 많은 위협과 박해를 받으셨던 아버지!

　나는 아버지가 사무치게 보고 싶을 때에는 우리 4남매에게 주신 아버지의 유서를 몇 번이고 읽으면서 가슴과 눈시울을 뜨겁게 적신다. 늘 청렴하게 사셨기에 자녀에게 재물을 남겨 주신 것은 없지만 올바른 인생을 살아야 한다는, 무엇보다도 소중한 정신적 가치관을 유산으로 주셨다.

    아버지의 딸로 태어나서 행복했고, 아버지의 딸로 태어나게 해주신 은혜를 신에게 감사드린다.

이정선 jungsunlee1221@daum.net
2018년 「선수필」 등단

반려화 伴侶花

이 희 도

　해동한 땅에 씨앗을 심는 농부의 간절한 마음을 담아 베란다의 화분에 여주 씨앗을 심었다. 며칠이 지나자 노란 새싹 세 포기가 무거운 흙을 밀어내며 생글뱅글 웃고 있다. 새순이 자라며 화분에서 천장 쪽으로 매어 놓은 유인 줄을 잡고 오르는 가녀린 줄기. 다시 수평으로 매어둔 긴 줄에 몸을 의탁하고 천장 밑을 지나가면서 줄기를 늘어뜨리고 있는 아슬아슬한 모습을 보고 있다.
　베란다 창가에 녹색 넝쿨로 주렴을 쳐놓고, 밤하늘의 별들이 꽃수 놓듯이 송이송이 피어 손짓하면 내 가슴에도 노란 꽃이 핀다. 작은 꽃이 부끄러운 듯 잎사귀로 얼굴을 가리고, 바람결에 살랑대며 보일 듯 말 듯이 생끗 웃음 지으면 내 마음에도 꽃물이 든다.
　여주꽃의 곡예를 보고 있으면 마음은 과거로 돌아가서 중학생 때 고향의 시골 장터에서 줄광대가 잔재비 하던 모습이 연상되었다. 줄광대가 합죽선을 모아 쥐고 삶 사이로 줄을 타며 앉았다 일어섰다 허공잡이 하는 곡예는 스릴 그 자체였다. 외줄타기도 위험한데 줄을 삶 사이에 두고 뛰어오른 후 내려갈 때 가슴이 철렁 내려앉는 느낌에 눈을 감았었다. 주변 구경꾼들의 환호성에 눈을 떠보니 줄광대는 아무 일도 없었다는 듯 곡예를 계속하고 있었다. 관객들은 줄광대와 한 몸이 되어 손뼉 치고 환호성을 지르며, 지친 몸을 달래 가며 기뻐하고 있었다.

여주꽃의 곡예에는 관객도 없고 환호성도 없지만, 현관문을 열 때마다 은은한 향기가 가슴에 안겨 온다. 향기로 맞아 주는 여주꽃에 매료되어 매년 여주를 심어 반려화伴侶花로 가꾸고 있다. 아침에 눈 맞춤하는 여주꽃. 이른 아침마다 분단장해서 방끗방끗 인사하는 꽃이다. 현란한 색깔로 치장하지 않았고, 새색시를 닮은 듯 수줍음이 있는 꽃이다. 그런데도 해와 달. 별과 대화하며 꿋꿋하게 자라는 모습은 대견스럽다. 햇볕도 잠시 다녀가는 베란다에서 우로雨露에 목 한 번 축여보지 못해도 커가는 모습은 청순하다.

꽃은 관심을 가져주어야 곱게 보이려고 애쓰는 것이 아닐는지. 베란다에 나가면 무성하게 자란 이파리가 더위를 식혀주고, 청량감을 선물한다.

암꽃에 성냥개비같이 가녀린 열매가 열렸으나, 고사하고 있어 원인을 몰라 며칠을 고심했다. 향기로 벌, 나비에게 손짓하지만 방충망에 막혀 만날 수 없는 것이 안타깝다. 기억을 더듬어 학생 때 배웠던, 우장춘禹長春 박사의 인공수분이 떠올랐다. 문헌에 의하면 여주는 충매화蟲媒花이기 때문에 암수 꽃의 수분受粉이 필요했다. 벌, 나비를 대신해서 중신아비가 되어, 암수 꽃이 사랑을 나누도록 붓으로 수술의 꽃가루를 암술머리에 옮겨 열매를 키울 수 있었다.

하루가 다르게 굵어지는 열매를 볼 때마다 열망하던 것을 이루었다는 흡족함으로 가슴이 뿌듯했다. 벌과 나비는 날렵한 날갯짓으로 수술의 꽃가루를 다리와 날개에 묻혀 암술머리에 옮기는 과정은 신속하고 정교하다. 인공수분도 숙련된 정교함이 있어야 실수하지 않고 성공할 수 있다.

여주 넝쿨에 긴 타원형의 열매가 여럿 열려 익어가면서 녹색에서 황금색으로 옷을 갈아입고 있다. 그 모습을 보고 있으면, 새색시가 시집갈 때 꽃단장하듯이 변신하는 모습에 마음을 빼앗긴다. 다시 배꼽부위가 세 개의 봉선으로 벌어지고 속이 붉은색을 띠며, 종의種衣에 싸인 종자가 출산 때 아기같이 빠끔히 얼굴을 내밀고 있으면 생명의 신비스러움을 느낀다.

꽃이 탐스럽고 복스러운 목련, 짙은 향기로 가던 길을 멈춰 서게 하는 라일락, 향기에 반해서 실내에 키우는 난蘭도 봄에 한 달 정도 꽃과 만날 수 있다. 그러나 여주 꽃은 봄부터 늦가을까지 세 계절 동안 개화가 이어져서, 서로 마음을 주고받을 수 있어서 기쁘다. 여주 꽃향기는 난이나 라일락같이 짙게 다가오는 것이 아니라 끊어질 듯 이어지는 그윽한 향기로 다가와서 좋다.

여주꽃은 마음의 뜰을 풍성하게 채워 주고 말벗이 되어 주며, 요동치는 가슴을 진정시키는 매력이 있다. 또한 단조로운 일상에서 꽃을 대할 때마다 마음의 말을 주고받을 수 있어서 좋다.

나도 꽃피던 시절이 있었다. 그때는 꽃 가꾸는 것은 엄두도 낼 수 없었다. 맡은 일에 매달려 질주하던 시절이었으니까. 이제 한가한 때를 만나니 산도 보이고 꽃을 가꿀 수 있는 여유가 있어서 좋다. 젊을 때는 채워가는 시기라면 나이가 들어갈수록 비워가는 때가 아닐는지. 이제는 여주를 키워가면서 비우는 연습을 하고 있다.

여주는 각기 다른 포기가 어울려 어깨동무해서, 희망을 노래하며 내

일을 향해 달려가고 있다. 넝쿨끼리 가는 길을 막아서서 앞서가도 그 뒤를 따라가며 나무라거나 시기하지도 않는다. 환경에 순응하며 묵묵히 제 갈 길을 따라가며, 보란 듯이 쑥쑥 자라고 있다. 서로 얽히고설키면서 탓하지 않고, 넝쿨을 키워 가며, 서로에게 양보하는 모습을 배워야 할 것이다.

꽃을 가꾸어 보면 그 뜻을 알 듯하다.

이희도 leehd3737@naver.com
2017년 《선수필》 등단

회귀 본능

임 덕 기

 골목길에서 안노인 한 분이 마주보며 걸어온다. 다리가 둥글게 휘어 걸음걸이가 뒤뚱거린다. 어려서부터 무릎이 붙지 않는 이들도 있지만 대부분 중년이나 노년에 무릎이나 척추가 부실해지면 다리가 벌어지곤 한다. 자식들을 힘들게 키우며 살아온 모습이 역력하다. 여리여리하고 곱던 얼굴은 사라지고 주름이 자글거리고 고집 센 모습만 남아 있다. 연어가 알을 낳은 뒤에 아가미가 억센 형태로 변한 채 물속에서 생을 마감하는 영상이 노인의 모습에 겹쳐진다.
 연어는 자신이 태어난 개울에 찾아가서 알을 낳는, 회귀하는 물고기이다. 중학교 때 살았던 강릉에서 남대천에 연어가 올라온다는 얘기를 들었지만 수량이 얼마 되지 않아서인지 그 당시에는 큰 관심거리가 되지 않았다. 요즘에는 연어 알을 인위적으로 모아 인공 부화시켜 그곳에 풀어놓는다. 연어의 회귀성을 이용한 대대적인 양식이라고 볼 수 있다. 새끼 연어들은 어미가 낳아준 개울에서 일 년 정도 자라다가 제 어미가 했듯이 수천 킬로미터 떨어진 깊은 바다를 향해 헤엄쳐 간다.
 얼마 동안 바다에서 살다가 알을 낳을 때가 되면 다시 자신이 태어난 개울을 향해 험난한 여정을 펼친다. 어릴 적 태어난 개울물 냄새를 기억하며 흐르는 강물을 거슬러 올라간다. 장애물인 폭포를 만나면 떨어지는 물줄기를 온몸으로 맞으며 죽을힘을 다해 뛰어오른다. 기억 속에 저장된 물 냄새를 좇아 헤엄쳐간다. 마침내 어미가 자신을 낳아준 개울에서 알을 낳은 뒤, 지난한 고통으로 몸의 형태가 일그러진 채 일생을 마감한다. 연어의 삶은 회귀로 끝난다.

바다거북도 태어난 곳을 기억하고 찾아와서 알을 낳는다. 누가 가르쳐 주지 않아도 뱀장어도 자신이 태어난 개울에 찾아가 알을 낳는다. 철새들은 별자리와 머릿속에 든 자기장으로 떠나온 곳을 정확히 기억해 다시 찾아간다. 여우도 죽을 때는 머리를 제가 태어난 곳을 향해 죽는다고 하지 않는가.

지금도 가끔 생각나는 영화가 있다. 오래전에 보아서 제목은 기억나지 않지만 알래스카에서 얼음집에 살던 에스키모 가족에 관한 이야기이다. 북극곰을 잡아서 살아가는데 곰 사냥이 잘되지 않아 가족들이 굶주리게 되었다. 우리나라 고려장처럼, 자손을 살리기 위해 노인은 우는 자식과 손자들에게 다시 돌아올 테니 울지 말라고 달래며, 곰의 먹이가 되려고 눈밭에 제 발로 걸어 나간다. 아들이 그 곰을 잡아 식구들이 먹으면 노인은 다시 집으로 돌아간다는 믿음으로, 찬바람 몰아치는 곳에 서서 곰을 기다린다. 집으로 돌아갈 수 있다는 노인의 슬픈 믿음에 가슴이 먹먹해졌다. 곰에게 노인이 잡아먹히면 가족들이 그 곰을 사냥해서 먹고, 그러면 다시 집으로 돌아가 가족들과 함께 영원히 산다는 회귀성을 노인은 신앙처럼 믿고 있었다. 강렬하게 마음을 흔든 마지막 장면이 지금도 또렷이 떠오른다.

인체에도 회귀성이 숨어 있다는 생각이 든다. 허리가 아프거나 무릎이 아파도 별 치료 없이 저절로 멀쩡해지기도 한다. 건강이 부실해져도 인체는 건강할 때로 원상회복 시키려고 애쓴다. 약을 먹지 않아도 감기에는 얼큰한 콩나물 국밥을 먹고 뜨끈한 아랫목에 누워있으면 저절로 낫기도 하지 않는가. 건강했을 때로 되돌아가려는 자연치유력이 인체에 작동한 때문이지 싶다. '사람의 성격은 잘 변하지 않는다.'라는 말도 있다. 어느 정도 바뀐 것 같아도 한순간에 다시 그 사람의 본래 성격이 나온다는 말이다. 그만큼 인간에게도 회귀성은 끈질기게 따라다닌다.

다이어트를 할 때도 조금만 방심하면 원래 체중으로 되돌아가곤 한다. 오히려 체중이 더 늘어나기도 한다. 밥을 굶으면 나중에는 폭식이 뒤따른다. 살이 빠지면 인체의 사령부인 뇌에서 곧바로 비상사태를 가동해 더 많은 지방을 몸에 저장하라고 명령을 내린다. 식욕은 본래 체중으로 되돌아가자고 은근히 부추기며 회유한다. 눈앞에는 먹고 싶은 음식들이 줄지어 지나간다. 인체의 끈질긴 회귀성으로 다이어트가 일순간에 물거품이 되어버리기도 한다.

모든 것은 빠른 속도로 변하고 있다. 언제부턴가 그 속도를 따라가지 못해서인지 젊은 시절에는 미처 느끼지 못했던 옛 것이 더 좋다. 아날로그적인 삶의 형태가 그립다. 그런 생각을 추구하는 이들이 많은지 텔레비전 프로도 소박한 자연 속에서의 삶을 자주 보여준다. 나이가 들수록 몸의 기능이 약해지면서 마음은 어린 시절로 되돌아간다. 요즘 고향이나 시골로 귀향하는 이들이 늘고 있다고 한다. 복잡한 도시생활과 미세먼지에 염증을 느껴서 떠나려 하는 것일까. 나도 한때 서울을 떠나 어릴 적 살았던 강원도에서 전원생활을 하고 싶었다. 너른 바다를 품에 안고, 해풍에 실어오는 짭짤한 갯내를 맡으며 펄떡이는 생선들이 보고 싶었다.

  아무리 과학이 발달해서 생활이 편리해도, 앞으로 나아가기만 해도, 언젠가 다시 예전으로 되돌아가고 싶어 하는 이들도 있기 마련이다. 얼마 전에 바다 대신 강가에 있는 아파트로 둥지를 옮겼다. 아침마다 베란다 창문을 열면서 불어오는 강바람에 연어처럼 코를 벌름대며 강물 냄새를 맡는다. 내 안에 내재된 회귀본능 때문이 아닐까 싶다.

임덕기 limdk207@hanmail.net
2012년 《에세이문학》 등단, 2014년 계간 《애지》 시 등단
수필집 『기우뚱한 나무』 『스며들다』 외 다수

오목눈이를 노래하다

임순자

붉은머리오목눈이와 인연을 맺은 지 십오 년이 넘는다. 첫해는 부화한 새끼가 하나였고 손자 녀석이 주무른 탓에 새끼가 죽었다. 경험이 없었는데 후에 안 일이지만 아마도 뻐꾸기의 탁란이 아니었나 싶다. 오목눈이는 보통 대여섯 개의 알을 낳는데 그때는 새끼가 하나였기 때문이다. 삼 년 동안 새는 오지 않았고 봄만 되면 나는 그 작은 새를 기다렸다. 삼 년 후에 다시 왔을 때는 뛸 듯이 기뻤다.

그때 나의 사정은 암담하고 우울한 시기였다. 때맞춰 조그맣고 보드랍고 따스한 생명체가 해마다 나를 찾아오는 것이 소중했고 위로가 되었다. 오목눈이가 왔다고 지인에게 말하면 "축하해요, 금년에 귀댁에 좋은 일이 있으려나 봐요." 했다. 그 반가움과 사랑스러움을 수필로 써서 등단을 했다. 해마다 새는 왔고 그때마다 새의 소식을 글로 썼다.

그러다 이변이 생겼다. 2층에 세 든 이들과 우리 집도 차가 있으니 주차공간이 어려웠다. 궁리 끝에 대문과 담을 헐고 꽃밭과 작은 텃밭과 관목들을 베고 마당 전체에 시멘트를 깔았다. 인부들께 오목눈이 얘기를 하며 베란다 가까이 서 있는 산죽과 모란은 뽑지 말자고 했다. 봄날 공사 소리가 시끄러운데 오목눈이 부부가 날아왔다. 한시도 가만있지 못하는 새에게 나는 손으로 산죽과 모란을 가리키며 너희 집을 지을 대나무가 그대로 있으니 와서 집을 지으라고 말을 했다. 내 방식으로 수화하며 고개를 이쪽저쪽으로 눕히기도 하면서 '응 알았지?' 하며 달래는 심정으로 진심이 통하길 바랐는데, 알았는지 몰랐는지 울며 돌아갔다. 이튿날도 왔다가 그냥 갔다.

그렇게 사 년이 또 흘렀다. 사월이면 가끔 귀에 익은 새의 소리가 들릴 때가 있었다. 주변에 나무도 없고 흙도 없고 아스팔트와 시멘트로 된 메마른 곳에 산죽은 한 아름 서 있었지만 와서 집을 짓지 않았다. 봄이 와도 나는 힘이 없었다.

코로나가 한창인 2020년에 J 문인협회에서 가곡과 성곡 짓기를 했다. 사회적 거리 두기로 모임과 행사가 중단된 상태에서, 무료하게 시간을 보내기가 답답할 때, 이메일과 카톡으로 모든 일이 이뤄졌다. 나는 내 마음을 차지하고 들앉아 있는 붉은머리오목눈이를 생각하며 "뱁새(붉은머리오목눈이) 이야기"라는 제목으로 가사를 써냈다. 시詩가 서툴고 자신 없기도 하거니와 가사 짓기는 더 쉽지 않았다. 앙증맞고 사랑스러운 모습과 매일 다르게 크는 새끼들의 모습을 어떻게 표현할까, 그 많은 형상과 어여쁨을 어떻게 그릴까 하면서 모양과 느낌들을 압축하여 나름 정성껏 가사를 만들었다. 카톡으로 자녀들에게 보냈더니, 어색하다, 이어지지 않는다, 순서가 안 맞다 등 지적을 한다. 잘 모르지만 1절과 2절 혹은 3절이 운율과 음보가 맞아야 하고 노랫말을 잘 알아들을 수 있어야 하지 않을까 생각했다. 56곡의 성곡과 가곡이 제출되고 수없이 퇴고하고 수정하기를 반복하니 총괄하시는 이사장님의 애타는 수고는 말로 표현할 수 없었을 것이다. 드디어 작곡가에게 맡겨지고 몇 달 후에 메일로 악보가 왔다. 압축된 악보를 풀다가 잘못될까 봐 컴퓨터를 잘하는 작은딸에게로 그대로 보냈다. 자녀들이 좋아했다. 음악 전공인 며느리도 더할 나위 없이 곡이 아름답다고 좋아했다. 교회찬양 지휘자인 작은사위는 퇴근하고 집에 들어서자마자 편집하고 노래를 연습했단다. 딸이 이쁜 오목눈이 사진을 넣고 악보에서 노랫말이 가는 대로 나비가 폴폴 날며 음절을 가리키는 동영상을 만들어서 보내왔다. 클릭하니 사위 음성으로 노래가 나온다. 참 신기했다.

〈뱁새 이야기〉

1. 봄이 오면 찾아오는 작은 뱁새가
창문 밖의 작은 숲에 둥지를 트네
콩을 닮은 파란 알을 깨고 나오면
매일 크는 새끼 모습 기쁨이었네

2. 붉은 머리 동그란 몸 까만 눈동자
포롱포롱 포르르르르 날갯 짓 늘면
새 가족이 떠나가고 둥지만 있네
딸네 가족 살다 떠난 빈방 같구나
겨우 한 달 지내고자 일 년을 참아
예쁜 새끼 어미 되어 돌아오겠지
돌아오겠지

놀라웠다. 이렇게 노래가 되는구나. 소프라노 성악가의 음성으로 음원도 나왔고 유튜브에도 올려졌다. 댓글도 달리고 아는 이들이 응원도 보내온다. 유튜브에 나온 오목눈이 사진은 사실 내가 예뻐하는 오목눈이 사진이 아니라서 아쉽다. 올리시는 부회장님께서 저작권 문제가 있을까 봐 이쁜 오목눈이 사진들이 시중에 많은데도 사용하지 못하고 다른 작은 새의 사진을 올렸단다.

오랜만에 미국에 다녀왔다. 오는 날, 작은딸은 우리 두 노인만 오는 길이 불안했던지 보호자로 같이 나왔다. 마침 코로나 때문에 미루던 창작곡 음악회를 하는 날이었다. 빈방의 주인공 막내딸과 남편이 같이 관람했다. 성악가가 목소리에 힘을 주어 '새가족이 떠나가고 둥지만 있네. 딸네 가족 살다 떠난 빈방 같구나' 할 때 남편 눈에서 눈물이 흘렀다. 옆에 있던 딸이 휴지로 닦아 드렸다.

지금 사월 말인데 둥지를 틀고 약콩알만 한 파란 알 다섯을 품고 들어앉아 있다. 수년 만에 또 가슴이 뛴다. 아마도 올해 또 나에게 좋은 일이 있으려나. 오목눈이와의 관계는 앞으로도 계속될 것이고, 나는 사랑스러운 새를 노래할 것이다.

임순자 dlatnswk77@naver.com
2013년 《선수필》 등단

주상절리 柱狀節理

임영도

  틈이 만든 자연의 걸작이다. 틈은 존재의 여유이며 경계의 사이 공간. 깊은 해안에 만들어진 주상절리는 땅이 만든 틈이고 바다가 그은 금이며 하늘이 도운 공간이다. 틈 사이로 바람이 불어 풍화가 이뤄지고 파도가 스며든 침식이 수십만 년의 흔적을 바위에 새겨 놓았다.
  주상절리! 거대한 바위산처럼 길게 펼쳐진 기암절벽에 있는 선명한 절리 공간이 위압감 속에서 신비감으로 눈길을 끌어모은다. 갈매기 떼가 바위 위에서 재롱을 떨며 재잘거리다 파도의 회초리에 투덜거리며 바다 위를 날아오른다.
  제주도 갯깍[바다 끄트머리] 주상절리는 수십만 년 전 바다 밑 땅속의 변고가 땅 밖으로 분출되어 해안의 경관을 절벽에 새겨 놓았다. 촘촘히 서 있는 다각형의 거대한 돌기둥들은 용궁의 성벽인 듯 굳게 닫혀 태고의 신비를 침묵으로 지켜내고 있다. 땅속의 뜨거움이 땅 위의 차가움에 열을 빼앗겨 오그라들면서 끊어지거나 어긋남이 없이 금만 생겼다. 떨어져 나누어지지 않고 한 몸으로 끈질기게 우애를 다지고 있는 바위의 조화調和이다.
  주상절리는 바닷물이 씻어 형태가 드러났고 하늘의 빛으로 밝게 빛났으며 지혜로운 사람의 손길로 자연의 작품으로 탄생되었다. 희미했던 선線과 선線이 이어져 다각형의 면을 이뤘고 근접하기 힘든 바닷가에 하나하나의 형체가 묶여 웅장한 바위 집이 만들어졌다. 인위의 흔적은 찾을 수 없고 불과 물의 비밀을 자연의 색깔로만 연출한 신비의 공간을 사람은 눈과 손으로 찾아냈다.

섬이 아닌 육지의 끝단에서도 주상절리를 보았다. 경주 양남 주상절리는 바닷가에 가지런히 누워 있는 돌기둥들이 부챗살 모양의 거대한 돌꽃을 피워 놓은 바다 위의 꽃밭이다. 사람의 손을 거치지 않고 오로지 자연이 만들어낸 천혜의 조각품이다. 흩어져 있는 돌꽃 사이를 파도는 밤낮없이 드나들며 깊은 물 속에 간직된 오랜 바다 이야기를 들려주는 듯 철썩거린다. 하얀 물 위에 검게 피어난 돌꽃은 먼 옛날 바위 속의 비밀을 숨기려는 듯 물속에 꽃대를 감추고 수줍게 꽃잎을 내밀곤 한다.

주상절리를 품은 '파도소리길'을 걷는 두 발의 걸음 속에 심장과 머리도 힘들어한다. 거친 파도의 하얀 물꽃이 주상절리의 검은 돌꽃 위를 덮었다 풀었다 하며 한낮의 햇살을 받아 반짝거린다. 길섶에 핀 야생화는 바람결에 향기를 실어 화답을 한다.

깎아지른 듯한 절벽 위의 해안 길을 걷다 보면 바다와 땅이 하나임을 느낄 수 있다. 지구는 땅과 물의 세계다. 두 개의 세상은 각각 다른 생명이 지배하는 영역이다. 사람은 땅의 주인임을 자처하고 물고기는 물의 임자처럼 활개친다. 주상절리는 땅과 물이 한몸임을 일러준다. 바위에 새겨진 태고의 비밀을 들여다보면 바다의 저 밑바닥에도 땅이 있었고 땅속에는 물이 흘렀다. 바다가 땅으로 솟아오르고 땅은 물로 가득 채워져 세월의 침식을 묵묵히 견뎌냈다.

땅 위에는 사람뿐 아니라 동물과 미생물까지 함께 섞여 살아간다. 누구나 공평하게 자신의 공간 영역을 침해당하지 말아야 평화롭다. 인간은 땅뿐만 아니라 바다도 심지어 하늘까지 넘보며 영역의 욕심을 부려왔다. 바다의 세계를 양보하고 하늘의 세상도 존중하는 땅의 아량이 지구를 지키는 인간의 양심일 테다. 최근 코로나바이러스의 창궐도 사람들이 땅의 과잉 점령과 이기적 탐욕으로 독재적인 주인행세를 했던 것에 대한 다른 종의 반발이 아닐까 싶다. 영역 싸움이라기보다는 공생과 상호인정의 요구일 듯도 하다.

선은 점이 이동한 자취이다. 점은 위치가 있고 크기는 무의미하다. 점이 시작과 끝의 정지된 무한의 순간이라면 선은 시작과 끝을 잇는 유한의 움직임이라 할 수 있다. 움직임 속에서 형체가 드러나고 진화의 싹이 튼다. 선의 울타리로 만들어진 면은 바다의 물속처럼 깊이를 가늠할 수 없는 넓이의 터에 그 싹을 키워나간다.

사람의 삶은 시간의 선線과 사유思惟의 면面이 만들어 놓은 공간 속에 일상을 담고 비우는 그릇 만들기와 같다. 인생은 중간중간에 연륜의 시간 절리가 있어 여유를 가지고 속도를 조절하며 무난하게 경계를 넘어간다. 유소년의 철부지 모험심, 청년의 혈기왕성, 중장년의 중후함, 노년의 느림과 여유는 삶의 곡면들이다. 끊어짐 없는 시간의 선위를 달리며 성숙의 공간을 거치면서 생의 출구를 향해 걸어간다.

수많은 금을 그으며 살아왔다. 건축대학에서 선線의 미학을 배웠고 건설회사에서 집을 설계했다. 집은 삶의 공간을 배려하는 선의 이음으로 만들어진다. 공간 속에 생활의 동선을 이어주고 끊어줌으로써 편리한 방이 완성된다. 선 긋기는 분절된 기둥과 가로막힌 문으로 선의 흐름을 끊고 공간의 단층을 만들기도 한다. 선과 면, 공간의 미학이 삶의 방향을 이끌어 주었던 셈이다.

눈에 보이는 외형의 선이 아닌 보이지 않는 마음속에도 금이 존재했다. 주상절리처럼 바위 속 용암의 들끓음이 표면에 그은 금과 같이 외부의 언짢음으로 생긴 감정선이 앙금으로 남아 잠재된 단층을 만들기도 했다. 빌려 간 돈을 갚지 않은 친구가 불신의 진한 감정선을 긋고 연락조차 끊어버렸다. 선이 마음속에 꽉 막힌 면의 담장을 쌓아 우정의 공간이 허물어졌다. 지워버려야 할 마음의 틈이 되었다.

자연은 계절마다 환절기란 틈이 있어 생명체가 일상을 조율하며 살아가게 해준다. 시간의 절리는 자연의 섭리, 하늘의 포용, 사람의 지혜를 조화시켜 지구에 상생의 자리를 잡아준다. 주상절리는 태고의 자연이 실눈을 뜨고 오늘의 세상을 바라보는 바위 집의 문틈이 아닐까. 그 집의 주인은 바다와 육지이다. 하얀 갈매기 한 마리가 기둥 속의 비밀이 궁금한 듯 머리를 갸웃대며 열심히 문틈을 들여다본다.

임영도 ydlim@alimse.co.kr
2017년 《선수필》 등단
에세이집 『지붕과 서까래』 『수필 소풍』 『마음의 빈집』

종부宗婦

임영애

「어부가」로 유명한 이현보가 살던 농암聾巖 종택宗宅으로 향했다. 종택 체험을 위해서였다. 해가 막 넘어가기 직전의 종택과 분강서원은 노을빛으로 황금 궁궐처럼 보였다. 서원 한쪽에는 번창한 가문처럼 무성하게 가지를 뻗은 모과나무가 노란 모과를 주렁주렁 달고 있었다.

600년이 넘은 집이다. 주인은 우리가 묵을 방을 알려준다며 집 밖으로 앞서갔다. 시든 풀을 밟으며 말없이 가더니 분강서원으로 안내했다. 서원 내 동재東齋라는 자그마한 별채의 온돌에서 오랜만에 등을 지졌다. 바람 소리와 물소리가 뒤섞여 들릴 듯 말 듯 들려오니 마음이 차분해졌다. 아마도 학문의 강론과 제사가 이어오던 서원의 기운이 서려 있는 소리이기 때문이리라.

다음 날 아침, 주인 부부는 우리들을 위해 식사를 준비해 주었다. 종택을 지키고 있는 농암의 17대 종손과 종부다. 화장기 없는 꺼칠한 얼굴의 종부가 뭇국을 떠주었다. 그녀에게서 소박한 기품이 느껴졌다. 인상에서조차 정성으로 조상을 섬기고 받들어야 후손도 복을 누리고 가세도 일어난다고 믿는 마음이 보였다.

벽에는 연지 곤지 찍고 칠보족두리에 오색 원삼과 활옷으로 치장한 그녀의 혼례 사진이 걸려 있었다. 집 마당 가득 하객들이 축하하고 그녀의 얼굴에는 앞으로 감당할 고생을 모르는 듯 분홍빛이 감돌았다. 알고 보니, 이언적李彦迪의 후손이기도 한 그녀는 종부가 되는 자리임을 알면서도 결혼했다는 것이다. 의식 절차 갖추어 사당의 위패에 철철이 제사 모셔야 하는 길을 스스로 택한 것이다. 그 옆에는 중년의 그녀가 사각형의 제사떡을 정성스럽게 쌓아 올리는 사진도 있었다. 온갖 제사에 묻혀 살아온 고단함이 그 떡 높이만큼 쌓이지 않았을까. 돌아가신 밤에 지내는 기제忌祭, 돌아가신 지 1년 만에 지내는 소상小祥 2년 만에 지내는 대상大祥, 상례의 마지막 절차인 담제, 철 따라 지내는 시제時祭 등을 종부는 철저히 올려야 했다.

종부는 아무나 되는 것이 아니다. 우선 훌륭한 조상이 있어야 한다. 과거, 사대부 최고 영예는, 생전에는 '대제학' 벼슬을 얻는 것이고 사후에는 '시호諡號 내림'을 받는 것이었다. 시호 내림이란 사후 업적평가를 통해 나라로부터 공로자로 인정받는 총체적 보상이었다. 집안의 영예가 아닐 수 없으며 영원히 추모받을 권리가 주어지는 불천위不遷位 지위를 부여받는다. 즉 종택 문화는 훌륭한 인물을 기리고 그 인물을 본받게 하려는 것에서 시작되었다 할 수 있을 것이다. 시호가 내려지면 후손들은 묘비의 글을 다시 쓰고 사당을 짓고 위패를 모신다. 이것은 경건하고 신성하게 보호해야 한다. 사당이 지어지고 위패가 모셔지면 자손들은 정해진 날 추모 의식을 가지고 찾아오는 손님을 맞는다. 이를 전적으로 감당해야 하는 사람이 종손宗孫이며 그 아내 종부宗婦이다. 맏아들로 이어오는 이러한 종손과 종부가 없으면 종택이 될 수 없다.

새 종손, 종부는 '길제吉祭'라는 취임식 형식의 의식을 통해야 비로소 될 수 있다. 길제의 꽃은 족두리에 원삼을 곱게 차려입은 종부다. 부축을 받아 사당에 나아가 불천위 선조를 비롯한 고조, 증조, 조부, 부모의 위패에 절을 함으로써 드디어 종부가 된다. 존재만으로도 의미가 있는 이러한 종부가 생활이라는 현실 때문에 나그네에게 밥을 해주고 있는 것이 왠지 송구스러웠다. 무채색 차림의 그녀는 자주색 치마에 화려한 스카프를 하고 간 나를 자꾸만 곱다고 말했다.

농암은 분강의 기슭 바위 위에 부모를 위해 정자를 짓고 '애일당愛日堂'이라고 했다. 부모님이 살아 계신 나날을 아까워한다는 뜻이다. 농암은 여기서 아버지를 포함한 아홉 노인을 모시고 어린아이처럼 색동옷을 입고 춤을 추었다 한다. 내가 만나고 있는 종부도 그 효심으로 조상님과 부모를 모셔왔으리라. 산 조상도 제대로 건사하지 못하는 세상이다. 눈앞에 보이지 않는 조상들을 위하여 성심껏 제상을 차려왔을 그녀에게서 꽃향기가 났다.

식사 후 햇볕 따스한 종택의 마당을 거닐며 집주인으로부터 종부에 대한 여러 이야기를 들었다. 그중 기막힌 생애를 산 한 종부, 김후웅 여사의 이야기도 있었다. 그녀의 남편은 안동 문풍文風을 일으키는 데 이바지한 김언기로 6·25 때 월북했다. 평생 자식 없이 시아버지를 받들어 모시던 그녀는 54년 만에 북쪽에 있는 남편을 만날 수 있었다. 남편이 생존해 있는 것만 확인하고 돌아와야 했던 한 많은 여인이다. 시간이 흘러 시아버지가 돌아가시고 3년 상이 지나자 비로소 길제를 지냈다 한다. 드디어 정식 종부가 된 것이다.

대문을 나서 경사진 길을 몇 걸음 옮기면 자갈 섞인 은빛 모래사장이 나왔다. 그 끝에는 맑고 차가운 분강 물줄기가 병풍 같은 절벽을 돌아 흘렀다. 집 바로 앞에 이런 산수가 있으니 농암이 '강호 문학의 창도자'가 된 것이 당연하다 싶었다. 고요히 흘러가는 물가에 서 있노라니 나도 농암이 살던 시대로 돌아가는 듯 현기증이 났다. 맑은 물은 예나 지금이나 변함없이 흐르고 있었고 종부는 변함없이 종택을 지키고 있었다. 그 변함없는 산수와 사람들에 대해서 절로 경외심이 일었다.

돌아갈 짐을 꾸리고 작별 인사라도 하려고 안채를 기웃거렸다. 한쪽 구석 주방에서 낡은 앞치마에 고무장갑을 끼고 설거지를 하는 종부를 보았다. 귀한 보석이 곡식을 갈고 있는 느낌이랄까? 조금 전 종부가 예쁘다고 칭찬한 스카프를 돌아서서 보이지 않게 벗었다. 종부라는 전통을 지켜주고 있는 그녀에게 고마움을 전하는 의미였다.

"선물이라도 남기고 싶어서…."

걸어오다 뒤돌아본 종택의 지붕 너머 모과나무가 햇빛에 빛났다.

*참고 : 『천년의 선비를 찾아서』 (이성원 저)

임영애 limya786@hanmail.net
2016년 『선수필』 등단

4부

한국현대수필 105인선

장금식	바다, 무늬를 그리다	최 종	미루나무 꼭대기에서
장미숙	생각하는 나무	최현숙	보리밭에 부는 바람
장석규	어조사에 담긴 뜻은	하택례	호수의 백조 가족
장희숙	가지치기	허모영	온전한 죽음
전해숙	소리, 소리들	허숙영	퓨즈 끊기니
정수경	느티, 말을 걸어오다	허열웅	바람의 선시禪詩
정재순	호상	허정란	윤슬이
정태원	호박꽃	허정열	자서전을 읽다
정태헌	좌판가게	허정진	숫돌을 읽다
정희승	음악의 도시	허창옥	일흔, 나
조순영	세월의 강	현금자	양재천에서
조이섭	비눗방울에 갇힌 남자	홍승만	긴 기다림, 짧은 만남
조 헌	모든 벽은 문이다	황성규	늙은 도둑
조현미	토란잎을 듣다	황점숙	마음 한 상
최성록	나의 스승	황진숙	낙죽장도烙竹長刀

바다, 무늬를 그리다

장금식

배가 섬을 향해 막 출발하였다. 태국 동부 타이만, 코창 섬에 있는 코와이로 가는 중이다. 느릿느릿 몸체를 흔드는 큰 배 옆에서 작은 보트가 속도를 낸다. 작은 보트는 잽싸게 사라지면서 은빛 포말과 두 줄의 길을 남긴다. 그동안 많은 길을 걸어왔지만 작은 배가 만들어내는 물길이 새삼스럽다. 코발트블루와 초록을 섞어놓은 것 같은 물빛, 파란 하늘엔 바다 빛을 닮은 새 한 마리가 곡선을 그리며 난다.

물결은 물의 숨결이다. 너울대며 춤을 추듯, 올록볼록 수를 놓듯, 실핏줄처럼 얼기설기 얽힌 물결들이 여러 무늬를 그려낸다. 얼핏 꽃무늬도 보인다. 로즈메리, 아이리스, 제비꽃들이 얼굴을 내밀다가 야자수 잎처럼 큰 힘에 가려 얼른 자취를 감춘다.

서로 다른 언어를 사용하는 관광객들도 이 순간만은 한마음이 되는 듯하다. 이쪽저쪽, 배 가장자리에 모여선 동양인과 서양인들이 미추의 경계를 지우고, 마법에 빠진 듯 물길에 시선을 빼앗긴 채 침묵하거나 탄성을 지른다. 나는 선미船尾에 서서 아래를 내려다본다. 작은 물고기가 물 위에서 담방담방 물수제비를 뜬다. 내가 물고기를 구경하는 것인지, 저 물고기가 나를 구경하는지 알 수 없다. 순간, 두려움도 없이 물살에 살며시 발을 얹고 싶어진다.

　변화무쌍한 물살에서 인간 삶의 궤적을 본다. 햇빛의 각도와 바람의 세기, 때에 따라 물의 기운과 무늬가 달라지듯 인생 또한 그러하다. 저 물결이 그리는 무늬처럼 때론 새끼줄처럼 꼬일 때도 있고, 듬성듬성한 그물처럼 구멍이 날 때도 있다. 인생은 흥진비래興盡悲來, 고진감래苦盡甘來, 잠시도 한 자리에 머물지 않는다.

　내 생의 물결은 어떤 무늬를 그려왔는가. 무소유의 바다에서 흐르는 물결에 생을 맡기고 살 수만 있다면 얼마나 좋으랴. 그러나 욕망이라는 배에 탑승한 채 먼 길을 떠나기도 했다. 그것은 아무리 가도 물만 보이고 뭍은 까마득한 여정이기도 했다. 내 안에 작은 돛단배를 만들고 화려한 돛을 장식품으로 달았지만 먼바다를 항해하려는 계획에 구멍이 나기도 했다. 망망대해에서 창공을 발견할 때도 있었으나 열대지역 같은 삶을 통과하며 스콜을 만나듯 잠시 촉촉하다가 맑아지고 또다시 빗줄기를 맞이하는 삶, 그 삶이 순환하며 예까지 오지 않았던가.

　한곳에 안주하며 세상을 낚긴 싫어 삶의 반경을 넓히려 했던 시간들, 그 과거에 매몰되어 있던 순간들도 잠시 왔다 사라지는 물살 무늬가 된다. 궤적이 허물어지는 것은 한순간이다. 이 물결을 보니 시아버님의 삶도 밀려온다.

　얼마 전, 12년을 함께 했던 시아버님이 먼 길 떠나시고 나니 삶이 한층 더 허망하게 느껴진다. 가족을 위해 일 년 중 거의 하루도 쉼 없이 동물병원에서 의사로 살아오신 그 삶이 연기 속에 타오른다. 화장터에서 본 뼈 몇 조각, 한 줌의 가루, 흰 종이에 접힌 채 항아리에 담겨 납골당에 자리 잡기까지. 명찰 하나만 달린 문이 철커덕 닫히고 자식들이 읊는 기도문이 끝나면 한 생이 끝나고 만다. '자식 먼저 보냈던 서러움마저 태우고 가시라'며 이별의 손을 흔들었다. 저 좁은 공간에서 얼마나 답답하실까.

생의 불안을 안고 물살의 요철이 심해질 때면 푸른 물빛에 합류하지 못한 듯 물 위에 덩그러니 떠 있는 하나의 외딴섬이 되곤 했다. 나를 내 안으로 가두는 병에 지쳐 갈 때 시어머님은 돌아가시고 홀로 남은 시아버님께는 내가 필요했다. 시아버님을 보살펴드리니 삶의 보람이 커지고 내 마음의 닫힌 섬이 열리며 소통이 시작되었다. 시아버님과 유달리 친구처럼 지냈던 시공간들. 함께 다녔던 카페와 레스토랑에 대한 기억의 편린들. 외식하시자고 하면 아기처럼 기뻐하시던 모습, 그렇게 좋아하시던 초밥과 캐러멜마키아토도 물결무늬에 편승하다 사라졌다.

높이 날아오른 새가 결국 제 자리로 돌아오며 폐곡선을 그리듯, 인생도 원점으로 돌아가는 것이 아닐까. 내 몸도 한 줌 가루가 된다는 것을 확인하기 전까지 '높게, 넓게, 많게'라는 단어들이 시시각각 얼마나 많은 욕망을 키웠던가. 삶의 행간을 무시한 채 순수한 물결무늬에 상처를 입히면서. 허무한 생의 말로가 될지라도 그동안 높이를 위해 삶을 소비해 왔던 나날들이다. 욕망은 이기심을 부추기고 이기심은 균열과 단절을 오가며, 불안과 공포는 심리적 패닉을 감당하기 어려울 정도로 고립의 섬을 만들면서 말이다.

바다 위 길에서 새로운 인생 항로란, 앞으로 가야 할 길은 굳이 높을 필요가 없다는 것. 이 세상을 살면서 저세상으로 돌아갈 준비를 하며 살아야 할 존재가 아닌가. 너도, 나도 다 그곳으로 가고 잠시 빠져 헤어나지 못했던 욕망의 늪도 피안에 묻히고 말 게다. 어차피 삶은 높은 곳을 향하는 여행이 아니라 땅속 낮은 곳을 향하는 여행이리라. 작은 물고기가 낮게 길을 내고, 타이만을 날고 있는 저 새는 낮은 곳으로 나를 인도하고, 인간이 처음 떠나온 대지에서 다시 인간의 본향으로 돌아가듯 시작과 끝은 원점에서 만난다.

이윽고 코와이 섬에 도착했다. 섬의 풍광을 즐길 시간이다. 내 인생의 배도 내 안의 섬에 정박했다. 섬 주위의 바위에 부딪히는 물결은 여전히 수 없는 무늬를 만들어낸다. 내가 채워 나아가야 할 섬, 내 안의 풍경을 상상해본다. 이 시간이 지나면 다시 먼 길 떠날 채비를 해야 한다. 그 인생 뱃길에선 어떤 무늬들이 그려질까.

장금식 julienna@hanmail.net
《계간수필》등단
수필집『내 들판의 허수아비』『프로방스의 태양이 필요해』

생각하는 나무

장미숙

　구불구불 뱀이 몸을 뒤틀듯 곡선으로 휘었다. 세 줄기가 제각각 바깥으로 향하면서 구부러졌다. 흐르다가 멈춘 듯 멈추다가 흐른 듯 휘어지면서 위로 향한다.

　맑은 날보다 다소 흐린 날이면 나무는 커다란 물음표 몇 개의 모양으로 보인다. 생의 본질을 찾는 구도자의 고행이 저럴까. 삶이란 무엇인가를 고민하는 수도승의 그림자가 저러할까. 인생은 무無라고 묵언으로 말하는 도인의 모습이 그럴까. 나무속을 들여다보면 나이테마다 생각이 꽉 들어차 있을 것 같다. 생각은 매듭과 마디가 되어 겉모습을 저리 휘도록 만들었으리라.

　나무는 그저 쑥쑥 자라는 게 미美라고 생각했을 때 하늘로 치솟는 메타세쿼이아나 스트로브잣나무 같은 게 좋았다. 씩씩하고 평화로우며 생생하게 활기를 북돋아 주는 그런 존재라 여겼다. 구김살 없이 반듯한 모양과 멋스러운 풍채를 우러러보았다. 높다란 우듬지에 구름을 펼쳐놓고 노는 풍류를 동경했으며 나무의 생은 그저 아름답다 여겼다. 특히 마을 어귀나 공원, 유적지 같은 곳에서 날개를 활짝 펼친 나무는 무한한 기를 품은 듯 보였다.

덜퍽진 가지가 그늘을 만든 그 포용 앞에 자연의 위대함을 칭송하기도 했다. 그 많은 이파리와 가지를 거느리고도 한치 흔들림 없이 계절을 열어나가는 나무는 신의 영역에 존재한다고 믿은 적도 있다. 웅장하고 기품 있고 아름다운 큰 나무들은 상징적이고 범접할 수 없는 영적인 존재라 여겼다.

그러다가 나무를 다시 보게 되었다. 산길을 걷기 시작하면서부터 나무는 입체적으로 다가왔다. 그전에는 단면에서 아름다움과 효용성을 찾았다면 이면에 집중하기 시작했다. 책장에 바르게 꽂힌 책의 위엄을 훑어보기보다 겉모습이 아닌 책 속 사소한 사연을 보게 된 것이라 하겠다. 숲은 멀리서 보면 단정하고 질서정연하다. 하지만 들어가서 면면히 들여다 보면 나무들 사이에도 곡절이 존재함을 알게 되는 그런 깨달음 같은 것이랄까.

오르락내리락 산길을 걷다가 꼭 멈춰 서게 되는 곳이 있다. 유난히 휘어진 나무 앞이다. 구불거리다 보니 높이보다 넓이의 비중이 크다. 줄기가 위로 곧장 향하지 않고 에두르며 돌아간다. 그 모습이 마치 로댕의 〈생각하는 사람〉 조각상을 연상케 한다. 사람만 생각하는 존재가 아니구나, 나무도 저토록 깊이 치열하게 생각 속에 빠져 있구나 싶어 동질감이 느껴지는 순간이다.

어느 날은 그 옆 의자에 앉아 말을 걸어보았다. 나무는 몸짓으로 답했다. '주위에 신경이 자꾸 쓰여요. 나로 인해 다른 나무가 상처를 입지는 않을까. 햇빛을 막아버리거나 바람의 길을 방해하는 건 아닐까. 누군가를 불편하게 하는 것도, 불편을 받는 것도 싫어요. 그래서 자꾸 생각 속에 빠져들어요.' 나무의 하소연이 그랬다.

쓸데없는 걱정을 하는구나 싶어 혀를 끌끌 찼지만, 나무는 나를 향해 당신만큼이나 할까요 하는 듯 쳐다보았다. 그 시선에 대꾸할 수 없었다. 내 마음속을 훤히 들여다보는 듯 푸른 이파리들이 일제히 고개를 끄덕거렸다.

생각의 덫에 잡혀 잠을 못 이루는 날들이 많아졌다. 아무리 잡념을 털어내려 해도 머릿속에 달라붙는 망상은 끈질겼다. 생각을 끊어보려고 별을 세고 양을 세었다. 그런데 그마저 종내에는 또 다른 생각의 무리를 끌고 왔다. 신기하게도 잠이 오지 않는 밤은 서로 다른 이야기들조차도 상관성이나 연관성으로 연결되어 번식했다. 논리의 비약은 수시로 이루어졌다. 생각은 꼬리가 없었다. 머리만 가득 달린 괴물들처럼 눈을 빛냈다.

불면은 수많은 꿈을 생산했다. 현실적으로 일어날 것 같지 않은 어처구니없는 일들이 매일 꿈속에서 펼쳐졌다. 생각이 만들어낸 영상과 이미지들이었다. 간절한 소망이나 불안한 일들, 아팠던 과거의 어느 순간들, 사람들, 그리고 영적인 존재의 출현까지 밤은 생각의 집합체였다. 어느 날은 가위에 눌리고 어느 날은 현실과 환상 속에서 헤맸다. 깊이 잠들지 못하는 밤들은 육체마저 기를 펴지 못하게 했다. 생각은 그렇게 위험하고 무분별했다.

어려서부터 나는 생각이 유난히 많은 아이였다. 그렇게 태어났다기보다는 어느 순간 만들어진 것이라 여긴다. 아버지의 그늘을 갖지 못했던 어린아이가 보는 세상은 냉정하고 엄숙하고 삼엄했다. 어른들의 세상은 투쟁 같았으며 사건의 연속이었다. 사건은 침묵과 생각의 본거지를 형성하게 했다. '왜 그럴까?'라는 의문은 항상 따라다녔다. '어떻게 할까?' 어렸지만 뭔가 답을 찾아야 한다는 조바심으로 골몰했다.

힘과 능력이 없었으니 생각만 난무했다. 중학교 시절에는 생각의 구덩이가 더 넓어졌다. 깊어짐과는 다른 그저 많은 생각으로 가득 차 터질 것 같은 날들을 보냈다. 부모님과 동생들에 대한 걱정이 대부분이었다. 아버지의 병은 어찌할 수 없었고 그걸 이겨보려는 엄마의 노력은 불가항력처럼 보였으며 엄마의 짐을 덜어줘야 한다는 강박관념이 아직 여물지 못한 한 인격을 지배해버렸다.

그때는 그게 끈질긴 생명으로 내면에 살아남을 줄 몰랐다. 나이와 상관없이 자아에 뿌리내린 넓은 생각 주머니는 늘 채워지기를 원했던 것 같다. 그런데 따지고 보면 빈 허깨비 같은, 굳이 버려도 좋은 쭉정이에 불과한 것들을 끌어안고 살았다. 충분히 생각하지 않으면 미진한 그 무언가가 잠을 쪼아먹고 여유를 갉아먹었다. 생각은 생각을 낳고 나무처럼 큰 줄기를 형성하며 가지를 뻗고 변신했다.

마치 내 몸속에 구불거리는 나무 한 그루가 사는 것 같다. 사방으로 뻗어 나가려는 생각이 꿈틀거리는 저녁이면 아픈 영혼이 육체를 지배한다. 번식을 거듭하는 생각들은 팔랑거리며 비구름을 데려오고 태풍을 불러온다. 알면서도 어찌할 수 없다는 것, 그 옛날 불가항력처럼 몸속에서 자라는 생각들 때문에 나도 구부러진 나무가 된 것인가. 그렇기에 평범한 나무에 시선이 가지 않고 온몸으로 세상을 향해 덤비는 지무모한 나무의 편에 서고 싶은 것이리라.

사방을 경계하는 듯한 나무에 손을 내민다. 쓸데없는 생각일랑 조금 버리자고. 그래야 햇살도 들고 바람도 쉬어갈 게 아니냐고 타일러본다.

어쩌면 내게 하고 싶은 말일지도 모르겠다. 또 이렇게 생의 변곡점 하나, 힘겹게 넘는다.

장미숙 erigeronf@naver.com
2016년 《에세이문학》 등단
수필집 『고추밭 연가』 『의자, 이야기를 품다』

어조사에 담긴 뜻은

장석규

안개 짙은 어느 날 넝마를 걸치고 수레에 걸터앉았다. 굽은 등 너머로 목을 길게 뺀 채였다. 저만치 희미하게 보이는 무용지물의 태산을 향하는 듯한 환상이 남의 일 같지 않다. 비로소 쓸모없는 것들의 의미를 반추해 본다.

젊었을 적 아내나 아이들이 내 생각이나 가치 기준에 맞지 않는 얘기를 하면 '쓸데없는 소리'라며 면박을 주곤 했다. 한번은 퇴근해서 식구들과 밥상에 둘러앉았을 때였다. 중학생인 아들 녀석이 내 얼굴을 똑바로 바라보더니 한마디 하는 것이었다.

"아빠, 나도 나이키 운동화 신고 싶어요." 아들의 표정은 사뭇 진지해 보였다.

딸애도 제 오빠의 그 말에 힘을 얻었는지 덩달아서 "아빠, 저도요." 하고 보채고 나섰다.

순간 내 입에서 용수철처럼 튀어나온 말, "쓸데없는 소리들 한다."였다. 더 이상 생각해볼 여지를 두지 않겠다는 목소리라는 걸 알아챈 아내가 아이들에게 곁눈질을 주지만 아이들은 물러서지 않았다.

"아빠, 요즘엔 다 나이키 운동화 신는단 말예요."

나는 아들의 그 말을 들은 듯 만 듯 눈을 부릅뜨고는
"그래도 안 돼! 자꾸 쓸데없는 소리 할래?" 하고 입을 닫았다.

녀석들이 갑작스럽게 나이키 운동화 타령을 하고 나섰으니 가당치 않은 일이었다. 이상한 유행이 들불처럼 번져나가다가 마침내 우리집 식탁에까지 번진 거로구나 하는 생각이 머리에 스치니 고운 말이 나올 리 없었다. 더는 이야기하지 말라는 내 단호함에 식탁에는 냉기류만 돌게 되었다. 아이들은 울상이고, 아내나 나 또한 언짢기는 마찬가지였다.

그 당시는 학생들이 너도 나도 '나이키' 운동화를 신고 다니는 게 유행이었다. 평소 '국산품 애용'을 강조하고 생활해오던 나는 사실 그때까지 그런 유행이 있다는 것조차 모르고 있었다. 그러니 아이들의 갑작스런 외제 신발 타령에 잠시지만 머릿속이 하얘질 수밖에 더 있었겠는가.

아이들은 꽤 오랫동안 참아 오다가 용기를 내서 얘기를 꺼냈을 터였다. 왜 나이키 신발 이야기를 꺼내는지, 아들딸의 마음을 헤아려 볼 틈도 없이 단박에 '쓸데없는 소리'로 몰아붙이고 말았다. 참으로 딱한 일이었다. 그때를 떠올리는 지금도 낯이 뜨겁다. 매사 그런 식이었다. 내 생각과 조금이라도 다르면 아내나 아이들의 얘기를 무시하기 일쑤였다. 가족 간에 대화다운 대화가 있을 턱이 없고, 원만한 소통은 남의 집 얘기나 다름없는 것이었다.

요즘 세상은 자고 일어나면 새로운 뉴스가 쏟아진다. 하루가 저물어 조용히 쉬고 싶은 밤이면 밤마다 들려오는 '듣도 보도' 못한 소식들로 머리가 어지럽고 속은 울렁댄다. 말 그대로 휙휙 돌아가는 세상에서 꼭

해야 할 일만 하는 것도 벅차서 숨을 헐떡인다. 어찌 쓸데없는 일에 매달려 고민하고 시간과 정력을 낭비한단 말인가.

주위에서는 쓸데없는 일이 빚어내는 소음으로 번잡스럽다. 너무 과문한 탓일까. 텔레비전을 봐도, 책을 펼쳐도, 이런저런 일로 사람들을 만나도 온통 알맹이 없는 얘기만 늘어놓는 것 같다. 텔레비전 출연자나, 책 저자 그리고 만나는 사람들로서는 나름대로 치밀한 준비를 해서 하는 말일 텐데도 한번 듣고 지나쳐도 될 얘기를 마냥 늘어놓는 것처럼 들린다. 수시로 드나드는 인터넷 세상은 시답지 않은 소리들로 도배되어 있는 듯하다. 누구라 할 것 없이 바쁜 세상에서 쓸데없는 일들로 허송세월하는 것은 아닐까 싶다. 가뜩이나 복잡한 세상을 겨우 버텨내는 내 머릿속은 실타래가 겹겹으로 뒤엉킨 느낌이다.

'무용지용'이란 말이 떠오른다. 장자莊子가 〈인간세편人間世篇〉에서 언뜻 쓸모없는 것으로 보이는 것이 오히려 큰 구실을 한다는 의미로 사용한 역설이다.

'어디까지나 쓸모없는 건 쓸 데 없는 거지 그게 어떻게 쓰인단 말인가. 대 철학자가 일찍이 괜한 말을 한 건 아닐 테고⋯.'

장자가 그 말을 한 뜻이 무얼까 곰곰이 생각해 본다. 한문에서 어조사로 쓰이는 언焉 재哉 호乎 야也 같은 글자야말로 각자 고유한 뜻을 가지고 있지 않으니 어디에 써먹는단 말인가. 더욱이 한자는 뜻글자가 아닌가. 한시나 사서삼경에 나오는 명문장에는 어김없이 어조사 한 글자씩을 배치한 걸 보게 된다. 시의 운율을 맞추고, 문장을 맛깔스럽게 하려는 의도로 써넣은 것일 게다. 어조사는 별다른 뜻을 갖고 있지 않아서 쓸데없는 것 같은데도 오히려 없어서는 안 될 만큼 중요하게 쓰임을 받는 셈이다.

한 걸음 뒤로 물러나 '무용지용'이란 말을 거울삼아 나를 비춰 본다. 꼭 쓸모 있는 것만을 가치 있는 거라고 빡빡하게 굴던 내 얼굴은 뻣뻣이 굳어 있다. 스스로 각박함의 굴레를 뒤집어쓴 꼴이다. 시답지 않게 여겨지는 말도, 언뜻 의미 없는 것으로 치부하고 지나칠 만한 소리도 어조사 같은 구실을 한다는 걸 겨우 알 만하다. 아내와 아이들의 말이 터무니없는 소리였다고 해도 내가 어떻게 듣느냐에 따라 달랐을 테다. 적어도 쓸데없는 소리로 몰아붙이지 않았더라면 가정을 행복하게 하는 윤활유 구실을 했을지 모를 일이다. 왜 진작 알아차리지 못했을까. 쓸데없는 것이 쓸모 있는 것의 가치를 더 드러내 줄 수 있다는 걸….

그럼에도 불구하고 지금도 여기저기서 시시콜콜하고 대단찮은 이야기 소리가 귀청을 울리고 머리를 어지럽게 한다. 그런 소리를 삶의 운율을 살리고 맛깔나게 해주는 것으로 여기며 살아갈 날이 오기는 하는 걸까. 지금 주절거리는 이 소리 또한 털끝만큼이라도 쓸모 있으면 좋겠다.

장석규 jangsk999@hanmail.net
2015년《한국수필》등단
저서『소나무의 미소』『너에게 나무가』『벼랑 끝에 서 있는 나무는 외롭지 않다』

가지치기

장 희 숙

　바람이 설핏 불어온다. 겨울 동안 얼었던 논과 밭이 녹고 한해의 농사일이 조용히 시작되고 있다.
　웃자란 나무의 가지를 잘라주는 전지작업을 하다보면 인간의 욕심을 버리게 된다. 봄이 오기 전, 나무를 관리해주면 상품성 있는 과일을 얻을 수 있다. 그러기 위해서는 가지를 잘라야 한다.
　올해 8년생인 복숭아나무의 전지를 내 손으로 한다고 남편에게 선포를 해버렸다. 해마다 사람을 들여 전지를 했지만, 맘에 들지 않았다. 몇 번의 영농교육이 전부지만, 내가 원하는 모양의 가지를 두고 싶었다. 작년 겨울에 구입한 전동가위도 그러한 결정을 하는데 한몫했다. 직장생활을 하는 남편은 전문가에게 맡기라며 벌써부터 성화다. 한번 해본다고, 하다가 정 힘들면 사람을 들인다며 적당한 타협 끝에 바람 없는 날을 잡아 시작했다.
　두꺼운 양말에 털신까지 완전무장을 한다고 했지만, 시린 발은 어쩔 수가 없었다. 나무 밑동을 싼 볏단에 불을 붙여 시린 발을 녹여가며 의욕을 불태웠다. 겨울에 동해를 입거나 죽은 가지를 제거해주고, 두 가지 정도만 남기고 모두 자를 예정이다. 사방팔방에서 신초들이 튀어나와 어떤 가지를 잘라야 할지 둘러보고, 또 쳐다봐도 결정이 나질 않는다. 우선 웃자란 녀석을 자르기로 하고, 애매한 것은 동네 아저씨께 물어 자른다고 한 게 엉뚱한 가지를 자르고 말았다.

작년에는 복숭아나무에 물이 오를 때 냉해 피해로 수확량이 전년에 비해 절반밖에 되지 않았다. 농사는 하늘이 도와주지 않으면 잘 거두기 힘들다. 봄을 맞이하는 진통도 크지만, 다듬고 가꾸고 돌봐주며 탐스런 복숭아 열매를 기다리는 마음 또한 만만치 않다.

과수조합에서 전동가위에 조합원의 손가락이 절단되었다며 조심하라는 안내문자를 이틀 연속 보낸다. 밤새 충전을 한 전동가위의 컨디션은 최고인 것 같은데, 나의 팔다리는 녹작지근한 게 온몸의 배터리가 방전 직전이다.

가위를 권총처럼 옆구리에 차고, 살벌한 가윗날이 순식간에 목표물을 자르는데 겁이 덜컥 났다. 얼마나 힘이 센지 연한 가지뿐만 아니라 제법 두꺼운 것도 단숨에 잘려 나간다. 추위도 절기는 어쩔 수 없나 보다. 입춘이 지나고 우수가 다가오니 꽃눈이 토실토실하다. 가루깍지벌레가 군데군데 보여 방제에 더 신경을 써야겠다.

'나무의 수형을 Y자 형으로, 열매 맺을 가지만 야무지게 키우고 나머지는 제거하여 최대한 성장을 억제시켜야 한다.'

머릿속으로 계산을 하던 그때, 익숙한 목소리가 들렸다.

"얘, 이걸 지금 전지라고 하고 있니?"

시아버지께서 지켜보시고 계셨던 모양이다. 하마터면 전동가위를 발등에 떨어뜨릴 뻔했다.

"나무 다 베려놓네, 당장 그만둬."

아침에 출근한 남편의 모습까지 보인다. 순간 눈에 불꽃이 튀었다.

"누군 뱃속에서부터 배워 가지고 나와요? 첫술에 배부른 사람이 어디 있어요?"

궁하면 없던 용기도 생기는 것인가. 호랑이 시아버님이 옆에 계신 것도 잠시 잊고 툭 뱉고 말았다. 어느 누구보다 모범생 흉내를 내며 살고 싶은데 뜻대로 되질 않는다. 전지하는 내게 점심을 사준다고 들른 남편마저 야속하다.

사다리고 뭐고 내팽개치고 과수원을 나와 버렸다. 일이 삐딱해지고 심사가 꼬일 때는 한 박자 쉬어가야 한다. 그 자리에 더 있다간 내 입에서 어떤 심한 말이 또 튀어나올까 두려웠다. 풍선처럼 팽팽하게 부풀어 조금만 건드려도 곧 터질 것 같았다.

덜컹거리는 트럭에 전동가위를 싣고 뿌연 먼지를 내며 돌아오는데 주책없이 왜 눈물은 주르륵 흐르는지…. 모퉁이를 돌며 핸들을 돌리는데 팔이 얼얼하고 잠깐씩 마비가 오는 것 같았다. 도로 가장자리에 차를 세우고 핸들에 얼굴을 묻고 울어버렸다.

그날 저녁, 남편은 전지작업을 전문가에게 맡겼다. 마음 같아서는 4천 평이 넘는 과수원 전체를 나의 손으로 하고 싶었지만, 욕심이 너무 과했나보다. 전문가 일곱 명이 이틀을 꽉 채우고서야 끝이 났다.

남편과 시아버지 아니었다면 내 어깨는 정형외과 신세를 지지 않았을까 싶다. 아니나 다를까 목이 따끔거리고 머리가 아프더니 감기에 걸리고 말았다. 설상가상 감기까지 겹쳐 열흘 넘게 고생했다.

미련한 사람이 감기한테 당하고 누워만 있자니 잡생각만 잔뜩 났다. 끝없이 길게 늘어진 생각의 꼬리를 자르고, 비우기 위해 밖으로 나갔다. 시린 손을 비벼 마음에 온기를 주며 '그래 용기를 내야지' 하늘을 보며 다짐해 본다. 좋은 삶도 나쁜 삶도 없다. 다만 의견이 다르고 생각이 다를 뿐이지.

인생 백을 잡아도 딱 반을 살아 버린 나, 나의 건강이 허락하는 한 농사일은 계속 하고 싶다. 그러려면 내 몸을 아끼고 사랑하는 연습이 필요할 것 같다.

날씨가 풀리면 나는 또 땡볕 아래서 각종 병충해와 온갖 잡풀들과 싸워야 한다. 그러다 보면 어느새 나는 싸움대장이 되어 있겠지. 얼굴 또한 농사일로 검게 그을릴 것이다. 꽃봉오리를 솎아 주고, 열매를 따내며 나무와 대화를 나누며 행복한 사랑에 빠져 살 것이다.

어쩌다가 복숭아나무를 사랑하게 된 내 몸에서는 선녀처럼 늘 복숭아 단내가 진동할 것이다.

장희숙 wjdxor789@hanmail.net
2015년 《선수필》 등단

소리, 소리들

전 해 숙

와르르 자갈 쏟아지는 소리가 들린다. 누군가 풀무질이라도 하는지 바람이 꽤 요란하다. 때늦은 바람이 이제야 뒷산 잣나무 숲을 헤집고 지나는 중인가 보다.

요즘은 날씨 변덕이 심하다. 어스름 저녁 긴 그림자가 마당으로 들어설 때쯤, 황토방 아궁이에 불을 지폈다. 바닥에 납작 엎드린 바람이 커다란 부채질에도 꼼짝하지 않았다. 주섬주섬 생전에 아버지가 쓰시던 낡은 송풍기를 찾아 틀어놓고 아궁이를 살살 달랬다. 엄마에게 야단맞은 아이처럼 눈물 뚝뚝 흘리며 애쓰는 데도 웅크린 불길은 일어날 줄 몰랐다. 애를 쓰면 쓸수록 아궁이는 불길과 연기를 꾸역꾸역 밖으로 내뱉었다. 한참이나 운 것처럼 토끼 눈이 되어서야 언제 그랬냐는 듯 아궁이 한가득 불길이 살아났다. 늦게 찾아든 바람이 살짝 원망스럽다.

바람 소리를 듣고 있다 보니 계절마다 소리가 다르다는 생각이 든다.

문득 마음 저 깊은 곳에 바람이 일 때마다 찾았던 산사山寺의 목탁과 풍경 소리가 듣고 싶다. 주변을 감싸고 있는 기운을 뚫고 계곡마다 퍼졌던 청아한 울림이 그립다.

밤새 비가 내릴 때 귀를 기울여야만 들리는 소리, 누가 비는 소리로 내린다고 했던가. 아침이면 마당에서 벌어지는 온갖 새들의 합창, 서로 경쟁이라도 하듯 지저귀는 새소리에 잠이 깨곤 한다. 특히 산까치의 떼창은 자리에서 일어날 줄 모르게 한다.

빨랫감을 한 통 가득 담고 돌아가는 세탁기 소리를 듣고 있으면 활기를 느낀다. 그러나 농장 옆 개울에서 다슬기를 잡는 아이들의 왁자지껄하는 그 소리만큼 활력 넘치는 소리도 없다. 암과의 투병 중 이제는 이겨냈다며 환호성을 지르는 친구의 목소리, 전화를 끊고 나서도 가슴 뭉클하다. 기저귀를 갈아주면 팔다리를 흔들며 기분 좋게 내뱉는 아기의 옹알이도 듣고 싶다. 연애 시절 유선 전화기 너머에서 들려오던 사랑하는 이의 달콤한 목소리도 있다. 말하지 않고도 서로 얼굴만으로, 눈치만으로도 알아버리는 침묵의 소리도 있다. 겨울밤 책상 앞에 앉아 있을 때 사르륵사르륵 창문 너머 누군가의 움직이는 소리, 신경을 곤두세우고 들어 보면 우리 집을 찾아오는 눈[雪]의 발걸음 소리였다.

어떤 일이 뜻대로 이루어졌을 때 함께 지르는 기쁨의 소리도 있다. 특히 운동 경기에 승리했을 때 모두가 터트리는 화합의 소리, 그 소리를 들어 본 적이 언제였던가. 내년에도 월드컵 같은 세계적 경기가 반드시 열려 지구촌 구석구석에서 지르는 글로벌 함성도 꼭 듣고 싶다.

소리 중에 어디 듣기 좋은 소리만 있을까.

횡단보도에 서 있다 보면 갑자기 빵! 하는 소리가 화들짝 놀라 주저앉게 한다. 주말이면 시골집 마을을 떼 지어 지나가는 오토바이 애호가들의 경박한 경적, 한창 바쁜 농사철에 들일을 하던 어르신들이 깜짝 놀라 기겁을 한다.

어쩌다 친구들이 모이면 어김없이 들려오는 누군가의 뒷담화 소리, 얼른 나서서 '자리에 없는 사람 얘기는 하지 말자'며 말리는 친구가 있다. 소나기가 쏟아지기 전 캄캄하던 하늘에 한줄기 햇빛이 비치는 것처럼 반갑다.

몇 년 전, 부모님이 동시에 투병 생활을 했다. 치매를 앓던 어머니는 시도 때도 없이 나를 불러 밤낮 구분 없이 보낼 때가 많았다.

'해숙아! 해숙아!' 양쪽 방에서 쉼 없이 나를 부르던 메말라 부서진 부모님의 목소리가 한때는 너무도 듣기 싫었다. 텃밭에 앉아 일에 집중할 때 나를 부르는 어머니 목소리가 들리면 일부러 모른 척 고개를 돌릴 때도 있었다.

지금은 간혹 착각인 줄 알면서도 어디선가 걸어 나오실 것만 같아 일손을 멈추곤 한다. 한 번 들어봤으면 하는 간절함이 헛바람 소리로 들려온다. 돌아가신 부모님과의 거리 두기는 좀처럼 쉽지 않다. 나를 애타게 부르던 금속성 부딪히는 소리라도 듣고 싶은 바람이 바람 소리로 들려온다. 부모님이 나를 애타게 찾던 마냥 그리운 그 목소리가 듣고 싶다.

전해숙 helen2159@hanmail.net
2016년 《한국수필》 등단
수필집 『견 작가, 우 작가』

느티, 말을 걸어오다*

정 수 경

'아! 그렇구나' 하고 공감을 갖게 되는 일은 우리에게 종종 있다. '어쩌면 이렇게도 내 상황이랑 똑같을 수가 있지'라는 공감대 같은 것을 보고 같은 생각을 갖게 된다는 것은 기시감으로 남는다. 안봉옥 시인의 시집 「느티, 말을 걸어오다」를 마주쳤을 때 그런 느낌이었다. 그 시인도 나와 같이 느티나무와 교감을 했나 보다.

내가 느티나무를 눈과 가슴과 머리에 기록하게 된 것은 집 근처 도서관에서다. 출근 전 내 하루의 24분의 1의 시간을 열람실에 앉아 공부를 했다. 늦게 시작한 공부는 중년의 나에게는 그리 녹록한 일은 아니었다. 열람실에서 공부하다가 허리도 아프고 눈도 침침해져 오면 밖으로 나와 잠시 쉬었다. 계단에 서서 유리창 밖을 내다보다가 내 눈에 들어온 앙상한 나무 한 그루. 아니, 내게 말을 걸어오는 느티나무와 마주쳤다.

시멘트 바닥에 자리 잡은 나무
요강만 한 공간이 집이다
요만큼만 자라야 한다는 운명은

누구의 잣대일까

…중략…
당신들 희망의 면적은 얼마만 한 넓이인가요
〈안봉옥 「느티, 말을 걸어오다」의 일부〉

시인은 이렇게 시를 읊었고 나도 느티나무를 이렇게 읊었다.
　느티나무와 나는 그 이후로 서로의 마음을 읊어주는 친구가 되었다.
　느티나무는 씩씩하게 하루하루를 보냈다. 앙상한 가지에 싱싱한 이파리도 달고 가지 끝도 길게 길게 늘였다. 비록 새의 발처럼 여리고 가느다랗지만 열심히 최선을 다해서 자랐다. 때로는 어떤 아이의 자전거를 받쳐 주기도 했다. 어떤 이의 작은 그늘이 되어 주기도 했다. 장한 느티나무다. 가끔 벼룩시장이 열리는 날이면 텐트를 고정해 주는 역할도 해주었다. 손수 농사지은 농작물을 파는 할머니를 지긋이 바라봐 주기도 했다. 가지, 호박, 고추, 토마토, 대파, 고구마, 감자, 마늘이 팔릴 때마다 할머니의 마음처럼 기뻐하면서. 느티나무가 나의 모든 것을 바라보며 간직하듯 나도 느티나무의 봄, 여름, 가을, 겨울을 다 기록했다. 머리와 가슴과 눈으로. 보이지는 않지만 느티나무의 나이테는 조금 더 커졌다.
　마흔이 훌쩍 넘은 나도 도서관에 앉아 나의 느티나무처럼 열심히 공부했다. 여자 열람실, 분위기는 조용하고 책상에 앉아 무언가를 열심히 하고 있는 모습이 사랑스럽다. 무엇을 찾고 싶어서 저리도 열심히들일까? 햇볕도 좋아 나가 놀기에 좋은 날씨인데 딱딱한 의자에 앉아 무얼 찾는지 궁금하지만 물어볼 수도 없다. 나도 나무처럼 그들을 바라본다. 책상과 책상 사이를 걸어가면서 얼핏 그녀들의 책상에 놓인 책으로 가늠을 한다. 임용고시를 준비하는 것 같은 앳된 여학생, 사회복지사 공부를 하는 중년의 여인, 영어 공부를 하는 학생, 만화를 읽고 있는 초등학교 학생 등등 여자인 내가 봐도 멋진 여성들이다. 열정은 사람을 행복하게 만든다. 심지어 옆에 있는 사람마저도 행복해진다. 여자 열람실은 마치 느티나무가 자라는 터인 것 같았다. 이 공간의 사람들은 느티나무 새싹이다. 그 새싹들은 바깥의 느티나무와 같이 사계절을 보냈다. 그중에 중년이 된 나라는 새싹도 있었다.

느티나무도 나의 봄, 여름, 가을, 겨울을 다 기록했다. 나도 느티나무처럼 조금 더 자랐고 마침내 졸업을 했다. 힘든 과정이었지만 열매를 맺고 나이테를 키울 수 있었다. 어쩌면 이 모든 것이 나랑 같이 교감해준 느티나무 덕분인지도 모른다. 요강만 한 공간에서도 거침없이 뿌리를 내리고 가지를 늘리고 나이테를 넓히는 느티나무. 희망의 면적은 한없이 깊고 한없이 높은 것이다.

느티나무와 나 그리고 그 시인과 느티나무. 느티나무가 나와 그 시인을 공감이라는 단어로 연결해주듯이 누구든 자기에게 말을 걸어오는 것이 있을 때 같이 공감하라 말해주고 싶다. 아무도 모르게 사랑을 해보라 귀띔해주고 싶다. 그것이 나무여도 좋고 보도블록을 뚫고 꽃을 피워내는 제비꽃이어도 좋으리니. 아니면 눈이 가는 어떤 것에게 내가 먼저 말을 걸어보는 것도 좋으리.

* 느티, 말을 걸어오다 : 안봉옥 시인의 시집

정수경 jsk_kr@hanmail.net
2015년 《선수필》 등단

호상 好喪

정재순

    시끌벅적하다. 침잠해야 할 어머님의 장례식장에 웃음소리가 담을 넘는다. 잔칫집인지 초상집인지 분간하기 어렵다. 형제들은 오랜만에 만난 친척과 지인들에게 건네는 인사에 정이 담뿍 실린다. 저만치에서 문상객들이 술잔을 부딪치며 '호상'이라고 한다.

    사람의 수명이 길어졌다. 그래서인지 장례식장에 가면 '호상' 소리를 쉽게 듣게 된다. 대개 망자가 병치레 없이 복을 누리며 살 만큼 살다 돌아가셨을 때 인사치레로 하는 말이다. 좋을 호好에 상喪이 보태지면 '잘 돌아가셨다'는 의미를 가졌으나 결코 속뜻이 나쁜 것은 아니리라.

    인간사 죽음에는 여러 가지가 있다. 채 피어보지도 못한 어린아이의 죽음은 가엾기가 이를 데 없다. 한창 일할 나이에 당하는 죽음, 병마와 싸우다가 혹은 갑작스러운 사고로 당하는 죽음도 애석하긴 마찬가지이다. 그중에도 애달고 애달픈 것이 젊은이의 죽음이 아닐까. 나이 든 부모님이라 해도 불시에 떠나가면 자식들은 천지가 캄캄해질 수밖에 없다.

    죽음은 예순이 막 넘은 친정엄마를 다시는 볼 수도, 목소리를 들을 수도 없게 만들었다. 세상이 끝난 것 같았다. 엄마가 사라졌다는 사실이 믿기지 않아 슬픔조차 호강에 겨운 수작이란 생각만 들었다. 위급하다는 전화를 받고 달려갔으나 이미 엄마 손은 얼음장처럼 싸늘했다. 손 한번 잡아보지 못하고 눈 한번 못 맞추고 떠나보낸 심정은 눈물도 나지 않았다. 사람의 목숨이 한갓 바람 앞의 촛불처럼 여겨졌다.

느닷없는 친정엄마의 시한부 선고에 어쩔 줄 모르던 우리는 신기루 같은 기적을 바랐었다. 희망의 끄나풀이라도 잡고픈 심정은 장사꾼의 이야기에 팔랑귀가 되었다. 후회는 언제나 뒤늦게 찾아오는가. 별리를 앞에 둔 우리는 이별을 준비했어야 옳았다. 가보고 싶었던 곳, 먹고 싶은 것, 가슴속에 담아 두고 하지 못한 속마음을 들려주었어야 했다. 얼마 남지 않은 엄마와의 시간을 허투루 보낸 것 같아 두고두고 가슴이 아팠다.

지난겨울 감기로 입원한 어머님은 회복할 기미를 보이지 않았다. 꼬박 이틀을 길고 긴 잠꼬대로 정신없이 주무시더니 하루는 말짱해지셨다. 아흔의 당신은 갓 시집왔을 적에 겪은 소소한 이야기를 들려주었다. 시어른의 애정이 각별했다는 대목에선 새색시처럼 곱게 웃으셨다. 내 손을 꼭 잡고 아이들 잘 키우고 오순도순 재미나게 지내란 말씀도 했다. 그 길로 쾌차하실 줄 알았으나, 다음 날 또다시 호흡이 고르질 못했다. 불현듯 황망히 떠나보낸 친정엄마 얼굴이 어른거렸다.

인명은 재천이라지만 죽음이 두렵지 않을 이가 어디 있으랴. 어머님도 하마 아무도 없는 밤에 홀연히 떠나게 될까 봐 불안해했었다. 가시는 길 외롭지 않기를 빌면서 곁에 바투 다가앉았다. 아프고 힘들었던 기억일랑 부디 내려놓으라며 당신을 부드럽게 쓰다듬었다. 의식이 혼미한 중에도 당신은 느끼고 들리는지 어린아이 같은 표정을 지었다. 그러곤 편안한 모습으로 영면에 드셨다.

어머님 장례를 치르면서 이런 생각이 든다. 죽음은 슬프기 짝이 없는 일이나 거부할 수 없는 운명이다. 먼 길 떠나기 전에 교감하고 갈무리를 잘하면 별리의 아픔을 견뎌내기가 한결 수월할 싶다. 친정 부모님 임종을 못 했던 아쉬움에 다시 생각 하나가 일어선다. 누구나 한번은 가야 할 이승의 끝자락에서 떠나는 사람과 남는 사람 간에, 온전한 작별 인사를 나눈 경우야말로 호상好喪이 아닐까 하고.

장례식장은 고인의 마지막 의식을 치르는 자리이다. 생로병사를 겪어온 한 생명을 애통해하는 마음이 거기 있으면 좋겠다. 영정사진의 주인공은 정든 이들 곁에 머무르고 싶을 것이다. 아무리 나이가 지긋한 노인이 생을 달리했더라도 호상이란 말을 입 밖으로 내서 되겠는가. 먼 길을 떠나는 입장과 떠나보내야 하는 이의 심정을 짐작할 일이다.

어느 영화의 한 장면이 떠오른다. 연세가 지긋한 할아버지가 초상집에서 망자를 그리며 망연히 앉았는데, 중년의 사내들이 아무렇지 않게 '호상'이라며 웃고 떠든다. 고인의 구구절절한 사연을 아는 할아버지가 흘끔 눈을 치켜뜬다. 울컥하며 중얼거리던 그의 대사가 잊히질 않는다.

"니미 호상은, 호상은 무슨….."

정재순 soosan112@hanmail.net
2018 《수필과비평》 등단
수필집 『꽃달임』

호박꽃

정 태 원

　마당가에 호박꽃이 활짝 폈다. 황금빛 웃음을 머금고 수줍어서 어쩔 줄을 모른다. '분이' 같은 꽃이다. '분이'는 언젠가 글 속에서 내가 쓰고 싶은 여인의 이름이다. 한없이 다소곳하고 순정적인 여인이다.

　아들을 낳고 살던 집에 호박이 많이 심어져 있었다. 여름이면 호박 넝쿨이 기세 좋게 울타리를 타고 올라갔다. 호박잎은 쪄서 쌈으로 먹어도 좋고, 된장국에 넣으면 더욱 구수하고 맛이 좋다.
　노오란 호박꽃이 피기 시작하면 꽃등을 달아놓은 듯 집안이 다 환했다. 주렁주렁 애호박이 달리기 시작하면, 윤기 자르르 흐르는 애호박을 따서 전을 부치고, 칼국수에 채를 썰어 넣기도 한다. 아이들은 특히 호박볶음을 좋아했다.
　그때 초등학교 일학년이었던 큰애는 엄마 심부름을 잘했다. 작은 소쿠리에 애호박을 담아주면 방글방글 웃으면서 옆집에 갖다 주곤 했다. 호박꽃을 보고 있으면 어린 삼남매를 키우느라 바지런하고 씩씩했던 내 삼십대가 떠오른다. 가을이 오면 애호박을 썰어 햇빛 잘 드는 곳에 널어 호박고지를 만든다. 아이들은 까르르 까르르 웃으면서 고사리 손으로 썰어놓은 호박을 채반에 널겠다고 수선을 피운다. 늙은 호박은 서리가 내리기 전에 따야 한다.

누런 호박 겉 표면에 하얀 분이 나 있으면 잘 익은 호박이다. 하나 둘 셋…. 마루에 따다놓은 늙은 호박을 세는 재미로 아이들은 하루가 즐겁다. 호박범벅이나 호박죽을 만드는 날이면 호기심 어린 눈빛으로 엄마 옆에 바짝 붙어 앉는다. 드디어 늙은 호박 허리를 칼로 내려 자르면 '야~!' 하고 탄성이 터져 나온다. 황금빛 호박 속에는 빼곡히 박힌 씨가 꼭 보석 같다. 호박씨를 발라내겠다고 일제히 세 아이들 손이 호박 속으로 들어간다. 호박 속은 곧 곤죽이 되고 그 감촉의 감미로움에 아이들은 빠져든다.

마루 양지쪽에 널어 말린 호박씨는 고소해서 아이들이 오물오물 잘도 먹었다.

산모에게 좋은 먹거리로 늙은 호박만한 것이 없다. 친정어머니는 딸이 아이 셋을 낳을 때마다 꿀을 넣어 중탕한 호박 물을 더 먹이려고 애를 쓰셨다.

호박 꼭지 쪽을 동그랗게 칼로 잘 도려내어 뚜껑을 만들고, 호박 속을 파낸 후 꿀을 넣어 하루쯤 중탕을 하는데 그 정성이 지극하다. 한 대접 훌훌 마시고 푹 자고나면 부기가 쑥 빠져서 몸이 가뿐했다. 할머니가 만들어 주시던 호박엿은 또 얼마나 달콤하고 향기로웠던가.

흔히 사람들은 '호박꽃도 꽃이냐'고 말한다.

못생긴 여자를 빗댈 때 하는 말이지만, 겉모양으로 사람을 평가하는 것이 얼마나 위험하고 어리석은 일인지 살면서 서서히 깨닫게 된다. 보면 볼수록 정이 가고, 사람들을 위해 헌신하는 호박꽃의 진화는 얼마나 아름다운가.

   '분이' 같은 꽃, 호박꽃! 나는 호박꽃 같은 사람이 좋다. 세월이 갈수록 진국이다.

정태원 sunstar15@naver.com
《현대문학》으로 등단
저서 『행복 예감』 『부모의 생각이 아이의 운명을 만든다』 외

좌판가게

정 태 헌

　실은 가게라고 할 것도 없습니다. 노점 좌판이라 하는 게 더 맞습니다. 후미진 자투리땅에 천막 치고 궤짝 네댓 개 엮어놓은 곳에 불과하니까요. 굳이 가게라고 한 것은 명색이 먹거리를 차려놓고 파는 집이라 대접 삼아 한 말입니다.
　맞붙은 옆집은 번듯한 건물로 오십 평 남짓 되는 마트입니다. 그러니까 마트 모퉁이에서 더부살이하는 셈이지요. 서너 발짝이면 쾌적한 마트인데 누가 이런 좌판을 눈 여겨나 볼까, 어떤 이가 발길을 멈출까 하는 의구심조차 듭니다.
　아내 말로는 좌판 가게를 들락거린 지 십여 년째랍니다. 이제 가게 주인은 나까지 알은체합니다. 언젠가 퇴근길에 아내 심부름으로 가게에서 생선을 받아온 적이 있었으니까요. 물론 그저 심부름한 것뿐이지 가게 주인과 상거래를 한 것은 아니었지만요.
　아내는 그 좌판에서 파는 생선이라면 그냥 믿습니다. 생선이라야 철 따라 병어 갈치 아귀 고등어 조기 등속과 바지락 고막 등 조개류뿐입니다. 냉장 시설을 갖춘 마트 물건보다 더 신뢰하는 눈치입니다. 어쩌다 생선 선물이라도 들어오면 고개를 갸우뚱합니다. 물건을 직접 보고

사지 않은 탓이겠지요. 하나 그 좌판 생선은 산지産地가 어디인지 묻지도 않습니다.

생선을 산매하는데 아무리 생각해도 장사가 될까 싶습니다. 아내가 왜 좌판 가게를 오래도록 다니는지 처음엔 의아해했습니다. 한데 두어 차례 함께 그 집에 들른 후부터는 고개가 조금 끄덕여졌습니다. 오십 중반의 가게 주인은 조그만 체구에 조쌀한 여인네입니다. 남편을 여의고 네 남매 자식을 어렵사리 건사해 왔답니다. 아내가 좌판 가게를 단골로 삼은 것은 또 다른 이유가 있지 않을까 싶습니다.

생선을 사고파는 광경을 곁에서 물끄러미 보노라면 두 사람 사이에는 묵계가 있는 듯합니다. 산지는 국산이어야 하고, 물이 좋아 신선해야 하며, 조금씩만 산다는 것, 계산을 해봐야 만 원 이쪽저쪽이며, 현금으로만 값을 치른다는 점입니다. 아내 말로는 만 원어치를 사면 천 원어치를 덤으로 얹어 넣어준다고 합니다. 아귀를 사면 모시조개 한 주먹 넣어주고, 조기를 달라고 하면 바지락 한 줌 끼워 주며, 갈치를 사면 자그마한 고등어 한 마리 찔러주고, 생태를 사면 홍합 몇 개를 얹어 주는 식으로 말입니다. 주인은 팔아줘서 감사하다고 하고, 아내는 덤을 얹어 준다고 고마워합니다. 돈을 더 받고 덤으로 얹어 주는 척하는 것이 아니냐는 말에 아내는 힘주어 도리질합니다.

언젠가 아내가 고등어 황석어 동태를 들고 왔습니다. 웬 생선들이냐고 물으니 고등어 한 손만 달라고 하니 젓갈 담갔다가 여름에 먹으면 맛이 그만이라며 황석어를 싸주더랍니다. 고맙기도 하도 미안하기도 해서 천 원을 더 얹어 주니 이번엔 동태 한 마리를 신문지에 돌돌 말아서 바구니에 쑤셔 넣어주더라는 것입니다. 값으로 치자면 덤이 이천 원어치는 족히 될 것이라며 미안해하면서도 싫진 않은 표정입니다. 좌판에서 생선을 팔면 이문이 얼마나 남는다고 그러는지 모르겠다고 혼잣말을 합니다. 그러면서도 생선을 사려면 꼭 그 가게로 달려갑니다. 믿을 만하고 게다가 덤으로 주는 게 좋아서만은 아니라는 생각이 들었습니다.

  구태여 이십여 분이나 걸어가야 하는 그곳까지 가서 살 필요가 있느냐고 해도 막무가내입니다. 거리가 가깝고 생선 종류가 다양한 집 근처 대형 마트는 그다지 당기지 않은 모양입니다. 언젠가 좌판에서 고등어를 사 들고 와 말하길, 친정 나들이 차 서울에서 내려온 어떤 아낙에게 조기와 갈치를 팔았답니다. 한데 다음날 다시 와서 전화번호를 얻어 가더랍니다. 그 후 그 아낙은 서울에서 전화해 갈치와 조기를 한 상자씩 주문해 갔다고, 좌판 가게 주인이 무심코 흘려 한 말을 내게 장황하게 늘어놓았습니다.

  그러니까 오랫동안 그 집을 애용하는 자신의 선택이 옳지 않냐는 말입니다. 아내가 좌판 가게를 고집하는 것은 믿을 만하고 정도 들어서였겠지만, 서로 향하는 마음이 있어서가 아니겠습니까. 어디 사람 마음을 얻기가 그리 쉬운 일이던가요. 하나 한번 마음을 얻으면 쉬 무너지지는 않을 터, 마음이 가는 곳에 믿음이 있고 믿음이 싹트는 곳에 정이 깃들게 마련이겠지요.

  믿음은 상대의 영혼을 긍정적으로 받아들이는 데서 이루어지지 않던가요. 사람은 무언가를 믿고 싶고 또 믿으면서 살아갑니다. 믿음은 사람과 사람을 연결하는 가장 기본이 되는 셈이지요. 믿음을 줄 수 있는 사람이나 믿음을 갖는 이는 행복한 사람이라 생각합니다. 좌판을 사이에 두고 생선을 팔고 사는 두 여인의 풍경을 떠올리며, 이즘 이런저런 생각이 많이 듭니다. 어찌 물건을 사고파는 일에만 해당하는 말이겠습니까.

정태헌 lovy-123@hanmail.net
1998년 《월간문학》으로 등단
수필집 『동행』 『목마른 계절』 『경계에 서서』 외 다수

음악의 도시

정희승

    도시의 밤을 걷는데 신발 속에 들어 있는 작은 돌이 자꾸 성가시고 불편하게 한다. 언제 어디에서 들어갔을까? 발을 내디딜 때마다 발바닥이 따끔거리고 아프다. 이 무심하고 죄 없는 발걸음에도 심술 사납게 구는 게 있다니. 별사탕처럼 모난 작은 돌인 듯.
    결국 더는 참지 못하고, 밝은 가로등이 서 있는 버스 승강장 옆 벤치에 발을 올려놓고 신발 끈을 풀고 만다.
    바로 앞 도로에는 횡단보도를 앞에 두고 미끈한 근육질 차들이 멈춰서 있다. 폭풍처럼 질주해온 심장을 잠시 진정시키면서 호흡을 가다듬는 차들에게서 비상한 결의 같은 게 느껴진다. 팽팽한 긴장감 속에 출발신호가 떨어지면 전력으로 질주할 태세를 갖춘 차들, 참으로 감동적인 순간이 아닐 수 없다. 오토바이 한 대도 차들 틈에 끼어 조급증을 드러내며 부릉거린다. 헬멧을 쓰고 검은 플렉시글라스를 내려서 얼굴을 가린 가죽점퍼를 걸친 사내가 오토바이 위에 앉아 있다.
    신발을 벗자 시원한 바람이 땀에 젖은 양말을 뚫고 스며든다. 상쾌하다. 나는 문제가 된 작은 돌을 신발에서 꺼내 손바닥에 올려놓고 찬찬히 살펴본다. 녹두만 한 작은 화강암 부스러기다. 에계, 이 작은 게 걷는 데 그렇게 불편하게 했단 말인가? 돌을 제거했지만 바로 신발을 신지 않는다. 발에서 전해오는 상쾌함을 좀 더 즐기고 싶어서다.

직진 신호를 받은 차들이 엔진 소리를 높이며 일제히 가속하기 시작한다. 하지만 좌회전 신호를 기다리며 중앙 차선 쪽에 줄지어 선 차들은 붉은 미등을 켠 채 꿈쩍하지 않는다.

도로 맞은편에도 버스 승강장이 있다. 노란 불빛 아래서 몇 버스가 진입하는 쪽을 기웃거리고, 몇은 이쪽을 무심히 건너다본다. 그 뒤쪽에는 빌딩들이 도시의 비극성을 노래하는 코러스 단원이라도 된 듯 자리를 잡고 서 있다.

지나치게 밝은 가로등 불빛 때문일까? 갑자기 예기치 않게 조명을 받은 느낌이 든다. 내가 서 있는 곳이 조금 낯설게 느껴진다. 얼떨결에 비극의 주인공 배역을 맡게 된 나는, 신발 한 짝을 들고서 도시의 장엄한 합창단을 바라본다. 무거운 어둠의 키톤Chiton을 걸친 빌딩들이 엄숙한 자세로 서서 밤을 노래한다.

스카이라인은 유려한 선율을 그리고 형형색색의 불빛들은 지정된 음높이에서 저마다의 음색으로 화음을 넣는다. 그뿐 아니다. 립글로스를 바른 원색적인 네온사인들과 떠들썩하고 수다스러운 간판들, 멀리서 졸린 눈을 깜박이는 불빛들도 코러스에 가세한다. 거리는 어떤가? 노란 전조등을 밝힌 차들이 베이스 선율 위를 끊임없이 내달린다.

나는, 이 낯선 도시에서 눈에 띄게 혼자다. 이 도시에 의해 대책 없이 지목되고, 호명되고, 노출되었다.

테시투라(tessitura, 성악가가 자연스럽게 낼 수 있는 음역) 내에서 평화롭고 감미롭게 흐르던 노랫가락이 점점 고조되기 시작한다. 격정과 비장미를 담고서 고음으로 가파르게 치달아 오른다. 클라이맥스에서 화려한 불꽃놀이라도 하겠다는 기세다. 하지만 예상과 달리 노래가 정점에 달했을 때, 휘몰아치던 음악이 뚝 끊겨버린다. 갑자기 밤하늘에 깊은 고요가 휘돌아 흐른다. 도시의 모든 기능이 일시에 정지해버린 느낌, 음악에서 극적 효과를 높이기 위해 사용하는 '모두 쉼', 곧 게네랄파우제Generalpause의 순간을 맞은 걸까? 광활한 고요가 도시의 불안정한 대기를 단번에 지배해버린다.

이런 위압적인 휴지부 앞에서는, 신발 한 짝을 들고 서 있는 나라는 존재의 헐벗음과 참담함이 여실히 드러나고야 마는 법이다. 아, 한없이 작아지고 비참해지는 나의 존재여!

이런 압도적인 세계에서는 진정한 영웅은 없다. 힘겹게 살아가는 소외된 고독한 인간들만 있을 뿐. 영웅처럼 보이는 이가 있다면, 그는 '역사가 아닌 시장에서 태어난 인물'일 것이다. 그는 결코 영웅이 아니다. '자본과 시스템이 내세운 꼭두각시'일 공산이 크다. 어쩌면 이 시대의 진정한 영웅은 오직 무위하는 소요자밖에 없는지도 모른다.

무위하는 소요자는 시계와 스케줄에 붙잡혀 살지 않는다. 그는 시간을 요령 좋게 활용하는 자가 아니다. 오히려 시간에 자신을 내주어 시간이 자기 안에서 살게 한다. 자신의 존재로 시간을 온전히 떠안는다. 한마디로 그는 시간에 사로잡힌 자다. 삶의 주체는 그가 아니라 시간이다. 시간은 그를 통해 자신을 실현하고 드러낸다. 그의 삶은 시간의 펼쳐짐, 곧 시간의 현현顯現에 다름이 아니다. 무위하는 소요자는 사물과 타자를 있는 그대로 승인하고, 능동과 수동과 같은 이분법도 초연히 수용한다. 만사에 공평무사한 그는 어느 편도 들지 않는다. 오직 시간의 리듬에 맞춰 살 뿐. 그의 삶에는 끊임없이 일월이 번갈아 뜨고 사계가 순환하며 펼쳐진다. 그는 늘 우주의 일원으로 산다. 그는 욕망하는 자가 아니라 존재하는 자다. 모든 사물을 존재하게 하는 순정한 시간으로 사는 것, 그게 바로 무위이므로. 바꿔 말하면 무위는 세계와 적극적인 공존 그 자체다. 무위는 낙원에서 취하는 삶의 태도와 다를 바 없으며, 그러므로 무상성을 극복하는 대안이 될 수 있다. 알다시피 모든 문명은 자연의 무상성에 끊임없이 굴복해왔지 않은가. 결국 폐허만 남기고 사라져버렸으니까. 시간으로 사는 것, 시간 자체가 되는 것, 무위는 곧 영원을 사는 삶의 한 방식이다.

새삼스럽게 초라한 내 삶을 책임지고 싶어진다. 이 절망감과 비애감을 온전히 감당하고 싶어진다. 제대로 살고 싶어진다. 세계 안에서 산다고 해서 세계가 강요하는 대로 살 수만은 없지 않은가.

신발 끈을 단단히 조여 맨다.

과연 나는 무위하는 소요자로, 영웅으로, 이 도시를 관통할 수 있을까? 자본주의 이념이 새겨져 있고 온갖 광고로 물들어 있는 몸, 법과 규범에 묶여 있는 몸으로 과연 저 요란하고 휘황한 불빛을 관통할 수 있을까? 아니면, 비극은 나와 현대인의 운명일 수밖에 없는 것일까?

정희승 dukechung@hanmail.net
2006《한국수필》로 등단
작품집 『별자리못 전설』 『꿈꾸는 사물들』 『일상예찬』 외 다수

세월의 강

조순영

　지금 내 앞에는 열 살 소녀였던 선희가 예순두 살 할머니가 되어 앉아 있다.
　52년 만에 만난 그녀는 나에게 신선한 충격을 주었다. 열 살 된 외손자를 둔 할머니로 나를 찾은 것이다. 고등학교 때 나는 그녀의 입주 가정교사였다. 그 해 겨울 연탄가스로 죽을 고비를 넘긴 후 그런 연유로 그 집을 나오게 되어 그녀와 헤어졌다.
　어린 마음에도 충격이 컸을까. 오랜 세월의 강을 건너 나를 찾은 이유가 무얼까. 내가 저희 학교 선생님도 아니고, 그렇다고 저에게 특별히 잘해준 것도 없는데 나를 찾다니. 인심이 변해서 학교 선생님도 학생과 학부모로부터 수난을 당하는 세상이 아닌가.
　내가 아이들을 키울 때는 잘못하면 회초리를 아끼지 말고 따끔한 가르침을 주라고 선생님께 주문했는데, 그때가 오래지 않았다. 왜곡된 자식 사랑이 넘치는 일부 학부모에 의해 제대로 된 교육이 잘되지 않는 세상에, 더군다나 반세기가 넘어서 그 애가 나를 찾은 건 쉬운 일이 아니다. 일찍 어머니를 여의고 존재의 부재에서 느끼는 고픔을 달래고 싶은 마음이었을까.

오랜 세월 저편에 10살 초등학교 3학년 꼬마인형처럼 예쁜 모습으로 말 없이 큰 눈만 껌뻑거리던 아이가 아니던가. 꿈결 같기도 하고 먼 아지랑이 속을 헤매고 있는 것 같은 현실. 한나절을 이런저런 이야기를 나누었는데도 우리는 또다시 만날 약속을 정해놓고 아쉽게 헤어졌다. 함께 늙어가면서 비슷한 모습으로 사는 동안 공감대가 형성되었나 보다.

나는 홀어머니 슬하의 사 남매 중 맏이로 시골에서 중학교를 마치고 고학이라도 하고 싶다는 꿈을 안고 외숙모와 외사촌 오빠들을 따라 상경한 여고생이었다. 평소 선생님이 되고 싶었던 내 꿈을 안 교감선생님께서 고향에서 학업을 마친 후 교직에 몸담으라고 하였건만 나는 그 권유를 뿌리치고 새벽기차로 한강을 건넜다.

이듬해 식구들이 나를 따라 상경했다. 다섯 식구가 오글거리며 한방에서 잠을 자고 우리들을 건사하느라 어머니는 갖은 고생을 하셨다. 나는 대학에도 가지 못하고 어렵게 공무원이 되었다. 그 후 가난한 집 종손인 공무원 남편을 만나 종부가 되었다. 남편은 그때 만약 서울로 오지 않았더라면 시골에서 딸만 여럿 키우느라 고생했을 거라고 놀리곤 한다. 그랬더라도 엄마는 좋은 엄마로 살았을 거라고 고맙게도 딸이 후한 점수를 주었다.

큰아들이 대학에 간 것이 계기가 되어 남편은 대학에 재입학을 하였고, 나도 그 뒤를 이어 50이 넘어서 공부를 시작했다. 자식들 키우며 직장생활에 공부까지 하느라고 힘들었지만 뒤늦게라도 뜻을 세워 공부하길 잘했다고 생각한다.

그때 선희는 회사 중역인 아버지의 사 남매 중 맏딸로 말이 없고 다

소곳한 아이였다. 가정교사에, 일하는 언니까지 둔 선희네는 꽤 윤택한 집이었다. 그런데도 그녀는 막내처럼 여린 아이였다. 24살에 성실하고 좋은 남편 만나 어릴 때의 고운 심성을 간직한 채 나이가 들었다.

뜻하지 않게 어머니를 여읜 그녀는 일찍 철이 들어 동생들 결혼도 시키고 자신의 가정도 꾸려가느라 마음고생이 많았단다. 살면서 역경이 약이 되었나 보다. 지금은 고추장 된장까지 모두 담그고 살림도 알뜰하게 잘하는 주부로 곱게 살고 있다. 그녀는 만일 어머니가 일찍 돌아가시지 않았더라면 장류를 담그기는커녕 살림도 제대로 하지 못하는 철부지로 살았을 거라고 했다. 어머니가 뜻하지 않게 돌아가시는 바람에 야무진 살림꾼으로 제 몫을 다하고 사는 모습이 여간 대견하지가 않다.

'젊을 때 고생은 사서라도 한다'는 속담이 있듯이, 역경은 사람을 철들게 하는 묘한 힘이 있다. 자신도 젊은 나이에 어머니 없이 힘들게 살면서 어린 나이에 일찍 집 떠나 사는 나를 생각하진 않았을까. 내 신산한 지난날의 삶이 자신의 삶에 약이 되었을지도 모른다. 선희는 나를 생각하면 어머니 생각이 난다고 한다.

연탄가스 사고로 하마터면 죽을 수도 있었을 내 생각에, 지금 생각해도 어머니가 생전에 남의 집 귀한 딸 죽일 뻔했다고 몇 번씩이나 말씀하셨던 생각을 하면 자신의 가슴도 철렁했다고 한다.

사람이 살면서 누군가의 생각에 영향을 주고 잊을 수 없는 사람이 된다는 것은 비록 그 삶이 별 볼 일 없다 해도 나름 의미 있는 삶이 아닐까. 그것이 생과 사를 넘나드는 일이라면 더욱 그럴 것이다.

나는 선희를 만남으로서 나를 뒤돌아보는 힘이 생겼다. 또다시 그녀를 만날 생각에 가슴이 뛴다. 오래오래 가슴에 묻어 두고 잊고 살았던 보물을 찾은 것처럼 나를 활기차게 만든다. 스무 살에 헤어진 후 칠십이 넘어서 선물처럼 찾아온 선희는 분명히 나에겐 보석 같은 존재다.

조순영 maha0110@hanmail.net
《자유문학》등단,《월간문학》등단
저서 『어머니의 열쇠』『오래된 나의 정원』외 다수

비눗방울에 갇힌 남자

조 이 섭

비눗방울이 하늘로 올라간다. 무지개를 아로새긴 크고 작은 방울 안에 한 남자가 오도카니 앉아 있다. 바이러스라는 미물에 굴복하여 무릎 사이에 머리를 박고 미동도 하지 않는다. 종아리를 감싼 두 손으로 깍지를 낀 채 웅크리고 있다.

나는 얇디얇은 비눗방울을 방패 삼아 인류라는 범주로 뭉뚱그려지지 않는 단독자(單獨者, Der Einzelne)가 되어 완벽한 자폐에 빠져든다. 비눗방울에는 유有와 무無만 존재할 뿐, 균열이 없다. 문門도 따로 없어 드나들지 못한다. 만물의 영장이라 거들먹거리던 남자가 그 속에 갇혀 있는 허망한 꼴이라니. 투명한 막을 버티는 미미한 표면장력을 믿고 숨어든 모습이 처량하기 짝이 없다.

봄부터 코로나19 공습이 시작되었다. 꽃 천지를 기다리던 마음과 산하를 갈빛으로 꽁꽁 묶어놓고 엄청난 기세로 공격을 퍼부었다. 오가는 교통이 줄어든 휘휘한 시가지에는 환자를 실은 119구급차만 요란한 사이렌을 울리며 동서남북으로 내달렸다. 그 서슬에 길녘에 비켜 서 있던 플라타너스는 움찔거렸고 세상 구경하러 나오려던 연둣빛 새 움은 기지개를 켜다 말고 자지러들었다.

시민들은 도시 폐쇄라는 말이 나오기도 전에, 지레 문고리를 잠그고 그 속에서 새가슴을 할딱였다. 기세가 오른 코로나 19는 인간을 밀폐된 공간에 가두어 놓고 '인간이 지배하지 않는 세상'을 만들려는 야욕을 감추지 않았다. 인간들에게 일상을 허락하지 않고 제왕처럼 군림하던 코로나가 석 달여 지나자 한풀 꺾이기 시작했다. 공간의 개폐권과 출입권조차 빼앗긴 처지에서 들고 나는 자유를 겨우 허락받았다.

다섯 살배기 쌍둥이 손녀를 데리고 월드컵경기장 광장으로 바깥바람을 쐬러 나갔다. 경기장 주변은 나무를 베고, 숲을 밀어붙여 난 생채기를 시멘트로 메꾸어 회색빛 일색이다. 삼라森羅가 인간을 위해 존재한다는 편견에 더해, 인간이 만상萬象을 마음대로 주무를 수 있다는 아집까지 고스란히 보여 주고 있지만, 쌍둥이는 아랑곳하지 않는다. 겨울 같은 봄이 다 가도록 방 안에만 갇혀 지내다 해방된 나들이가 좋은지 이리 뛰고 저리 내달린다. 머리카락이 함빡 젖도록 햇살로 목욕한다.

잠시 후 쌍둥이는 엄마 아빠와 함께 비눗방울 놀이에 빠져든다. 플라스틱 분사기가 밤톨 크기, 탁구공만 한 비눗방울을 쉴 새 없이 만들어 낸다. 비눗방울 만드는 방법도 세월 따라 변하는가 보다. 내가 어릴 적, 누런 보리 짚을 비눗물에 담갔다가 입으로 불어 만들었던 소담한 비눗방울이 아니다.

"할아버지, 비눗방울에 무지개가 떴어요!"

나비처럼 춤추는 무지개 방울을 쫓아가는 쌍둥이를 바라보는 할아버지의 실눈이 시리다.

무지개를 품고 있는 비눗방울은 태생적으로 상승 기류를 타고 위로 또 위로 간다. 사람들은 온 세상의 시름과 오염도 함께 비눗방울에 실려 날아가리라 기대한다. 그래서 종이비행기든 풍선이든 풍등風燈이든 하늘로 떠오르는 것을 보면 쉽게 동심으로 돌아가 기분이 들뜬다. 소지燒紙를 살라 하늘로 올려보내며 부정을 없애 달라고 빌기도 한다.

비눗방울은 그 안에 공기를 담고 있는 둥근 모양의 비누 필름층이다. 이 필름의 두께는 거의 빛의 파장에 가까워 도달한 빛 일부는 바깥층에서 반사되고 일부는 안쪽에서 반사된다. 이 두 개의 반사광이 서로 간섭해 무지개의 일곱 색을 만든다.

인간도 일곱 가지 색깔, 칠정(七情; 喜怒哀樂愛惡慾)으로 만든 무지개를 하나씩 품고 있다. 사랑의 씨줄과 미움의 날줄로 직조한 색동무늬는 제각각의 삶이다. 누구의 무늬는 빨간빛이 많고 누구는 보라색 투성이다. 또 다른 이는 무늬조차 만들지 못하고 얼룩으로 남기도 한다. 그게 부끄러워 비눗방울 안에 숨어들어 자기 눈과 귀를 가리기 바쁘다. 바깥에서는 사냥꾼이 머리만 덤불에 들이밀고 있는 사슴 보듯 훤히 들여다보이는데, 갇힌 자들만 모르고 있다.

코로나가 만든 밀폐된 비눗방울에 갇힌 나도 지나온 삶을 반추해 본다. 하고 싶은 것이 많아서, 할 수 있는 것이 없어서 평생 꿈만 꾸며 살았다. 급한 마음에 가까운 사람들의 가슴에 면도칼로 상처를 내고 심지어 가족에게도 날카로운 송곳을 들이댔다. 허상을 좇아 헛손질하고 쓸데없는 물욕, 명예욕을 비눗방울에다 실어 보겠다고 안간힘을 쓰다가 제물에 녹초가 되기도 했다. 그 무거운 것들을 싣고 어찌 벽공碧空에 오를 생각을 하였는지 부끄러워 몸 둘 바를 모르겠다.

이제 와서 회한에 젖은 눈물을 글썽여도 '내가 태어난 이유'와 '지금이 자리까지의 귀결'을 설명하지 못한다. 내 삶의 마지막이야 코로나가 거두어도 좋고, 부지불식간에 하늘에 불려 간들 내가 상관할 바가 아니다. 다만 일상의 즐거움과 맞바꾼 비눗방울에 갇혀보니 인생이란 하늘에 다다르기도 전에 무화霧化하는 허망한 존재임을 알겠다.

요즘 들어 유별스레 푸르른 하늘로 비눗방울 풍선이 올라간다. 바이러스가 강제強制한 인간의 겸허함이 지구를 잠시 쉬게 한 모양이다. 쌍둥이의 웃음소리를 타고 아들 녀석의 입꼬리가 절로 올라간다. 문득 고개를 돌려 쌍둥이 보느라 갇혀 사는 것이 지겹고 힘들지 않으냐고 나에게 말을 건넨다.

"언젠가 내가 너희들에게 짐이 되겠지만, 힘을 보탤 수 있는 지금이 고맙고 편하다."

짧은 대화 끝에 아들의 따뜻한 눈빛과 마주친다. 기저 질환이 있는 나더러 외출이나 다른 사람과 만남을 삼가야 한다고 전에 없이 곰살가운 걱정까지 건넨다. 자식에게 부모란 일상 속의 정물靜物이었을 것이다. 아무 일 없을 때는 있는지 없는지조차 신경 쓰지 않았던, 봐도 그만 아니 보아도 그만이던, '가족'이 시련과 고난을 덮어주고 감싸주는 '보자기'라는 것을 깨달은 모양이다. 미물인 바이러스가 가족의 소중함을 부자父子에게 새삼 일깨워준다. 마음을 열면 세상에 스승 아닌 것이 없다.

절대 순수가 도달할 궁극점은 '존재하지 않음[無]'이다. 꼬이거나 뭉친 데 하나 없는 순수함으로 가득 찬 쌍둥이의 비눗방울이 무지개를 타고 하늘로 올라간다. 나도 가시에 찔려 "팡" 하고 가뭇없이 사라지는 순간까지 깨끗해지고 싶다. 그러기 위해서 비눗방울에 갇혀 독존獨

存을 꿈꾸는 남자는 더 맑아져야 하리. 햇살 가득한 오늘처럼 더 가벼워져야 하리.

조이섭 seop2166@hanmail.net
2016년 계간 《수필세계》 신인상
수필집 『미조迷鳥』(2017), 『나미비아의 풍뎅이』(2019) 외

모든 벽은 문이다

조 헌

제자 P와의 인연은 각별했다. 고등학교 1학년 때는 담임이면서 국어를 가르쳤고, 2학년 땐 담임은 아니지만 문학을 맡아 주당 네 시간이나 함께했다. 3학년엔 다시 학급담임이 되어 교과뿐만 아니라 진학 전반에 관한 상담 및 조언을 해주었다. 오랜 교직생활 중에서도 이렇듯 삼 년 내리 인연이 되는 경우는 매우 드물다.

P는 성실한 학생이었다. 30년이 지난 지금까지도 그를 생각할 때면 가장 먼저 떠오르는 단어가 '성실'이다. 지각이나 결석은 물론, 친구와 어울려 떠드는 일도 없고, 수업 중 졸거나 한눈파는 모습도 기억나지 않는다. 등교를 하면 하교할 때까지 늘 바른 자세로 자리를 지키는 반듯한 학생이었다. 게다가 정리정돈은 지나칠 정도였다. 단정한 차림새는 물론이고 책상 속과 사물함, 그리고 가방과 필통 속을 보면 혀를 내두를 지경이었다.

그런데 도무지 납득할 수 없는 일이 있었다. 바로 성적이었다. 더할 나위 없이 착실함에도 노상 하위권을 면치 못했다. 아니 거의 바닥에 가까웠으니 딱한 일이었다. "차라리 다른 애들처럼 밖으로 나돌며 제 맘껏 놀기라도 했으면 좋겠어요. 집에서도 빈틈없는 건 말도 못해요. 학교에서 돌아오면 바로 씻고 책상에 앉는 거예요. 그리고 돌부처처럼 자리를 지키고 있는데 오히려 보는 제가 숨이 막혀요. 그러니 본인은 얼마나 힘들겠어요. 대체 이 일을 어쩌면 좋죠?" P의 어머니는 눈물을 글썽거렸다.

모르거나 잘못했을 때 바로 잡아 주는 것이 교육일진대, 공부는 스스로 해야 한다며 열심히 노력하는 학생에게 무슨 말이 필요하단 말인가? 그러나 성적이 나올 적마다 막막했던 난 그를 몰아세우기 일쑤였다. 개념 정리부터 다시 하라고 목청을 높였고, 오답노트를 만들어 틀린 문제를 검토하라고 으름장을 놨다. 그래도 소용이 없자, 통째로 외우라고 소리쳤고, 나중엔 다 필요 없으니 닥치는 대로 문제를 풀라고 눈을 부라렸다. 그래도 성적은 요지부동이었다. 맥이 풀렸다. 더 이상 어쩔 도리가 없었다. 미안함과 답답함이 범벅이 된 채 고개를 들지 못하는 그의 모습은 언제나 내 가슴을 아리게 했고 딱한 마음에 다시금 그의 등을 두드리게 만들었다.

성적은 끝내 좋아지지 않았다. 대학 진학을 포기한 그가 미국에 간다고 나를 찾아온 것은 졸업식을 마친 지 보름 만이었다. 여전히 단정한 모습과 조심스런 말투로 인사를 건네는 그에게 '넌 성실하니까'라는 공허한 말을 되풀이하며 나는 배웅했다.

그리고 30년이 지났다. 간혹 어떻게 지내는지 궁금했지만 속절없이 흘러간 시간이었다. 그런데 며칠 전 우연히 SNS를 통해 그를 만날 수 있었다. P가 내게 친구 요청을 해온 것이다. 놀랍고 반가워 흥분을 감추지 못한 채 우린 한동안 문자로 대화를 나눴다.

그는 국제변호사가 되어 가족과 함께 캐나다에 살고 있었다. 빽빽한 침엽수를 배경으로 아담하게 지어진 그의 집은 그림 같았고 두 딸을 데리고 아내와 찍은 사진 속에는 행복이 한가득 담겨있었다. 그리고 편하게 웃는 그의 얼굴엔 성공한 중년의 중후함이 우러나왔다. 나는 성실함이 이뤄낸 그의 승리를 대화와 사진을 통해 거듭 확인하며 내 일처럼 기뻐했다. 그때였다. 문득 '모소(Moso Bamboo)'라는 중국 대나무의 특이한 생장 과정이 머릿속에 떠올랐다.

'모소'는 중국 극동지방에서 자라는 희귀한 대나무다. 그곳 사람들은 모소의 씨앗을 심어놓고 꾸준히 물과 거름을 주며 정성을 다해 관리한다. 하지만 이 대나무는 싹이 트고 5년이 지날 때까지 고작 3센티 정도만 자란다고 한다. 그러다가 5년이 경과되고 어느 시점이 되면 6주 동안 자그마치 20미터나 자라 대번에 울창한 숲을 이루는데 어떤 것은 하루에 90센티까지 크는 경우도 있다고 한다. 물론 그 사이 관리를 소홀히 하면 바로 죽고 만다는데, 무엇보다도 놀라운 사실은 겉으로는 성장을 멈춘 듯 꼼짝하지 않던 기간에 땅 속 깊이 튼실한 뿌리를 수십 미터나 내렸다가 때가 오면 상상할 수 없을 만큼의 성장을 단박에 이룬다는 것이다.

사람은 슬럼프 때 오히려 더 크게 성장할 수 있다. 또 달릴 때보다 제자리걸음을 하고 있을 때 속으로 더 많이 자라기도 한다. 우리의 목표 달성도 이런 것은 아닐까? 일정기간 묵묵히 공을 들이고 끊임없이 정성을 쏟아야 이루어지니 말이다.

"선생님! 모든 벽은 문이었어요. 하지만 어떻게 뚫어야 문이 되는 줄 몰라 너무 오래 갇혀있었어요." 얼마 후, 처음 한 전화통화에서 그가 내게 한 말이었다.

 난 P의 성공에 대해 복잡하게 생각하고 싶지 않다. 더욱이 우리나라와 미국의 교육제도를 비교한다거나 장단점을 따져 문제점을 가리고 싶지도 않다. 그리고 한국에서는 불가능하다고 판단해 미국행을 선택한 부모의 빠른 결단을 치하할 생각도 없다.

 그저 스스로 무너지지 않고 남달리 노력했던 그의 성실성에 끝없는 갈채를 보내며, 도저히 뚫릴 것 같지 않은 견고한 벽 앞에서 수없이 두드린 망치질로 끝내 문을 만들고 나온 P의 행동에 대나무 '모소'의 독특한 생태를 겹쳐보고 싶을 뿐이다.

 설마 '모소'의 성장 기간을 5년이 아닌 6주로 생각하는 사람이 있겠냐마는 '모소'가 기다렸던 위대한 5년을 생각하며 제자 P의 성공을 진심으로 축하해 주고 싶다.

조 헌 chohun426@hanmail.net
2006년《수필춘추》등단
수필집 『모든 벽은 문이다』 외 다수

토란잎을 듣다

조현미

    토란잎에 비가 듭니다. 낮고 음울한 비의 곡조가 누군가의 흐느낌 같습니다. 흘러 어딘가로 스며야 할 눈물이 괴는 곳은 결국, 가슴 아니겠는지요. 토란잎, 저 시푸른 멍은 채 거르지 못한 마음속 독소 때문인지도 모릅니다. 저처럼 숨죽여 울던 한 사람을 생각합니다.
    무성한 토란잎 아래, 늦마*처럼 당신은 울고 있었지요. 크고 널따란 귀를 열어 제 설움에 귀 기울이는 토란처럼요. 흠뻑 젖고 나면 후련하련만, 울어도 젖지 않는 무엇이 있던 걸까요. 등이 따갑도록 당신은 그저 비를 맞고 있었습니다.
    그날, 하늘은 참 맑았습니다. 조붓한 비탈길과 만삭의 들판, 도르르 귀를 말고 물의 화음을 타는 물봉숭아와 희푸른 부추꽃…. 내가 열여섯 해를 살다 온 고향의 정경이 모두, 거기 있었습니다.
    다리를 건너는데 햇살이 강에 물비늘을 그리고 있었지요. 볕인 듯 그늘인 듯 어지러운 윤슬이 꼭 내 마음 같았습니다. 맨 처음 개구리헤엄을 배울 때 저수지 물빛이 그러했던가요. 대문이 열려 있었는지, 닫혀 있었는지는 기억나지 않습니다. 다만 그 문이 꽤 크고 높았다는 것, 엉성하나마 격식을 갖춘 솟을대문이었다는 것밖에는. 매캐하면서도 달보드레한 연기가 반기는 듯, 떠미는 듯 마당을 맴돌던 것 외에는.

당신은 무척 바빠 보였습니다. 인사를 건네는 중에도, 이후로도 내내 집 안팎을 총총거렸으니까요. 마당에서 마루로, 부엌으로, 또 방으로…. 눈빛 마주할 틈마저 아끼려는 듯, 아깝다는 듯 말입니다. '틈'이란 가까이 있을 때 가장 또렷한 법입니다. '아끼는' 것과 '아까운' 것. 이 둘의 간격을 알아차리는 데는 그리 오랜 시간이 걸리지 않았습니다.

화로를 사이에 두고 당신과 마주 앉았지요. 그러나 좋이 세숫대야만 한 화로도, 쇠붙이를 지져대는 잉걸불도 끝내 우리 사이의 침묵을 가르진 못했습니다. 딴엔 긴장을 풀기 위해 여러 번 대화를 시도했습니다만…. "응." 또는 "그래.", 화답은 그뿐. 그때 절감했지요. 이미 우리 사이엔 메우기엔 너무 완강한 틈, 거대한 크레바스가 존재한다는 것을요. 작고 야윈 몸과 주름 깊은 얼굴에서 설핏 친정어머니를 느낀 건, 저만의 생각이었을 뿐입니다.

종잇장만 한 부침개가 수북해질 무렵, 시누이들이 도착했지요. 당신의 무표정한 얼굴에 반짝, 해가 비치더군요. 집 안팎이 잔칫집처럼 흥성거리기 시작했습니다. 집안에 식구가 한 명 느는 일이니 경사라면 경사겠지요. 그런데 잔치의 주역이어야 할 마음이 왜 그리 쓸쓸하던지요. 어디든 혼자만의 공간이 절실했습니다.

커피 한 잔을 종이컵에 담아 집을 나섰지요. 고추밭을 지나 다리를 건너, 등 굽은 산길을 한 마리 실뱀처럼 느리게, 느리게 올랐습니다. 저무는 가을 모퉁이, 차고 흰 메밀꽃이 흐드러지게 피어있었습니다. 오래전 상여 뒤를 따르던 흰옷의 무리처럼요. 메밀꽃 한 송이에 어머니, 어머니…. 한 사람을 목이 젖도록 불렀던가요. 그 이름이 너무 낯설어서 자꾸만 눈이 젖었습니다. 어쩌면 간절한 마음을 하늘도 읽었던 걸까요? 갑자기 비가 듣기 시작했습니다.

토란잎 그늘은 생각보다 으늑했습니다. 한 사람이 웅크리면 족할, 몰래 숨어 울기에 그만한 데가 없었습니다. 빗줄기가 토란잎을 두드리면 바람이 낭창낭창 토란대를 흔들어 빗물을 흘려보내고 있었지요. 찬비처럼 우는 등허리를 가만히 쓸어주시던 유년의 내 어머니처럼요. 너무 오래 눈물을 참고 있었다는 걸 그날 알았습니다. 기쁨도, 슬픔도 비워야 채워지는 것을요. 조금씩 제 몸을 살라 먹고 자란 달이 보름에 이르듯 말입니다.

빗물에 함빡 맘을 적시고 나니 몸이 한결 가붓해졌습니다. '우리 집 식구가 되려면 식구들과 다 함께 자야 한다'는 시누이들의 짓궂은 농담도 웃음으로 받아넘겼지요. 그렇게 '시'자 붙은 사람들과의 어색한 하룻밤이 지나갔습니다.

그새 양쪽 손가락을 두 번 접었다 펼 만큼 세월이 흘렀습니다. 날로 웃자라는 토란처럼 아이는 커 가고, 흙이 좋아 흙만 파던 아버님도 끝내 흙으로 돌아가셨지요. 당신의 머리칼에도 메밀꽃이 수북합니다.

돌아보면 그날처럼 섧던 기억이 어디 한두 번일까요. 함께하는 시간이 차곡차곡 쌓이면서 시나브로 서로에게 물들어 가는 것일 뿐. 인간이란 '사람과 사람 사이'를 일컫는 말이라지요. 부모와 자식이, 스승과 제자가, 부부가 그러하듯 모든 인연엔 적당한 '간격'이 존재합니다. 산다는 건 결국, 조금씩 틈을 메워가는 과정인지도 모릅니다. 다만 관계가 너무 벌지는 않게 관심을 기울이면서요. 오래 들어 주면서요….

다시 가을. 우리는 또 화로 앞에 마주 앉았습니다. 잉걸불 위에선 메밀전이 익어가고, 부추는 기다란 꽃대를 들어 하늘의 별꽃을 다 딸 기세입니다. 안방에선 교통상황을 알리는 아나운서의 목소리가 귀향길을 재촉하고요. 오래전 그날의 풍경과 크게 달라진 건 없습니다. 아버님의 빈자리에 딸애가 앉아있다거나, 당신이, 더러 '간'이나 '맛'을 핑계로 부침개를 넌지시 밀어주시는 것 외엔.

톡톡, 비 꽃이 피는 산길을 오릅니다. 커피를 한 모금, 한 모금 혀로 굴리며 쌉싸래한 지난날을 반추합니다. 이제는 당신의 동선을 쫓으며 맘 졸일 일도, 침묵의 속내를 가늠하며 지레 속상할 일도 없습니다. 그런데 너무도 평화로워 단조롭기까지 한 풍경에 와락 겁이 날 때가 있습니다. 나조차 낯선 '나'를 거울 앞에서 마주할 때마다요. 당신의 어떤 모습에서 미래의 '내'가 불쑥 튀어나올 때마다요.

토란처럼 그늘이 많은 생이었지요, 팔십여, 당신의 삶은. 더러 숨어 우는 뒷모습을 맞닥뜨리곤 했다는 걸 이제야 고백합니다. 아버님의 술 푸념을 고스란히 받아낸 뒤거나, 자식들의 날 벼린 말이 가슴에 대못을 치던 날이었을 겁니다. 깊은 밤, 쪼그리고 앉은 당신의 어깨가 흔들리고 있었습니다. 안아드려야 하는데, 위로라도 건네야 하는데 그땐 내 설움이 너무 커서 당신께 귀 기울일 틈이 없었습니다.

눈도, 귀도, 입도 닫고 산 지 반세기가 넘었건만 당신 또한 혼자서 몰래 울 곳이 절실했는지 모릅니다. 그때 그 눈물이 굳어 가슴에 견고한 둑을 쌓은 건지도 모르겠습니다.

상처도 오래 품으면 진주가 된다지요. 눈물의 결정 진주가 물나라의 산물인 줄만 알았습니다. 모진 빗줄기를 등으로, 등으로 받아내며 토란도 흙 속에서 보석을 키우는 것을요. 제 눈물을 받아 마시며 사리처럼 단단해지는 것을요.

  채 못 전한 고백처럼 늦털매미가 웁니다. 이 비 그치면 가을볕도 바싹 여물겠지요. 토란잎에 고인 빗물을 가만가만 흘려보냅니다. 빗소리가 조금씩, 잦아들고 있습니다.

  ＊늦마 : 제철이 지난 뒤에 지는 장마

나의 스승

최성록

    천지간에 청매화가 하얗게 핀 봄날, 내 혼인식 주례를 맡은 선생님이 단상에 서 있다. 하얀 드레스를 입은 신부와 내가 당신을 마주 보고 있다. 키가 백육십 중반쯤 될까. 정갈한 신사복에 머리가 희끗희끗하다. 흐뭇한 얼굴로 신랑은 어떤 일이 있어도 한평생 신부를 아끼고 사랑하겠습니까, 라고 묻는다. 삶의 길을 잃고 헤매다가 이제 살림을 차릴 수 있도록 묵묵히 이끌어준 선생님. 깊은 산 속 오솔길처럼 호젓한 세월을 조용히 돌아본다.
    갸름한 얼굴에 안경을 낀 젊은 선생님. 수업 시간에는 왜소한 모습과는 달리 굵직하고 우렁찬 목소리가 쩌렁쩌렁 교실 안에 울려 퍼졌다. 중학교 역사 선생님으로서 역사를 가르칠 때는 마치 풍속화를 한 장 한 장 보여주듯 생생하게 알려줘서 그 과목이 가장 재미있었다. 역사적 사실을 나열하지 않고 그 속의 깊은 흐름을 짚어주는 것에 내 귀는 저절로 세워졌고 차츰 역사 수업이 기다려지기도 했다.
    소소한 것에 얽매이지 않는 호탕한 성품의 선생님은 말과 행동에도 품격이 있었다. 종종 교무실로 찾아가 사소한 것을 질문해도 껄껄 웃으며 자상하게 가르쳐준 선생님. 때로는 숙직실로 조용히 나를 불러서 지금처럼 열심히 공부를 하면 반드시 잘될 거라고 격려를 해주기도 했다. 나는 그런 기대에 걸맞게 뜨락에 달빛이 쌓이는 깊은 밤에도 책을 붙잡고 있었다.

　선생님과 이별을 하는 중학교 졸업식 날이다. 선생님은 교실 한 켠으로 나를 데려가 눈을 그윽이 들여다보며 당신의 삶의 신조는 희망이라고 들려주었다. 인생에서 설혹 어려움에 처해도 당신은 삶에 대한 희망을 놓지 않는다며 앞으로 나에게 시련이 온다고 해도 희망을 가슴속에 품고 살아가라고 당부했다.

　예견하지 못한 일이 생기는 게 인생살이인가 보다. 졸업식 날 당부 말씀이 잊히기 전에 고등학교를 그만둘 수밖에 없었다. 가난한 형편 탓에 수업료도 남의 돈을 빌려서 내는 게 무척 싫었다. 부모님은 학업을 이어가라고 했으나 나는 부끄럽고 괴로워서 학교에 다니기 어려웠다. 그 뒤로 몇 해 마음을 못 잡고 방황을 했다. 어디로 가야 할지 무엇을 해야 할지 몰라 길을 잃어버린 막막한 심정이었다. 장대비가 쏟아지던 날 밤새도록 어두운 거리를 쏘다니기도 했다. 숨쉬기도 귀찮게 여겨지던 날이 이어지고 심지어 이 세상에 내가 태어나지 않았더라면 좋았을 텐데 하는 몹쓸 생각에 젖기도 했다.

　길을 잃어버린 시절에 겪은 씁쓰름한 경험이 떠오른다. 돈을 벌기 위해 찾아간 어느 대도시. 햇볕 한 줌 들지 않아 불을 끄면 아무것도 보이지 않는 수십 평 지하에는 룸살롱이 있었다. 주로 사업을 하는 사람이 드나들고 서너 개 룸에서는 구성진 노랫가락이 새벽까지 흘러나왔다. 유흥이 끝나면 중년의 신사가 마음에 드는 아가씨를 골라 내가 알 수 없는 곳으로 사라지기도 했다. 몇 달 동안 거기에서 술 시중을

든 것이다. 그러나 의문이 생겨났다. 돈은 소중하나 분명 인간에게는 돈으로도 어찌해 볼 도리가 없는 그런 고귀한 게 있지 않을까. 결국 고향으로 내려갔다.

내가 학업을 중단한 소식을 접해서일까. 어느 가을날 선생님은 집으로 다녀가라고 나를 불렀다. 저물녘에 찾아뵈었더니 반갑게 맞아주었다. 그저 따뜻한 밥 한 끼 대접하고 싶었던 모양이다. 선생님은 간단한 안부를 묻고 별다른 말씀은 하지 않았다. 그날의 소박한 방안 풍경이 생각난다. 앉은뱅이책상 위에는 자그마한 둥근 거울과 화장품 몇 개와 책 두어 권이 가지런히 놓여 있었다. 두 단짜리 장롱에는 옷과 이불이 단정하고 벽은 하얀 바탕에 푸른 물방울무늬가 그려진 도배지로 깔끔하였다.

그날 달 밝은 밤에 선생님과 나는 집 근처를 산책하였다. 마을은 휘영청 달빛에 젖어 있고 구불구불한 골목길에선 풀벌레 소리와 간간이 개 짖는 소리가 들릴 뿐 동네는 조용했다. 말없이 느릿느릿 거닐던 두 사람. 우리 뒤에는 두 그림자가 나란히 따라왔다. 산책길에서 선생님은 왜 아무런 말씀을 하지 않았을까. 몇 마디 교훈보다는 그저 당신의 따뜻한 가슴으로 한번 품어주는 게 옳다고 여겨서일까. 세상에 대해 가파르던 마음이 일순 고요해진 산보였다.

나는 선생님 집에 다녀 온 뒤 비로소 낮에는 공장에서 일하고 밤에는 책을 잡기 시작했다. 몇 해 동안 한눈팔지 않고 부지런히 책장을 넘겨서 검정고시를 거쳐 마침내 원하는 대학에 들어갔다. 세월 흘러 어느덧 살림도 차리고 평안한 마음으로 일상을 꾸려가고 있다. 내가 가치관을 바로 세워가야 했던 청소년 시절에 선생님을 만난 것은 참으로 고마운 일인 것 같다. 만약 내가 당신을 만나지 못했다면 방황은 오래도록 멈추지 못했을지도 모른다.

스승이란 인생길에서 어떤 존재인가 곰곰이 생각에 잠겨본다. 만약 누군가에게 깊은 애정이 깃든 가르침을 받는다면 그런 사람은 대개 자기 삶의 꽃을 피워 낸다고 한다. 삶의 길을 몰라 잠시 휘청거릴지라도 삶에 대해 좌절하지 않고 자신의 길을 걸어간다는 것이다. 가끔 길을 잃은 시절에 받은 편지를 조용히 꺼내보곤 한다. 방황하는 어린 제자를 안쓰럽게 여겨 선생님은 하얀 습자지에 한 자 한 자 정성 들여 써 보낸 것이다. 깊은 애정이 뚝뚝 묻어나는 서신이다.

"… 네가 고등학교를 그만두고 오랫동안 헤매고 있다는 소식을 들었다. 성록아! 내 제자 가운데 너만큼 질문이 많은 학생을 본 적이 없구나. 매사에 하나하나 의문을 품고 원리를 파헤치는 너의 태도가 나는 마음에 들었다. 그런 사람은 대개 도전적이고 진취적인 자세를 띠고 있기 마련이지. 성록아! 결코 가난 앞에 무릎 꿇지 말고 다시 일어나 배움의 길을 걸어가길 바란다. 그 길에서 네 앞에 나타나는 그 어떤 어려움도 너는 능히 이겨낼 거라고 믿는다. 성록아! 대학에 다니는 네 모습이 보고 싶구나. 저 서울에 있는 대학이 너를 부른다. 나는 너를 믿는다…."

처음 인연을 맺은 지 어느덧 마흔 몇 해가 흐른 지금, 선생님은 어느 산자락 아래에서 깊이 잠들어 있다. 납골당이 있는 암자 마당에는 엄동설한에도 굴하지 않고 매화나무가 하얀 꽃송이를 피워 낸다. 청초한 매화꽃을 보면 오랜 병상 속에서도 고결한 정신을 간직한 채 삶의 희망을 얘기하던 당신을 보는 듯 반갑다. 모름지기 사람이 죽지 않고 영원히 사는 길이 있다고 한다. 자신의 피를 이어받은 자식을 낳는 것과 자신의 정신세계를 물려받은 제자를 기르는 게 그러하다. 아무래도 못난 제자이나 청빈하게 살아가려 애쓰는 내 가슴속에서 당신의 넋은 오래도록 살아 있을 것이다.

▸ 이 글의 스승은 1970년대 후반 전남 다시중학교에 몸담은 故 김봉진 선생님입니다.

최성록 cmhs25@hanmail.net
2013년 《선수필》 등단

미루나무 꼭대기에서

최 종

70대 노인도 아침에 눈을 뜨면 거울 앞에 선다. 견딜 만하냐고, 한 번 뛰어볼 수 있겠냐고 얼굴을 보며 표정을 묻는다. 거울 속 내 옆에 탤런트 최불암이 나타나 씩 웃으며 고개를 끄덕인다. 그는 1941년생 나와 동갑내기다. 내 얼굴은 그보다 훨씬 늙어 뵈지만 거울 속 그를 보면서 그 특유의 미소를 흉내 내며 활짝 웃어본다. 웃음 끝에서 나도 아직은 달릴 만하다는 신호를 읽는다. 내 딴에는 비로소 장중한 하루가 열린다고 생각한다. 크게 신경 쓸 일 없어도 하루를 여는 마음에는 습관처럼 어떤 각오가 함께한다.

노인의 아침은 땀이 나도록 운동을 한다. 누런 화장지처럼 들뜬 얼굴에 대한 엄중한 의식儀式이다. 가벼운 체조 정도로는 땀이 날 리 없어 조심스럽게 자전거 타기부터 시작한다. 맨몸으로 하는 하체 운동 스쾃 squat을 끝내고 뱃살 빼는 윗몸 일으키기를 한다. 생수를 한 잔 마시며 이마에 난 땀을 닦는다. 무거운 바벨을 드는 등 힘든 것은 삼간다. 이틀 걸러 하루씩 용산 가족공원을 산책한다. 아주 천천히 걷는다. 언젠가 달릴 수도 있을 것이라는 기대 속에 불편한 허벅지를 토닥거려준다. 가만히 놔두면 좋지 않게 변하고 만다는 "엔트로피 법칙"을 되새겨본다. 운동을 하면 아침이 상쾌하기 그지없다.

　노인의 낮은 책을 읽는다. 책을 읽으면 행복하다. 긴 글은 읽기 힘들다. 한 시간만 읽어도 눈이 아프다. 간단한 수필이나 짧을수록 더 좋은 시집을 쉬엄쉬엄 읽는다. 컴퓨터 앞에 앉아 자판을 두들기며 습작을 해본다. 좋아서 하는 일이지만 너무 오래 앉아 있지 않으려고 한다. 오래 앉아 있으면 골반과 허리에 무리가 온다고 했다. 최근에는 서서도 일할 수 있도록 컴퓨터 모니터를 눈높이에 맞게 올려놓는 설비를 구입했다. 서서 하는 작업도 꽤 괜찮다. 서 있어도 무릎을 다치지 않도록 자꾸 몸을 움찔움찔해줘야 한다. 멍청해지는 연습도 한다. 말 그대로 아무것도 생각하지 않고 아무 곳에도 눈의 초점을 맞추지 않는 그냥 멍한 자세로 있어 본다. 멍청해지면 머리가 시원해진다. 머리 회로回路에 받은 열이 식혀진다고 생각한다.

　노인의 저녁 무렵은 종일 무엇인가 기다리다 지친 듯 나른하다. 특별히 기다리는 것이 없다. 누구와 꼭 통화를 해봤으면 하는 사람이 있는 게 아니다. 스마트폰에 저장된 연락처를 찾아봐도 이야깃거리가 생각나는 꼭 이 사람이 없다. 가끔 어디서 감격할 소식이라도 있을지 기대하는 마음으로 전화기를 노려볼 때가 있다. 금세 눈살을 풀고, 오늘도 어제처럼 아무 일도 일어나지 않는 하루가 아무렇지도 않게 저물어간다는 사실에 무덤덤한 얼굴이다. 이 시간, 비슷하게 늙어가는 친구들은 무엇을 할까. 전화를 걸어봤자 길게 할 말이 없다. 직장인들이 퇴근하고 집으로 돌아오는 시간, 어린애처럼 "노는 게 제일 좋은 뽀로로 세상"이나 노래한다. TV 채널만 이러저리 돌리면서.

 노인의 일상은 불만을 가질 게 없어 불만이다. 모든 것이 만족스러워 불만이 없는 게 아니다. 꼭 집어 무엇을 탓하며 불만을 토로할 게 없는 것이 더 싱겁고 재미없다. 만일 누가 무엇이 부족한지 묻는다 해도 대답할 말이 준비되어 있지 않다. 그렇게 불만이 없는 일상이란 허황된 욕망이 조금씩 사라져가고 있음을 의미한다. 아직 세상 욕심을 모두 내려놓은 것은 아니다. 사소한 일에 집착하지 않으련다. 포기할 것 시원하게 포기해버리련다. 그런 마음을 가질 수 있는 것은 내게 남은 세월이 준 선물이리라. 불만을 의식하지도 못하는 삶이란 무슨 의미가 있을까. 꾸역꾸역 불만을 찾아 심술을 부려보고 싶어지기도 한다.

 노인의 정신 건강에는 소맥폭탄주 두 잔이 처방되어 있다. 너무 자주 마시면 건강에 좋지 않고 한꺼번에 양이 많으면 감정선이 마비될 수 있다. 아주 가끔 마셔야 한다. 이 두 잔은 밋밋한 일상에서도 눈에 비친 모든 사물을 경이롭고 신나는 것으로만 변모시켜주는 신통한 묘약이다. 바람 부는 날에는 집에 있어야 한다. 비오는 오후에도 집에 있는 게 좋다. 창밖의 빗줄기를 바라보는 운치가 얼마나 좋은지 모른다. 바람 부는 언덕을 오르기 보다는 거실 창문을 열고 그 바람을 맞아보는 것도 괜찮다. 바로 이때 소맥폭탄주 두 잔은 삶과 사랑, 인생과 행복, 이런 추상어들을 한데 모아 아름다운 축제를 벌여준다.

 노인이 사는 집은 미루나무 꼭대기 까치집만큼 높이 동떨어져 있다.

16층 아파트 베란다에 의자를 놓고 앉아 먼 곳 아래를 내려다본다. 차도를 달리는 자동차도 보이고 인도에서 붕어빵을 파는 손수레도 보인다. 멀리 남부교회 종탑도 보인다. 전철이 방금 도착했는지 이촌역에서 사람들이 몰려나온다. 사람도 물건도, 보이는 그 무엇도 언뜻 보아 나와는 아무런 관련이 없는 것 같다. 비켜서야 할 때 비켜섰다. 다가서지 않아야 할 때 다가서지 않았다. 관심과 배려가 젊은이들에게는 간섭으로 보일까 봐 무던히 애를 썼다. 미루나무 까치집은 그런 결과인지 모른다. 세상일에 별 관심이 없는 것처럼 보이지만 마음은 언제나 사물의 한 복판에 있다. 적적할 시간이 없다. 내 가슴속 미루나무 꼭대기 까치집은 언제나 잔칫집처럼 시끌벅적하다.

    노인의 가슴에는 바람이 분다. 언제인들 바람이 불지 않았으리오마는 노인은 얼굴보다 가슴으로 먼저 바람을 맞는다. 육신의 영욕을 위해 끝내 붙잡고 있던 욕심쟁이 바람은 한없이 불어왔고, 이제 사랑하는 것들을 모두 다 내려놓아야 하는 초탈超脫의 바람이 불어오고 있다. 밝고 현란했던 바람이 스쳐 지나간 자국에는 서서히 어둠이 밀려오지 않겠는가. 또 바람은 무엇이든 사랑하지 않고는 지금을 버텨낼 수 없음을 알게 해준다. 마지막까지 찰진 삶을 살아갈 수 있는 힘이 무엇인지를…. 노인의 가슴에도 사랑은 바람처럼 왔다가 잠시 머물며 다시 소리 없이 사라져 갈까. 그 사랑 꼭 붙잡고 모든 것을 더욱 사랑해야 한다. 지금 나는 사랑할 것이 너무 많다.

최 종 cteng31@hanmail.net
2016년 《월간문학》 등단. 수필집 『깨갱』 『온종일 비』

보리밭에 부는 바람

최현숙

지난겨울은 유난히도 추웠다. 길고 지루했던 겨울도 계절의 변화에 밀려서 봄의 기운이 가득하다. 이제 곧 사월이다. 사월이 오면 늘 유년의 뜰에 잔상으로 남아 있는 청보리밭이 그립다. 눈을 감으면 과수원 끝자락에 심겨 있던 보리밭과 등하굣길에 드넓게 펼쳐져 있던 보리밭의 푸른 물결이 일렁이고, 보리밭 위를 지나는 바람 소리가 들린다. 영원히 머무를 것 같았던 시간을 지나, 가파른 고개를 몇 번 넘고 나니 어느새 인생의 가을길 위를 가고 있다. 유년 시절 어딜 가나 지천으로 펼쳐져 푸른 물결을 이루었던 보리밭도 이제는 찾아가서 보아야 할 풍경이 되었다.

논보다 밭이 많았던 경상북도 내륙지방은 특히 보리를 많이 심었다. 그래서였는지 경상도 사람들을 '보리 문둥이'라고 하기도 했다. 쌀이 떨어지는 3~4월이 오면 주로 꽁보리밥을 먹었다. 그러다가 보리쌀마저 떨어지면 보리쌀에다 파랗게 올라오는 보리 순을 넣고 죽을 끓여 양을 늘려 먹기도 했다. 모두가 눈물 나도록 가난했던 시절이었다. 입맛이 까다로웠던 나는 보리밥이 죽도록 먹기 싫었다.

일곱 살쯤으로 기억을 한다. 여름날 해 질 무렵이었다. 머슴과 품꾼들과 함께 마당 한가운데 놓인 평상과 일부는 멍석에 둘러앉아 꽁보리밥으로 저녁을 먹고 있었다. 혹시나 하는 기대로 둥근 나무 밥상 위에 놓인 내 밥그릇을 확인하니 역시 꽁보리밥이었다. 기대가 실망으로 바뀌는 순간, 나는 갑자기 큰소리로 외치며 당당히 선언했다.

"나는 앞으로 커서 금반지를 받는 대신 쌀밥 먹는 집으로 시집 갈 거야."

"허허!" 웃으시던 아버지, 막내딸의 밥투정을 안타깝게 바라보던 어머니와 주변 어른들의 웃음소리가 지금도 귓가에 맴도는 듯하다.

초등학교 등하굣길은 노래 가사처럼 보리밭 사잇길로 다녔었다. 모든 것이 부족하고 마땅한 간식거리가 없었던 시절이었다. 보리가 패기 시작하여 반쯤 여물어가면 아이들은 보리싹을 꺾어다가 불에 그슬려서 먹거나 심지어 병이 들어 까맣게 변한 깜부기를 꺾어 간식으로 먹는 친구들도 있었다. 친구 따라 먹어본 깜부기의 텁텁한 맛은, 두 번 다시 먹고 싶지 않은 맛이었다.

시험을 쳐서 중학교를 진학하던 시절이라 초등학교 고학년이 되면 중학교에 진학할 아이들을 대상으로 방과 후 수업이 있었다. 과외 수업을 마치고 학교를 나서면 땅거미가 지고 사방은 어둑어둑했다. 친구들은 평소 신용 바가지인 내게 복수할 기회를 노렸다. 신용 바가지는 선생님의 사랑을 독차지한다는 뜻으로 친구들이 내게 붙여준 별명이다. 학교를 벗어나 들판으로 나서면 자기들끼리 신호를 보내곤, 느닷없이 소리를 내지르며 꼬불꼬불한 보리밭 사잇길을 쏜살같이 달리기 시작했다. 눈치 없고 순발력도 없었던 나는, 한동안 친구들이 사라진 들판 길을 멍하니 바라보았다. 어둠 짙어진 들녘 저만치 친구들은 멀어지고 있었다. 정신을 가다듬고 죽을힘을 다해 친구들의 꽁무니를 뒤따라 달려갔다. 보리밭에 무서운 사람이 숨어있다가 아이를 잡아간다는 무시무시한 소문이 사실처럼 여겨지던 시절이었다. 바람에 흔들리는 보리밭 속에서 금방이라도 누군가 툭 튀어나올 것만 같아 간이 콩알만 해졌다. 겁보였던 내겐 숨 막히는 두려움이었다.

 고향 집을 떠나기 전까지 드넓은 보리밭 사잇길을 거닐며 푸른 보릿대 사이를 지나가는 바람 소릴 듣곤 했었다. 이른 봄, 파랗게 자란 보리밭 위로 바람이 불면, 호수에 물결이 일 듯 푸른 물결이 잔잔하게 일었다. 보리밭에 알을 낳은 종달새는 경쾌한 울음소리를 내며 파란 하늘 위를 높이 날았다. 보리 이삭이 패고 싱싱하게 자란 푸른 청보리밭 사이로 바람이 지날 때는, 마치 소나기가 내리는 소리인 듯 '쏴아' 하는 소리가 들렸다. 보리가 누렇게 익은 황금빛 들판 위로 한 줄기 바람이 지날 때면, 보릿대끼리 서로 몸을 부딪치며 서걱대는 소리를 냈다. 차츰 개발의 붐이 고향 동네까지 밀려와서 고향의 보리밭은 빌딩 숲이 되었다. 푸른 물결, 황금 물결 일렁이던 고향은 내 기억 속에만 남아 있다.

 지금도 사월이면 고향 사과밭 언저리에 파랗게 물결치던 보리밭이 눈에 선하고, 보리밭 위를 지나던 바람 소리가 들리는 듯하다. 그 풍경 속으로 농기구를 어깨에 메고 보리밭 이랑을 지나던 내 아버지의 고단한 뒷모습이 아픔처럼 그립다.

최현숙 cosmoschs@hanmail.net
2019년 《선수필》 등단

호수의 백조 가족

하 택 례

　노을에 물들어 있는 석촌호수 길을 걷는다.
　호수 둘레길을 오가는 사람들은 꽃 잔치에 취해 마음은 꽃이 되었다. 봄으로 화장한 벚꽃이 바람타고 향기를 온몸에 뿌려준다. 하늘과 손을 잡으러 가는 롯데월드 타워가 찬란한 빛, 환한 웃음으로 반겨준다.
　낮의 어둠이 내리고 세상은 빛의 잔치가 시작된다. 롯데월드 123층의 타워는 형형색색의 색깔로 호수의 잔물결에 빛의 꽃을 뿌린다. 세계 초고층 건물 중 5번째로 높은 건물이다. 건축양식은 한국적 곡선의 미를 지닌 도자기와 붓의 형태를 모티브로 설계하였다고 한다. 호수 둘레길을 걷는 사람들의 행복한 속삭임들, 즐거운 비명 소리가 공간을 채우며 뿜어져 나온 아우성은 또 하나의 빛이 되어 밤하늘을 수놓는다. 그 빛은 떨어져 휘날리는 벚꽃 나래와 조화를 이루어 황홀의 극치를 보였다. 인간은 얼마나 더 높이, 더 크게, 더 아름답게 해야 도전을 멈출 것인가? 그 끝의 한계는 어디까지일까?
　자연과 사람이 만들어 주는 호수에서 백조 가족은 무언의 정담을 나누며 어린 새끼들에게 세상 살아가는 법을 가르치고 있는 것 같다. 정겨운 모습을 바라만 보아도 마음의 평안을 얻는다. 나도 한 가족이 되어

본다. 평화로운 삶을 보면서 친정 부모님과 육 남매가 살아온 삶을 생각해본다. 그 길은 대부분 아름답고 그립지만 가슴 아픈 추억도 있다. 백조 가족의 부러움과 애잔한 마음에 울컥했다. 내 생각대로 애착하거나 미워할 수 없는 것이 부모와 자식의 인연이다. 그 시절에는 대부분 가난했다. 하루하루 끼니를 해결하는 것이 급선무였기 때문에 다른 여유는 사치에 불과했다. 온 가족이 모여 함께하는 시간은 성당에서 미사와 기도 시간뿐이었다. 아무 불만과 욕심 없이 오늘에 감사하고 앞날의 희망을 믿으며 살았다. 아버지는 자식들을 굶기지 않으려고 농사일, 힘들고 어려운 일을 하시다가 지금은 병도 아닌 늑막염으로 일찍 세상을 떠나셨다. 아버지까지 안 계신 환경에서 어머니의 삶은 얼마나 고달팠던지…. 어려운 생활이었지만 서로 믿고 의지하며 작은 것에 감사하고 행복해하는 따뜻한 가족이었다. 온 가족이 여유롭게 여행도 못 갔다. 다 함께 외식도 하지 못했다. 맛있는 도시락을 가지고 소풍이라도 갔다 왔다면 아픈 추억으로 기억하지 않을 것이다. 백조 가족은 친정 부모님을 떠오르게 했고, 좀 더 행복할 수 없었던 그날에 마음이 울적하다. 지금은 열 번, 아니 원하시는 대로 해드리고 싶은데, 부모님은 대답이 없고 울림만 허공에서 맴돈다.

  가난한 부모님과 어렵게 살아서 그런지 나는 부족하지 않게 풍요로운 삶을 살고 싶었다. 욕심으로 이기적이고 독선적인 마음에 가깝게 살았다. 이익을 위해서는 모든 것을 내 생각과 판단으로 결정했다. 자식들에게는 허울 좋은 어머니였다. 따뜻한 대화는 물론 마음속에 있는 아픔과 상처를 보지 못하고 작은 격려의 말도 건네지 못했다. 하지만 알뜰살뜰 살며 적당히 여행도 가고 부족함 없이 아이들을 키웠지만, 오늘날

아이들은 더 바라는 것이 많은 것 같다. 자식들에게 주는 부모의 절대적 사랑에 비해 부모의 마음을 모르는 자신들의 욕심만 부리는 것 같다.

지난날 어머니 삶과 나의 삶을 생각해 본다. 가난한 살림에 배움은 부족했지만 나누는 삶과 매사에 감사하며 소박하게 사셨다. 나는 가난으로부터 탈출을 위해 더 높은 곳을 향해 뛰고 더 채우려는 욕심으로 살았다. 가슴으로 느끼며 사는 것이 아니라 머리로 살았다. 어머니는 지혜로써, 난 지식으로만 살았다. 척박하고 부족한 어머니 삶의 무게는 육 남매가 바르고 부지런하게 살게 했다. 미래에 대한 소망을 실천케 하는 원동력이 되었다. 어머니의 삶은 나와 다른 삶으로 그 자체가 경이로움이다.

행복은 욕심 없이 세상을 바라보는 긍정적인 틀이다. 소소한 바람결에도 살랑거리며 화답하는 풀과 나뭇잎을 보며 행복할 수 있어야 한다. 호수의 백조 가족처럼 인연으로 맺어진 가족이나 정으로 이어진 이웃들과 함께 나누는 삶으로 살아야겠다. 어려운 살림살이에서도 늘 웃음으로 긍정적인 마음으로 감사하며 사신 어머니의 가르침을 명심하며 살아가리라.

하택례 sonmwh@hanmail.net
《한국수필》등단
작품집『별빛으로 만난 행복』『수필의 향기』

온전한 죽음

허모영

　연일 페이스북에 누군가 새로운 글이며 사진을 게시했다고 메일이 온다. 일상을 공유하고 싶은 사람들이 자신의 이야기를 인터넷 공간에 남긴다. 나도 페이스북, 인스타그램, 카카오스토리 등등 SNS에 가입은 했지만 활동을 하지 않는지라 메일을 받으면 그냥 삭제를 눌러버린다. 친구 맺기 요청 메일이 와도 그대로 지나치지만 오늘도 열정적인 사람들의 소식이 몇 십 개 확인을 기다리고 있다.
　뜻밖의 분에게서 새로운 소식이 올라왔다. 지난해 돌아가신 노교수님의 페이스북에 새로운 글이 게시되었다는 메일이다. 워낙 디지털정보에 충실하신 분이라 돌아가시기 전까지 페이스북 활동을 멈추지 않았었다. 매번 댓글도 달지 않고 그냥 삭제해버리기 일쑤였는데 돌아가신 뒤에도 누군가 선생님의 페이스북에 안부를 올렸나보다 싶다. 인터넷 공간에서 여전히 숨을 쉬고 있는 그분의 일상이 반가움을 넘어 두려움까지 몰려온다.
　밤늦은 시간 딸아이가 전화를 했다. 디자인 공모전 2차 심사에 제시된 주제를 이야기하며 자신의 아이디어에 대한 의견을 구한다. 평소 나에게 그런 도움을 잘 요청하지 않는 편이라 관심을 가지고 귀를 기울였다. 최근 디지털 기술의 발달은 우주개발, 메타버스 등 상상을 초월하고 있는데 앞으로의 세상은 어떻게 변해갈 것인지 그런 변화를 담을 디자인을 설계해보라는 것이란다.

 딸이 구상한 내용은 뜻밖이다. 아직 이십대인 딸은 온전한 죽음에 관한 것을 자신의 작품 주제로 선정했다. 온 오프라인의 경계가 줄어드는 현재지만 죽음에서는 온 오프라인의 구분이 있다. 오프라인에는 죽음이라는 개념이 존재하지만 온라인에서는 죽음이 없다. 사진 등 나의 정보가 여전히 남게 된다. 죽음과 관계없이 사람들의 정보가 온라인 상에서 공유되고 있는 게 현실이다. 팔십이 넘어 돌아가신 그 교수님처럼 현실의 세계에서는 사라졌지만 온라인이라는 가상의 세계에서는 여전히 남아 메일을 통해 정보가 살아 있는 것처럼 전달된다.

 온라인에 있는 나의 정보는 내가 갈무리할 수 없다. 딸은 그것까지 내 스스로 정리하는 것을 온전한 죽음으로 보고 제품 디자인을 구상해본다고 한다. 무엇이 옳은 것인지는 잘 판단이 서지 않는다. 과연 그 사람의 모든 정보가 사라지는 것이 좋은지. 그리워도 찾아볼 흔적조차 남기지 않는 게 맞을지. 죽은 뒤에도 자신의 정보가 떠돌아다닌다면 제대로 죽었다고 할 수 있을까. 그 정보를 받은 사람은 반가워할지, 오히려 부담스러울 건 아닐지.

 몇 년 사이 새롭게 주목받는 직업이 있다. '유품정리사'이다. 드라마와 예능프로그램을 통해서 소개되기도 했는데 세상을 떠난 사람들이 남긴 물품을 정리해 주는 일이다. 연고가 없이 죽은 사람이나 직접 고인의 유품을 정리하기 어려운 이들의 의뢰를 받고 전문적으로 정리해 준다. 일본에는 몇 년 전부터 이 직업에 참여하는 업체가 천여 개가 넘는다고 하며 우리나라도 매년 늘어나는 추세라고 한다. 점점 일인 가구가 증가하여 고독사도 많아지고 바쁜 일상이 떨어져 있는 가족의 죽음 이후를 정리할 여유조차 앗아간 탓이다. 유품정리사가 할 수 있는 정리도 한계가 있다. 그들 또한 고인이 남긴 가시적인 물건은 정리할 수 있지만 온라인상에 남겨진 망자의 정보까지 정리하기는 쉽지 않다.

우리 어머니는 매번 노래처럼 하는 말이 '자는 잠에 죽어야지'이다. 고통 없이 죽음을 맞는 것이 누구나 원하는 마지막 바람이다. 그러나 자는 잠에 죽어버린다면 남겨진 사람들에겐 너무 큰 충격을 줄 것이다. 늘 함께하던 사람이 어느 날 갑자기 사라져 버린다면 얼마나 무서울지. 잠자듯이 세상을 떠나기 위해서는 가족도 그 죽음을 편안하게 받아들일 준비가 미리 되어 있어야 한다. 물론 어머니처럼 연세드신 분이야 온라인을 걱정할 이유는 없겠지만. 사람의 죽음 뒤에 남겨지는 물건이나 흔적들이 허다하다. 내가 입던 옷, 내가 읽던 책, 내가 쓰던 숟가락이며 휴대폰, 컴퓨터, 내가 타던 자동차 등등 형상을 가진 물건에서 페이스북, 인스타그램, 카카오스토리, 이메일 등 무형의 흔적까지 무수하다.

컴퓨터의 정보는 스스로 없애도 남아있다. 이미 확산된 정보는 내 하드디스크를 없앤다고 사라지는 것이 아니다. 자살이나 범죄 사건이 발생하면 가장 먼저 컴퓨터와 휴대폰을 가져간다. 매스컴을 통해 휴대폰을 버렸다가 경찰에서 입수하였다는 뉴스도 종종 들린다. 포렌식이라는 기술이 디지털 장치의 데이터를 수집하여 다시 복구해 준다. 나는 외장 하드를 손상시켜 두 번이나 복구한 적이 있다. 정보가 사라져 너무 난감했는데 거의 팔십 퍼센트를 되살려주었다. 정보를 없애려고 하드디스크를 땅에 묻어 컴퓨터 장례를 치렀다는 분도 있었다. 아무리 땅속에 묻는다고 기억조차 묻을 수는 없다. 컴퓨터의 죽음은 죽음이 아니다.

　온전한 죽음의 의미는 모두 다르게 다가올 것이다. 누군가에게 좋은 기억으로 남을 수 있도록 사는 것이 중요하다. 무화無化, 시간 따라 잔상이 서서히 잦아지고 사라지더라도 문득 떠올려 좋은 사람. 그런 사람의 흔적은 굳이 거두어들이지 않아도 온전하리라.

허모영 mo-yeong@hanmail.net
2016년 《선수필》 등단

퓨즈 끊기니

허숙영

　나, 개망초 우거진 밭 어귀에 초연히 누운 냉장고일세. 무슨 헛소리냐고. 자네 기억하는가. 동네 사람 누구나 스쳐가는 길 가장자리에 나를 내다버린 날을.
　누군가 얼핏 보더니 꼭 새하얀 관 같다고 하더구만. 그러고 보니 잦은 비에 웃자란 잡풀들이 에워싸 조문하는 것 같은 신세가 되어버렸지 뭐야. 아니지. 으늑하게 누울 날들을 기다렸던 만큼 잘강이는 바람소리를 자장가 삼아 편안하게 지내고 싶었다네.
　한때는 주부들의 성소였던 부엌에서 가장 중요한 위치를 차지하고 있었지. 집안의 번영을 위해 내가 할 일이 좀 많았나. 제일 중요한 먹을거리의 부패를 막기 위해 최선을 다했네. 그뿐인 줄 아나. 집안사람들 입맛에 비위를 맞추고 지켜 주느라 더 차갑게 굴 수밖에 없었지. 생각나는가. 내 배 채우기 위해 숨 돌릴 틈바구니도 없이 꽉꽉 쟁여 넣던 모습 말이야. 그때 이웃과 조금씩 나누었더라면 숨쉬기가 좀 편했을지도 몰라.
　자네는 내 속이 차갑기만 하다 했지. 뜨거운 걸 품어 본 적 없는 냉혈한이라 했던가. 젊은 한때 그랬을지도 모르지. 아니 그래야만 했어.

그게 내 사명이었거든. 하루도 쉬지 않고 온몸 바쳐 일하면서 늙는 줄도 몰랐어.

깜빡깜빡 퓨즈가 수시로 끊기고 내 의지와 상관없이 내 몸을 벗어난 멀건 물이 아래로 시도 때도 없이 질질 흐르게 되었지. 자네는 기억에서 지웠을 테지만 부엌에서 끌려 나오던 날은 날씨마저 우중충 했다네. 길 가장자리에 내몰린 내가 건실한 농부 어깨에 얹혀 밭 귀퉁이로 자리를 옮겨 앉은 것은 한 계절이 후딱 지나간 가을이었지. 그때는 생각했어. 이제야 산새소리 들으며 고요히 잠드나 했지. 그런데 그게 아니었어.

내 속이 다시 채워지는 거야. 지구의 잔등 긁던 호미와 괭이, 모종삽, 고춧대를 일으켜 세우던 지지대와 끈, 쩍쩍 갈라져 타는 대지의 목마름을 해결해주던 물 조리개가 내 품을 파고들었어, 나도 그들을 품고 품어 안았지. 말하자면 낮은 곳으로 향하는 것들의 안식처로 내가 선택된 거였어. 쓸모없다고 버려진 내가 말이야.

햇볕 쨍쨍 내리쬐는 날이면 그들의 그늘이 되어주고 비바람 휘몰아치면 포근하게 감싸 안았지. 세상이 꽁꽁 얼어붙는 날도 별 탈 없이 지내도록 다독였어. 내게 이런 능력이 있는 줄 아무도 모를 거야. 살기 위해 차갑기만 했던 내 몸에 온기가 돌기 시작했어.

자네도 뒤늦게 나와 꼭 같은 신세가 된 것을 알았네. 집 안의 안방 아랫목이 영원히 자네 자리인 줄 알고 큰 소리 빵빵 쳤잖은가. 젊어서는 행여 자식들 엇나갈세라 노심초사했고 먹고 살기 위해 최선을 다했지. 인정머리 없고 차갑기만 한 사람이라고 뒤에서 수군거리는 소리도 들어 알테지. 그게 다 비어가는 쌀독 채워 넣기에 바빠 힘든 날들 보내던 나름대로의 처신이었을 테지만 아무도 그렇게 봐주지 않는다는 걸

이제야 깨달았겠지. 세상은 홀로 존재하는 것이 아닌데 왜 그렇게 억척을 떨었는지 몰라.

이웃과 조금 더 나눌 걸 싶겠지만 이미 늦었어. 늙어 갈수록 기억력 깜빡거리고 똥오줌 흘리고 다니니 요양원이란 곳으로 내몰렸잖은가.

너무 설워 말게. 이제야 겨우 일에서 풀려났잖은가. 그곳도 사람 사는 곳이라 먹여주고 입혀주니 편안할 거야. 자식도 하지 못하는 일을 지극정성으로 수발하는 이들이 있지 않은가. 거기다 포근한 잠자리까지 봐주니 열심히 살아온 대가를 받는 거라 여기면 위무가 될걸세. 거기선 무섭게 변하는 사회의 속도에 발맞추느라 허둥거릴 필요도 없고 온갖 소음에 시달리지 않아도 되네.

자네도 나처럼 퓨즈가 끊긴 게 오히려 더 나은지도 몰라. 자식의 알뜰살뜰한 보살핌을 원했을 자네가 아닌가. 버림받았다는 생각이 들지도 모를 일인데 말이야. 그럴 땐 제정신으로는 못 살지. 내 자식만큼은 영원토록 효자일거라 여겼는데 남의 손에 자네 육신이 맡겨진 걸 알면 화병이 날 수도 있었을 텐데. 아마 자식 욕심 많은 자네 가슴은 젖은 장작 타들어가듯 불길이 이는 건 고사하고 시커멓게 그을리기만 할 거야. 젊었던 시절 열두 번도 더 짐을 싸고 싶었지만 저그들이 밟혀 인생 저당 잡히고 산 걸 내가 잘 알지. 저희들을 어떻게 키웠는데 보답은커녕 깊은 산속에 유폐를 시켰을까 싶겠지만 어쩌겠어.

쾌청한 곳에서 맑은 정신으로 돌아오라는 염원을 담았다고 여기면 좀 나을 거야. 세상 뒤꼍으로 밀려나고 보니 이제야 지나온 길이 보이잖은가. 좋은 자리에 있을 때는 홀대했던 것들을 새롭게 보기 시작했다는 말이야.

바라보이는 밭에는 넙데데한 토란잎에 수정구슬이 맺혀 있다네. 아무리 많은 비가 와도 자기 힘에 알맞은 작은 구슬만큼만 물을 채우고 다 쏟아내 버리네.

늙어가는 것도 괜찮은 것 같으이. 난 지금 충분히 만족하고 있거든. 여태껏 시답잖은 말을 늘어놓은 것은 우리가 한때 같은 공간에서 숨 쉬었다는 인연으로 해 본 혼잣말일세.

허숙영 a01041324744@daum.net
2002년 《한국수필》 등단
수필집 『단디해라이~』 『비린구멍』 『물 발자국』

바람의 선시禪詩

허 열 웅

    풍경소리는 바람이 낭송하는 선시禪詩이며 절의 음악이다. 거의 모든 사찰에서는 청명하고 의미 있는 5가지 아름다운 소리를 들을 수 있다. 중생들의 번뇌를 가시게 해주는 범종梵鐘 소리, 산천의 축생을 깨우는 법고法鼓 소리, 물고기들을 제도하는 목어木魚 소리, 날짐승과 허공에 떠도는 영혼을 구제하기 위한 구름의 울림인 운판雲版 소리다. 여기에 보태어 청동 물고기의 울음이 독경讀經의 파도를 타는 풍경소리다.
    절의 높은 추녀 끝에 왜 풍경을 매달았을까? 눈을 들어 쳐다보면 푸른 하늘이 펼쳐져 있고 한 마리 물고기가 노닐고 있다. 그 푸른 하늘은 곧 푸른 바다를 의미하기에 물고기를 매닮으로써 그곳은 물이 풍부한 곳을 뜻하는 것이다. 쉼 없이 출렁이는 물은 어떤 불도 능히 끌 수 있다고 믿었다. 목조건물인 사찰을 화재로부터 보호하고자 하는 상징성을 담고 있다고 한다.
    또 한 가지 이유는 물고기는 깨어 있을 때나 잠잘 때도 눈을 감지 않을 뿐만 아니라 죽어서도 감지 않는다. 수행자도 물고기처럼 부지런히 도를 닦으라는 뜻을 상징한다. '눈을 떠라! 물고기처럼 항상 눈을 뜨고 있어라, 깨어 있어라, 언제나 혼침惛沈과 번뇌에서 깨어나 일심으로 살아라.' 그러면 너도 깨닫고 남도 깨닫게 할지니 바람에 흔들리는 풍경소리를 들을 때마다 깨어 있는 수행의 중요성과 아울러 큰 바다에서 노니는 물고기의 자유로움을 느낄 것이다.

풍경소리는 무수히 제 몸 부딪치는 청동물고기의 아픈 신음일까, 허공에 울려 퍼지는 일파만파의 쇠 울음인가? 아니면 깊은 밤 골짜기 바람이 묻혀온 별 소리인지도 모른다는 생각도 들고, 오고가는 바람들이 자기들의 항구인 양 수없이 드나들며 소리 내어 경을 외우는 소리일 수도 있다. '성불사~ 깊은 밤에 그윽한 풍경소리' 초등학교 저학년 때 배운 노래를 흥얼거려 본다. 충청도 청양의 시골에서 초등학교 다닐 때 졸업을 앞두고 1박 2일 소풍으로 두 시간도 넘게 걸리는 만수산 무량사無量寺까지 걸어간 기억이 떠오른다.

무량사를 유홍준 교수는 『나의 문화 유산 답사기』에서 "바람도 돌도 나무도 산수문전 같다."라고 표현했으며 곱게 늙은 사찰의 하나로 꼽고 있다. 부여에서 가장 큰 명찰이기도 하지만 평생 기인으로 살았던 생육신의 매월당 김시습이 입적하여 생을 내려놓은 곳이다. 그는 우리나라 최초 한문 소설인 『금오신화金鰲新話』와 15권이 넘는 한시를 남기신 분이다. 세종대왕도 감탄한 천재였으나 수양대군이 조카의 왕위를 빼앗는 참상을 보며 세상을 방랑하며 뛰어난 시를 많이 남겼다. 그를 모시는 전각에는 빛바랜 영정이 남아 있다.

그때 난생처음으로 무량사의 풍경소리를 들었다. 객사에서 많은 친구들과 빽빽하게 누워 있으려니 잠이 잘 오지 않았다. 깊은 가을 밤 높은 처마에서 번져오는 소리는 아주 멀리서 들려오는 청명한 바람소리 같았고, 영롱한 구슬이 굴러가는 소리라는 느낌도 들고 슬프다는 생각도 했다. 옆에 누워 있는 친구들은 피곤했는지 잠들었거나 조그만 소리로 도란도란 이야기를 나누는 사람도 있었다.

그날 밤의 풍경소리를 반백 년이 지난 3월에 북한산 망월사에서 다시 듣게 되었다. 선배에게 소개받은 주지 스님의 초대를 받아 하룻밤을 지낸 날이다. 이런저런 이야기를 끝내고 홀로 남게 된 객사로 들려오던 풍경소리는 먼 옛날의 그 소리가 아니었다. 한 세상 건너온 것 같은 울림은 내 마음 밑바닥까지 닿도록 무거웠다. 외따로 난 산길 따라 올라온 물고기가 처마 끝에서 좌선을 하다가 죽비에 맞는 소리였고, 홀로 깨어 있는 객실 나그네의 한숨 같기도 했다.

이런 밤에는 빈 가슴에 따뜻한 차 한 잔이 간절했다. 하늘엔 적막이 밀어올린 보름달빛이 절 마당에 쌓이고 솔바람 소리만 손님처럼 찾아와 가부좌를 틀었다. 참선하듯 창문을 향해 앉아 있노라니 절반은 실패한 것 같은 지난날 삶의 영상이 흑백으로 나타난다. 특히 부모님께 제대로 효도를 못한 일과 형제들에게 좀 더 친절하게 잘해드리지 못해 아쉽다. 6남매 중 네 분이 먼저 떠나고 동생과 단둘이 남다 보니 너무 허전함을 느낀다.

풍경을 풍탁 또는 풍령이라고도 부른다고 한다. 바람이 치는 목탁, 바람이 흔드는 방울이라는 의미란다. 우수수 흩어지는 풍경소리와 함께 벗어 내리는 가사袈裟섶 소리에 절 그림자가 흔들렸다. 비어서 오히려 넘치고, 듣게 하는 소리는 들을 수 없고, 보게 하는 것을 볼 수가 없다고 할 때의 그 소리가 스님들의 좌선과 침묵이라고 생각되었다.

'주승은 잠이 들고 객만 홀로 듣는구나/ 저손아 마저 잠들어 혼자 울게 하여라!'

수많은 노래 중 외울 수 있는 가사는 별로 없는데 60년도 더 지난 후에도 자연스럽게 입에서 가사가 흘러나오는 것이 신기했다. 소쩍새 울음소리에 돌부처가 눈을 뜨고, 주방 앞 돌확의 고인 물에 달이 지고 해가 뜨는 망월사의 밤은 깊어갔다. 문풍지를 뚫고 들어오는 풍경소리는 고승들이 언어를 절제하며 벼리고 벼린 깨달음이자 가르침인 선시禪詩와 다름없었다. 청아하고 은은한 소리를 포근한 이불 삼아 덮고 까무룩 잠들 무렵 나옹선사가 쓴 마음의 사리舍利인 선시가 떠올랐다.

청산은 나를 보고 말없이 살라 하고
창공은 나를 보고 티 없이 살라하네
사랑도 벗어놓고 미움도 벗어놓고
물처럼 바람처럼 살다가 가라하네

허열웅 hur9730@hanmail.net
《시조시학》 등단
에세이집 『바람의 선시』『기억의 집을 짓는 악보』외 다수

윤슬이

허정란

    털이 부드러운 부엉이 인형을 어루만져 본다. 크고 동그란 눈이 어쩐지 손녀의 표정을 닮았다. 머리를 쓰다듬어 주고 작은 몸을 안아도 보지만 내리뜬 눈은 당최 시선을 주지 않는다. 새침하고 도도한 손녀의 모습이 떠올라 슬그머니 웃음이 나온다.
    설을 보름 앞두고 딸아이한테서 급히 연락이 왔다. 직장 일로 2주 동안 교육이 있으니 아이를 좀 맡아 달라고 한다. 둘째를 가져 몸도 무거울 텐데, 이튿날 우리 부부는 서둘렀다. 달리는 차 안에서 은근히 손녀에 대한 걱정이 앞선다. 잠시라도 엄마가 보이지 않으면 찾는데, 앰한 나이로 네 살인 손녀가 보름 동안 잘 있을지 염려스럽다.
    손녀는 신통하게도 엄마를 찾지 않는다. 붙임성이 있어 예쁘고 놀랍다. 오히려 날마다 통화를 하는 딸애가 서운하여 안달한다. 속이 훤한 아이는 엄마가 몇 밤 자면 오는지 손가락을 꼽는다.
    손녀와 함께하는 날들이 쏜살같이 지나간다. 어느 날 아이는 휴대폰을 두고 할아버지와 사이가 틀어졌다. 유튜브에서 애니메이션 만화를 보던 중 자동차 보험 회사에서 전화가 걸려왔다. 갑자기 동영상이 중단되자 아이는 소리를 지르며 할아버지에게 휴대전화기를 달라고 울음을 터뜨렸다. 통화가 끝나면 다시 보자고 달랬지만 아이는 발버둥을 치며 울음을 그치지 않았다. 할아버지는 휑하니 논밭의 일터로 달아나 버렸다.

동네 목욕탕에서 물놀이하는 아이가 왠지 시무룩하다. 물통 안에서 인형을 만지작거리던 아이가 귓속말로 "할-버지가 왜 화났는지 아세요?" 한다. 놀라서 아이를 본다. '세상에, 말도 아직 서툰 아이가 걱정이란 놈을 안다니' 짐짓 아무렇지 않게 말했다. "글쎄, 슬이가 할아버지에게 잘못했습니다." 하면 좋아하실 것 같은데? 손녀는 아무 말이 없다.

윤슬이 먹을 반찬을 만드는데 정신이 팔려 대문 소리가 나는지 몰랐다. 아이가 현관문 앞으로 쪼르르 달려간다. 집 안으로 들어서는 남편에게 "할-버지" 하고 두 팔을 벌린다. 화해의 몸짓이다. 갑자기 코끝이 찡해온다. 엄마와 떨어져 있더니 눈치가 생기는 것일까, 기특하고 측은하다. 남편은 여느 때와 달리 멀뚱멀뚱하게 서 있다. 아이가 용서를 비는 몸짓으로 다가서는데 굼뜨기만 하여 답답하다. 어서 안아주라고 채근하자 손녀를 꼭 껴안는다. "할-버지 잘못했어요." 아이가 입속에서 웅얼거리며 작은 소리로 말한다. "슬이가 떼를 쓰면 할아버지는 마음이 아프다." 그의 얼굴이 환해진다. 아이가 작은 몸을 팔랑이며 천진하게 웃는다.

손녀에게 예쁜 새 옷을 사 입히고 나름대로 정성을 들여 보지만 할미보다 할아버지가 최고다. 호기심이 많은 아이는 집안 물건을 그냥 두지 않는다. 얼떨결에 '안 돼'라고 하여 인심을 잃는다. 남편은 손녀가 좋아하는 군고구마를 끼니마다 굽고 딸애가 보내온 간식을 주머니에 챙겨서 시간마다 먹인다. 아이가 잠들지 않는 밤이면 유모차에 담요를 덮어서 동네 주변을 돌기도 하고, 때로는 자동차에 태워 바람을 쐬러 나간다. 일상이 바쁜 할미는 밤이 되어서야 손녀 곁으로 비집고 들어갈 틈이 겨우 생긴다. 품 안에 안긴 아이의 고른 숨소리가 새근새근 방안의 공기를 포근하게 데운다. 고요하다. 꿈속에서 아이는 엄마와 뛰어놀까, 손녀가 깨어날까 봐 살그머니 이불깃을 끌어서 다독인다. 자식들 키울 때와는 다른 충만감으로 행복에 겨워한다. '완전함'이란 이런 느낌일까.

일터에서 돌아오니 잠든 손녀의 몸이 땀으로 흥건하다. 젖은 머리카락이 얼굴을 덮고 있다. 딸애가 쉬는 날 아이와 영상 통화를 하면서 낯익은 침대, 장난감을 보여 주었다. 갑자기 통화 중 고래고래 소리 지르며 울었다. 학교 일이 끝나면 슬이를 데리러 온다고 아이 엄마는 약속했었다. 아이 생각대로라면 데리러 와야 했다. 아이에게는 앞뒤 상황을 이해할 수 있는 시간이 필요했다. 손녀가 울다 지쳐 잠들 때까지 딸애가 삐걱거려 놓은 아귀를 맞추느라 할아버지는 진땀을 흘렸다.

설을 지낸 이튿날, 손녀와 함께 삼대가 서울 딸애의 집으로 갔다. 손녀는 어린이집 수업 일수를 또박또박 채웠다. 아이도 마냥 놀고만 지낸 것은 아니었나 보다. 밥상머리에서는 가족 모두를 앉혀 놓고 기도를 맡아 한다. 식구들 이름을 불러주며 고사리손으로 한 줌씩 일용할 양식을 퍼 나르니 모두가 즐겁다. 순진무구한 아이를 통해서 가족의 소중함이 절절하게 묻어난다.

할아버지가 아이의 장난감 물고기를 탐낸다. 운전대 위의 휴대폰 거치대로 안성맞춤이다. "윤슬아, 물고기 한 마리 줄래?" 아이가 머뭇거리다 파란색 물고기를 벽에 붙여 보인다. 툭 방바닥에 떨어진다. "물고기는 벽에 붙지 않아요, 할-버지 이것 가져가셔요." 동화책을 한 권 내밀며 물고기 대신 가져가란다. "동화책은 싫다." 실랑이 끝에 아이는 마지못해 물고기 한 마리를 내어준다. 자동차의 흔들림에도 물고기가 찰싹 붙어 있다. 손녀가 안 주려고 이 핑계 저 핑계 대다가 핑곗거리가 떨어져 겨우 받아 온 것이란다. 네 살 손녀의 매운 살림 솜씨에 우리는 배꼽을 잡고 웃는다.

보름 동안 손녀와의 생활이 꿈결같이 지나갔다. 책상 위 부엉이가 동그란 눈을 새침하게 내리뜨고 있다. 부드러운 깃털을 흔들어본다. 차돌 같은 아이의 웃음소리가 환청으로 맴돈다.

허정란 heo9804@hanmail.net
2014년 《한국수필》 등단
수필집 『어머니의 연서』

자서전을 읽다

허 정 열

　앞선 사람의 등을 본다. 오랜 세월을 견뎌낸 등이 산의 등줄기처럼 굽어 있다. 걸음을 옮길 때마다 삶의 무늬가 느릿느릿 출렁인다. 한 번도 소리 내어 목소리를 들려준 적 없는 등이 뒤뚱이며 말을 걸어온다.
　수시로 흔들렸을 바람의 시간과 금방이라도 무너져 내릴 것 같은 먹구름의 무게가 느껴진다. 고독과 외로움이 깃든 쓸쓸함이 덮여 있다. 정면으로 마주칠 때는 볼 수 없었던 사연들이 무딘 봉분처럼 숨어 있다. 한 사람의 삶이 층층이 쌓여 오래된 서가를 보는 듯하다. 등은 내가 써서 남에게 무료로 배부하는 한 권의 자서전이다.
　길을 나서면 한 사람의 생을 유추하며 읽을 기회가 주어진다. 잠시라도 멈춰서 읽을 수 있는 시간을 허락하는 건 기다림이 있는 정류소나 대기실이다. 그것도 잠시 앉아 있을 때나 서 있을 때 고요하게 들썩이는 등을 훑어볼 수 있다. 한 사람의 압축된 과거와 역사가 담긴 등을 잠깐이지만 가볍게 읽을 수 있는 시간이다. 고요하고 은밀한 설법으로 누구나 주술에 걸린 듯 읽게 되는 거리의 독서법이다. 음독으로 소리 내어 읽기에는 주위의 눈치를 살펴야 한다. 윤독에는 몇 사람의 호흡이 필요해 거리의 독서로는 적합하지 않다. 암독하기에는 몇 번씩 읽어 외우거나 내 것으로 만들 시간이 부족하다. 걸어가는 등을 읽을 때는 속독을 하면서 발췌독을 하는 게 가장 빠르고 쉬운 방법이다. 읽고 싶은 부분만 뽑는 기술은 속독과 병행해야 한다.

작은 몸에 가장 큰 품을 가진 등. 내 몸에 기거하면서 마주할 수 없는 유일한 곳이기도 하다. 볼 수도 만질 수도 없어 미루어 짐작하고 남의 말을 빌려 대신 채워 넣기도 하는 고립무원의 유일한 장소다. 굽은 목등뼈를 지나 허리뼈로 향하는 갈비뼈를 덮고 있는 등. 서럽도록 집착했던 어느 계절의 아픔도 어깨와 어깨 사이에 새겨져 있을 것이다. 남과 북처럼 앞과 뒤라는 이름으로 경계가 분명하지만, 균형 잃지 말라고 받쳐주는 침묵 속에는 배려가 깃들어있다. 뒷전이라 투덜대지 않고 내세우지 않는 겸손도 함께한다.

담백한 듯 보이지만 느닷없이 말을 걸어오는 등의 채근을 느낄 때가 있다. 굴곡진 삶의 내력을 흐르지 않게 켜켜이 잘 눌러 놓은 곳이 등이다. 등줄기에서 읽는 삶의 가닥이 소름을 돋게 할 때도 있다. 고단한 삶의 무게와 절망과 환희의 시간이 머물러 있는 곳이어서 그런지 모르겠다. 덤덤한 척 냉정하게 보이려 애써도 험난했던 지난 시간을 짐작하게 한다. 가슴속에 꼭꼭 가둔 비명의 날도 넘어와 닿아 있을 것이다. 아직 해독이 안 된 기호 같은 삶의 모습도 구부러진 등 어딘가에 웅크리고 있을 것이다.

슬픔과 아픔의 열매가 열렸다 사라질 때마다 등은 얼마나 많은 근심과 걱정을 채웠을까. 가뭄처럼 타들어 가는 가난에 갈래갈래 갈라진 가슴을 지켜보며 또 얼마나 많은 고통을 함께하며 속을 태웠을까. 다른 사람의 손을 통해 약을 바르고 파스를 붙여주어야 하지만 탓하거나 원망하지 않고 묵묵히 답답함을 참아내는 곳. 내 몸의 일부지만 비밀창고 하나 없는 민둥산이어서 더욱 안타깝다.

침묵으로 일관하는 등. 점점 나의 뒤쪽이 궁금해진다. 내 손으로 관리할 수 없는 영역으로 치장할 수 없도록 철저히 소외된 지역이어서 더욱 그렇다. 외로움에 몸부림칠 때, 쓸쓸함이 찰랑거릴 때 홀로 막고 버텨주는 바람벽이었다. 얼굴 한 번 보지 못하고 마감해야 하는 삶이 억울해 이력을 축적해 두었을까. 나의 등에도 수많은 밀물과 썰물의 시간이 포개져 있을 것이다. 나의 일상을 지지하고 받쳐준 배려와 과묵함의 집합소로 다양한 무늬가 새겨져 있을 것이다.

꾸밈이나 거짓이 없어 진솔하게 쓴 자서전이다. 말은 머리의 언어이고 침묵은 가슴의 언어라고 하지 않던가. 등은 말 대신 쌓은 한 사람의 삶을 가슴으로 풀어 놓은 언어창고이다.

삶이란 때론 원하지 않아도 걸어야 하고 하기 싫어도 해야 할 때가 있다. 언제나 예측 불가한 삶을 건너면서 소홀히 대할 때도 등은 묵묵히 견뎌내며 중심축 역할을 해왔다. 보이지 않은 등에는 생각하게 하는 '말 줄임표'가 숨어 있다. 성공한 사람일수록 등이 더욱 쓸쓸하게 보였던 것도 욕망이 큰 만큼 외롭고 쓸쓸함이 차지하는 비율이 크기 때문일 것이다. 삶이 뒤척일 때마다 신음呻吟이 닿아도 성급하게 맞서지 않고 쓸쓸하게 견딘 인내를 짐작하게 한다.

맵고 짜고 팽팽했던 긴장에서 놓여나고 싶을 때 뭉친 근육들이 뻐근하게 말문을 튼다. 삶의 무늬로 외치는 소리 없는 진술서. 소란스럽지 않게 과묵하게 써 내려간 등의 기록. 살아온 순리대로, 읽는 자의 마음대로 해석해도 된다는 열려 있는 한 권의 책에는 희로애락이 압화처럼 눌려 있다.

허정열 hur2838@hanmail.net
2007년 《선수필》 등단
수필집 『안녕, 낯선 사람』

숫돌을 읽다

허정진

어느 시골 마을에서 빈집들을 둘러본 적이 있다. 잠시 거주할 요량이었는데 '편리'보다 '운치'를 찾고 있었다. 마을 끝자락에 자그마한 집이 마음에 들었다. 겉과 뼈대는 그대로 두고 실내 일부만 개량한 옛집이었다. 일자형 안채와 아래채, 손바닥만 한 텃밭까지 갖춘 집 구조가 아기자기하다. 더구나 집 울타리가 요즘 흔치 않은 대나무로 병풍처럼 둘러싸여 고즈넉한 풍경도 곁들었다. 바람결에 댓잎 흐르는 소리, 마당 한구석에 기울어진 오후의 볕살이 넉넉하고 느릿한 시공간을 연출하고 있었다.

장독대 옆에 수돗가가 있다. 예전에는 우물터였음직한 정겨운 그림자들, 돌확과 돌 빨래판이 징검다리처럼 놓여 있다. 여름철이면 수박이나 참외를 동동 띄워놓기도 하고 아이들 줄 세워 어푸어푸 등물도 켜던 곳이었으리라. 손때 묻은 공간마다 유년의 굴풋한 그리움이 숨어 있는 것 같다. 두리번거리는 눈길 따라 마당 쪽 수돗가 가장자리에 낯익은 물건이 눈에 들어온다. 숫돌이다.

거뭇하지만 미끈한 피부를 가진 쑥돌 종류이다. 한 치 폭의 날렵한 몸과 구부정하게 팬 등마루가 단단한 돌의 위용과는 거리가 멀다. 제 몸

갈아낸 나이테만큼 그동안 얼마나 많은 연장들의 날을 세워왔을까. 팔뚝 길이도 안 될 만큼 왜소한 모습이어서 왠지 연민마저 느껴지지만, 세상 무슨 일이든 선뜻 감당하려는 듯 당당하고 강단 있는 자세이다. 맞춤옷처럼 숫돌을 에워싼 나무틀에 연륜 때문인지 마른버짐 같은 이끼가 버석거린다. 오목가슴처럼 굽은 등허리가 자꾸만 서글프다. 굳이 물어보지 않아도 기호학 같은 슬픈 사연들이 겹겹이 웅크리고 있을 것 같다.

날 있는 것은 모두 여기 숫돌을 거쳤으리라. 시커먼 무쇠로 만든 조선낫이나 식칼, 도끼, 쇠스랑, 곡괭이, 호미, 대팻날 등등. 대장간 불내 풀풀 나는 날붙이지만 숫돌의 다스림을 거치지 않고는 제구실을 못했으리라. 산안개 내려앉은 희뿌연 새벽녘, 오늘 사용할 농기구들 꺼내다 숫돌에다 벅벅 갈아 시퍼렇게 날을 세우면 일과가 벌써 절반이나 끝난 것 같은 뿌듯함이 밀려왔을 테다.

세안하듯 숫돌에 물을 뿌리고 무뎌진 무쇠 낫을 슬쩍 올린다. 팔뚝에 몸을 실어 천천히 밀고 당기면 저 아래로부터 전해오는 묵직한 중량감, 등짝 위에서 아무리 몸을 놀려도 흔들림 없는 든든한 무게중심이 느껴진다. 팥죽 같은 붉은 녹이 일어나고 쌀뜨물처럼 하얗게 번져가는 분비물을 보면 지금 정갈하게 벼리고 있는 것은 어쩌면 내 마음의 한 축이 아닐까 착각이 들기도 한다. 정성스럽게 간 날을 햇빛을 향해 비춰보고 있으면 멀리서 뻐꾸기 울음이 들려오곤 했으리라.

강한 것은 여문 것을 구슬리고 여문 것은 강한 것을 구슬리는 연마의 법칙. 낫이나 칼을 숫돌에 갈아보면 안다. 차돌같이 야물고 단단하면 밀착감이 없어 갈려는 연장이 미끄러지고 겉돌게 되어 있다. 한참을 씨름해도 날이 서지 않는다. 날이 선다는 것은 갈려는 연장과 숫돌이 서로를 받아들이고 아낌없이 허용함으로써 얻어진 결과인 모양이다.

밀고 당기면서 쓱싹거리는 소리. 돌과 쇠가 만나 부딪치는데도 결코 불쾌감이나 이질감이 들지 않는, 조금은 가슴을 명징하고 확장하게 만드는 소리다. 억지로 맞부딪쳐서 나오는 불협화음이 아니라 스스로 들이쉬고 토해내는 염화시중 같은 소리라고 할까. 겨울바람에 제 몸을 허공에 풀어내는 억새들이거나 넓은 백사장을 끊임없이 밀려왔다 빠져나가는 파도 소리 같기도 한 중저음이 저벅저벅 다가온다.

결코 음정을 높여 외치는 법 없이 낮고 느린 그 소리에는 삶의 길을 묵묵히 걸어가는 숭고함이 깃들어 있지 않았나 싶다. 아프고 슬픈 일에 혼자 속으로 삭여가며 우는 소리이거나 지치고 힘든 일에 뼛심을 다하느라 서느런 바람이 들락거리는 소리는 또 아니었을까. 짐 진 삶의 무게가 마냥 아래로 침하하는 것 같은 느낌 속에는 은결든 삶에서 나오는 울음은 아닐지라도 가만한 한숨 같은 것들이 숫돌 가는 소리에 뒤섞인다.

때로는 그 숫돌에 내 모난 마음을 부드럽게 다듬어보기도 했으리라. 다잡지 못한 일상에서 내려놓지 못하는 분노와 원망의 상처투성이도 그 숫돌에 아낌없이 맡겨보았으리라. 고운 소리 한마디 못해 토라진 아내에게 신산한 마음도, 더 하고 싶은 공부를 가난 때문에 말려야만 하는 자식에게 면목 없는 마음도 그 숫돌을 방편 삼아 헛기침으로 갈아보았으리라. 세상은 변해 가는데 자꾸만 게을러지고 무기력해지는 나 자신도 숫돌을 갈며 다시금 추스르고 다짐해보는 시간이 되었으리라.

녹슨 쇠를 갈아 빛나게 해주는 숫돌은 결코 마술을 부리는 게 아니었다. 제 몸이 닳아 없어지는 대신 무뎌진 날을 세우는 대척점에 있었다. 처음부터 옴폭 패여 굽은 것이 아니라 보이지 않게 제 몸이 깎여져

나가는 아픔을 견뎌 낸 결과물이었다. 등골이 휜다거나, 누군가의 등받이가 된다는 것이 그런 의미가 아니었을까.

가족에 대한 사랑이 그 희생의 원천이었으리라. 뼈를 깎는 아픔과 고통을 견뎌 내고 살얼음 같은 좌절과 비애를 참아내는 원동력이 그것이었다. 세상 앞에 마냥 움츠러든 어깨나, 땅만 보고 걷는 구부정한 허리나 모두 누군가를 위해 갖은 노고와 인고의 세월을 거쳤다는 증거이다. 한 포기 감자 꽃을 피우거나 누군가의 열매를 위한 자양분이 되려면 내 몸이 썩어 문드러져야 가능한 일이었다.

사라져간다는 것은 새로운 탄생을 위한 눈부신 산화일지도 모른다. 비록 내 몸이 부서져 없어지지만, 날을 갈아 세상에 나가 제 용도와 쓸모를 다할 수 있다면 더 바랄 게 없다. 내일의 준비고 미래에 대한 기대이다. 입신양명이든 부귀영화든 세상을 살아갈 제 밥벌이를 하라는 뜻이다. 나보다 더 나은 사람, 못다 한 내 꿈, 가문의 영광을 빛내라는 주문이다.

칼날은 숫돌에서 다시 태어난다. 숫돌 없이는 누구도 반짝반짝 빛나는 날붙이가 될 수 없다. 그 세워진 날로 세상 겁 없이 내달리며 자기 길을 내고 자기 뜻을 세상에 꽃피웠다. 나를 위해 거친 세상에 몸으로 막아섰던 사람은 누구였는지, 그 결과로 성장하고 성공도 하였지만 닳고 닳아 초승달같이 변한 숫돌에 대해서는 외면하면서 살아온 것이 아닌지 부끄럽기만 하다.

돌에도 향기가 있다면 숫돌이야말로 석향石香이라고 불러야 하지 않을까. 제 몸을 허물고 비우느라 작고 볼품없게 변한 숫돌이지만 헌거한 삶의 무게감이 묵묵히 느껴진다. 이제는 제 역할도 끝난 듯 모두 떠난 자리에 홀로 남겨진 저 숫돌, 평생을 여백으로만 살아낸 아버지를 만난 듯 가슴이 먹먹해진다.

허정진 sukhur99@naver.com
전북일보 신춘문예 당선
저서 『꿈틀, 삶이 지나간다』 외 다수

일흔, 나

허창옥

　연수교육 중이다. 오디토리움이라는 대형공간에서 1800백여 명의 회원이 강의를 듣는다. 오전 아홉 시에 길게 줄을 서서 등록을 하고, 열 시에 시작해서 오후 다섯 시쯤에 끝난다. 여기 모여 앉은 사람들 중에서 나는 거의 꼭대기라 할 수 있는 선배다. 일흔, 나. 현역이다.
　첫 시간의 주제가 '2형 당뇨병'이다. 나의 친애하는 30년 지기 친구 2형 당뇨병, 귀를 바짝 세우고 듣는다. 대학교수의 강의는 매우 학술적이나 내겐 그다지 도움이 되지 않는 것 같다. 화면에 비치는 췌장이나 간의 모형들과 도표, 원어들이 흐릿하다. 백내장이 진행되고 있다. 그러니 내 탓이다. 앞자리 친구들, 옆자리 후배 다 졸고 있다.
　몇 가지 건강식품이 넘치게 건강한 강사의 격정적인 강의로 소개된다. 무심하게 듣는다. 중식 후에 병태생리와 약리에 전문적 지식을 쌓을 수 있는 강의가 몇 시간 진행된다. 본격 졸음이 시작되는 시점이다. 수학 선생님의 교탁 두들기는 소리에 화들짝 놀라 눈을 번쩍 뜬다.(이 나이에도 지각 꿈, 시험 꿈을 자주 꾼다. 어휴!) 요즘말로 '유체이탈'하여 아득히 떠돌기만 하다가 일정이 끝난다. QR코드나 찍고 간다. 교육과정, 이수履修했다.

녹보수가 잎사귀들을 축 늘어뜨리고 있다. 늘어진 이파리들이 쪼글쪼글하다. 자주 잎사귀들을 쓰다듬거나 눈인사를 하는데 눈치 채지 못했다. 며칠 몹시 더웠다. 이른바 '대프리카'의 위용을 자랑하듯 체감온도 40도를 오르내렸다. 힘들었던 게다. 화원 주인마다 물주기의 주기를 다르게 말한다. 물주기가 잘못되었나. 너무 더웠나. 식물에 무지하면서 욕심 때문에 사 모은 화초들, 모두 고생한다, 녹보수에 물을 듬뿍 주고 영양제를 꽂았다.

그리고 며칠, 녹보수는 반쯤의 잎들을 털어버리고 편안한 모습으로 서 있다. 떨어진 잎들이 바닥에 쌓여 있다. 정말이지 시원하다. 가지들은 힘이 솟아서 팔을 벌리고 있다. 절체절명, 셀프 가지치기다. 살아남으려는 안간힘이다. 나무의 치열한 생명력이 내게로 건너온다. 벅차다.

녹보수는 지금 건강하다. 빽빽하게 우거져 있어도 아까워서 가지치기를 못하고 있었다. 참다못한 나무가 스스로 해냈다. 엉성하지만 멋지다. 나무를 들이던 날 마음에 든다고 했더니 화원주인이 대박나무라 하였다. 대박! 그 '대박'이란 말에 신명이 났다. 함께한 세월이 길어지면서 정이 깊어졌다. '대박'은 속으로 품고, 그 이름 그대로 '녹보수'라 부른다.

나무의 잎사귀 털어내기를 보면서 나를 들여다본다. 일흔 살이 된 나를 응시한다. 중력의 법칙에 순응하느라 눈꺼풀이 자꾸만 내려와서 실눈이 되어간다. 뺨은 쳐지고 팔자주름이 선명하다. 목에 잔주름도 생겼다. 손등에는 푸른 핏줄들이 돋아 보인다. 뭐 참을만하다. 그보다 더 좋지 않은 건 몇 가지 질병이 들러붙어서 운명을 함께 하겠다고 버틴다는 것이다. 이 또한 방도가 없다. 일흔, 이게 나다.

육신의 것은 그렇다 치자. 수필 「마흔의 봄」을 쓸 때 나는 내가 어른인 줄 알았다. 어림도 없는 착각이었다. 그간의 삼십 년 세월이 어리석음으로 점철되었다고 하면 과장이려나? 이제 정말 어른이구나, 아니 어른이 되어야 하는구나, 그런 자각이 왔다. 너그러운 어른이 되어야겠다는 생각을 오래전부터 해왔다. 그럼에도 나는 여전히 속이 간장 종지만 하고, 적당히 비겁하며, 자주 화가 나는 나이만 어른인 사람이 되어 있다.

잠이 오지 않는 밤이 점점 많아진다. 그런 밤엔 엊그제 고민, 오늘 걱정, 내일 근심까지 뒤엉켜 밤새 뒤척인다. 일흔의 나는 편안한 어른이 되지 못했다. 편안해야 너그러워질 텐데. 세월이 물 흐르듯 흘러갔다. 놓쳐버렸다. 무엇인가 잔뜩 움켜쥐고 있느라 달리 향유할 수도 있었던 시간을 놓쳐버린 게다. 허망하다.

나무의 잎 털어내기, 그리하여 건강하게 살기. 저 가련한 나무도 스스로 잎을 떨구어낼 줄 아는데 나는 이날까지 보태기만 해왔다. 그게 물질이면 부자라도 되는 건데 형체도 없는 근심들만 우글거렸으니. TV광고처럼 비워서 '유쾌 상쾌 통쾌'해지자. 비워내서, 놓아버려서 편안해지자, 품이 넓고 너그러운 어른이 되자. 남은 생, 소원이 있다면 자신과 타자에게 다 편안한 어른이 되는 것이다.

현역이라고 했다. 스물셋에 약국근무를 시작해서 지금까지 공백 없이 일했다. 쉬면 아프다. 남아도는 시간을 어쩌나. 그런 말들을 하면서 지금에 이르렀다. 일흔 생일날에 문득 일을 그만두어야겠다는 생각이 들었다. 그리고 연수교육 중에 닭 졸듯이 졸면서 그 생각에 확신이 생겼다.

정리하고! 남은 날들 유유자적 늙어가자. 녹보수처럼 훌훌 털어내고 편안하게 늙자.

허창옥 jiwoni314@hanmail.net
1990년 《월간에세이》 등단
수필집 『먼 곳 또는 섬』 『감감무소식』 외 다수

양재천에서

현 금 자

　이른 아침 양재천을 걷는다. 가벼운 옷차림새에 운동화를 신고 나서면 여기저기서 나와 같은 사람들을 만난다. 나도 그들처럼 건조하고 습관적인 발걸음으로 걷기 시작한다. 트랙 위에 올라선 경주자들처럼 속도를 내는 그들과 달리 느린 걸음으로 걷는 나는 이리 치이고 저리 치인다. 이곳에만 나오면 나는 영락없이 낙오자가 된다. 그들이 열심히 달리는 이 길 위에 낙오자가 된다한들 기분 상할 것 같지 않다. 이런 생각을 하며 스스로 위안을 삼고 여전히 뒤처진 채 천천히 걷는다.
　그제는 겨울처럼 추웠던 날씨가 어제는 갑자기 기온이 확 올라 한여름 같더니 오늘 아침엔 봄꽃이 활짝 만개해 버렸다. 꽃들도 변덕스런 날씨에 정신 못 차리게 힘들어 보인다. 꽃이 말을 할 수 없다는 게 얼마나 다행인지. 나름 꽃을 피우는 순서도 있겠고 봄을 맞이할 여유도 있어야 할 텐데…. 경험한 적이 없는 새로운 절기를 맞아 하루 만에 뚝딱 꽃을 피우고 열매도 맺기 전에 사라져야 하는 꽃들도 우리네 인생처럼 이 봄 살아내기가 숨가빠 보인다. 잘 가꿔진 실개천 숲들은 어느새 내 마음속 일기장이 되어 이런저런 나의 상념을 들어준다. 나의 걸음은 더욱 더 느려지고 생각은 더 많아진다.

이렇게 2킬로쯤 걷다 보면 나의 쉼터 개울가가 나타난다. 그 개울가에는 이쪽에서 저 쪽으로 건너가는 바윗돌로 제법 운치 있게 만든 징검다리가 놓여 있다. 바윗돌 사이사이로 쏜살같이 내 달리는 물소리를 들으며 자리를 잡고 앉으면 나만의 공간에 들어온 안도감과 안락함을 느낀다. 이곳은 내 아이들을 위해 기도를 하는 나만의 기도터이다. 내 두 아이, 아들과 딸은 지금 미국에서 살고 있다. 대학을 졸업한 후 당연한 듯, 망설임 없이 미국으로 유학을 갔다. 떠날 그 당시는 오랫동안 이산가족이 되어 이렇게 서로가 그리워하며 살게 될 줄은 미처 몰랐다.

아이들은 이국 타향에서 자신의 꿈과 목표를 이루기 위해 열심히 살았다. 미국에 첫 발을 디딘 딸아이는 미국 문화를 배운다며 인디언 보호구역(Reservation)으로 자원봉사를 떠났다. 한 동안 소식을 전해 듣지 못해 부모인 우리는 애를 태웠다. 아들은 미국을 정복하려면 영어를 배우는 것보다는 최고 극빈층인 흑인을 이해하고 품는 것이 우선이라며 고속버스로 서부에서 동부까지 횡단을 했다. 일 주일동안 그레이하운드를 타고 햄버거만 먹으면서 흑인들과 함께 보냈다. 아들의 선택을 이해하면서도 그 고달플 여정이 무사히 끝나기만을 맘 졸이며 기다렸다. 그 이후에도 뜻밖의 사건 사고가 밀려 왔다. 뺑소니차에 교통사고를 당하고 신종플루로 응급차에 실려 가기도 했다. 이렇게 아이들은 자신들의 삶을 홀로 감당하며 이겨내야 했다.

아이들에게 막막하고 어려운 상황이 생겨도 먼 곳에 있는 부모로서 아무런 도움도 줄 수 없을 때, 그래서 무기력해지고 가슴만 답답할 때, 그때마다 양재천으로 나갔고 이 개울가에 앉아서 속 타는 마음으로 아이들을 위해 간절한 기도를 하곤 했다. 내 기도를 들은 이 작은 개울물이 흘러흘러 태평양으로, 아이들이 사는 포토맥 강까지 흘러, 집배원이 되어 내 간절한 기도와 소망을 아이들에게 전해줄 것만 같았다. 그렇게 10년이란 세월이 지나갔다. 나는 부지런히 이 기도처를 찾아 왔고 무심히 흐르는 개울만이 내 기도 소리를 10년 동안 들어준 벗이었다.

개울가에 앉으면 늘 그렇듯 어김없이 아이들이 떠오른다. 보고 싶다. 아이들을 위해 뭔가 기도를 해야 할 것 같다. 하지만 이제는 내가 하고픈 말이나 생각이 아무것도 떠오르지 않는다. 아이들은 각자 자신들이 좋아하는 짝을 만나 가정을 이루었고 좋은 직장을 얻어 안정된 생활을 하고 있다. 더 이상 기도할 내용도 별로 없을 것 같다. 다들 잘 살고 있지 않은가? 그저 나만 그 아이들이 보고 싶은 거다. 앞을 향해 열심히 달리는 아이들 등 뒤로 꾸벅꾸벅 절하고 있는 내 모습이 불현듯 속절없어 보인다. 여태껏 일상은 과거가 되어 버렸고 오늘, 지금부터 앞으로의 내 미래에 대한 답은 손에 쥔 게 없다. 아무것도 담을 게 없는 빈 마음으로 흐르는 개울만 바라보고 있다.

제대로 피지도 못한 꽃송이가 내 앞에 떨어진다. 그 고운 것을 주우려 몸을 숙여본다. 여지없이 내 무릎에선 삐걱 소리가 나고 내 마음도 함께 덜컹 내려앉는다. 힘 빠진 내 마음을 추스리다 며칠 전 만났던 지인이 던진 말이 문득 떠오른다. "당신이 다리를 저는데 얼마나 마음이 찡하고 얼척이 없던지!" 그렇다. 언제부턴가 무릎 관절이 좋지 않았고 걷는 것이 편치 않았다. 그의 눈에 내 걸음새가 꽤나 불편해 보였나 보다. 그 동안 내 자신이 어처구니없는 사람이 되어 있는지도 몰랐다. 이런 모습이 나다.

열심히 오르기만 하던 길 위에 잠시 멈춰 돌아보니 세월은 저만치 앞서 있고 나는 어느덧 하산 길을 걷고 있는 게 아닌가? 갑자기 이 봄이 힘겹게 느껴진다. 이젠 내 자신을 위한 기도가 나에게 필요하다는 걸 깨닫는다. 참 오랜만이다. 자신을 스스로 위한다는 게…. 내 이름을 불러보고 건강하기를 바라며 진심을 다해 간절한 기도를 시작한다. 이 봄은 내게 당당하게 고개를 들고 자신을 위해 살아야 하는 의무를 다하라고 재촉하는 것 같다. 손에 쥔 꽃송이를 개울물에 흘려보낸다. 반짝이는 개울물에 감싸여 꽃잎은 화사하게 웃으며 흘러간다.

현금자 maha224@hanmail.net
2015년 『한국산문』 등단

긴 기다림, 짧은 만남

홍승만

　빨간 장미 한 송이를 샀습니다. 어제는 단골 이발소에서 머리에 염색도 했습니다. 기대감으로 마음이 벅차올라 공항 입국장 D게이트 앞에서 서성입니다. 파리 발 A항공기 도착 시간이 다가옵니다. 12년을 기다렸는데도 한두 시간쯤 기다리는 일이 더 애가 탑니다. 마음이 너무 떨립니다. 2~3년 전부터 '올해는 꼭 들어갈게.' 하던 약속이 이루어지기 직전입니다.

　공항 입국장 앞에는 여러 사람들이 제 나름의 사연을 안고 기다립니다. 어린 아이들과 아내를 기다리는 기러기 아빠, 남편 직장 따라 외국으로 나도는 딸과 외손자를 기다리는 친정 엄마, 30년 전 이민을 떠난 친정 언니를 기다리는 동생, 원양어선을 타는 남편을 기다리는 아내 등 절절한 사연으로 입국장 문만 뚫어져라 바라봅니다. 물어보지 않아도 그들의 표정에서 오랜 그리움을 볼 수 있습니다. 그리움과 환영의 설렘이 엉켜 있는 장소입니다.

　기다리는 비행기의 도착을 알리는 전광판 불이 켜졌습니다. 이제 몇 분 후면 자동문이 열리고 기다리던 그녀가 나올 것입니다. 도착했다는 알림이 사람을 더 초조하게 만듭니다. 만날 시간이 가까워질수록 누군가 가슴을 때리는 듯 방망이질 칩니다. 가슴이 울렁거립니다. 눈물이 왈칵 쏟아질 것만 같습니다.

연둣빛 스카프로 머리를 감싸고, 청바지에 긴 가죽 부츠를 신고, 검정 점퍼차림으로 카트를 밀며 예쁜 그녀가 나타났습니다. 멀리서도 알아볼 수 있습니다. 가장 빛납니다. 내 딸 윤선이입니다.

"엄마!" 하며 달려와 아내와 포옹을 합니다. 역시 딸은 엄마가 먼저인가 봅니다. 순간 삐짐이 아빠가 될 뻔했습니다. 이내 마음을 진정시키고 등 뒤에 감추었던 장미 송이를 "짠!" 하며 내밀었습니다. "아빠, 땡큐!, 땡큐!" 환하게 웃으며 내 볼에 입맞춤을 합니다. 중년이 된 딸의 모습, 하지만 아빠의 마음에는 아직도 어린 소녀입니다.

윤선이 초등학생 때 무용을 시키겠다는 아내에게 웬 춤꾼이냐고 반대했던 기억을 떠올려 봅니다. 나의 반대를 무릅쓰고 예술 고등학교를 거쳐 대학에서 무용을 전공했습니다. 고등학교 3년, 대학 4년 동안 아내는 딸에게 온갖 정성을 다하였습니다. 발표회 때에는 단원들 먹인다고 김밥을 90줄씩 싸서 공연장을 찾기도 하고, 개인 레슨 선생님 찾아 지방행은 예사였지요. 연습실에서 연습할 때면 새벽 시간까지 기다려 데려오는 일 등 아내의 생활에 전부였습니다. 폭넓은 예술 활동을 펼쳐 보겠다고 파리 행을 결정할 때도 나의 반대는 통하지 않았습니다. 파리에서의 활동에 여러 가지 어려움도 있었으나 지금은 자리를 잡아 안정적인 활동을 합니다. 다행스럽기도 하고 대견기도 합니다.

집에 도착했습니다. 며칠 밤잠을 설치며 준비한 음식을 한상 가득 차려놓고, "이것 좀 먹어 봐, 갈비찜 좋아하지?" 하며 딸에게 음식을 권하는 아내의 모습은 유치원생 엄마 같습니다. 아내의 밝은 얼굴을 바라보면서 윤선이는 우리가족의 행복 전도사임을 다시 한 번 확인하였습니다. 몇 달 전 모 수필지 신인 등단 공모에 당선되었는데, 그 작품이 바로 딸에게 쓴 편지였습니다. 이렇게 아빠에게도 큰 행운을 안겨준 딸입니다. 그래서 더욱더 그리움을 안고 사는 것 같습니다.

아내와 딸이 주고받는 대화에 좀처럼 낄 자리를 내주지 않습니다. 억지로 말을 걸었습니다.

"한 달은 있을 거지?"

"아니 열아홉 밤만 자면 가야 해요."

듣는 순간 시간을 멈추게 하고 싶었습니다. 머무는 동안에도 내내 국내 무용단과의 약속된 공연을 위해 작품을 짜서 리허설에 가까운 연습을 해야 한답니다. 오랜만에 만나는 딸과 함께 가까운 곳으로 가족 여행을 하려던 계획은 성사되기 어렵다는 대답입니다.

겨우내 찬바람을 이기고 새순을 움트게 하는 봄의 기다림은 잎을 신록으로 키워 내고, 꽃을 피우고, 열매를 맺습니다. 기다림에 대한 자연의 선물입니다. 그런데 우리의 열두 해, 그 기나긴 기다림에는 짧은 만남만이 있습니다. 참 야속합니다. 그토록 바쁘게 사는 딸을 보며 문득 벌과 나비를 상상해봅니다. 꿀 따기에 온종일을 보내는 벌과 이 꽃 저 꽃 사이로 날며 춤추고 즐기는 나비의 삶. 그중, 윤선이는 나비처럼 살길 바랍니다. 여유롭게 여기저기 날아다니며 새 생명을 움트게 하는 나비의 삶처럼 윤선이도 여러 생명에 활기를 불어넣는 그런 삶을 살았으면 좋겠습니다. 좋은 세상 즐기며 구경하고 아름다운 세상을 만드는 나비 같은 삶 말이지요.

열아홉 밤이 지나가면 윤선이는 또 떠나야 합니다. 이렇게 긴 기다림을 짧은 만남으로 달래야 하는가 봅니다. 삶은 수많은 떠남과 보냄이 있어, 때로는 슬프고 때로는 아쉬움을 가슴에 품게 합니다. 어차피 인생이란 떠나고 떠나보내는 길목에서 그리워하며, 기다리며 살아가야 하는 것이라면 기다림을 즐겨야겠지요. 또 찾아올 긴 기다림을 위해 이 짧은 만남을 알차게 채워야 할 것 같습니다. 윤선이와 아내의 얼굴이 환합니다. 내 마음에도 장미꽃이 활짝 피어납니다.

홍승만 smhong4209@naver.com
2016년 《창작수필》 등단
수필집 『짧은 기다림, 긴 만남』

늙은 도둑

황 성 규

　어두운 골방에 스탠드 불빛 하나 켜놓고 점점 빠져들고 있다. 가늠할 수 없을 만큼 깊은 곳에서 오래된 조각들을 하나둘 건져 올리고 있다. 이제는 제법 능숙하게 찾아내서 다듬을 줄도 안다. 밑은 여전히 끝이 보이지 않는 어둠이다. 어디로 가야 할지 아직 알 수는 없지만 어디론가 가고 있다. 가만히 웅크리고 있는 것이 더 무섭다는 것을 알기에 바삐 움직이고 있다. 그러다가 어둠 속에서 하나의 불빛을 발견하고 열심히 좇아가고 있다.
　무리하지 말라며 걱정하는 아내의 말소리에 놀라 책에서 눈을 뗐다. 아내가 걱정하는 것도 무리가 아니다. 요즘은 부쩍 다리에 쥐가 잘 나고 어깨의 근육이 뭉쳐 아내가 마사지로 풀어주곤 하기 때문이다. 그 뒤부터 아내의 잔소리가 늘었다. 아무리 아내가 보채도 내가 해야 할 일들이 있기에 멈출 수가 없어 무시할 수밖에 없다. 벌써 삼 년째 수험생 같은 생활을 하고 있다.
　젊은 날의 우리들의 삶은 정해진 길을 따라 아무 생각 없이 걸어온 것이다. 어린 시절과 학창 시절을 보낸 후 사회에 나와서 경제적 자립을 한다. 결혼하고 아이를 낳아 기르다 보면 어느새 정년을 맞는다. 여기까지는 정해진 대로 사는 것이기 때문에 아무도 고민을 하지 않는다. 그냥 주어진 길을 걸어가기만 하면 되는 것이다.

문제는 정년 후의 삶에 있다. 정해진 길도 없고 누구도 가르쳐 주지 않는다. 하지만 가야만 하는 길이다. 인생 2막을 어떻게 보내야 하는지 우리는 배우지도 못했고 보지도 못했다. 우리는 이제부터 우리의 새로운 인생길을 개척해 나가야 한다. 내가 택한 인생 2막의 삶은 살아오면서 후회스럽고 잘못했던 일들을 고쳐서 살아보는 것이었다. 마지막 눈을 감는 순간에 후회는 남기지 말아야겠다는 생각에 가슴의응어리를 풀어보리라 마음먹었다. 다행히 환갑이 되어 일선에서 물러났는데도 몸과 마음이 아직 청춘이니 무엇이든 할 수 있을 것 같았다. 제일 처음 선택한 것이 공부였다. 그것이 내 가슴 속에 남아 있는 가장 큰 응어리였고 아버지에 대한 원망을 씻어내는 길이었기 때문이었다.

고등학교 입학하던 무렵 공무원 생활을 하시던 아버지는 사업을 시작하셨다. 1년이 못가 실패를 하셨고, 가족들의 호구지책을 해결하기 위해 음식 장사를 시작하셨다. 넉넉한 자본 없이 시작했으니 가족끼리 일을 해야만 했다. 어머니는 주방에서, 나와 동생들은 서빙을 맡아서 했다. 다행히 음식 솜씨가 좋으셨던 어머니의 손맛에 손님들은 늘어갔고, 학교에서 돌아오면 교복도 벗지 못한 채 일을 해야만 했다.

학교 성적은 점점 떨어졌고 그 상황이 정말 싫어서, 아버지가 원망스러웠다. 지금 생각하면 아버지가 정말 힘드셨을 테니 위로해 드렸어야 했는데 철없는 생각만 하고 있었다. 하지만 감수성이 예민했던 그 시절에는 받아들이기 힘들었고 성적이 떨어지게 만드는 아버지가 미웠다. 그렇게 가슴에 멍울이 되어 남았다.

뒤늦게 철이 들어 아버지를 이해하게 됐을 때, 아버지는 이미 내 곁에 계시지 않았다. 가족들을 책임지고 보살피기 위해 힘드셨을 아버지를 위로해 드리기는커녕 원망하고 미워하기까지 했으니 후회가 되었다. 그때 더 적극적으로 도와드리고 틈틈이 공부할 수도 있었는데 왜 아버지만 탓하고 공부하지 않았을까 돌이켜 보면 한심하기만 했다.

환갑이 되던 3년 전에 방송통신대학교 국어국문학과에 입학하여 새로 공부를 시작했다. 다시 주어진 기회에 감사하며 최선을 다하려 노력해 왔다. 책을 덮으면 모든 것이 하얗게 사라져버리고 체력이 따라 주지 못해 힘들었다. 그래도 또 다른 후회를 남기지 않기 위해 밤잠을 줄여가며 책을 읽었다. 세상 이치를 어느 정도 안다고 믿었었는데 책을 보며 새로이 깨달아가고 있다. 처음엔 캄캄한 어둠 속에 놓여 있었다. 어쩌다가 하나를 주웠다. 책 속에서 찾아내는 진리가 늘어날수록 기쁨은 커졌고 어둠 속에서 보석처럼 빛나 보이기 시작했다. 이제는 멈출 수가 없다. 빛을 좇아 열심히 달려가고 있다.

아버지에 대한 원망을 씻어내기 위해 뒤늦게 시작한 공부가 나에게 즐거움을 선사하고 있다. 불면증도 우울증도 모두 사라졌고 하루하루 새로운 것을 알아가는 기쁨 속에 살고 있다. 아내와 아이들 그리고 주변 사람들이 내 건강을 걱정해 준다. 마음이 즐거우면 몸도 건강해지는 것 같다.

올가을에는 어떤 책을 읽으며 보낼까, 생각만으로도 벌써 가슴이 설렌다. 늦게 배운 도둑질에 밤새는 줄 모른다더니 지식을 훔치는 늙은 도둑이 이 밤을 달리고 있다.

황성규 hsksane@hanmail.net
2016년 《선수필》 등단

마음 한 상

황점숙

　둘은 조금 전 잠시 침묵 속을 헤맸다. 같은 곳을 바라보고 온 사람으로서 각자 착잡한 속마음을 삭히는 중이리라. 몇 해째 요양병원에 입원 중인 어머니를 뵙고 나오는 길이다. 자동차가 빨간 신호등 앞에 멈춘다. 좌회전을 하면 집으로 가게 되는데 자꾸만 우측으로 눈이 간다. 순간 잘 차려진 밥상이 떠오른다.
　"형님 우회전합시다."
　운전대를 잡은 시누이가 오른쪽으로 핸들을 돌렸다. 십여 분 달려서 소문난 밥집에 왔는데 아직도 입안에 씁쓸한 맛이 감돌아 주변을 한 바퀴 돌기로 했다.
　바람 따라 물결이 이는 넓은 저수지에 청둥오리가 떼 지어 떠다닌다. 몇 마리는 날개를 펴고 날아오르더니 물수제비를 뜨면서 재주를 부린다. 평화로운 풍경이 불편한 속마음을 잠시 잊게 한다. 저수지를 건너 불어오는 바람이 차갑지만 모처럼 만난 자연풍경이 좋은지 형님은 내게 포즈를 취하라며 카메라를 켠다. 저수지를 끼고 걷다 보니 인가 울타리에 벚꽃이 만개했다. 형님은 이 고운 꽃을 어머니께 보여드릴 수 없게 되었다며 다시 울먹인다. 자연은 화사함으로 시원한 바람으로 우리 맘을 위로해 준다. 작은 즐거움이 행복인 것을….

어머님은 성격이 꼼꼼하고 까다로운 편이었다. 팔십 중반을 넘으면서 청력이 급격히 둔해지더니 차츰 거동이 불편해져서 가정에서 생활이 어렵게 되어 최후의 방편으로 요양병원을 선택했다. 남매들은 모여서 병원 수발을 누가 해야 할지 의논을 했다. 외동딸을 많이 의지하던 어머님의 의사를 존중해서 딸이 책임을 지기로 하고 시어머니 살던 집을 정리하여 시누이에게 주었다. 경비 걱정은 덜었다 하더라도 병원 수발이 결코 쉬운 일은 아니다.

형님은 매주 정해진 요일에 간식을 챙겨 어머니를 찾아뵈며 외로움을 달래드린다. 우리는 가끔 외출을 원하시는 어머니를 모시고 나와 집에서 염색도 하고 목욕도 시켜드리며 이틀 정도 쉬어가시게 해드렸다. 형님의 정성으로 며느리인 나뿐만 아니라 자식들은 일상생활에 지장 없이 살고 있다.

구순을 넘긴 어머님은 걸음걸이가 둔해지더니 어느 날 고관절 부상을 입고 말았다. 이제는 병상에 누워만 있으니 날로 쇠약해지는 것을 느낀다.

오늘은 병원 방문 길에 동행을 했다. 병실로 들어서는 우리를 알아보고 손을 내미셨다. 형님이 오른손을 잡고 난 어머님의 왼손을 잡았다. 갑자기 어머님이 소리를 내어 우시는 바람에 내가 너무 오랜만에 들렀구나 싶은 죄책감에 말 한마디 만들지 못하고 바라보기만 했다. 순식간에 눈물이 주름을 타고 흘러 화장지를 뽑아 조심스레 닦아드렸다.

"엄마 왜 그래?"

낯선 모습인지 시누이가 물었다. 어머니는 귀가 더 멀어져 못 알아

듣고 나를 보면서 말문을 여셨다.
"딸네 집 옆에 사요?"
내 귀를 의심했다. 이는 분명 나를 못 알아본 어머님의 질문이었다. 그냥 고개를 끄덕이면서 얼버무리며 대답을 했다. 이번 일이 처음은 아니다. 우리가 도착했을 때 주무시던 어머님 상황을 고려해볼 때 잠시 뒤는 나를 알아보리라 짐작했다. 그런데 오늘은 30분이 흘렀는데도 계속 타인에게 하듯 질문을 하셨다. 가슴이 답답하고 이내 말문이 막혀버렸다. 하지만 오른쪽에 선 당신의 딸을 보고는 분명 옳은 말씀만 하시는 게 아닌가. 그래서 더 슬프다. 치매의 증세가 그렇다고 한다. 최근 기억부터 사라진다지 않던가. 형님이 어머님의 요양병원 수발을 맡아주신 것이 참 다행이다. 모녀의 정은 확실히 고부간의 정과는 견줄 바가 아니구나 싶다.

우리는 말문을 닫고 무거운 발걸음으로 병원을 나섰다. 답답한 심정이 집으로 가는 발걸음을 막았다. 형님을 위한 맛있는 점심 한 끼를 내가 대접하고 싶다. 그래서 자꾸만 우측으로 맘이 쏠린 것이다. 내게는 마냥 고마운 분이다. 형님이 아니었으면 난 지금 어떤 생활을 하고 있을까!

소문난 맛집에서 차려준 푸짐한 한 상에 한층 밝아진 형님의 미소가 답답했던 내 가슴에 상쾌한 바람을 일으킨다.

황점숙 js35music@daum.net
2006년《좋은문학》등단, 2013년《한국문예연구》등단
수필집『오리정』『새벽 풍경』

낙죽장도 烙竹長刀

황진숙

　적열의 무게를 견딘다. 인두 끝의 불꽃이 마디의 몸피를 뚫는다. 한 자 한 자 새겨지는 날카로움이 온몸을 관통한다. 그을리며 타들어가는 고통을 그 누가 알랴. 숨이라도 쉴 수 있을까. 흐르는 시간 속에서 대나무는 미동도 없이 제 몸을 내어준다.

　낙죽장도烙竹長刀는 손잡이와 칼집이 대나무로 만들어졌다. 불에 달군 인두로 대나무 거죽 위에 사상이나 신념을 새겨 넣은 칼이다. 보석으로 장식하거나 도금을 입힌 칼처럼 웅장하거나 화려하지 않다. 바이킹의 울프베르흐트검, 사무라이들의 대도, 칭기즈칸의 만도 등 세상의 칼들이 밖을 향해 날을 세웠다면 두 뼘 남짓한 길이의 장도는 나를 향해 날을 벼린다. 책을 가까이한 옛 선비들이 몸을 지키기 위해 마음결을 다스리기 위해 만든 자기 성찰의 칼이다.

　대나무 마디에 수천 자의 글귀와 문양을 새기는 과정 자체가 지난하기에 낙죽은 스스로를 단련시키는 고행이다. 과하지도 약하지도 않게 인두의 화기를 감지해 강약을 조절해야 한다. 인두를 잡은 손과 몸의 미세한 움직임으로 써 내려가다 보니 무념무상의 상태에서 가능한 일이다. 만든 이의 혼이 장도에 깃들고 뭉툭한 인두가 피운 글귀들이 선비의 몸에 체득된다.

　도포 자락에 장도를 지닌 채, 호롱불 아래서 눈을 감고 한시를 외웠을 선비가 떠오른다. 어둠이 깊어질수록 글귀가 농익고 오밀조밀한 문양이 각인된다. 선비는 칼날을 닦으며 내면의 표식으로 삼았을 것이다. 아슴아슴 돋아나는 양의 기운으로 음의 기운을 상쇄시키고 욕망에 물든 마음을 곧게 펴서 바로잡았을 것이다. 이제껏 한 번도 본 적 없었던 칼의 존재감에 장도를 가만히 들여다본다.

　유리 벽 너머에 명암이 드리워지자 칼날이 늠실거린다. 현생인류인 호모 사피엔스들이 무리를 이루고 굶주림을 해결하기 위해 돌칼을 만든 게 칼의 시초였다. 짐승과 물고기를 잡는 야생의 소리, 바람을 가르는 거친 소리, 광활한 대지 위를 표류하는 소리, 생을 영위하기 위한 둔탁한 소리는 인류 최초의 칼의 소리였다. 세기世紀가 흐르면서 본성을 거스른 야욕이 칼날에 압착되어 갔다. 서슬 퍼런 칼날은 수백 겹의 철벽으로 퇴화한 시간을 가둬두고 있었다. 약한 자를 누르는 힘이고 강한 자를 더욱 강하게 만드는 습성은 단면에 불과하다. 저를 위해서라면 강철과 연철이 뒤섞이는 혼란도 주저하지 않았다. 영욕에 사로잡혀 천 도가 넘는 불길도 마다하지 않았다. 수천 번의 망치질을 통해 얻어낸 현란함은 끝까지 내려놓지 못하는 집착이었다.

　온몸에 낙인을 짊어진 채 극악한 칼날을 품은 대나무. 대숲의 바람으로 생장점을 키워낸 대나무는 한 자루의 장도가 되기까지 자그마치 십여 년의 세월을 인내한다. 칼날을 지지하기 위해 흠이 없고 단단한 대나무를 채취한다. 그늘에서 뒤집어가며 건조하다 보면 벌레가 먹기도 하고 터지기도 한다. 그렇게 오랜 시간을 두고, 잘 마른 대나무를 골라

중간 부분을 자른다. 칼날이 들어갈 수 있도록 속을 뚫고 칼 몸을 고정하기 위해 소나무를 채워 넣는다. 천 년을 간다는 부레풀로 소뼈와 먹감나무를 붙이면 비로소 칼집과 칼자루가 완성된다.

칼의 뼈대가 완성된 후 칼과 칼집의 만남은 장도를 아우르는 구심점이 된다. 포악스러운 칼날을 상쇄시키며 사색에 잠겨 있는 낙죽장도. 먼 시대를 내려온 불꽃 튀는 언어들이 묵직하다. 무언의 가르침을 설파하는 고동 소리가 둔중하다. 온갖 검이 난무하는 시대 속에서 살아남은 낙죽장도의 생명력이 내 안으로 흘러들어온다.

지난날, 손톱만 한 생채기에 배반이라도 당한 듯한 아픔을 느끼며 독기를 키워왔다. 종잇장처럼 가벼워진 사유로 팍팍해진 가슴은 보듬어 낼 줄 몰랐다. 내어놓지를 못하니 스스로를 결핍에 들게 했다. 누구에게나 주어지는 일상이 부대끼고 버거웠다. 삶의 구심점이 없었던 탓이다.

옛 선비들처럼 나 또한 장도를 만들며 수행에 전념해 볼 일이다. 어긋나 있던 삶의 마디를 바로 하면 옭아맨 굴레에서 벗어날 것이다. 음지의 힘을 무력화시키고 세정世情에 초연한 낙죽장도의 어법을 익히게 될지도 모르겠다. 짓눌려 있던 영혼이 한결 자유로워지리라.

한 자루의 낙죽장도에 새겨진 칼의 문명이 태고 시절의 기억을 전하며 일렁인다. 더없이 찬연한 숨결이 한동안 나를 붙잡고 놔 주지 않을 듯하다.

황진숙 adoongaa@daum.net
2016년 《수필과비평》 등단

한국현대수필 105인선

선수필 20주년 기획 선집

초판 1쇄 2023년 6월 28일
초판 2쇄 2024년 12월 5일

지은이 정목일
펴낸이 정연순
디자인 서명지
펴낸곳 나무향
주소 서울 광진구 자양로 28길 34, 드림스페이스 501호
전화 02-457-2815, 010-2337-2815
메일 namuhyang2815@hanmail.net
출판등록 제2017-000052호

가격 15,000원
ISBN 979-11-89052-68-3 03810

- 잘못 인쇄된 책은 바꾸어 드립니다
- 이 책은 저작권법에 따라 보호를 받는 저작물이므로 무단 전재와 복제를 금합니다